जाति-विहीन समाज का सपना

समर्पण

महात्मा गांधी को
जो अस्पृश्यता के विरुद्ध आजीवन जूझते रहे,
जिन्होंने
गोलमेज सम्मेलन के चक्रव्यूह में घिर जाने पर,
अपने प्राणों की बाजी लगाकर
और आरक्षण का विषपान करके भी
हिंदू समाज को जाति के आधार पर तोड़ने का
ब्रिटिश कुचक्र विफल कर दिखाया।

लेखक की बात

जाति भारत की मिट्टी में से उपजी एक अभिनव संस्था है। वह अपने भीतर सामाजिक, आर्थिक एवं राजनीतिक स्तरों व अधिकारों को एक साथ समेटे हुए है। उपासना पद्धति से उसका कोई संबंध नहीं है, यह इसी बात से सिद्ध है, क्योंकि स्वयं को जाति-विहीन कहनेवाले ईसाई और इसलाम धर्म भी भारत में जाति भेद से मुक्त नहीं रह पाए। एक प्रकार से जाति संस्था भारत का वैशिष्ट्य है।

जाति संस्था कब, कैसे प्रारंभ हुई, यह विवेचन इस ग्रंथ में नहीं किया गया है। यहाँ मुख्य चिंता यह है कि क्या जाति अभी भी प्रासंगिक है? उन्नीसवीं शताब्दी में जब आधुनिक औद्योगिक सभ्यता के भारत में प्रवेश ने जाति संस्था के पुराने आर्थिक और सामाजिक आधारों को काफी कुछ शिथिल कर दिया था, तब वह जाति संस्था बदलने के बजाय और मजबूत कैसे हो गई? ब्रिटिश साम्राज्यवादियों ने अपनी जनगणना नीति में जाति को इतना अधिक महत्त्व क्यों दिया? एक ओर तो अंग्रेजी पढ़े शिक्षित भारतीयों के दिमाग में जाति-विहीन समाज का सपना भर दिया, दूसरी ओर उन्होंने जाति चेतना को और अधिक गहरा तथा परस्पर प्रतिस्पर्धी बना दिया। क्यों? उन्होंने हमारे समाज की सीढ़ीनुमा जाति-व्यवस्था में सवर्ण, मध्यम और दलित वर्गों जैसी कृत्रिम विभाजन रेखाएँ क्यों निर्माण कीं? उनकी इस विभाजन नीति ने भारतीय राजनीति को किस प्रकार प्रभावित किया?

इन्हीं प्रश्नों का उत्तर पाने के लिए यहाँ एम.सी. राजा और डॉ. आंबेडकर जैसे दलित वर्गों के नेताओं की भूमिका पर प्रकाश डालने की कोशिश की गई है। सन् १९३०-३१ के गोलमेज सम्मेलनों के बाद ब्रिटिश प्रधानमंत्री रैम्जे मैक्डोनॉल्ड ने अपने 'सांप्रदायिक निर्णय' के द्वारा निम्न या दलित जातियों को हिंदू समाज से अलग करने की जो कोशिश की, उसके विरुद्ध राजा-मुंजे पैक्ट के विस्मृत अध्याय को यहाँ विस्तार से प्रस्तुत किया गया है। साथ ही इस निर्णय के विरोध में गांधीजी के आमरण अनशन और उसमें से निकले गांधी-आंबेडकर पुणे पैक्ट का भी वर्णन यहाँ है। अस्पृश्यता और जाति भेद की समस्या के प्रति गांधीजी, डॉ. आंबेडकर और एम.सी.

राजा की दृष्टि के अंतर व उनके पारस्परिक संबंधों की कुछ झलक भी यहाँ मिलेगी।

पुणे पैक्ट ने आरक्षण के सिद्धांत को जन्म दिया। स्वाधीन भारत ने अपने संविधान में इस सिद्धांत को प्रतिष्ठित किया। किंतु किस प्रकार यह सिद्धांत जाति भेद को मिटाने की अस्थायी व्यवस्था न रहकर वोट राजनीति का एक सशक्त हथियार बन गया? किस प्रकार इस सिद्धांत ने समाज को विभाजित किया, आपसी कटुता और विद्वेष को बढ़ाया, युवा पीढ़ी को हिंसा और उपद्रव के पथ पर धकेला—इसका समकालीन चित्रण इस लेख-संग्रह में मिलेगा। आरक्षण के प्रश्न लेकर उन दिनों के उग्र छात्र आंदोलनों का वर्णन झकझोरनेवाला है। अब आरक्षण सामाजिक समरसता लाने के बजाय जाति-व्यवस्था को स्थायी और प्रतिस्पर्धी बनानेवाला राजनीतिक हथियार बन गया है। यह स्पष्ट करने का प्रयास इन लेखों में किया गया है। यह भी बताया गया है कि किस प्रकार भारतीय चर्च जातिमुक्त समाज खड़ा करने की अपनी विफलता पर लज्जित होने के बजाय दलित जातियों के लिए आरक्षण की माँग उठा रहा है। राजनीतिक उद्देश्यों के लिए भगवान् बुद्ध और उनके बौद्ध धर्म के दलितीकरण के प्रयासों पर भी प्रकाश डाला गया है। इन लेखों का मुख्य स्वर यह है कि जाति भेद की समस्या राजनीति से हल नहीं होगी, उसके लिए चाहिए सामाजिक संकल्प और प्रयास।

ये लेख समय-समय पर तत्काल प्रतिक्रिया के रूप में लिखे गए थे, इसलिए उनमें काफी कुछ पुनरुक्ति मिलेगी। किंतु यदि उन्हें स्वाधीन भारत के घटनाचक्र की रनिंग कमेंट्री के रूप में देखा जाए तो सभी लेखों में एक ही दृष्टि और चिंता का सूत्र पिरोया मिलेगा। समकालीन प्रतिक्रियाएँ होने के कारण उनमें जगह-जगह कुछ राजनेताओं और राजनीतिक दलों के नाम लेना आवश्यक रहा है; किंतु बदलते राजनीतिक हितों और संबंधों के कारण राजनीति का रंग भी बदलता रहता है। लेखक की दृष्टि मुख्यत: सामाजिक और राजनीतिक प्रवृत्तियों पर केंद्रित रही है, न कि बदलते परिदृश्य के बदलते राजनीतिक अभिनेताओं पर।

ये लेख कई पत्रिकाओं में प्रकाशित हुए। मैं सभी संपादकों का कृतज्ञ हूँ कि उन्होंने मुझे अपनी चिंता और प्रतिक्रिया अभिव्यक्त करने का अवसर दिया। डॉ. सूर्यकांत बाली के प्रति मैं विशेष रूप से आभार प्रकट करना चाहता हूँ, क्योंकि यदि सन् १९९५ में उन्होंने मुझसे स्नेहिल आग्रह करके 'नवभारत टाइम्स' में एक लंबी लेखमाला न लिखा ली होती तो शायद राजा-मुंजे पैक्ट और पुणे पैक्ट की अंत:कथा प्रकाश में न आ पाती। तभी से कई आदरणीय मित्रों का आग्रह था कि यह लेखमाला पुस्तक रूप में आनी चाहिए। इस पुस्तक के प्रकाशन ने मुझे मित्र-ऋण से आंशिक मुक्ति दी है।

—देवेंद्र स्वरूप

अनुक्रम

जाति-विहीन समाज का सपना

क्या हमारे लिए यह गंभीर चिंता का विषय नहीं होना चाहिए कि जिस जाति-विहीन समरस समाज को खड़ा करने का संकल्प लेकर स्वाधीन भारत ने अपनी यात्रा प्रारंभ की थी, वही जाति-संस्था उनचास वर्ष बाद भी हमारे सार्वजनिक जीवन का केंद्र-बिंदु बनी हुई है ? जरा स्मरण करें उन दिनों के आवेश की, जिसके वशीभूत होकर हमने जाति-संस्था के अस्तित्व को ही नकार दिया था। शिक्षा संस्थाओं, सरकारी कार्यालयों, न्यायालयों इत्यादि सब जगह भरे जानेवाले फॉर्मों में से हमने 'जाति' के कॉलम को समाप्त कर दिया था। ब्रिटिश शासन काल में सन् १८७१ से १९४१ तक जितनी दस वर्षीय जनगणनाएँ हुईं उनमें 'जाति' को ही सामाजिक पहंचान और वर्गीकरण का मुख्य आधार माना गया था। किंतु हमने स्वाधीन भारत की प्रथम जनगणना (१९५१) करते समय 'जाति' के अस्तित्व को ही स्वीकार नहीं किया; किसी से जाति न पूछी गई, न दर्ज की गई। हमने यह विश्वास कर लिया कि जाति एक ऐसी सतही, कृत्रिम चीज है जिसकी ओर से आँखें मूँद लेने पर वह अपने आप मर जाएगी।

हाँ, थोड़ी सी समस्या अनुसूचित जातियों को लेकर जरूर खड़ी हुई थी। इस जातियों को सामाजिक और आर्थिक पिछड़ेपन के गड्ढे से बाहर निकालने के लिए शिक्षा, नौकरियों एवं विधानमंडलों आदि में आरक्षण का सहारा देने के बारे में राष्ट्रीय सहमति थी। यह सुविधा देने के लिए ऐसी जातियों के नामों की राज्यश: सूचियों का बनाना आवश्यक था। अनुसूचित जातियों के लिए निर्धारित आरक्षण की सुविधा पाने के अधिकारी व्यक्तियों और परिवारों की पहचान के लिए जनगणना, मतदाता सूचियों और सभी सार्वजनिक समस्याओं व कार्यालयों में अनुसूचित जाति

जैसा वर्गीकरण अनिवार्य हो गया। किंतु संविधान सभा में सभी पक्षों के प्रतिनिधिगण लंबे विचार मंथन के पश्चात् इस निष्कर्ष पर पहुँचे कि हिंदू समाज-व्यवस्था के कारण पिछड़ गई जातियों को शेष समाज के समकक्ष आने के लिए आरक्षण की वैसाखी की आवश्यकता दस वर्ष से अधिक समय तक नहीं पड़ेगी। अत: केवल दस वर्ष तक ही आपद्धर्म के रूप में अनुसूचित जातियों का अलग उल्लेख करने की आवश्यकता रहेगी। उसके बाद वह भी समाप्त हो जाएगी और तब रह जाएगा जाति-संस्था से पूरी तरह मुक्त एक जाति-विहीन समरस समाज।

पहले तो जातीय वर्गीकरण केवल अनुसूचित जातियों तक ही सीमित था; पर सन् १९८० के बाद मंडल आयोग ने 'अन्य पिछड़ी जातियों' नामक एक नए वर्ग को मान्यता दे दी। अन्य पिछड़ी जातियों की जनसंख्या के आँकड़ों के लिए मंडल आयोग को ब्रिटिश काल की सन् १९३१ की जनगणना का सहारा लेना पड़ा, क्योंकि स्वतंत्र भारत की जनगणना रिपोर्टों में तो जातिगत आँकड़े उपलब्ध ही नहीं थे। अब बात फारवर्ड, बैकवर्ड और अनुसूचित जाति जैसे तीन वर्गों तक ही सीमित नहीं रह गई है। यादव, कुर्मी, लोध, गुज्जर, जाटव, वाल्मीकि इत्यादि सभी जातियों ने अपनी-अपनी जनसंख्या और पहचान को उछालना शुरू कर दिया है। अलग-अलग जातियों के सम्मेलन होने लगे हैं।

जातिवाद की यह बीमारी अब राजनीतिज्ञों से आगे बढ़कर प्रशासन-तंत्र में फैल गई है। प्रत्येक सरकारी कर्मचारी के मन में यह धारणा बैठती जा रही है कि उसकी पदोन्नति या पदावनति उसकी जाति से जुड़ी हुई है।

जाति अब शर्म की नहीं, गर्व की चीज बनती जा रही है। जो मार्क्सवादी लोग वर्ग सिद्धांत के आवेश में कल तक जाति-संस्था को स्वीकार ही नहीं करते थे, वही अब जाति के महत्त्व और सार्थकता की चर्चा करने लगे हैं। एस.जी. सरदेसाई, इंद्रजीत गुप्त, अशोक मित्र, मोहित सेन, शरद पाटील, गैल ओमवेट जैसे वरिष्ठ कम्युनिस्ट नेता और बुद्धिजीवी अब खुलेआम कह रहे हैं कि अब तक हम गलती पर थे, क्योंकि हमने भारत में जाति और वर्ग को एक-दूसरे से अलग करके देखा। यहाँ तो जाति ही वर्ग है। इसलिए हमें जाति की ओर नई दृष्टि से देखना होगा और हिंदुत्व के विरुद्ध अपनी लड़ाई में वर्गवाद के बजाय जातिवाद को ही अपने मुख्य हथियार के रूप में इस्तेमाल करना होगा। जातिवाद के इस पुनरोदय का परिणाम क्या भावी जनगणना में 'जाति' के कॉलम की वापसी के रूप में नहीं होगा?

ऐसा क्यों हुआ? जिस जाति-संस्था को हम जड़-मूल से मिटा देना चाहते

थे, वह हमारे अड़तालीस वर्ष लंबे प्रयत्नों के बाद भी मिटने के बजाय दिनोदिन सुदृढ़ क्यों होती जा रही है? कहीं ऐसा तो नहीं कि जाति-संस्था को सही रूप में न देख पाने के कारण हमने उसे मिटाने का रास्ता ही गलत चुना हो? आखिर हमने ऐसा क्यों मान लिया कि जाति-संस्था मात्र सामाजिक विकृति है और राष्ट्रीय एकता एवं प्रगति के मार्ग में सबसे बड़ी बाधा है? यह दृष्टि हमें कहाँ से मिली? कहीं अपनी अधिकतर धारणाओं और मान्यताओं के समान इस दृष्टि को भी हम ब्रिटिश साम्राज्यवादियों की विरासत के रूप में तो नहीं ढो रहे हैं?

क्या अपने लंबे अनुभव के प्रकाश में यह आवश्यक नहीं कि हम नए सिरे से जाति-संस्था को समझने का प्रयास करें? क्यों यह जाति-संस्था समूचे विश्व में केवल भारत और विशेषकर हिंदू समाज का ही वैशिष्ट्य है? भारतीय मिट्टी और इतिहास में इसकी जड़ें कहाँ हैं? यदि इसके पीछे कोई जीवन-दर्शन है तो वह क्या है? यदि यह मानव-विरोधी, काल-बाह्य और अप्रासंगिक संस्था है तो यह अपने आप मर क्यों नहीं जाती? क्या है जो इसे जिंदा रखे हुए है? पर इन सब प्रश्नों में प्रवेश करने के पूर्व आवश्यक है कि हम यह जानें कि यूरोपीय यात्रियों, मिशनरियों, ब्रिटिश शासकों इत्यादि ने जाति-संस्था को समय-समय पर किस रूप में देखा और उसके प्रति क्या रणनीति अपनाई?

[नवभारत टाइम्स, ७ सितंबर, १९९५]

□

ईसाई मिशनरी और जाति-संस्था

जाति-संस्था के प्रति हमारी आज की दृष्टि को बनाने में ईसाई मिशनरियों का भारी योगदान रहा है। सन् १४९८ में पुर्तगालियों के भारत आगमन के समय से ही मिशनरियों का एकमात्र लक्ष्य स्थानीय निवासियों का धर्मांतरण रहा और इस लक्ष्य की प्राप्ति में उन्होंने सबसे बड़ी बाधा जाति-संस्था को पाया। सन् १८५७ के पूर्व का विशाल मिशनरी साहित्य एवं पत्र-व्यवहार धर्मांतरण के मार्ग में दो ही बाधाओं का उल्लेख करता है। एक, जाति-संस्था के कड़े बंधन, जिसके कारण धर्मांतरित व्यक्ति जाति से बहिष्कृत कर दिया जाता था। वह पैतृक संपत्ति एवं व्यवसाय आदि में हिस्सा पाने का अधिकारी नहीं रह जाता था, और इस प्रकार वह सामाजिक एवं आर्थिक दृष्टि से निराश्रित हो जाता था। दूसरा कारण था पूरे समाज में ब्राह्मणों के प्रति अपार श्रद्धा का भाव। ब्राह्मणों की नैतिक-बौद्धिक श्रेष्ठता को चुनौती दे पाने में मिशनरी स्वयं को असमर्थ पा रहे थे। अपने इस अनुभव के कारण ईसाई मिशनरियों ने जाति-संस्था को ब्राह्मणवाद की रचना मानकर उसे तोड़ना ही ईसाई धर्म का मुख्य लक्ष्य घोषित कर दिया। जाति-प्रथा से छुटकारा दिलाने के नाम पर उन्होंने अपने सब प्रयास तथाकथित निचली और निर्धन जातियों पर ही केंद्रित कर दिए।

भारत में ईसाई मिशनरियों द्वारा धर्मांतरण के इन प्रयासों को मोटे तौर पर चार कालखंडों में बाँटा जा सकता है। पहला, सोलहवीं शताब्दी में पुर्तगालियों और जेसुइस्ट पादरियों का प्रयास। पुर्तगालियों ने भारत के पश्चिमी तटवर्ती समुद्र पर मुसलमानों के एकाधिकार को तोड़ा। इसलिए संभवत: उनका संरक्षण पाने के लोभ में पश्चिमी तट पर पुर्तगाली प्रभाव-क्षेत्र में मछुआरों का सामूहिक धर्मांतरण हो

सका। समूचे जाति-समूह का धर्मांतरण होने के कारण जाति खोने का कोई भय नहीं था। सन् १५४२ में सेंट जेवियर के भारत आगमन के पश्चात् जब उच्च जातियों के लोगों के धर्मांतरण के लिए सत्ताबल का प्रयोग किया गया, तभी भारत में पुर्तगाली साम्राज्य के भाग्य पर ताला लग गया। प्रभावशाली वर्गों के लोगों को ईसाई धर्म में लाने के लिए सन् १६०६ में रॉबर्ट डी नोबिली भारत आया। उसने तिलक, जनेऊ और शिखा सहित ब्राह्मण वेशभूषा अपनाकर स्वयं को 'ईशु ब्राह्मण' घोषित कर दिया। नीची जातियों के धर्मांतरणों की छाया को भी उसने अपने पास नहीं फटकने दिया। पर यह सब करने पर भी नोबिली को धर्मांतरण में कोई सफलता नहीं मिल पाई। एक शताब्दी पश्चात् सन् १७०६ में पूर्वी तट पर ट्रन्केबर में डेनमार्क के प्रोटेस्टेंट मिशनरियों के द्वारा एक मिशनरी केंद्र प्रारंभ किया गया। इस केंद्र के प्रमुख बार्थोलोमो जीगेनबाग ने पाया कि जाति-संस्था के साथ तनिक भी छेड़खानी की तो धर्मांतरण नहीं हो पाएगा। इसलिए उसने जाति-संस्था को ज्यों-का-त्यों बनाए रखकर जाति के सामूहिक धर्मांतरण की प्रारंभिक पुर्तगाली नीति का ही अनुसरण किया। जीगेनबाग स्वयं भी जाति-संस्था से बहुत प्रभावित हुआ, जिसके लिए उसे डेनमार्क के मुख्यालय से फटकार भी खानी पड़ी। आगे चलकर ट्रन्केबर मिशन के धर्मांतरण कार्य में फादर श्वार्त्ज का सर्वाधिक योगदान माना जाता है, किंतु उसने भी चर्च के भीतर भी जाति-संस्था को मान्यता दे दी।

इस प्रकार अठारहवीं शताब्दी के उत्तरार्द्ध में भारत में ब्रिटिश साम्राज्य का उदय होने तक ईसाई मिशनरी प्रयास दक्षिण भारत तक सीमित थे। पूर्वी तट पर प्रोटेस्टेंट डेनिश मिशन था तो पश्चिमी तट पर रोमन कैथोलिक चर्च। बंगाल में अंग्रेजों के पैर पूरी तरह जम जाने पर चार्ल्स ग्रांट जैसे अधिकारियों के आग्रह पर सेलिसबरी के बिशप ने गवर्नर जनरल लॉर्ड कार्नवालिस को इस बारे में एक अनुरोधपूर्ण पत्र लिखा, जिसका कार्नवालिस ने २७ दिसंबर, १७८८ को उत्तर दिया कि 'जाति खोने के भय से हिंदुओं का धर्मांतरण लगभग असंभव है और जहाँ तक मलाबार तट पर पुर्तगाली मिशनरियों को मिली थोड़ी-बहुत सफलता का प्रश्न है, वह हमारे लिए तनिक भी प्रेरणा और उत्साह का कारण नहीं है; क्योंकि उनके द्वारा धर्मांतरित लोग भारत के निर्धनतम और सर्वाधिक तिरस्कार योग्य निकृष्ट लोग हैं।' ईसाई धर्म स्वीकार करने के तीन शताब्दी बाद भी धर्मांतरितों को न तो जाति-प्रथा से छुटकारा मिला और न ही उनका नैतिक-बौद्धिक विकास हुआ। उन्नीसवीं शताब्दी में उनकी दु:स्थिति का वर्णन करते हुए फादर काल्डवेल ने लिखा कि 'बुद्धि, आदतों और नैतिकता में वे गैर-ईसाई मूर्तिपूजकों से तनिक

भी भिन्न नहीं दिखाई देते।'

जाति-संस्था के प्रति एक ही समय पर दो ईसाई मिशनरियों का दृष्टिकोण कितना भिन्न हो सकता है, इसका सर्वोत्तम उदाहरण है प्रोटेस्टेंट बाप्टिस्ट मिशनरी विलियम वार्ड और फ्रांसीसी रोमन कैथोलिक मिशनरी अब्बे दुबाय। संयोग से दोनों मिशनरी एक ही समय सन् १७९३ में भारत पहुँचे। दोनों ने ही सन् १८२३ तक लगभग इकतीस वर्ष भारत में व्यतीत किए। विलियम वार्ड का कार्यक्षेत्र बंगाल था तो अब्बे दुबाय का पूरा समय दक्षिण भारत के पांडिचेरी व मैसूर में बीता। किंतु समान अवधि तक भारतीय समाज का अध्ययन करने के पश्चात् भी दोनों ने जाति-व्यवस्था के बारे में एक-दूसरे से सर्वथा उलटे निष्कर्ष निकाले। सन् १८१२ में प्रकाशित वार्ड की पुस्तक में जाति-संस्था की घोर निंदा की गई है। उसे हिंदू समाज के पतन का एकमात्र कारण बताया गया है और उसे मिटाना ईसाई धर्म का लक्ष्य घोषित किया गया है। जबकि अब्बे दुबाय ने जाति-संस्था की भूरि-भूरि प्रशंसा की है। दुबाय का मत था कि जाति-संस्था प्रत्येक व्यक्ति को सामाजिक एवं आर्थिक सुरक्षा प्रदान करती है और उसकी रुचि व प्रकृति के अनुरूप जीवन-यात्रा का अवसर प्रदान करती है। सन् १८१५ में अब्बे दुबाय ने भारत के अपने अनुभवों के बारे में जो लंबे-लंबे पत्र फ्रांस भेजे, उनमें स्पष्ट कहा कि नैतिक दृष्टि से भारतीय लोग हमारी अपेक्षा कहीं अधिक ऊँचे हैं और उनके धर्मांतरण की न आवश्यकता है और न संभावना। विलियम वार्ड के चार खंडों के ग्रंथ में हिंदू समाज का जो रूप प्रस्तुत किया गया वह बिलकुल उलटा है। वार्ड का निष्कर्ष था कि हिंदुओं को नैतिक पतन के गड्ढे से बाहर निकालने के लिए उनका धर्मांतरण नितांत आवश्यक है।

वार्ड और दुबाय दोनों ने ही अपने निबंध सन् १८०५ में ईस्ट इंडिया कंपनी के विज्ञापन के कारण लिखे। पर कंपनी ने दुबाय के निबंध को लंबे समय तक दबाए रखा और वार्ड के निबंध को तुरंत प्रकाशित कर दिया। फलतः वार्ड की दृष्टि को ब्रिटिश सरकार के संरक्षण में धर्मांतरण में जुटे अधिकांश प्रोटेस्टेंट ईसाई मिशनरियों ने अपनाया। किंतु इससे उनके सामने एक प्रश्न खड़ा हो गया कि क्या जाति पर प्रहार करके हम धर्मांतरण कर पाएँगे? हमारा लक्ष्य क्या हो—जाति तोड़ना या धर्मांतरण? इन प्रश्नों पर उन्नीसवीं शताब्दी की दिलचस्प मिशनरी बहस क्या है?

[नवभारत टाइम्स, २६ अक्तूबर, १९९५]

□

३

उन्नीसवीं शताब्दी की मिशनरी बहस

ईसाई धर्म की श्रेष्ठता के प्रति अंध श्रद्धा एवं हिंदू धर्म व जाति-संस्था के प्रति घोर शत्रु-भाव लेकर इंग्लैंड, स्कॉटलैंड, अमेरिका इत्यादि देशों से युवा प्रोटेस्टेंट मिशनरियों की बाढ़ उन्नीसवीं शताब्दी के प्रथम दशक से भारत आने लगी। वस्तुत: उत्तर भारत में धर्मांतरण के लिए प्रोटेस्टेंट बाप्टिस्ट मिशनरी प्रयास सन् १७९३ में प्रारंभ हो चुका था। दक्षिण भारत में पश्चिमी तट पर रोमन कैथोलिक चर्च का प्रयास तीन शताब्दी आगे था और पूर्वी तट पर भी जर्मन प्रोटेस्टेंट मिशनरी सन् १७०६ से सक्रिय थे। सन् १८२६ में प्रोटेस्टेंट चर्च द्वारा धर्मांतरितों की संख्या पंद्रह से चालीस हजार तक कूती जा रही थी और कैथोलिक धर्मांतरितों की संख्या इससे कहीं अधिक बताई जाती थी।

इतनी बड़ी संख्या में हिंदुओं के धर्मांतरण का मुख्य कारण जाति-संस्था की कैद से छूटने की छटपटाहट बताई जाती थी। किंतु इन युवा मिशनरियों को यह देखकर गहरा धक्का लगा कि सौ से अधिक साल तक ईसाई धर्म की गोद में रहने के बाद भी धर्मांतरितों का नैतिक-मानसिक व आर्थिक स्तर वहीं-का-वहीं था। वे एक इंच भी आगे नहीं बढ़े थे। इससे भी अधिक पीड़ा उन्हें यह देखकर हुई कि धर्मांतरितों के बीच जाति-संस्था ज्यों-की-त्यों बनी हुई थी। वे सभी हिंदू रीति-रिवाजों का पूर्ववत् पालन करते थे। यहाँ तक कि चर्च ने स्वयं भी जाति-संस्था और जाति-भेद को मान्यता दे रखी थी।

इस स्थिति को लेकर दक्षिण भारत में पुराने और नए मिशनरियों के बीच जबरदस्त मतभेद व तनाव पैदा हो गया। पुराने मिशनरियों का कहना था कि जाति, संस्था के साथ छेड़खानी करने पर धर्मांतरण का काम रुक जाएगा और वर्तमान

धर्मांतरित भी भाग जाएँगे। युवा मिशनरियों ने प्रश्न उठाए कि हमें तो बताया गया कि जाति-संस्था की कैद से मुक्त होने की छटपटाहट ही उन्हें ईसाई धर्म की गोद में लाती है; पर यदि ईसाई बनने के बाद भी वे जाति को नहीं छोड़ना चाहते तो क्या हम यह मान लें कि उनके धर्मांतरण में जाति-संस्था के अत्याचार मुख्य कारण नहीं हैं? यदि जाति-संस्था हिंदू धर्म का अभिन्न अंग है और उसी के बल पर ब्राह्मण टिका हुआ है तो जाति-संस्था को अपने भीतर मान्यता देकर चर्च हिंदू धर्म और ब्राह्मणवाद को कैसे कमजोर कर पाएगा? यदि जाति-संस्था के कारण ही इन लोगों का आर्थिक, नैतिक व बौद्धिक स्तर गिरा हुआ था तो ईसाई धर्म की गोद में लंबे समय तक रहने के बाद भी वे उसी दु:स्थिति में क्यों पड़े हैं? इन युवा मिशनरियों का कहना था कि यदि जाति-संस्था का ईसाई नैतिकता और 'बाइबल' के साथ कोई मेल नहीं है तो हम उसे क्यों सहन करें?

इन तर्कों के आधार पर सन् १८१४ में फोर्ट सेंट जॉर्ज के समीप वेपेरी नामक स्थान के चर्च में इंग्लैंड से आए दो युवा मिशनरियों—सी.टी. रेहनियस एवं एल.पी. हैबरो ने जाति-विरोधी नियमों का कड़ाई से पालन करवाना शुरू कर दिया, जिसका पुराने जर्मन मिशनरियों ने कड़ा विरोध किया। ब्रिटिश सत्ता का केंद्र होने के कारण बंगाल का प्रोटेस्टेंट चर्च धार्मिक क्षेत्र में भी सर्वोपरि हो गया। और वेपेरी के युवा मिशनरियों ने जर्मन मिशनरियों के जाति-समर्थक आग्रह के विरुद्ध कलकत्ता के बिशप से शिकायतें कीं। यह विवाद वेपेरी, त्रिचनापल्ली और तंजौर के चर्चों में फैल गया। इस विवाद का निपटारा करने के लिए बिशप फादर हैबर को स्वयं दक्षिण भारत की यात्रा करनी पड़ी और वहीं सन् १८२६ में त्रिचनापल्ली में उनका देहांत हो गया। कलकत्ता से चलने से पूर्व हैबर ने दक्षिण भारत और श्रीलंका में अनेक वर्षों तक रहे मिशनरी क्रिश्चियन डेविड से परामर्श किया। मद्रास में भी इसी कार्य के लिए एक समिति गठित की। इस पूछताछ में से एक महत्त्वपूर्ण तथ्य उभरा कि जाति धार्मिक संस्था न होकर एक नागरिक संस्था है। ऐसी नागरिक संस्था के साथ छेड़खानी करना ईसाई धर्म का उद्देश्य नहीं हो सकता। हैबर ने २१ मार्च, १८२६ को इंग्लैंड में विलियम बिन्न को एक पत्र लिखकर सूचित किया कि शूद्र वर्ण और पंचम वर्ण के धर्मांतरितों में जाति-भेद बहुत प्रबल है। शूद्र धर्मांतरित पंचमों के साथ एक प्याले में पीने को तैयार नहीं हैं। किंतु हमें धर्मांतरितों की स्वतंत्रता में हस्तक्षेप नहीं करना चाहिए और उन्हें उनके पूर्वजों द्वारा निर्धारित ढंग से रहने देना चाहिए। हैबर के इस निर्णय से युवा मिशनरियों को निराशा हुई।

सन् १८३२ में डेनियल विल्सन की बिशप पद पर नियुक्ति के बाद उनके

सामने यह विवाद लाया गया। विल्सन इंग्लैंड में चार्ल्स ग्रांट और विल्बरफोर्स के मित्र होने के कारण जाति-संस्था के कट्टर विरोधी थे। अत: उन्होंने जुलाई १८३३ में एक धर्मादेश जारी करके चर्च के भीतर जाति-प्रथा से पूरी तरह संबंध विच्छेद करने एवं धर्मांतरितों द्वारा इस संबंध विच्छेद का सार्वजनिक प्रदर्शन करने का आग्रह किया। किंतु दक्षिण भारत के पुराने मिशनरियों ने इस धर्मादेश के विरुद्ध विद्रोह कर दिया। फलत: बिशप विल्सन को भी सन् १८३५ में दक्षिण भारत जाना पड़ा। इस बार कोहलोफ के नेतृत्व में तंजौर के मिशनरियों ने एक और नया तर्क प्रस्तुत किया। उन्होंने कहा कि जाति-संस्था ब्राह्मणों की रचना नहीं है। वह दक्षिण भारत में ब्राह्मणों के आगमन के पूर्व भी एक सामाजिक संस्था के रूप में विद्यमान थी। ब्राह्मणों ने उसका दुरुपयोग करके अपने को सबसे ऊपर बैठा लिया और जाति-संस्था को बहुत कड़ा बना दिया। धर्मांतरण के द्वारा हम जाति-संस्था पर से ब्राह्मण प्रभुत्व समाप्त कर देते हैं और उसे पुरानी नागरिक संस्था के रूप में चलने देते हैं। उसका दूसरा तर्क था कि जाति-भेद की तुलना यूरोपीय समाज में विद्यमान वर्ग एवं श्रेणी-भेद से की जानी चाहिए। अपने इन तर्कों के साथ तंजौर के मिशनरियों ने एक याचिका इंग्लैंड, कोर्ट ऑफ डायरेक्टर्स के पास भेजी। वहाँ से भी गोलमोल भाषा में जाति-संस्था में हस्तक्षेप न करने का ही सुझाव दिया गया।

किंतु युवा मिशनरी जाति-विरोध पर अड़े रहे। उनकी चिंता थी कि यदि जाति बनी रहती है तो उसे पुल बनाकर धर्मांतरित लोग हिंदू धर्म में वापस चले जाते हैं। इसलिए इस पुल को तोड़ना आवश्यक है। उन्होंने चर्च में से जाति-भेद को मिटाने के लिए सन् १८४७ में सार्वजनिक प्रेमभोजों का आयोजन शुरू किया, जिसमें किसी अतिशूद्र द्वारा बनाए गए भोजन को सबको खाना पड़ता था और एक ही प्याले से शराब पीनी होती थी।

इस बहस से स्पष्ट हो गया कि निचली जातियों के धर्मांतरण के पीछे जाति-संस्था मुख्य कारण नहीं थी और न ही वह उनके पिछड़ेपन की जड़ है। सैकड़ों साल तक ईसाई धर्म की गोद में रहने के बाद यदि अब भी धर्मांतरितों को पिछड़ेपन के गड्ढे से बाहर लाने के लिए आरक्षण की बैसाखी की आवश्यकता महसूस की जा रही है तो चर्च को अपनी विफलता स्वीकार करके उन्हें ईसाई धर्म के बंधन से मुक्त कर देना चाहिए।

[नवभारत टाइम्स, २ नवंबर, १९९५]

□

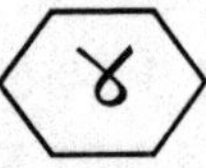

सन् १८५७ में क्रांति की चिनगारी बनी जाति

जाति ने ईसाई मिशनरियों को एक अजीब चक्रव्यूह में फँसा दिया था। जाति खोने के भय से कोई भी अकेला व्यक्ति धर्मांतरण के लिए तैयार नहीं होता था और यदि किसी भय या प्रलोभन के कारण कोई बड़ा जाति-समूह धर्मांतरण को अपना लेता था तो वह ईसाई होकर भी अपनी जाति को छोड़ने को तैयार नहीं था। इससे भी बड़ी समस्या यह थी कि सामूहिक धर्मांतरण के द्वारा हिंदू समाज का जो वर्ग चर्च की छत्रच्छाया में आया था उसके नैतिक-बौद्धिक एवं आर्थिक स्तर को ऊपर उठाने में चर्च असफल रहा था। अत: उन्हें लग गया कि जाति के कवच को तोड़े बिना समाज के क्षमतावान् व प्रभावशाली वर्ग का बड़े पैमाने पर धर्मांतरण संभव नहीं होगा और इस कवच को सरकारी कानून द्वारा ही तोड़ा जा सकता है। इसलिए लगभग प्रत्येक गवर्नर जनरल के सामने मिशनरी संस्थाएँ याचिका भेजती थीं कि धर्मांतरण में जाति की बाधा को समाप्त करने के लिए कानून बनाया जाए। अंततः लॉर्ड डलहौजी ने सन् १८५१ में 'जाति अयोग्यता निवारण कानून', जिसे 'धार्मिक स्वतंत्रता कानून' भी कहा गया, बना डाला, जिसके अंतर्गत किसी भी व्यक्ति को धर्मांतरण के कारण पैतृक संपत्ति में उत्तराधिकार या हिस्से से वंचित नहीं किया जा सकता था।

इस कानूनी हथियार को पाकर मिशनरियों के हौसले बुलंद हो गए। पर कानून बन जाने पर भी धर्मांतरण की गति आगे नहीं बढ़ी। जाति के सामने कानून फिस्स हो गया; क्योंकि जाति की जड़ें कानून में नहीं, समाज में थीं, धरती में थीं। अत: मिशनरी दिमाग कोई ऐसा रास्ता खोजने लगा जिससे, अनजाने में ही क्यों न हो, लोग जाति-भ्रष्ट हो जाएँ। क्योंकि जाति-भ्रष्ट हो जाने पर तो ईसाई धर्म की

गोद में आने के अलावा कोई और मार्ग उनके सामने बचेगा ही नहीं। यह उपाय-योजना पूरी तरह से आगे बढ़ने भी नहीं पाई थी कि अचानक सन् १८५७ के क्रांति के धमाके ने ब्रिटिश सत्ता को जड़ से हिला दिया। बंगाल नेटिव इन्फैंटरी—जिसके सहारे अंग्रेजों ने भारत को क्रमशः जीता था और जो उनकी सत्ता का मुख्य आधार थी, जिसकी वफादारी पर वे सपने में भी संदेह नहीं कर सकते थे—अब बगावत का झंडा लेकर उनके मुकाबले खड़ी थी।

इस भयंकर विस्फोट की कारण-मीमांसा को लेकर जबरदस्त बहस छिड़ गई। ब्रिटिश प्रशासकों के एक बड़े वर्ग का मानना था कि मिशनरियों द्वारा धर्मांतरण की जल्दबाजी के कारण ही यह विद्रोह हुआ, जबकि मिशनरियों का कहना था कि धर्मांतरण की ईश्वरीय इच्छा के पालन में सुस्ती के कारण 'गॉड' ने यह कहर ढाया। इस बहस के दौरान सैनिक और प्रशासनिक अधिकारी तथा मिशनरी दोनों ही वर्ग एक बात पर सहमत थे कि सन् १८५७ के विस्फोट में चिनगारी का काम 'जाति' ने किया। जेम्स आउटरम, जिसकी अवध की स्वाधीनता के अपहरण में मुख्य भूमिका थी और जो अवध का प्रथम ब्रिटिश चीफ कमिश्नर बना, ने ११ जनवरी, १८५८ को लॉर्ड डलहौजी के नाम एक पत्र में लिखा कि 'बगावत की योजना मुसलमानों ने तैयार की; किंतु वे कान के कच्चे और भोले हिंदू सिपाहियों को यह विश्वास दिलाने में सफल हो गए कि उन्हें बलात् ईसाई बनाने के पहले उनकी जाति नष्ट करने का षड्यंत्र रचा गया है।'

पंजाब के चीफ कमिश्नर जॉन लॉरेंस, जो आगे चलकर भारत का वाइसराय भी बना, का सुनिश्चित मत था कि विद्रोह की योजना सेना के बाहर नहीं, सेना के भीतर ही बनी। चार्ल्स ट्रेविलियन के नाम १६ दिसंबर, १८५७ को अपने एक पत्र में लॉरेंस ने लिखा था कि सिपाहियों को मिशनरियों के उपदेश से कोई डर नहीं था, वे उनकी धर्म-चर्चा को सहन कर सकते थे; किंतु उनके मन में यह संदेह पक्का हो गया था कि सरकार छल से उनकी जाति नष्ट करने का षड्यंत्र कर रही है।' सर जॉन लॉरेंस की इस धारणा से पश्चिमी उत्तर प्रदेश, जिसे उन दिनों 'उत्तर-पश्चिमी प्रांत' कहा जाता था, के ले. गवर्नर विलियम म्योर भी सहमत थे।

सन् १८५७ के विस्फोट में चिनगारी का काम करने की जाति की भूमिका को उस समय के मिशनरियों ने भी स्वीकार किया। मिशनरी पत्रिका 'फ्रेंड्स ऑफ इंडिया' ने क्रांति शुरू होते ही २८ मई, १८५७ को लिखा—'बंबई टाइम्स को वर्तमान विद्रोह में ईसाई धर्म और जाति के बीच एक बड़ी लड़ाई की शुरुआत दिखाई दे रही है। यह लड़ाई भारत में अंग्रेजों के आगमन के समय से ही टलती जा

रही थी। जिन्होंने सेना में उच्च ब्राह्मणों को प्रवेश दिया, उन्होंने सेना को इस लड़ाई का अखाड़ा बना दिया। इस संघर्ष को ईसाई धर्म बनाम सेना का रूप देने के लिए मिशनरी नहीं, स्वयं वे जिम्मेदार हैं। दरअसल, यह लड़ाई ईसाइयत बनाम भारत के निवासी न होकर ईसाई मत बनाम ब्राह्मण धर्म है।'

उस समय के सबसे प्रभावशाली मिशनरी अलेक्जेंडर डफ ने कहा कि जाति के विरुद्ध सरकारी नीति यदि कार्यान्वित हो जाती तो हिंदू धर्म के विशाल ताने-बाने की नींव ही ढह जाती, क्योंकि जाति ही तो इस ढाँचे का प्रमुख आधार है। अधिकतर मिशनरियों का विश्वास था कि इस विद्रोह में देशी सैनिकों ने विद्रोह की पताका फहराकर सिद्ध कर दिया है कि भारत में अंग्रेजी राज की स्थिरता और जाति के बीच कोई मेल नहीं बैठ सकता। कलकत्ता के पादरी वायली ने लिखा कि 'विद्रोह के कारणों पर विचार करते समय हमें जाति को ही इस पूरी मुसीबत की जड़ मान लेना चाहिए।...यदि जाति नहीं होती तो विद्रोह होता ही नहीं। शरारती तत्त्वों ने अपने षड्यंत्रों का मुख्य बहाना जाति को ही बनाया। जाति के युद्धघोष ने ही देसी सिपाहियों को भड़काकर पागलपन के बिंदु तक पहुँचा दिया।'

'कलकत्ता रिव्यू' के दिसंबर १८५७ के अंक में किसी अज्ञात लेखक ने लिखा—'वर्तमान विद्रोह का पहला कारण बंगाल सेना में ब्राह्मणी जाति-व्यवस्था में से पैदा हुई अनुशासनहीनता और उद्दंडता की भावना को ही कहा जा सकता है।'

इस प्रकार प्रशासकीय अधिकारी एवं ईसाई मिशनरी दोनों ही जाति को विद्रोह का मुख्य कारण मान रहे थे; पर कोई यह नहीं बता रहा था कि बंगाल सेना के सैनिकों में यह भावना पैदा ही इसलिए हुई, क्योंकि उनकी जाति को नष्ट करने का षड्यंत्र रचा गया। यह प्रश्न आज तक अनुत्तरित है कि यह षड्यंत्र किस मस्तिष्क में सबसे पहले उपजा, उस षड्यंत्र का स्वरूप क्या था, षड्यंत्र का लक्ष्य सेना को ही क्यों बनाया गया और यदि यह सफल हो जाता तो भारत का चित्र क्या होता?

[नवभारत टाइम्स, ९ नवंबर, १९९५]

□

हमारी फौज में इतने ब्राह्मण !!

सन् १८५७ में बंगाल नेटिव इन्फैंटरी के सिपाहियों का यह शक निराधार नहीं था कि उन्हें ईसाई बनाने के इरादे से पहले छलपूर्वक उनको जाति-भ्रष्ट करने का षड्यंत्र रचा गया है। इस षड्यंत्र की एक कड़ी के रूप में गाय और सूअर की चरबी लगे कारतूसों की कहानी जग-प्रसिद्ध है। पिछले पचास साल के गहरे शोध ने अब यह पूरी तरह सिद्ध कर दिया है कि सन् १८५७ के शुरू होते ही ऐसे कारतूस भारतीय सिपाहियों को दिए जाने लगे जिन्हें बंदूक की नली में भरने के पहले मुँह से काटना जरूरी होता था। इससे अनजाने ही गाय की चरबी का कुछ अंश उनके मुँह में चला जाता था। यदि डमडम के सैनिक कारखाने, जहाँ इन कारतूसों का निर्माण होता था, में काम करनेवाले किसी निचली जाति के लस्कर ने किसी ब्राह्मण सिपाही के कान में यह रहस्य न बता दिया होता तो बेचारे सिपाही अज्ञानवश इन कारतूसों का इस्तेमाल करते रहते तथा अचानक एक दिन मिशनरियों द्वारा यह भंडाफोड़ किए जाने पर वे उन दिनों की मान्यताओं के अनुसार जाति-भ्रष्ट घोषित कर दिए जाते और तब ईसाई बनने के अलावा उनके पास कोई रास्ता शेष नहीं रह जाता।

यह छलपूर्ण षड्यंत्र जान-बूझकर रचा गया था, क्योंकि अब ऐसे अनेक दस्तावेज प्रकाश में आए हैं जिनसे विदित होता है कि २९ मार्च, १८५७ को मंगल पांडे की खुली बगावत के पूर्व जनवरी मास से ही देसी सिपाहियों ने अपने शक का इजहार करने, इन कारतूसों की निष्पक्ष जाँच कराने और उन्हें वापस लेने की माँग उठानी शुरू कर दी थी। कुछ ब्रिटिश सेनाधिकारी सिपाहियों में बढ़ते हुए असंतोष को भाँपकर कारतूसों को वापस लेने की माँग का समर्थन भी कर रहे थे। किंतु इन

कारतूसों को वापस लेने के वजाय इस छल पर परदा डालने की भरपूर कोशिश की गई। यहाँ तक कि सन् १८५७ के विद्रोह के सरकारी इतिहासकार सर जे.डब्ल्यू. केये, जो उन दिनों इंडिया ऑफिस के राजनीतिक एवं गोपनीय विभाग का सचिव होने के नाते इन दस्तावेजों से पूरी तरह परिचित था, ने अपने तीन खंडों के तथाकथित शोध ग्रंथ में सफेद झूठ लिख दिया कि इन कारतूसों में किसी प्रकार के जानवर की चरबी का इस्तेमाल नहीं हुआ था, बल्कि अलसी का तेल और मधुमक्खियों के मोम के मिश्रण का इस्तेमाल किया गया था।

यहाँ सवाल उठता है कि इस षड्यंत्र का शिकार बंगाल नेटिव इन्फैंटरी को ही क्यों बनाया गया? इसके लिए इसे सेना की क्रांति-पूर्व रचना को समझना बहुत आवश्यक है। लगभग दो लाख सिपाहियों की यह फौज उस समय की सबसे विशाल, शक्तिशाली और अजेय फौज थी। इस सेना में लगभग सभी सिपाही उत्तर प्रदेश के अवध और बिहार के बक्सर या भोजपुरी क्षेत्र के रहनेवाले थे, जिन्हें 'पुरबिए' या 'हिंदुस्तानी' पुकारा जाता था। आज शायद इस तथ्य पर विश्वास करना कठिन लगे, किंतु सच यही है कि इस फौज में लगभग ४० प्रतिशत सिपाही पुरबिए ब्राह्मण, लगभग २० प्रतिशत राजपूत, लगभग २० प्रतिशत मुसलमान और शेष २० प्रतिशत में अन्य सब जातियों और धर्म के लोग थे। उन दिनों देशभक्ति और राष्ट्रीयता की चेतना स्वयं को आज के समान पश्चिमी मुहावरों में अभिव्यक्त नहीं करती थी। तब धर्म-चेतना ही बलवती थी और जाति धर्म को ही सर्वोपरि माना जाता था। जाति गई तो धर्म गया, धर्म गया तो देश भी गया और यह जाति-धर्म खानपान व छुआछूत के कुछ विधि निषेधों का बंदी हो गया था। 'जीविकोपार्जन के लिए विदेशियों की सेना में नौकरी करके मैं अपने देश को गुलाम बनाने में सहायक बन रहा हूँ', यह विवेक शायद उन दिनों जाग्रत् नहीं था। किंतु समुद्र-यात्रा करने से जाति नष्ट हो जाएगी, इसलिए समुद्र-यात्रा के सैनिक आदेश का उल्लंघन करने में उन्हें तनिक भय नहीं लगता था। गाय तो हिंदुओं का सर्वोच्च श्रद्धा केंद्र थी और है। गाय की चरबी का मुँह से स्पर्श होने मात्र से जाति-भ्रष्ट होना अनिवार्य था। बंगाल इन्फैंटरी के जाति-भ्रष्ट होने का अर्थ था बड़ी संख्या में ऊँची जातियों—ब्राह्मणों और राजपूतों—का ईसाई धर्म की गोद में आना। ऐसी ईसाई सेना भारत में ब्रिटिश साम्राज्य की सुरक्षा और स्थायित्व की गारंटी तो बन ही सकती थी। तब धर्मांतरित ब्राह्मणों एवं राजपूतों के प्रभाव का उपयोग करके सभी भारतवासियों को अल्प काल में ही ईसाई बनाना संभव हो सकता था। पुरबिया सिपाहियों को ईसाई बनाने की दिशा में प्रयास काफी वर्ष पहले सेना में होने लगा। पादरियों को

ब्रिगेडियर या कर्नल जैसे उच्च पदों पर नियुक्त करना शुरू किया जा चुका था, किंतु अनेक वर्षों तक ईसाई धर्म की श्रेष्ठता एवं हिंदू धर्म की निंदा पर प्रवचन करने के बाद भी उन्हें धर्मांतरण करने में सफलता नहीं मिल रही थी। अपने लंबे अनुभव से उन्होंने निष्कर्ष निकाला कि जब तक जाति नष्ट नहीं होगी तब तक धर्मांतरण नहीं होगा। सैनिक कुशलता व अनुशासन के नाम पर गाय की चरबी लगे कारतूसों को सेना में आसानी से प्रचलित किया जा सकेगा और तब समूची सेना को जाति-भ्रष्ट करके एक ईसाई सेना रातोरात खड़ी हो सकेगी, जो ब्रिटिश साम्राज्यवाद और ईसाई मिशनरियों दोनों का समान रूप से हित साधन कर सकेगी। किंतु समय से पहले ही इस षड्यंत्र का भंडाफोड़ हो जाने से सेना ने क्रांति का बिगुल बजा दिया और पूरा षड्यंत्र धराशायी कर दिया।

क्रांति के आकस्मिक भयंकर विस्फोट ने ब्रिटिश शासकों को जड़ से हिला दिया। उनके सामने यह सवाल खड़ा हो गया कि बंगाल की सेना में इतनी बड़ी संख्या में ब्राह्मणों की भरती कैसे हो गई? इस सेना में निचली जातियों के लोग भरती क्यों नहीं किए गए? सैनिक अनुशासन भी जाति की पकड़ को ढीला क्यों नहीं कर पाया? जाति की पकड़ के बने रहते ऐसी सेना कैसे खड़ी हो सकती है, जो बगावत के रास्ते पर जा ही न सके?

इन सब प्रश्नों का उत्तर खोजने के लिए १५ जून, १८५८ से ७ मार्च, १८५९ तक कई प्रश्नावलियाँ इंग्लैंड से ऐसे पचास-साठ वरिष्ठ एवं अनुभवी ब्रिटिश सैनिक एवं प्रशासनिक अधिकारियों को भेजी गईं, जो पच्चीस-पच्चीस, तीस-तीस साल भारत में सैनिक एवं प्रशासनिक तंत्र का अंग रहे थे और जो क्रमशः प्रांतीय गवर्नर व सेनाध्यक्ष जैसे ऊँचे पदों पर पहुँचे थे। १५ जुलाई, १८५८ को ब्रिटिश सम्राज्ञी ने मेजर जनरल जोनाथन पील की अध्यक्षता में एक रॉयल कमीशन की नियुक्ति की, जिसे इन सभी अनुभवी प्रशासनिक एवं सैनिक अधिकारियों के विचारों को लिखित एवं मौखिक साक्ष्य के रूप में एकत्र करने का काम सौंपा गया। इस पील आयोग की भारी-भरकम रिपोर्ट में ये सभी लिखित एवं मौखिक साक्षियाँ एकत्र हैं। इनसे उस समय के भारतीय समाज पर जाति की गहरी पकड़, विभिन्न जातियों की विशेषताओं एवं क्षमताओं व उनके पारस्परिक संबंधों पर भारी प्रकाश पड़ता है।

[नवभारत टाइम्स, १६ नवंबर, १९९५]

□

ब्राह्मण ही सब मुसीबत की जड़ है

सन् १८५७ की क्रांति के प्रत्यक्षदर्शी लगभग सभी ब्रिटिश अधिकारियों को विश्वास था कि यदि बंगाल की विशाल और शक्तिशाली फौज में ब्राह्मण सिपाहियों का प्राधान्य नहीं होता तो यह क्रांति नहीं हो पाती। इसलिए अब यह सवाल उनके लिए बहुत बड़ा हो गया कि बंगाल की फौज में केवल अवध और बक्सर क्षेत्र से ही ब्राह्मणों की इतनी बड़ी संख्या में भरती क्यों और कैसे हो गई? पंजाब का चीफ कमिश्नर सर जॉन लॉरेंस अचंभे में था कि बंगाल की पैदल फौज में तो ब्राह्मणों और राजपूत सिपाहियों की संख्या तीन-चौथाई से भी ज्यादा थी। एक सैनिक अधिकारी ने पूछा कि अवध के सैनिकों में ऐसी क्या खास बात थी कि बंबई की फौज में भी उनकी भरती बड़े पैमाने पर शुरू हो चुकी थी और अगर यह विद्रोह न हो जाता तो कुछ सालों में बंबई की फौज भी बंगाल की फौज के पुरबिए सिपाहियों की बिरादरी में शामिल हो जाती। एक अफसर ने, जिसने बंगाल और मद्रास दोनों प्रेसीडेंसियों की फौजों में काम किया था, बताया कि इसमें शक नहीं है कि ये पुरबिए सिपाही अन्य क्षेत्रों के सिपाहियों से ज्यादा अच्छे साबित हुए हैं।

किंतु उनकी भरती का एकमात्र कारण यही नहीं था। कई अफसरों ने अपने अनुभव से बताया कि पुरबिए ब्राह्मणों के सुंदर सुडौल शरीरों, उनकी कुशाग्र बुद्धि और स्वच्छ आदतों ने हमारे ब्राह्मणीकृत भरती-अधिकारियों का मन मोह लिया था और वे आँखें मूँदकर उनकी भरती कर लेते थे। कई अधिकारियों ने स्वीकार किया कि अच्छे सिपाही होने के साथ-साथ वे स्वयं बड़े अनुशासित होते हैं और उनके व्यक्तित्व में से प्रभावशाली शालीनता झलकती है। पर ब्राह्मणों का यह प्रभाव ही

तो सब मुसीबत की जड़ था।

भारत सरकार के सैनिक सचिव मेजर जनरल बर्च ने कहा कि 'मैंने अपनी आँखों से देखा कि एक कंपनी का अधिकारी निचली जाति का था; पर परेड खत्म होते ही वह अपनी कंपनी के एक सामान्य ब्राह्मण सिपाही के चरणों में साष्टांग दंडवत् प्रणाम करने के लिए लेट गया।' सर जॉन लॉरेंस और बंबई के गवर्नर लॉर्ड एलफिंस्टन ने भी अन्य जातियों के सैनिकों पर ब्राह्मणों के इस भारी प्रभाव का उल्लेख किया। लॉर्ड एलफिंस्टन ने २२ मई, १८५८ को लिखा कि अन्य जातियों के सिपाहियों पर ब्राह्मणों का यह प्रभाव सैनिक अनुशासन के सर्वथा प्रतिकूल है। एक अन्य ब्रिटिश सैनिक अधिकारी ने आयोग को बताया कि हम ब्रिटिश अधिकारी हमेशा महसूस करते थे कि हमारे सैनिक अनुशासन से ऊपर भी कोई ऐसा प्रभाव काम कर रहा है, जिसपर हमारा कोई वश नहीं है।

आश्चर्य की बात यह है कि किसी भी अधिकारी ने अपनी साक्षी में यह नहीं बताया कि ब्राह्मणों के प्रभाव एवं अत्याचारों से अन्य जातियों के लोग त्रस्त थे और उनके नियंत्रण से छुटकारा पाने के लिए छटपटा रहे थे। बल्कि इससे उलटी स्थिति का ही उन्हें अनुभव हुआ। उनका कहना था कि ब्राह्मणों का प्रभाव अन्य जातियों के श्रद्धा भाव में से पैदा हुआ था। सर जॉन लॉरेंस ने अपनी रिपोर्ट में लिखा कि 'पिछले साल जब ऊँची जातियों के सिपाहियों ने विद्रोह का झंडा उठाया तो निचली जातियों के सब कर्मचारी, जो तंबू गाड़ने, घास काटने, घोड़ों की सेवा करने इत्यादि का काम करते थे, भेड़ों की तरह उनके पीछे चल दिए। उन्होंने एक बार भी अपने बड़े ब्रिटिश अधिकारियों के आदेश का पालन करना उचित नहीं समझा।'

ब्राह्मण सिपाहियों को ही सन् १८५७ की क्रांति का मुख्य कारण समझने के कारण अधिकतर अधिकारियों का मत था कि नई फौज खड़ी करते समय ब्राह्मणों की भरती बिलकुल न की जाए और यथासंभव निचली जातियों के सैनिकों की बड़ी संख्या में भरती की जाए। बंबई के सेनाध्यक्ष ले. जनरल आर.एच. सोमसेट का कहना था कि ब्राह्मणों को केवल सेना में ही नहीं, नागरिक प्रशासन में भी प्रवेश नहीं मिलना चाहिए। सन् १८५७ के विस्फोट की दहशत से बौखलाकर काफी अधिकारियों का कहना था कि हमें अपनी सेना के दरवाजे ब्राह्मणों के लिए बंद कर सभी जातियों और क्षेत्रों के लिए खोल देना चाहिए। जाति को सेना में किसी भी प्रकार मान्यता नहीं देना चाहिए, जाति को हमें जड़-मूल से उखाड़ने का प्रयास करना चाहिए। इसके लिए सभी जातियों की मिली-जुली

सैनिक टुकड़ियाँ बनानी चाहिए।

पर मेजर जनरल बर्च, सर जॉन लॉरेंस, डब्ल्यू.आर. मेंसफील्ड एवं अन्य अनेक अनुभवी एवं शीर्षस्थ अधिकारी इस आवेशजन्य उत्साह से पूरी तरह सहमत नहीं थे। भारत सरकार के सैनिक सचिव मेजर जनरल बर्च ने आयोग को एक लिखित वक्तव्य देकर इन सभी सुझावों को अव्यावहारिक बताया। उन्होंने लिखा कि जाति-व्यवस्था के प्रति हम ब्रिटिश लोग भले ही निंदा और वितृष्णा का भाव रखें और इस संस्था के दुष्परिणामों एवं मनोबल गिरानेवाली प्रवृत्ति को मुझसे अधिक कौन जानता होगा; किंतु हमारे चाहने मात्र से जाति को मिटाया नहीं जा सकता। हमें समझ लेना चाहिए कि जाति जैसी संस्था किसी भी अन्य देश में नहीं है। इसलिए अन्य देशों में विभिन्न वर्गों एवं नस्लों के एक-दूसरे में मिश्रण का उदाहरण भारत में बिलकुल बेमानी है। एक बात पक्की है कि जाति-व्यवस्था के प्रति पूर्ण उपेक्षा भाव दिखलाकर भी हम भारतीयों को उसकी उपेक्षा करने के लिए प्रेरित नहीं कर पाएँगे। बर्च ने लॉर्ड विलियम बेंटिक के ३१ दिसंबर, १८३४ के आदेश और १८५३ के बंगाल सेना अधिनियम ३१ के भाग-२ की धारा ६ का हवाला देते हुए लिखा कि लंबे अनुभव पर आधारित इस अधिनियम में ऊँची जातियों को भरती करने और नीची जातियों के सब लोगों को ध्यानपूर्वक ठुकराने का निर्देश दिया गया था। इस अधिनियम में सैनिक सेवा के लिए निषिद्ध जातियों की सूची में बनिया, कायस्थ, नाई, तेली, तंबोली, गड़रिया, कहार, माली, काछी और आदतन निम्न पेशों से जुड़ी जातियों का नामोल्लेख किया गया। सेना में निचली जातियों की भरती के विरुद्ध अनेक तर्क देते हुए बर्च ने यह भी लिखा कि सार्वजनिक सेवाओं की अन्य शाखाओं में हम भले ही नीची जातियों के लोगों का इस्तेमाल करें, किंतु देश की सैनिक सुरक्षा के लिए उनपर भरोसा करना महज बेवकूफी होगी; क्योंकि अभी तो यह देखा जाना है कि वे लोग खतरे की स्थिति पैदा होने पर कैसा व्यवहार करेंगे। मुझे भय है कि यदि कोई शत्रु खम ठोककर खड़ा हो गया तो ये लोग भाग खड़े होंगे, क्योंकि जाति के दुष्प्रभाव के कारण इन लोगों में आत्मविश्वास की उस भावना का अभाव है जो किसी भी सैनिक की पहली आवश्यकता है। बर्च ने लिखा—'मुझे शंका है कि जो लोग इस समय निम्नतम जातियों की भरती की जोरदार वकालत कर रहे हैं, वे स्वयं भी केवल डोमों या हलालखोरों की किसी रेजीमेंट में काम करना पसंद करेंगे।'

बर्च जैसे लोगों के मत से हमारा सहमत होना आवश्यक नहीं है, किंतु

यहाँ तो हम उस समय के ब्रिटिश अधिकारियों के अनुभव एवं मत को ही प्रस्तुत कर रहे हैं। बर्च के मत से सहमत होनेवाले ब्रिटिश अधिकारियों की संख्या काफी बड़ी थी। सबके सामने सवाल था कि ब्राह्मणों पर भरोसा नहीं किया जा सकता, पर निचली जातियों पर सैनिक सुरक्षा जैसी भारी जिम्मेदारी छोड़ी नहीं जा सकती, जाति-प्रथा को मिटा पाना भी हमारे बूते की बात नहीं है, तो फिर उपाय क्या है?

[नवभारत टाइम्स, २३ नवंबर, १९९५]

□

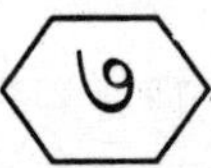

जाति के बारे में अंग्रेजों की त्रिसूत्री नीति

सन् १८५७ की क्रांति की आकस्मिकता एवं व्यापकता ने ब्रिटिश शासकों को जड़ से हिला दिया। वे यह देखकर स्तंभित रह गए कि रूप-रंग, वेश-भूषा, खान-पान, भाषा, उपासना, जाति एवं क्षेत्र की अनेक विविधताओं के बावजूद भारतीय समाज में कोई ऐसी अंतश्चेतना प्रवाहित हो रही है, जिसके जग जाने पर यह पूरा समाज विदेशी सत्ता के विरुद्ध एकजुट हो जाता है। इसलिए अब उनकी एक ही चिंता रह गई कि कैसे इस विविधता में विद्यमान एकता के सूत्रों को खोज-खोजकर नष्ट किया जाए। इसी चिंता को मुखरित करते हुए तत्कालीन भारत-सचिव चार्ल्स वुड ने वाइसराय एल्गिन को लिखा था कि 'यदि पूरा भारत हमारे विरुद्ध एकजुट हो गया तो हम कितनी देर टिक पाएँगे?' इसलिए भारत में भावी ब्रिटिश नीति का एकमात्र सूत्र बन गया—'फूट डालो और राज करो'। अपनी इस नीति को व्यावहारिक रूप देने और कार्यान्वित करने के लिए उन्होंने भारतीय समाज की समस्त विविधताओं का गहरा अध्ययन किया और अधिक-से-अधिक जानकारी एकत्र की। यहाँ तक कि उस समय के एक महत्त्वपूर्ण प्रशासक सर रिचर्ड टैंपल ने इंग्लैंड लौटने पर अपने एक भाषण में गर्वोक्ति की कि 'इतिहास में पहली बार हम अंग्रेजों ने भारत के प्रत्येक खेत को नापा है, प्रत्येक मनुष्य को पहचाना है और प्रत्येक वृक्ष पर निशान लगाया है।' यह गर्वोक्ति सत्य के काफी निकट है, क्योंकि आज भी हम अपने ही यथार्थ को जानने के लिए बहुत कुछ उनके द्वारा संकलित जानकारी पर ही निर्भर हैं। उनके द्वारा छोड़ी हुई जनगणना रिपोर्टें, गजेटियर, जातियों एवं जनजातियों के विवरण, भाषा सर्वेक्षण इत्यादि ही आज भी हमारे विश्वविद्यालयी शोध के मुख्य संदर्भ स्रोत बने हुए हैं।

सन् १८५७ की क्रांति के तुरंत पश्चात् भारत की जाति-संस्था के बारे में इतना प्रचुर साहित्य रचा गया कि उसे देखकर आश्चर्य होता है। क्या यह आश्चर्य की बात नहीं कि यकायक सन् १८५८ में ही क्यों कई प्रमुख ईसाई मिशनरी, कई ब्रिटिश प्रशासक एवं कई यूरोपीय संस्कृतज्ञ भारत की जाति-संस्था के बारे में लिखने को बेचैन हो उठे? जाति-संस्था पर कलम उठानेवाले ईसाई मिशनरियों में कलकत्ता के अलेक्जेंडर डफ, बंबई के जॉन विल्सन और मद्रास के रेवरेंड ई.जे. हार्डी के नाम उल्लेखनीय हैं। ये तीनों अपने समय के अत्यंत मेधावी और प्रभावशाली मिशनरी थे और सन् १८५७ की क्रांति के प्रत्यक्षदर्शी होने के नाते उनकी भूमिका बहुत महत्त्वपूर्ण थी। अलेक्जेंडर डफ और जॉन विल्सन दोनों स्कॉटिश मिशनरी थे। दोनों एक ही वर्ष १८२९ में भारत आए। एक ने बंगाल को अपना कार्यक्षेत्र चुना तो दूसरे ने बंबई प्रेसीडेंसी को। दोनों का ही उस समय के बौद्धिक जगत् में बहुत ऊँचा स्थान था। अलेक्जेंडर डफ ने अंग्रेजी शिक्षा के प्रसार को अपना मुख्य माध्यम बनाया। 'कलकत्ता रिव्यू' का संपादक एवं कलकत्ता विश्वविद्यालय का संस्थापक सदस्य होने के कारण उनका बंगाल के ब्रिटिश प्रशासकों एवं अंग्रेजी शिक्षित भारतीयों पर काफी प्रभाव था। डफ ने १८५८ में कलकत्ता से एक पुस्तक अंग्रेजी में प्रकाशित की जिसका शीर्षक था 'जाति क्या है? एक ईसाई सरकार उससे कैसे निपटे?' यह पुस्तक अंग्रेजीदाँ भारतीय पाठकवर्ग को ध्यान में रखकर लिखी गई थी। डफ ने इस पाठकवर्ग को समझाने का प्रयास किया कि 'जाति-प्रथा प्रगति, बौद्धिकता, देशभक्ति एवं उदारवाद की शत्रु है।' क्या उसने अंतरात्मा को संकीर्ण स्वार्थ भाव का बंदी नहीं बना दिया?

डफ ने अंग्रेजी पढ़े-लिखे भारतीयों के मस्तिष्क में यह बात बैठाने की कोशिश की कि 'जाति ही उनकी देशभक्ति और एकता के मार्ग में सबसे बड़ी बाधा है। जाति को मिटाए बिना भारत सभ्यता के मार्ग पर आगे नहीं बढ़ सकेगा।' देशभक्ति और भौतिक धरातल पर समता के पाश्चात्य आदर्शों से अभिभूत अंग्रेजीदाँ भारतीय सरलता से ऐसे उपदेशों को आत्मसात् करने की मन:स्थिति में थे। संस्कृतज्ञ मैक्समूलर ने अप्रैल १८५८ में जाति पर एक लंबा लेख लिखा, जिसमें उसने स्वीकार किया कि सन् १८५७ की क्रांति के कारणों में जाति को सबसे प्रमुख माना जा रहा है। इसीलिए एक ओर मिशनरी लोग धर्मांतरण में प्रमुख बाधा होने के कारण जाति के विरुद्ध प्रचार कर रहे हैं तो दूसरी ओर हिंदुओं में ही देशभक्तों का एक वर्ग जाति को भारत की दुर्बलता और पराजय का कारण बता रहा है।

वस्तुत: अंग्रेजी पढ़े-लिखे भारतीयों की यह मानसिकता ही अंग्रेजी की

जाति-विपयक नीति का मुख्य आधार बनी। सन् १८५७ के सरकारी इतिहासक जे.डब्ल्यू. केये ने सन् १८५९ में प्रकाशित 'भारत में ईसाई धर्म' शीर्षक पुस्तक लिखा—'इस समय बुद्धिमानी इसी में है कि हम अपने इच्छित परिवर्तनों व हिंदुओं पर बाहर से लादने के बजाय हिंदू मस्तिष्क को ही अपने उत्थान की दिश खोजने के लिए मदद करें, मैं यह तो नहीं कहूँगा कि उन्हें स्वतंत्र छोड़ दें। परिवर्त उनके भीतर से आएगा, तभी स्थायी होगा।'

लगभग सभी अनुभवी ब्रिटिश प्रशासक एवं विचारक इस बारे में एकमत कि जाति को मिटाया नहीं जा सकता, इसलिए भारत में जाति-विहीन समाज व सपना देखना मूर्खता है। भारतीय इतिहास और परंपरा के गहन अध्ययन के आधा पर मैक्समूलर ने स्पष्ट शब्दों में लिखा कि 'भारत में जाति किसी-न-किसी रूप प्रारंभ से ही मौजूद रही है। भले ही उसे धार्मिक संस्था नहीं माना जा सकता था, प वह सामाजिक संस्था के रूप में शताब्दियों से विकसित होती रही है और हिं समाज का पूरा ढाँचा उसपर टिका हुआ है।' इसलिए उसने सलाह दी, 'जाति वे सवाल पर बहुत ही सावधानी बरतनी होगी।' मिशनरियों के जाति-विरोधी प्रला से असहमति प्रकट करते हुए मैक्समूलर कर्नल स्लीमेन जैसे अनुभवी प्रशासक क लंबा उदाहरण देकर कहता है कि 'जो हिंदुओं को भली-भाँति जानते हैं, वे हिं समाज को जाति-विहीन बनाने के लिए तनिक भी व्यग्र नहीं हैं।'

जाति यदि मिट नहीं सकती तो इस जाति-संस्था का इस्तेमाल ब्रिटि साम्राज्य के स्थायित्व के लिए कैसे हो सकता है, इसके लिए ब्रिटिश शासकों तीन सूत्री नीति अपनाई। एक, जातियों के बारे में अधिक-से-अधिक जानकार एकत्र करके विभिन्न जातियों के बीच स्पर्धा पैदा करना और उन्हें आपस लड़ाना; दो, अंग्रेजी शिक्षित भारतीयों के मन में जाति-व्यवस्था के प्रति घृणा औ विरोध का भाव पैदा करके उन्हें जाति-विहीन समाज के निर्माण का सपना देन और तीन, उपर्युक्त दोनों नीतियों के कार्यान्वयन के लिए आवश्यक था कि भार की विविधता को एकता के सूत्र में पिरोनेवाले वर्ग के प्रति श्रद्धा के बजाय घृण और विरोध का भाव पैदा करना।

[नवभारत टाइम्स, २१ दिसंबर, १९९५

ब्रिटिश जनगणना नीति का सच

कैसी विचित्र स्थिति है कि सन् १८५७ के बाद एक ओर तो अंग्रेज लेखकों जाति को भारत की प्रगति और एकता में सबसे बड़ी बाधा बताना शुरू कर दिया, री ओर ब्रिटिश शासकों ने जाति को ही अपनी साम्राज्यवादी नीति का मुख्य धार बना लिया। उनकी नीति का लक्ष्य जाति को मिटाना नहीं, उसे अधिक सुदृढ़ र संकीर्ण बनाना हो गया। उन्होंने जान-बूझकर जाति-व्यवस्था में विद्यमान स्परावलंबिता और एक बड़ी समाज-रचना का अंग समझने की भावना की न त्रल उपेक्षा की, अपितु प्रयत्नपूर्वक हत्या की और उसे परस्पर प्रतिस्पर्धा बनाकर र्ष के पथ पर धकेला।

इस नीति के पीछे विद्यमान साम्राज्यवादी उद्देश्य को स्पष्ट करते हुए सन् ६५ में कलकत्ता के प्रेसीडेंसी कॉलेज के प्रिंसिपल जेम्स कैर्र ने लिखा— भी-कभी शंका होती है कि जाति का अस्तित्व कुल मिलाकर भारत में हमारे य के स्थायित्व के लिए अनुकूल नहीं है। किंतु यदि हम जरा सावधानी और धैर्य साथ काम लें तो इसे उस स्थायित्व के लिए अनुकूल भी बनाया जा सकता है। ते की चेतना को राष्ट्रीय एकता के विरुद्ध मोड़ा जा सकता है।'

एक ईसाई मिशनरी एम.ए. शेरिंग, जिसने सन् १८५२ से वाराणसी को ना कार्यक्षेत्र बनाया था, ने १८५७ की क्रांति को अपनी आँखों से देखा और ५९ में 'क्रांति के दौरान भारतीय चर्च' शीर्षक पुस्तक प्रकाशित की। उसने ते-व्यवस्था का गहरा अध्ययन करके सन् १८७२ में 'हिंदू कास्ट्स एंड ट्राइब्स' क पुस्तक भी प्रकाशित की। सन् १८८० में अपनी मृत्यु के ठीक पूर्व उसने लकत्ता रिव्यू' में जाति के विभाजनकारी पक्ष को उभारते हुए लिखा—'अन्य

देशों में पाई जानेवाली सामाजिक एकता को जाति नष्ट कर देती है। ...यूरोप में हिं समाज को एक ऐसी संगठित इकाई के रूप में देखा जाता है, जो टुकड़ों में बँटी होने पर भी अपनी अखंडता में उन सब टुकड़ों को समेटे रहती है। किंतु ज्यादा अच्छ होगा कि हम असंख्य भारतीय जातियों और जनजातियों को एक-दूसरे से स्वतंत्र असंबद्ध एवं स्वयं-पूर्ण इकाइयाँ मानकर चलें।'

इस विभाजनकारी साम्राज्यवादी सोच के कार्यान्वयन का मुख्य माध्यम बनाया गया सन् १८७१ से प्रारंभ हुई दस वर्षीय जनगणना की प्रक्रिया को जनगणना का मुख्य उद्देश्य बताया गया कि प्रशासन को ठीक प्रकार से चलाने के लिए आवश्यक है कि हमारे प्रशासकों को प्रत्येक क्षेत्र में रहनेवाले प्रत्येक जाति समूह के रहन-सहन और रीति-रिवाजों की बारीक जानकारी उपलब्ध हो। यह भ कहा गया कि अब तक हम हिंदू समाज को ब्राह्मणी शास्त्रों के माध्यम से समझ आए हैं, पर अब हम इन शास्त्रों को किनारे रखकर जनगणना के लिए घर-घ जाकर हिंदू यथार्थ को नीचे से जानने का प्रयत्न करेंगे। सिद्धांत के नाते तो यह बा ठीक लगती है, किंतु प्रत्यक्ष व्यवहार में उसका एकमात्र लक्ष्य था हिंदू यथार्थ क जाति, उपासना और बोलियों आदि के भेदों में खंड-खंड करके चित्रित करना वस्तुतः यह जनगणना रिपोर्ट भारतीय यथार्थ का सही चित्रण प्रस्तुत करने के बजा 'सरकारी दृष्टि और आवश्यकता' को अधिक प्रतिबिंबित करती है।

प्रत्येक जाति को 'एक संपूर्ण, स्वतंत्र एवं असंबद्ध' इकाई के रूप में प्रस्तु करने के लिए जातिगत विशेषताओं के नाम पर अन्य जातियों से उसकी भिन्नता क उभारने की कोशिश की गई। भारतीय परंपरा में भी कुल धर्म, जाति धर्म, ग्राम ध जनपद धर्म, गृहिणी धर्म इत्यादि को मान्यता देकर इस सत्य को स्वीकार किया ग है कि प्रत्येक मनुष्य एक ही समय अपने भीतर अनेक समूह चेतनाओं को लेक जीता है, किंतु इन समस्त चेतनाओं को परस्पर पूरक और व्यापक बनाना संस्कृति का कार्य है। इसीलिए हमारे यहाँ कहा गया कि कुल के हित में व्यक्ति के ग्राम या जाति के लिए कुल के और जनपद के लिए ग्राम के हितों का त्याग कर दे चाहिए। किंतु ब्रिटिश शासकों ने उलटा मार्ग अपनाया।

अपने साम्राज्यवादी उद्देश्य को पूरा करने के लिए उन्होंने सन् १८७१-७ की जनगणना से ही जातियों की सूचियाँ तैयार करना और उनका कृत्रिम वर्गीकर शुरू कर दिया। सन् १८८१ में प्रत्येक प्रांत के लिए ग्रामशः प्रत्येक जाति की संख देते हुए जातियों की सूची तैयार की गई। इतना ही नहीं, जातीय स्पर्धा पैदा करने हेतु उन्होंने प्रत्येक जाति की अन्य जातियों से ऊँच-नीच का तुलनात्मक आकल

भी करना चाहा। क़िंतु उनके इस प्रयत्न का उस समय के भारतीय समाज की ओर से इतना कड़ा विरोध हुआ कि उन्हें उस समय अपनी इस योजना को स्थगित करना पड़ा। पर सन् १९०१ के जनगणना आयुक्त सर हर्बर्ट रिस्ले ने 'सामाजिक उच्चता' के सिद्धांत के आवरण में इस योजना को कार्यान्वित कर ही डाला। जनगणना कर्मचारियों को निर्देश दिया गया कि वे जाति और उपजाति पूछने के साथ ही यह भी पूछें कि आपकी जाति अमुक जाति से ऊँची है या नीची। इस पूछताछ का परिणाम हुआ कि विभिन्न जातियों में अपने को ऊँचा बताने की होड़ लग गई।

सन् १९२१ की बंगाल जनगणना रिपोर्ट में कहा गया है कि जनगणना में 'सामाजिक उच्चता' के सिद्धांत को 'उच्च जातियों के अलावा शेष सभी जातियों के नेताओं ने ऐसे अवसर के रूप में देखा है, जब वे अपने उन सामाजिक दावों के पक्ष में दबाव बना सकते हैं और मान्यता पा सकते हैं, जिनसे उच्च जातियों के लोगों ने उन्हें अब तक वंचित रखा है।' इस स्पर्धा में उस समय अधिकतर जातियों ने ब्राह्मण या क्षत्रिय वर्ण में स्थान पाने की कोशिश की, जबकि आजकल आरक्षण के लोभ में तथाकथित उच्च जातियाँ भी मध्यम या अनुसूचित जातियों में स्थान पाने के लिए लालायित हैं।

[नवभारत टाइम्स, २० दिसंबर, १९९५]

□

चेतावनियाँ, जिन्हें हमने अनसुना कर दिया

२० अगस्त, १९१७ को ब्रिटिश संसद् में भारत-सचिव मांटेग्यू की घोषणा ने शिक्षित भारतीयों के मन में आशावाद जगाया कि ब्रिटेन सचमुच भारत को ब्रिटिश संसदीय लोकतंत्र के रास्ते पर बढ़ाने और किश्तों में क्रमश: सत्ता सौंपने के लिए कृत-संकल्प है। किंतु मांटेग्यू का मुख्य लक्ष्य सत्ता हस्तांतरण न होकर भारतीय समाज को अनेक प्रतिस्पर्धी हितों में विभाजित कराना था। इस उद्देश्य से उसने नवंबर १९१७ से छह महीने की भारत-यात्रा शुरू की। इस यात्रा में उसने अलग-अलग हितों का प्रतिनिधित्व करनेवाली एक सौ आठ संस्थाओं के प्रतिनिधिमंडलों से भेंट की और उनके मन में सत्ता पाने की लालसा से प्रतिस्पर्धा के बीज बो दिए। भारत से वापस लौटकर उसने वाइसराय चेम्सफोर्ड का नाम जोड़कर ८ जुलाई, १९१८ को मांटेग्यू-चेम्सफोर्ड दस्तावेज के नाम से संवैधानिक सुधारों की नई किश्त की घोषणा की। यह दस्तावेज ही सन् १९१९ के भारत अधिनियम का आधार बना। पर हम पहले ही बता चुके हैं कि २० अगस्त, १९१७ से प्रारंभ हुई दौड़-धूप महज छलावा थी, क्योंकि इस दस्तावेज की रूपरेखा काफी पहले परदे के पीछे सक्रिय ब्रिटिश संविधान विशेषज्ञों के 'राउंड टेबल क्लब' ने तैयार कर दी थी।

विभाजनकारी दीवारें

२० अगस्त, १९१७ को मांटेग्यू के प्रसिद्ध भाषण के समय से ही इन सुधारों के बारे में ब्रिटेन और भारत में बहस छिड़ गई। ब्रिटेन में बुद्धिजीवियों के एक वर्ग का कहना था कि भारत का ऐतिहासिक विकास और वर्तमान सामाजिक-धार्मिक

परिप्रेक्ष्य ब्रिटेन से भिन्न होने के कारण ब्रिटिश संसदीय प्रणाली भारत के लिए कदापि उपयुक्त नहीं है। यह भारतीय समाज को जोड़ने के बजाय और अधिक तोड़ने का काम करेगी। सर हैरी स्टीफेन का प्रश्न था कि 'इस दस्तावेज में मतदान प्रक्रिया द्वारा जिस उत्तरदायी शासन की बात की गई है, उसका भारत की अनूठी सामाजिक संस्था 'जाति' के साथ मेल कैसे बैठेगा? दस्तावेज दावा करता है कि चुनाव प्रक्रिया से गुजरने पर ही 'जाति' जैसी सहस्राब्दियों पुरानी विभाजनकारी दीवारें ढह सकेंगी, पर कैसे? इस बारे में यह दस्तावेज पूरी तरह मौन है।'

प्रसिद्ध प्रशासक-इतिहासकार विंसेंट स्मिथ ने सन् १९१८ के अंत में एक छोटी सी पुस्तिका प्रकाशित की, जिसका शीर्षक था—'इंडियन कांस्टीट्यूशनल रिफार्म्स : व्यूड इन द लाइट ऑफ हिस्ट्री' (भारत के संवैधानिक सुधार : इतिहास के आईने में)। इस पुस्तिका की भूमिका में विंसेंट स्मिथ ने लिखा कि 'आई.सी.एस. अधिकारी के नाते मैंने उनतीस साल भारत में नौकरी की है। भारत सरकार के लगभग प्रत्येक विभाग में काम करने के कारण मुझे भारतीय यथार्थ को निकट से देखने का अवसर मिला। इतिहास के विद्यार्थी के रूप में मैंने अपने जीवन के पचास वर्ष इस यथार्थ के विकास को समझने में लगाए हैं। इसलिए मैं समझता हूँ कि इस दस्तावेज पर टिप्पणी करने का मैं योग्य अधिकारी हूँ। इस दस्तावेज का गहरा अध्ययन कर मैं इस निष्कर्ष पर पहुँचा हूँ कि यह दस्तावेज जिन सैद्धांतिक आधारों पर खड़ा किया गया है वे भारत पर लागू होते ही नहीं। मेरी दृष्टि में यह दस्तावेज एक छलावा मात्र है। भारत का मेरे जीवन में भारी योगदान है। इसलिए अपनी आयु के अंतिम चरण में पहुँचकर मेरा यह कर्तव्य हो जाता है कि मैं भारत के हित में कुछ कर जाऊँ और उसे सावधान करूँ कि वह इस छलावे में न फँसे।' इस लंबी भूमिका के साथ विंसेंट स्मिथ ने इस पुस्तक के तीसरे अध्याय में भारत में मजहबों के प्रश्न पर विचार किया है और चौथे अध्याय में जाति-संस्था के संदर्भ में इन संवैधानिक सुधारों का विश्लेषण प्रस्तुत किया है। विंसेंट स्मिथ ने लिखा है कि 'इस दस्तावेज के लेखकों का कहना है कि क्षेत्रानुसार चुनावों की लोकतांत्रिक प्रक्रिया से गुजरने पर जाति की दीवारें ढह जाएँगी और एक समरस राष्ट्रीय समाज का प्रादुर्भाव हो सकेगा।' इतिहासकार स्मिथ का कहना है कि या तो इन लेखकों को भारतीय इतिहास में 'जाति-संस्था' की भूमिका एवं महत्त्व का ज्ञान नहीं है या ये जान-बूझकर अपने पाठकों को गुमराह कर रहे हैं। स्मिथ ने कहा कि 'जाति' कोई ऊपर-ऊपर की सतही संस्था नहीं है जिसे शरीर के कपड़ों के समान चाहे जब पहना और उतारा जा सके। ऐसी संस्था विश्व की अन्य किसी सभ्यता के पास नहीं है। यह

भारत का अपना वैशिष्ट्य है। यह भारतीयों के मांस-मज्जा और रक्त में पूरी तरह घुली हुई है और भारतीय समाज की पहचान है। कोई भी हिंदू 'जाति' से पूरी तरह संबंध-विच्छेद करने की न सोच सकता है, न व्यवहार कर सकता है। इसलिए यह आभास पैदा करना कि चुनावों की प्रक्रिया जाति की दीवारों को ढहा देगी, भुलावा और छलावा मात्र है।' इतिहासकार स्मिथ ने इस अध्याय में इस विषय का गहरा विवेचन करने के पश्चात् निष्कर्ष निकाला कि ब्रिटिश संसदीय प्रणाली पर आधारित चुनाव प्रक्रिया के माध्यम से जाति-संस्था समाप्त होने के बजाय अधिक प्रबल होकर बाहर निकलेगी। उसका राजनीतीकरण हो जाएगा।

किंतु स्टीफेन और स्मिथ जैसे ब्रिटिश विचारकों की चेतावनियाँ 'नक्कारखाने में तूती की आवाज' की तरह अनसुनी व उपेक्षित रह गईं और अंग्रेजी पढ़ा-लिखा भारतीय मन ब्रिटिश शासकों द्वारा आरोपित दृष्टि-विभ्रम का शिकार बना रहा। अंग्रेजों ने उसके दिमाग में गहरे बैठा दिया था कि जाति-संस्था ही भारत के पराभव और लंबी गुलामी का मूल कारण है।

ब्रिटिश शासक पूरी तरह जानते थे कि भारत में ब्रिटिश संसदीय प्रणाली का आरोपण जाति-भेद को मिटाने के बजाय उसे गहरा करने में ही सहायक होगा। इसलिए सन् १९३५ के भारत एक्ट में हिंदू समाज को जड़-मूल तक विभाजित करने के लिए वे निचली जातियों को पृथक् निर्वाचन का अधिकार देने पर तुले हुए थे और इस दिशा में उन्होंने अपनी तैयारी सन् १९११ की जनगणना से प्रारंभ कर दी थी। सन् १९१६ में उन्होंने केंद्रीय विधान परिषद् में पहली बार विशद बहस का आयोजन करके इस विषय को उभारा।

दलित वर्ग सम्मेलनों का उदय

सन् १९१७ से दलित वर्ग सम्मेलनों का सिलसिला प्रारंभ हो गया। इन सम्मेलनों में दलित वर्गों के लिए पृथक् अधिकार की माँग उठाई जाने लगी; किंतु उनके सामने मुख्य समस्या यह थी कि 'दलित वर्ग' की व्याख्या क्या हो, इस वर्ग के अंतर्गत किन-किन जातियों को सम्मिलित किया जाए, सवर्ण और निचली जातियों के बीच विभाजन रेखा कहाँ खींची जाए। इन प्रश्नों का उत्तर खोजना ही सन् १९२७-२८ के साइमन कमीशन और १९३१ की लोथियन मताधिकार समितियों का मुख्य लक्ष्य था। सन् १९३०-३१ में लंदन में आयोजित तीन गोलमेज सम्मेलनों का मुख्य लक्ष्य भारतीय राष्ट्रवाद के विरुद्ध अनेक संकीर्ण 'हितों' को—विशेषकर दलित वर्गों, मुसलमानों, सिखों व राजे-रजवाड़ों को—खड़ा करना था।

किंतु इस समय तक भारतीय राजनीति में महात्मा गांधी के रूप में प्रखर राष्ट्रभक्ति एवं नैतिक प्रकाश स्तंभ का उद्‌भव हो चुका था। गांधीजी के नेतृत्व में कांग्रेस का कायाकल्प हो गया था। सन् १९२० और १९३० के सत्याग्रहों के माध्यम से देश के प्रत्येक कोने, प्रत्येक वर्ग और जाति में से राष्ट्रभक्त स्वतंत्रता सेनानियों की टोली उभरकर सामने आ गई थी। गाँव-गाँव, जिले-जिले और शहर-शहर में कांग्रेस समितियों का जाल बिछ गया था। अपनी अभिनव कार्य-पद्धति और शब्दावली के द्वारा गांधीजी ने ब्रिटिश सरकार को दिग्भ्रमित कर दिया था। कुछ समय के लिए उन्होंने राजनीति की पहल ब्रिटिश सरकार से छीन ली थी। फिर भी १७ अगस्त, १९३२ को ब्रिटिश प्रधानमंत्री रैम्जे मैकडोनॉल्ड ने अपने सांप्रदायिक निर्णय में दलित वर्गों के लिए पृथक् निर्वाचन के अधिकार की घोषणा कर ही डाली।

आरक्षण का भस्मासुर

गांधीजी ने आमरण अनशन की घोषणा करके अपनी समस्त नैतिक शक्ति को दाँव पर लगा दिया, जिसके कारण हिंदू समाज को जड़-मूल से विभाजित करने का यह कुचक्र अंततः विफल हो गया। किंतु इस अनशन की परिणति जिस पूना पैक्ट में हुई, उसने ही 'आरक्षण' के भस्मासुर को जन्म दिया। गांधीजी इस बात को पूरी तरह समझते थे कि 'आरक्षण' का सिद्धांत भी जाति-भेद और ऊँच-नीच के भाव को मिटाने के बजाय उसे स्थायी रूप से गहरा करने में सहायक होगा; किंतु उन्हें समाज की एकता के हित में ब्रिटिश कुचक्र के सामने झुकना पड़ा। यहीं से राजनीतिक शतरंज की पहल फिर से ब्रिटिश हाथों में चली गई। भारतीय समाज को विभाजित करने के ब्रिटिश संवैधानिक दुश्चक्र को सफल बनाने में जो महत्त्व सन् १९१६ के लखनऊ पैक्ट का है, वही १९३२ के पूना पैक्ट का भी है।

सन् १९०९ से १९३५ के भारत सरकार अधिनियम तक की संवैधानिक सुधार प्रक्रिया के पीछे ब्रिटिश उद्‌देश्यों को समझने के लिए १९३४ के एक ब्रिटिश दस्तावेज का अध्ययन उपयोगी रहेगा। यह दस्तावेज लंदन में एक संयुक्त समिति द्वारा तैयार किया गया था। इस समिति का गठन सन् १९३५ के भारत अधिनियम की रूपरेखा तैयार करते समय भारत में संसदीय प्रणाली के कार्यान्वयन में आनेवाली कठिनाइयों का अध्ययन करने के लिए किया गया था। इसकी रपट में कहा गया है कि ब्रिटेन में संसदीय प्रणाली जिन चार आधारभूत स्तंभों पर टिकी हुई है, उनमें से एक भी स्तंभ इस समय भारत में नहीं है। ये चार स्तंभ हैं—१. बहुमत के शासन का

सिद्धांत, २. बहुमत के निर्णय को स्वीकार करने की अल्पमत की सिद्धता, ३. व्यापक राष्ट्रीय हितों और नीतियों के आधार पर राजनीतिक दलों का विभाजन, न कि संकीर्ण हितों के आधार पर और ४. ऐसा राजनीतिक जनमत, जिसकी स्थायी प्रतिबद्धता किसी दल विशेष के प्रति न होकर राष्ट्रीय हितों एवं नीतियों के प्रति हो और वह उन्हीं के आधार पर राजनीतिक दलों का मूल्यांकन कर उनमें से किसी एक को अपना समर्थन प्रदान करे। यह दस्तावेज स्पष्ट शब्दों में कहता है कि 'इनमें से एक भी तत्त्व आज भारत में विद्यमान नंहीं है।' उनकी जगह हमें सामना करना पड़ता है शताब्दियों पुरानी हिंदू-मुसलिम शत्रुता से, जिसका आधार केवल मजहब ही नहीं, सभ्यता भी है। इनके अतिरिक्त अनेक अन्य आत्मकेंद्रित परस्पर विरोधी अल्पमत हैं, जो बहुमत को अविश्वास और शंका से देखते हैं।

इस प्रकार भारतीय परिस्थितियों में ब्रिटिश संसदीय प्रणाली की अनुपयुक्तता को पूरी तरह स्वीकार करने के बाद भी यह दस्तावेज सिफारिश करता है कि इस समय सांप्रदायिक प्रतिनिधित्व और अलग-अलग हितों के लिए संवैधानिक सुरक्षा की व्यवस्था अपनाना आवश्यक है। किंतु क्या यह व्यवस्था अल्पकालिक रह पाएगी? क्या इस व्यवस्था को एक बार अपना लेने के बाद हम सिद्धांतनिष्ठ, समरस राष्ट्रीय समाज जीवन के विकास की दिशा में आगे बढ़ सकेंगे? इन प्रश्नों के उत्तर में दस्तावेज पूरी जिम्मेदारी ब्रिटिश संसद् से हटाकर भारतीयों पर डाल देता है। वह कहता है कि 'इन कठिनाइयों का सामना तो करना ही पड़ेगा, किंतु संसद् को नहीं, स्वयं भारतीयों को करना होगा। यह भविष्यवाणी करना असंभव है कि कितनी जल्दी क्षेत्रीय नागरिकता के भाव के साथ-साथ आर्थिक और सामाजिक नीतियों के आधार पर राजनीतिक दलों का विकास हो सकेगा और क्या वे इतने शक्तिशाली होंगे कि भारतीय जीवन पर हावी मजहबी और जातीय कटुता के भाव को अपने अंदर आत्मसात् कर सकेंगे?'

यह सब जानते हुए भी अंग्रेजों ने सन् १९३५ के भारत अधिनियम द्वारा भारत को ब्रिटिश संसदीय प्रणाली के रास्ते पर धकेल दिया। स्वाधीन भारत के सन् १९५० के संविधान की आधारभूमि इस अधिनियम में मौजूद है। इस संवैधानिक रचना में जो निकलकर बाहर आना चाहिए था वही हमारे सामने आ रहा है।

राष्ट्रवाद की विजय

सन् १९३५ के अधिनियम के अंतर्गत सन् १९३७ के प्रांतीय चुनावों पर टिप्पणी करते हुए एक पत्र में तत्कालीन कांग्रेस अध्यक्ष डॉ. राजेंद्र प्रसाद ने लिखा

था कि 'यह कहना कठिन है कि इन चुनावों में कांग्रेस की विजय को राष्ट्रवाद की विजय कहा जाए या जातिवाद की। इन सब अनुभवों की उपेक्षा करके भी स्वाधीन भारत इस संवैधानिक प्रणाली के माध्यम से जाति-विहीन समाज के लक्ष्य को प्राप्त करने का स्वप्न देखता रहा और आज स्थिति यह है कि समूची चुनाव राजनीति जाति-संस्था के चारों ओर घूम रही है। स्थिति यह आ गई है कि जाति के जिस कॉलम को हमने सन् १९५१ की जनगणना में समाप्त कर दिया था, उसी कॉलम को २००१ की जनगणना में वापस लाने की बात सरकार की ओर से की जा रही है। यह है बबूल का बीज बोकर आम का फल उगाने का मूर्खतापूर्ण आशावाद। पचास वर्ष तक इस संवैधानिक प्रणाली का अनुभव पाने के बाद भी हमारे देश में ऐसे लोगों की संख्या काफी बड़ी है, जो यह मानते हैं कि संविधान तो स्वयं में ठीक और उपयुक्त है, केवल उसका कार्यान्वयन गलत हाथों में चला गया या गलत ढंग से हुआ। यदि यह कार्यान्वयन ठीक हाथों में चला जाए तो यही संविधान हमारे राष्ट्रीय लक्ष्यों को प्राप्त करा सकेगा। किंतु क्या यह सोच सचमुच हमारे स्वाधीनता आंदोलन के वास्तविक प्रणेताओं का प्रतिनिधित्व करती है?

[पाञ्चजन्य, १० मई, १९९८]

□

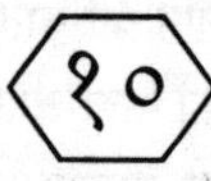

ब्रिटिश इतिहासकार की भविष्यवाणी

कैसी विडंबना है कि जिस संवैधानिक सुधार प्रक्रिया को ब्रिटिश साम्राज्यवादियों ने अपनी 'फूट डालो राज करो' नीति के कार्यान्वयन के लिए भारत में बोया था, उसी में से अंकुरित सन् १९५० के संविधान को हमने भारत की लोकतांत्रिक चेतना की सच्ची अभिव्यक्ति और जाति-विहीन समाज के निर्माण का अचूक साधन मान लिया गया! जहाँ तक ब्रिटिश साम्राज्यवादियों का संबंध है, उन्हें पहले दिन से ही स्पष्ट था कि यह रचना जाति-प्रथा को मिटाने के बजाय उसे प्रतिस्पर्धी, भेदकारी एवं सुदृढ़ बनाएगी।

अंग्रेज शासकों ने भारतीय यथार्थ का सूक्ष्म अध्ययन करके उस यथार्थ के साथ ब्रिटिश संसदीय प्रणाली की विसंगतियों को अच्छी प्रकार समझकर ही भारत को इस संवैधानिक सुधार प्रक्रिया के पथ पर जान-बूझकर धकेला था। सन् १९१९ के संवैधानिक सुधारों की पूर्व पीठिका के रूप में तत्कालीन भारत-सचिव मांटेग्यू एवं गवर्नर जनरल चेम्सफोर्ड के नाम से एक संयुक्त रिपोर्ट २० अगस्त, १९१७ को प्रकाशित की गई, जिसमें घोषणा की गई कि ब्रिटिश सरकार का लक्ष्य निर्वाचन पर आधारित लोकतांत्रिक प्रक्रिया के माध्यम से भारत को क्रमशः पूर्ण उत्तरदायी शासन प्रदान करना है। इस रिपोर्ट के पैरा १४९ में कहा गया है कि 'जितनी जल्दी जाति जैसी विभेदकारी दीवारें ढहेंगी उतनी ही जल्दी भारत साम्राज्य के अंतर्गत स्वशासन की स्थिति प्राप्त कर सकेगा।' इस रिपोर्ट के २२८ से २३१ पैरा तक देश-विदेश के अनेक उदाहरण देकर समझाने की कोशिश की गई कि निर्वाचन पर आधारित लोकतांत्रिक प्रक्रिया से गुजरकर ही भारत जाति जैसी शताब्दियों पुरानी विभाजनकारी दीवारों से छुटकारा पा सकेगा।

उसी समय सर हैरी स्टीफेन सरीखे कुछ अनुभवी ब्रिटिश चिंतकों ने यह शंका उठाई थी कि 'यह रिपोर्ट स्पष्ट नहीं करती कि इस संवैधानिक प्रक्रिया में से विकसित उत्तरदायी शासन की प्राचीन जाति-संस्था के साथ संगति कैसे बैठेगी?' उन्हीं दिनों प्रसिद्ध इतिहासकार विंसेंट स्मिथ ने भी एक छोटी सी पुस्तिका प्रकाशित की, जिसमें मांटेग्यू-चेम्सफोर्ड रिपोर्ट में विद्यमान विसंगतियों एवं उसके दुष्परिणामों का अधिक गहरा विश्लेषण प्रस्तुत किया गया। १८ दिसंबर, १९१८ को इस पुस्तिका की भूमिका में सर विंसेंट स्मिथ ने लिखा कि आई.सी.एस. अधिकारी के नाते उनतीस वर्ष तक भारत सरकार के विभिन्न विभागों में कार्य करते हुए मैंने भारतीय यथार्थ को निकट से देखा है और इतिहासकार के रूप में अपनी वयस्क आयु के लगभग पचास वर्ष इस यथार्थ को जन्म देनेवाली लंबी ऐतिहासिक प्रक्रिया को समझने में खर्च किए हैं। इसलिए मैं समझता हूँ कि इस रिपोर्ट पर टिप्पणी करने का मुझे अधिकार है। स्मिथ ने यह भी लिखा कि भारत ने मुझे बहुत कुछ दिया है और अब जब मेरे सक्रिय जीवन का अंत निकट है तो मुझे भी भारत के लिए कुछ कर जाना चाहिए।

इतिहासकार स्मिथ का कहना है कि 'भारत में व्यक्ति को नहीं, परिवार को समाज की मूल इकाई माना जाता है। आंतरिक एकता के साथ-साथ खान-पान और विवाह आदि के बारे में परंपरागत नियमों से बँधे अनेक परिवारों के समुच्चय का नाम ही 'जाति' है। किसी जाति विशेष का सदस्य होने के अतिरिक्त कोई और आधार नहीं है जिसके द्वारा कोई हिंदू अपनी पहचान बता सके। वस्तुतः जाति और हिंदू धर्म अलग-अलग न होकर अभिन्न हैं और जब तक हिंदू हिंदू बने रहना चाहते हैं तब तक जाति-प्रथा को नष्ट कर पाना असंभव है। जाति-व्यवस्था यदि तीन हजार से भी अधिक वर्षों से जीवित है तो इसलिए है, क्योंकि वह हिंदुओं के लिए हितकर है और उनके स्वभाव का अंग बन चुकी है।'

जाति-संस्था का उपर्युक्त विश्लेषण करने के पश्चात् सर विंसेंट स्मिथ मांटेग्यू-चेम्सफोर्ड रिपोर्ट की शल्य परीक्षा करते हैं। वे लिखते हैं कि 'रिपोर्ट के पैरा १५२ में आशा व्यक्त की गई है कि निर्वाचन पर आधारित प्रतिनिधित्व के कारण जाति-प्रथा की कठोरता को कम करने में सहायता मिलेगी।' क्या इस रिपोर्ट के लेखक गंभीरता से यह मानते हैं कि निर्वाचनों और मतदान पेटियों की संख्या बढ़ाते जाने से ही ब्राह्मण और निम्न जातियों की तुलनात्मक स्थिति में अंतर आ जाएगा? यदि वे ऐसा मानते हैं तो वे चाहे जो मान सकते हैं।

संक्षेप में, सर विंसेंट का यह सुविचारित मत था कि ब्रिटिश मॉडल पर

आधारित संसदीय संवैधानिक प्रणाली के माध्यम से जाति-प्रथा की कठोरता और भेदकारी प्रवृत्तियाँ कम होने के बजाय और बढ़ेंगी। उनका विश्वास था कि इस संवैधानिक प्रक्रिया में से यदि कोई संस्था मिटने के बजाय अधिक मजबूत होकर बाहर निकलेगी तो वह जाति-व्यवस्था ही होगी।

विंसेंट स्मिथ की यह भविष्यवाणी सही निकली है। आज हम अपनी आँखों देख रहे हैं कि पिछले चौवालीस वर्षों में इस संवैधानिक प्रक्रिया में जातिवादी राजनीति उत्तरोत्तर बलवान् होती जा रही है।

[नवभारत टाइम्स, १४ सितंबर, १९९५]

□

११

एक विस्मृत समझौता

यदि भारत-सचिव सर सेमुअल होर ने १ मार्च, १९३२ को लंदन से वाइसराय लॉर्ड विलिंग्डन को तार भेजकर खटखटाया न होता तो शायद इस फाइल के खुलने की नौबत ही न आती। फाइल के शुरू के तेरह पन्नों पर वाइसराय सचिवालय, गृह विभाग और खुफिया विभाग के अनेक अधिकारियों द्वारा २ मार्च से १९ जुलाई, १९३२ तक निबद्ध की गई टिप्पणियाँ अपने मूल हस्तलिखित या टंकित रूप में सुरक्षित हैं। भारत-सचिव के तार के उत्तर में वाइसराय की ओर से क्रमश: ५ मार्च, ४ अप्रैल और १९ मई को जो तीन तार भेजे गए, उनकी पृष्ठभूमि इन टिप्पणियों में छिपी हुई है। ये टिप्पणियाँ गोपनीय मानी जाती थीं। टिप्पणियों और तारों के बाद सत्ताईस पृष्ठों पर उन प्रतिवेदनों एवं पत्रों की मूल हस्तलिखित प्रतियाँ हैं, जिन्हें कुछ दलित वर्गों के नेताओं ने वाइसराय को भेजा था।

सामान्यतया उस काल की अधिकतर फाइलें मुद्रित हैं और उनकी कई-कई प्रतियाँ उपलब्ध हैं। किंतु इस फाइल की कोई प्रतिलिपि नहीं है। यदि संयोग से यह फाइल नष्ट या गुम हो जाए तो ये टिप्पणियाँ व प्रतिवेदन खोजे नहीं मिलेंगे। फाइल के रंग-रूप को देखकर शंका होती है कि शायद ब्रिटिश सरकार नहीं चाहती थी कि इस विषय पर अधिक चर्चा हो या उसे महत्त्व मिले। शायद इसलिए सचिवालयीय टिप्पणियों का अंत इस आदेश के साथ होता है कि 'पूरी फाइल को रिकॉर्ड कर दिया जाए।' १३ अगस्त, १९३२ को संयुक्त प्रांत के मुख्य सचिव ने कुछ दलित सम्मेलनों में पारित प्रस्तावों की प्रतियाँ भेजीं। उनपर भी आदेश है, 'किसी कारवाई की जरूरत नहीं, दलित वर्गोंवाली फाइल में डाल दी जाएँ।'

क्या यह विषय सचमुच इतना महत्त्वहीन और उपेक्षणीय था? फाइल के अंत में उस समय के लगभग सभी प्रमुख अंग्रेजी समाचार-पत्रों, यथा—दिल्ली के 'हिंदुस्तान टाइम्स' और 'द स्टेट्समैन'; बंबई के 'टाइम्स ऑफ इंडिया', 'बॉम्बे क्रॉनिकल' और 'इंडियन डेली मेल'; मद्रास के 'हिंदू' और 'मद्रास मेल'; लाहौर के 'ट्रिब्यून' और 'ईस्टर्न टाइम्स' तथा इलाहाबाद के 'लीडर' इत्यादि में २५ फरवरी से १२ जुलाई, १९३२ के बीच इस विषय पर प्रकाशित समाचारों, संपादकीयों एवं संपादक के नाम पत्रों की चौवालीस पृष्ठ लंबी कतरनें बताती हैं कि उस समय यह विषय बहुत महत्त्वपूर्ण और चर्चित था। भारतीय भाषाओं में समाचार-पत्रों की कतरनों में वाइसराय-सचिवालय की रुचि न होने के कारण वे इस फाइल में नहीं हैं। स्वयं फाइल का शीर्षक और भारतीय सचिव का तार भी यही दरशाते हैं कि ब्रिटिश सरकार इस विषय के महत्त्व के बारे में पूरी तरह जागरूक थी। फाइल का शीर्षक है—'भावी विधानमंडल में दलित वर्गों का प्रतिनिधित्व—संयुक्त बनाम पृथक् निर्वाचन का प्रश्न : राजा-मुंजे पैक्ट'।

इतिहास के विद्यार्थी जानते हैं कि सन् १९२८ में साइमन कमीशन के आगमन से २५ सितंबर, १९३२ के पूना पैक्ट तक भावी संविधान में दलित वर्गों के लिए पृथक् या संयुक्त निर्वाचन का मुद्दा ही उन दिनों की भारतीय राजनीति का सबसे ज्वलंत और चर्चित प्रश्न था। साइमन कमीशन, लोथियन मताधिकार समिति, लंदन में तीन गोलमेज सम्मेलन, ब्रिटिश प्रधानमंत्री का सांप्रदायिक निर्णय, गांधीजी का आमरण अनशन और पूना पैक्ट—समूचा घटनाचक्र इस प्रश्न के इर्द-गिर्द ही तो घूम रहा था। सन् १९०९ के एक्ट में मुसलमानों को और १९१९ के एक्ट में सिखों को पृथक् निर्वाचन का अधिकार देने के पश्चात् ब्रिटिश कूटनीति का अगला लक्ष्य १९३५ के एक्ट में दलित वर्गों को पृथक् निर्वाचन का अधिकार देकर हिंदू समाज से अलग करना और इस प्रकार राष्ट्रीय आंदोलन के जनाधार को और भी संकुचित करना था। किंतु दलित वर्गों की हिंदू समाज से अलग पहचान बनाना असंभव कार्य था और तथाकथित दलित वर्गों और शेष समाज के बीच विभाजन रेखा खींचना भी सरल नहीं था। अतः दलित वर्गों के लिए किसी ऐसी व्याख्या की खोज का कार्य १९११ की जनगणना के समय ही शुरू कर दिया गया था और १९१८ की साउथ बोरो कमेटी के समय से ब्रिटिश कूटनीति उनके लिए पृथक् निर्वाचन की भूमिका तैयार करने की दिशा में भी सक्रिय हो गई थी। इसी उद्देश्य से नवंबर १९३० में, जिस समय राष्ट्र गांधीजी के नेतृत्व में आजादी के लिए संघर्ष कर रहा था और अंग्रेजों की जेलों को भर रहा था,

लंदन में प्रथम गोलमेज सम्मेलन की बात हुई। इस सम्मेलन में ब्रिटिश सरकार ने विभिन्न सांप्रदायिक हितों का प्रतिनिधित्व करनेवाले नेताओं को, जो राष्ट्रीय संघर्ष में सहभागी नहीं थे, बटोरा था। दलित वर्गों के प्रतिनिधि के रूप में डॉ. आंबेडकर और मद्रास के राय बहादुर आर. श्रीनिवासन इस गोलमेज सम्मेलन में मनोनीत किए गए थे। भारतीय राष्ट्रवाद की प्रतिनिधि संस्था कांग्रेस ने इसका बहिष्कार किया।

'अल्पसंख्यक समझौते' के नाम से विख्यात यह समझौता एक प्रकार से ब्रिटिश रणनीति की विजय थी। दलित वर्गों की ओर से डॉ. आंबेडकर ने इसपर हस्ताक्षर किए थे। प्रथम गोलमेज सम्मेलन की अल्पसंख्यक समिति ने अपनी रिपोर्ट में लिखा कि 'इस सम्मेलन में भाग लेनेवाले दलित वर्गों की संख्या को हिंदू संख्या में से घटा दिया जाए और उन्हें 'पृथक् निर्वाचन' का अधिकार दिया जाए।'

किंतु अंग्रेज जानते थे कि राष्ट्रीय आंदोलन की नेता कांग्रेस की सहमति के बिना ऐसे किसी भी समझौते की कीमत कागज के पुरजे से अधिक कुछ नहीं होगी। इसलिए जी-तोड़ कोशिशें कर ब्रिटिश सरकार ने दूसरे गोलमेज सम्मेलन में कांग्रेस के एकमात्र प्रतिनिधि के रूप में गांधीजी की उपस्थिति का जुगाड़ बैठा ही लिया। वहाँ गांधीजी ने गोलमेज सम्मेलन के लिए ब्रिटिश सरकार द्वारा मनोनीत नेताओं की प्रतिनिधि हैसियत के बारे में शंका प्रकट की और स्वयं को ब्रिटिश कूटनीति के चक्रव्यूह में फँसे अभिमन्यु जैसी एकाकी स्थिति में पाया। सम्मेलन में अंतिम फैसले का अधिकार ब्रिटिश प्रधानमंत्री रेमजे मैकडोनॉल्ड की झोली में डाल दिया गया। गांधीजी अस्पृश्यता के प्रश्न पर एक प्रबल सामाजिक आंदोलन प्रारंभ करने का निर्णय लेकर २८ दिसंबर, १९३१ को स्वदेश वापस लौटे; किंतु ब्रिटिश सरकार ने उन्हें आंदोलन शुरू करने के पहले ही ४ जनवरी, १९३२ को जेल में बंद कर दिया। इस प्रकार ब्रिटिश कूटनीति को मैदान खाली मिल गया। घटनाचक्र उसकी मनचाही दिशा में आगे बढ़ रहा था कि एक खबर ने भारत-सचिव को चौंका दिया और उन्होंने तुरंत वाइसराय को तार भेज दिया कि 'रायटर' ने खबर दी है कि विधानमंडलों में प्रतिनिधित्व के बारे में हिंदू महासभा और डिप्रेस्ड क्लासेज एसोसिएशन के बीच कोई समझौता हुआ है। मुझे इस समझौते का ब्योरा भेजिए और यह भी बताइए कि आपके अनुमान से इस समझौते को उससे संबद्ध हित (अर्थात् दलित वर्ग) कितनी मात्रा में अपनी स्वीकृति देंगे।' यही समझौता है, जिसे फाइल के शीर्षक में 'राजा-मुंजे पैक्ट' कहा गया है।

गांधीजी और डॉ. आंबेडकर के नामों से जुड़ा होने के कारण पूना पैक्ट का तो सबको पता है, किंतु कितने लोग जानते हैं कि पूना पैक्ट से पहले कोई राजा-मुंजे पैक्ट भी हुआ था और पूना पैक्ट एक तरह से उस पैक्ट का संशोधित संस्करण मात्र था? क्या था इस समझौते में कि उसकी खबर पाते ही भारत-सचिव हड़बड़ा गए? क्यों वे दलित वर्गों पर उसके प्रभाव का आकलन कराने के लिए बेचैन हो उठे?

[नवभारत टाइम्स, २५ मई, १९९५]

□

१२

कौन थे ये एम.सी. राजा?

राजा-मुंजे पैक्ट के बारे में भारत-सचिव के तार ने वाइसराय-सचिवालय को मानो सोते से जगा दिया। दौड़-भाग शुरू हुई। गृह विभाग व खुफिया-तंत्र से संपर्क साधा गया, अखबारी कतरनें बटोरी गईं। पता चला कि २१-२२ फरवरी, १९३२ को दिल्ली में अखिल भारतीय डिप्रेस्ड क्लासेज एसोसिएशन की कार्य समिति की बैठक राय बहादुर एम.जी. राजा की अध्यक्षता में संपन्न हुई। बैठक में प्रस्ताव पारित हुआ कि भावी संविधान में दलित वर्गों के प्रतिनिधित्व का आधार पृथक् निर्वाचन के बजाय प्रांतश: सीटों के आरक्षण के साथ संयुक्त निर्वाचन होना चाहिए। एक अन्य प्रस्ताव में कहा गया कि संविधान में उन्हें 'दलित वर्गों' की जगह 'आदि-हिंदू' नाम से संबोधित किया जाए। इसी बैठक में हिंदू महासभा के अध्यक्ष डॉ. मुंजे के सुझाव का स्वागत करते हुए हिंदू महासभा और डिप्रेस्ड क्लासेज एसोरिएशन के बीच संयुक्त निर्वाचन के लिए समझौते को स्वीकृति प्रदान की गई। दोनों संस्थाओं के अध्यक्षों अर्थात् राजा और डॉ. मुंजे ने संयुक्त रूप से तार भेजकर ब्रिटिश प्रधानमंत्री रैम्जे मैकडोनॉल्ड को इस समझौते की सूचना दे दी। इस तार की एक प्रति भारतीय मताधिकार समिति के अध्यक्ष लॉर्ड लोथियन को भी भेज दी गई।

यह राजा-मुंजे पैक्ट ब्रिटिश कूटनीति के लिए तो भारी आघात था ही, डॉ. आंबेडकर के नेतृत्व को भी खुली चुनौती था। इसीलिए भारत सचिव इस पैक्ट की सूचना पाते ही दलित वर्गों पर उसके प्रभाव का आकलन करने के लिए इतने व्यग्र हो उठे। राजा-मुंजे पैक्ट की वैचारिक पृष्ठभूमि या उसके प्रभाव का आकलन करने के पूर्व यह जानना आवश्यक है कि इस पैक्ट के दोनों नायक—डॉ. मुंजे और एम.सी. राजा कौन थे? उनका उस समय के सार्वजनिक जीवन में क्या स्थान था?

क्यों वे राष्ट्र के स्मृति–कोश में इतना पीछे चले गए हैं कि आज की पीढ़ी उनके नाम व काम को जानती तक नहीं?

डॉ. आंबेडकर से दस साल पहले जनमे एम.सी. राजा सन् १९१७ में, जब डॉ. आंबेडकर अमेरिका से पढ़ाई पूरी करके हिंदुस्तान वापस लौटे, मद्रास प्रांत में आदि द्रविड़ महाजन सभा के मंत्री थे और दलित वर्गों के नेता के रूप में स्थापित हो चुके थे। सन् १९१७ में जस्टिस पार्टी के नेता डॉ. टी.पी. नायर ने दलित वर्गों का सहयोग पाने के लिए उनके साथ एक अलिखित समझौता किया था, जिससे दोनों पक्षों को ही बहुत लाभ पहुँचा था।

राजा ने सन् १९०५ में मद्रास के प्रतिष्ठित ईसाई विद्यालयों—वेज्ले कॉलेज और क्रिश्चियन कॉलेज में शिक्षा प्राप्त कर सन् १९०६ में शिक्षक के रूप में अपनी जीवन–यात्रा प्रारंभ की। दलित वर्गों के शोषण–उत्पीड़न के विरुद्ध उन्होंने अपनी आवाज उसी समय से उठानी शुरू कर दी थी। सन् १९१६ में आदि द्रविड़ महाजन सभा का सचिव पद सँभालते ही दलित वर्गों के लिए अनिवार्य और निःशुल्क शिक्षा की माँग उठाई। उन दिनों दलित वर्गों में एम.सी. राजा जैसे पढ़े–लिखे लोग उँगलियों पर गिनने लायक संख्या में भी उपलब्ध नहीं थे। इसलिए वे शीघ्र ही ब्रिटिश सरकार की खोजी नजरों में चढ़ गए। मद्रास सरकार ने सन् १९१७ में उन्हें प्राथमिक शिक्षा समिति में मनोनीत किया और १९२४ में मद्रास विश्वविद्यालय की सीनेट में। सन् १९१९ में मद्रास सरकार ने उन्हें आदि–द्रविड़ों अर्थात् दलित वर्गों के प्रतिनिधि के रूप में प्रांतीय विधान परिषद् का सदस्य नामजद किया। सन् १९२२ में उन्हें 'राय बहादुर' की उपाधि से सम्मानित किया गया।

दलित वर्गों के प्रमुख नेता के रूप में उनका नाम पूरे भारत में प्रसिद्ध हो गया। इसलिए सन् १९२६ में जब नागपुर क्षेत्र के कुछ दलित नेताओं ने, जिनमें गणेश अक्का गवई और जी.एम. थावरे के नाम प्रमुख हैं, दलित वर्गों की पहली अखिल भारतीय संस्था 'दलित वर्ग एसोसिएशन' की स्थापना की तो उन्होंने एम.सी. राजा को उसका अध्यक्ष पद सँभालने के लिए आमंत्रित किया और डॉ. आंबेडकर को उपाध्यक्ष बनाया।

ऐसा नहीं है कि दलित वर्गों के नेता के रूप में एम.सी. राजा के इस महत्त्व की ब्रिटिश सरकार को जानकारी नहीं थी। जानकारी थी, इसीलिए तो उन्हें सन् १९२७ में केंद्रीय विधानसभा की सदस्यता के लिए दलित वर्गों के पहले प्रतिनिधि के रूप में मनोनीत किया गया और १९३७ तक लगातार वे उसके सदस्य बने रहे। सन् १९३७ में मद्रास प्रांत में राजगोपालाचारी मंत्रिमंडल बनने के पूर्व अल्पकालिक

मंत्रिमंडल में भी उन्हें मंत्रिपद दिया गया था। साइमन कमीशन के आगमन पर जो केंद्रीय समिति बनी थी, उसमें भी राजा को स्थान मिला था। सन् १९३२ में गांधीजी के उपवास और पूना पैक्ट के समय १९३३ में केंद्रीय विधानसभा में मंदिर प्रवेश विधेयकों पर और १९३५-३६ में डॉ. आंबेडकर की धर्मांतरण की धमकी के समय एम.सी. राजा की भूमिका बहुत महत्त्वपूर्ण रही।

सन् १९४२ में क्रिप्स मिशन के समय वाइसराय ने क्रिप्स के साथ भेंट करने के लिए दलित वर्गों के जिन दो प्रतिनिधियों के नाम चुने उनमें आंबेडकर के साथ राजा का नाम भी था। दोनों को अलग-अलग स्वतंत्र रूप से आमंत्रित किया गया था। किंतु क्रिप्स ने अपनी ६ जुलाई, १९४२ की रिपोर्ट में कहा है कि अपनी सुविधा के लिए उन्होंने दोनों को ३० मार्च, १९४२ को एक साथ भेंट करने के लिए बुला लिया था।

भारत सचिव एमरी के नाम वाइसराय लॉर्ड लिनलिथगो के ५ जनवरी और ८ मार्च, १९४३ के पत्रों से विदित होता है कि एमरी साहब वाइसराय को दलित वर्गों की विशाल संख्या के कारण उनके राजनीतिक महत्त्व को मान्यता देने का बार-बार आग्रह कर रहे थे; पर वाइसराय की परेशानी यह थी कि दलित वर्गों की संख्या विशाल होते हुए भी उनमें ऐसे क्षमतावान् लोग कहाँ थे, जिन्हें वे आगे बढ़ा सकें। लिनलिथगो ने अपने दोनों पत्रों में केवल तीन ही क्षमतावान् गिनाए—डॉ. आंबेडकर, एम.सी. राजा और एन. शिवराज। उन्होंने नेशनल डिफेंस काउंसिल में राजा और आंबेडकर दोनों को सम्मिलित किया; किंतु यह प्रश्न तो शेष रह ही जाता है कि ब्रिटिश सरकार ने गोलमेज सम्मेलन में दलित वर्गों के दो प्रतिनिधियों में एम.सी. राजा का मनोनयन क्यों नहीं किया? आंबेडकर के साथ दूसरा प्रतिनिधि उन्हें बनाया जा सकता था; किंतु राजा की जगह उन्होंने मद्रास के राय बहादुर आर. श्रीनिवासन जैसे व्यक्ति को क्यों भेजा, जिसकी बौद्धिक क्षमता या कर्तव्य का कोई प्रमाण अब तक नहीं मिल पाया है? यहाँ प्रश्न खड़ा होता है कि राजा का व्यक्तित्व इतना भारी होते हुए भी राजा-मुंजे पैक्ट सिरे क्यों नहीं चढ़ पाया, जबकि उसी सिद्धांत पर खड़ा पूना पैक्ट अमर हो गया? ऐसा क्यों हुआ कि डॉ. आंबेडकर तो दलित वर्गों के एकमात्र मसीहा के रूप में प्रतिष्ठित हो गए और एम.सी. राजा विस्मृति के अँधेरे में ऐसे खो गए कि किसी भी चरित्र कोश में उनका जिक्र तक नहीं, कि उनके बारे में जानकारी इकट्ठा करने के लिए भटकना पड़े?

[नवभारत टाइम्स, १ जून, १९९५]

□

दलित आंदोलन का भटकाव

दलित आंदोलन आज भारत के सार्वजनिक जीवन की एक महत्त्वपूर्ण धारा है। सामाजिक समता और न्याय की तलाश में से उपजे इस आंदोलन का पूरा ध्यान अब विधानमंडलों में सीटों के बँटवारे, सत्ता में सहभागिता और नौकरियों में आरक्षण पर ही केंद्रित है। फलतः यह वोट-राजनीति के जाल में बुरी तरह उलझ गया है। वोट-गणित के तहत नारा लगाया जा रहा है कि अनुसूचित जातियाँ, अन्य पिछड़े वर्ग और मुसलमान आदि धार्मिक अल्पसंख्यक सब दलित-शोषित हैं। अतः ये सभी दलित वर्ग कहलाने के अधिकारी हैं। इसमें से ८५ प्रतिशत व १५ प्रतिशत का थीसिस निकला कि १५ प्रतिशत शोषकों के हाथ से सत्ता छीनने के लिए ८५ प्रतिशत दलितों को संयुक्त मोरचा बनाना चाहिए। वी.टी. राजशेखर और गैल ओमवेट जैसे बुद्धिजीवियों ने अनुसूचित जातियों के शिक्षित वर्ग को समझाना आरंभ किया कि दलित एकता के लिए आवश्यक है—'हिंदू' नाम से संबंध विच्छेद। इसलिए उन्हें स्वयं को 'हिंदू' या 'हरिजन' नहीं कहना चाहिए, केवल 'दलित' कहना चाहिए। हिंदू को शत्रु घोषित कर दिया गया और मुसलमान को मित्र। गांधी और मनु को गालियाँ देना दलित क्रांतिकारिता की निशानी बन गई। आक्रमणकारी महमूद गजनवी को दलितों का उद्धारक कहा जाने लगा। यही है संक्षेप में दलित आंदोलन का दर्शन।

इसी दर्शन में से जनता दल का जन्म हुआ, इसी में से अन्य पिछड़े वर्गों और मुसलमानों के संयुक्त मोरचे के रूप में मुलायम सिंह यादव की समाजवादी पार्टी का अवतार हुआ, अनुसूचित जातियों और मुसलमानों के संयुक्त मोरचे का नाम 'बहुजन समाज पार्टी' हो गया। सपा-बसपा गठबंधन पर आधारित संयुक्त

मोरचे की रणनीति काम कर गई। पर सत्ता पाते ही अनेक तरह के अंतर्विरोध सामने आने लगे, क्योंकि अब सवाल सत्ता के बँटवारे का था। बसपा के नेतृत्व ने अनुभव किया कि जिन अन्य पिछड़े वर्गों को उन्होंने अपना हितैषी माना था, आर्थिक और सामाजिक जीवन में तो उन्हीं के साथ अनुसूचित जातियों का मुख्य हित विरोध और टकराव आता है। इसलिए सत्ता में हिस्सेदार होने के बाद भी उत्तर प्रदेश में दलितों के उत्पीड़न की घटनाएँ कम होने के बजाय और बढ़ गईं। डॉ. मसूद अहमद प्रकरण से उन्हें साक्षात्कार हुआ कि जिन मुसलमानों को अपना मित्र समझकर बहुजन समाज पार्टी में बराबर का हिस्सेदार बनाया था, वे तो अनुसूचित जातियों को अपना शिकार समझते हैं और हिंदू समाज से उनका संबंध विच्छेद करवाकर उन्हें हड़प जाना चाहते हैं। जब मुसलमानों ने देखा कि कांशीराम और मायावती के सशक्त नेतृत्व के सामने उनकी दाल नहीं गलेगी तो उन्होंने बहुजन समाज पार्टी से किनारा कर लिया। उन्हें रिझाने के लिए दस साइकिल रैलियाँ निकालने के बाद भी इलाहाबाद की समापन रैली में मुसलमानों की गैर-हाजिरी ने कांशीरामजी को यह सोचने के लिए मजबूर कर दिया कि जिस समाज का वे नेतृत्व कर रहे हैं, उसकी जड़ें कहाँ हैं, उसकी नियति क्या है?

दलित आंदोलन में उभर रही इन प्रवृत्तियों और अंतर्विरोधों को समझने के लिए राजा-मुंजे पैक्ट की वैचारिक पृष्ठभूमि का अध्ययन बहुत उपयोगी है। इस अध्ययन से विदित होगा कि दलित आंदोलन अपनी मूल प्रेरणाओं और लक्ष्यों से कहीं-न-कहीं भटक गया है। बसपा का आज का अंतर्द्वंद्व दलित आंदोलन के इस भटकाव का ही परिणाम है।

इस भटकाव के लिए कुछ हद तक डॉ. आंबेडकर स्वयं भी जिम्मेदार हैं। वे जानते थे कि पृथक् या संयुक्त निर्वाचन का प्रश्न दलित वर्गों की हिंदू पहचान से अभिन्नत: जुड़ा है। वे यह भी समझते थे कि सन् १९१९ से ही ब्रिटिश शासकों द्वारा दलित नेतृत्व को पृथक् निर्वाचन की घुट्टी पिलाई जाती रही है। इसीलिए साइमन कमीशन के सामने अठारह में से सोलह दलित संस्थाओं द्वारा पृथक् निर्वाचन की तोतारटंत होने के बाद भी डॉ. आंबेडकर ने पृथक् निर्वाचन को राष्ट्रीय एकता और दलित आंदोलन के लिए घातक बताया। उस समय उन्होंने संयुक्त निर्वाचन के पक्ष में जो अचूक तर्क दिए थे, वह उनकी राष्ट्रवादी दृष्टि के परिचायक हैं। गोलमेज सम्मेलन के लिए लंदन जाने के पूर्व ८ अगस्त, १९३० को नागपुर में आयोजित दलित कांग्रेस में उन्होंने अपने अध्यक्षीय भाषण एवं कांग्रेस में पारित प्रस्ताव में भी संयुक्त निर्वाचन का दृढ़ता से प्रतिपादन किया। किंतु यह एक रहस्य

ही है कि लंदन जाकर वे पृथक् निर्वाचन के पक्षधर क्यों बन गए!

उनके इस अचानक मत-परिवर्तन पर आश्चर्य प्रकट करते हुए पी.एन. राजभोज ने ७ जून, १९३२ के पत्र में वाइसराय को लिखा था कि 'गोलमेज सम्मेलन के सदस्य के रूप में उनका चयन होते ही उनके विचारों में एकदम परिवर्तन आ गया और वे इस कदर बदल गए कि उनके सब मित्र, प्रशंसक और अनुयायी भौचक्के रह गए हैं। पृथक् निर्वाचन की जो भूमिका उन्होंने अब अपनाई है, वह दलित वर्गों का विशाल हिंदू समाज से नाता पूरी तरह तोड़ देगी। हम हिंदू समाज की सहानुभूति से वंचित हो जाएँगे और विधानसभाओं में हमारे प्रतिनिधियों को हमेशा मुसलमानों का साथ देना पड़ेगा, जिनके हिंदुओं के साथ संबंध कभी मधुर नहीं रहे।'

राजभोज ने लिखा—'निस्संदेह हमारे सब सामाजिक आंदोलन इस मूल धारणा पर आधारित हैं कि हम हिंदू हैं और हमें हिंदू बने रहना है। यदि हमारे बीच कोई संघर्ष या मतभेद है तो यह तथाकथित अस्पृश्यों और सवर्णों का आपसी मामला है। यदि हम एक बार विधान परिषदों में मुसलमानों के घातक प्रभाव में चले गए तो दलित जातियाँ हिंदू समाज से दूर होती चली जाएँगी और भावी एकता का आधार ही खिसक जाएगा। असहायता की मन:स्थिति में दलित जातियाँ धीरे-धीरे मुसलमानों के चंगुल में फँस जाएँगी और हम अपने अनुभव से जानते हैं कि मुसलमानों की दोस्ती उच्च वर्णी हिंदुओं की उदासीनता की अपेक्षा कहीं अधिक खतरनाक है।'

डॉ. आंबेडकर ने भी एम.सी. राजा और उनके साथियों पर अचानक मत-परिवर्तन का आरोप लगाया, जिसका स्पष्टीकरण राजा ने १८ मार्च, २४ मार्च, ३० मार्च और ३० अप्रैल, १९३२ के वक्तव्यों में दिया। २५ फरवरी के तार का खुलासा करते हुए एम.सी. राजा ने ब्रिटिश प्रधानमंत्री को जो लंबा पत्र भेजा, वह २५ मार्च, १९३२ के 'हिंदुस्तान टाइम्स' में पूरा छपा। उसमें उन्होंने कहा कि दलित वर्ग हिंदू समाज का अभिन्न अंग है। हमारी लड़ाई अस्पृश्यता और पिछड़ेपन के विरुद्ध है। हमारा एकमात्र लक्ष्य हिंदू समाज की अन्य जातियों की बराबरी में पहुँचना है। जब तक सन् १९१९ के एक्ट के अंतर्गत द्वैध शासन प्रणाली थी और हम गवर्नर के आरक्षित अधिकार-क्षेत्र में थे तब तक पृथक् निर्वाचन की बात करना उपयोगी था। किंतु अब जब आपने प्रांतीय स्वायत्तता की घोषणा कर दी है और समूचा शासन जनता के प्रति उत्तरदायी होगा, तब हमारे लिए अपने हिंदू बहुमत का अंग बनकर रहना ही हितकर होगा।'

३० अप्रैल के वक्तव्य में उन्होंने कहा कि 'हम हिंदू समाज के साथ ही डूबेंगे या तैरेंगे। उसके साथ पूरे तादात्म्य में ही हमारा भविष्य है। उसकी प्रगति हमारी प्रगति है, हमारी प्रगति उसकी है।' थावरे ने भी १८ मार्च को एक लंबे प्रेस वक्तव्य में बताया कि यह सत्य है कि सन् १९१९ से अब तक हम पृथक् निर्वाचन की घुट्टी पर ही पले थे, क्योंकि तब हम समझते थे कि सत्ता-सूत्र अंग्रेजों के हाथ में ही रहनेवाले हैं और वे हमारे हितों की रक्षा करेंगे। किंतु १ दिसंबर, १९३१ को गोलमेज सम्मेलन में ब्रिटिश प्रधानमंत्री के भाषण से स्पष्ट हो गया कि अब दोहरी शासन प्रणाली नहीं रहेगी और प्रांतीय स्वायत्तता के अंतर्गत शासन-सूत्र भारतीय हाथों में आ जाएँगे, तब हमें अपने हिंदू भाइयों के बहुमत के साथ चलना ही ठीक होगा।'

डॉ. आंबेडकर को तो इन दलित नेताओं के विचार-परिवर्तन का स्वागत करना चाहिए था, क्योंकि वे उनके ही गोलमेज सम्मेलन-पूर्व विचारों पर वापस आ गए थे। किंतु पता नहीं क्यों, डॉ. आंबेडकर पृथक् निर्वाचन की माँग पर ही डटे रहे। उनका यह आग्रह ही दलित आंदोलन के भटकाव का मुख्य कारण बना। बसपा का आज का अंतर्द्वंद्व इसी भटकाव का परिणाम है।

[नवभारत टाइम्स, ८ जून, १९९५]

□

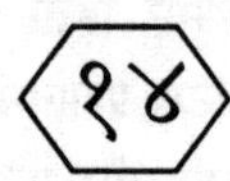

तीसरे दशक का दलित यथार्थ

राजा-मुंजे पैक्ट सिरे क्यों नहीं चढ़ पाया? क्या उसे दलित वर्गों का समर्थन प्राप्त नहीं था? इन प्रश्नों के उत्तर की खोज ने हमें तीसरे दशक में दलित समाज और नेतृत्व की वस्तुस्थिति का साक्षात्कार करा दिया है। उन दिनों दलित वर्गों के नाम से जाना जानेवाला समाज अशिक्षा, गरीबी, शोषण, उत्पीड़न और इन सब में से उपजी हीन-भावना के अँधेरे में इस कदर डूबा हुआ था, राजनीतिक चेतना से इतना शून्य था कि उसे डॉ. आंबेडकर ने 'मूक नायक' नाम ठीक ही दिया था। इसी वस्तुस्थिति को स्वीकार करते हुए एम.सी. राजा ने १८ मार्च, १९३२ को एक प्रेस वक्तव्य में कहा था, 'मेरे समुदाय में इने-गिने लोग ही आज की राजनीति और तेजी से बदलते घटनाचक्र को पूरी तरह समझ पाते हैं। दलित वर्गों में कितने लोग हैं, जो जानते हैं कि गोलमेज सम्मेलन में क्या हुआ और भारत में इन दिनों कार्यरत अनेक समितियों में क्या हो रहा है?'

दलित वर्गों में जो थोड़ा-बहुत नेतृत्व उस समय उभरा था, वह भी ब्रिटिश अधिकारियों या सवर्णों के सहारे की बैसाखियाँ लेकर ही चल पाता था। स्वतंत्र चिंतन या अंग्रेजी भाषा में लिखने-बोलने की क्षमता रखनेवाले नामों को तो बस उँगलियों पर ही गिना जा सकता था। यही कारण है कि साइमन कमीशन (१९२८) और लोथियन कमेटी (१९३२) के सामने दलित नेताओं की साक्षी के समय बार-बार यह प्रश्न पूछा जाता था कि यदि आपको जनसंख्या के अनुपात में सीटें दे दी जाएँ तो क्या आपको विश्वास है कि दलित वर्गों में ऐसे क्षमतावान् लोग पर्याप्त संख्या में मिल जाएँगे, जो इन सीटों को भर सकेंगे और उनके साथ जुड़े दायित्वों के साथ न्याय कर सकेंगे?

१६ अगस्त, १९३२ को ब्रिटिश प्रधानमंत्री द्वारा सांप्रदायिक निर्णय की घोषणा होते ही वाइसराय ने सब प्रांतीय गवर्नरों को परिपत्र भेजकर उनके प्रांत में इस निर्णय से प्रभावित होनेवाले वर्गों की प्रतिक्रिया पूछी। तब अधिकतर प्रांतों ने सूचित किया कि जहाँ तक दलित वर्गों का सवाल है, उन्हें न तो इन प्रश्नों की जानकारी है और न उनमें समझ व रुचि है।

यही दलित यथार्थ सन् १९४३ में भारत-सचिव एमरी एवं वाइसराय लॉर्ड लिनलिथगो के पत्राचार में प्रतिबिंबित होता है। एमरी ने १६ दिसंबर, १९४२ और ८ फरवरी, १९४३ के पत्रों में डॉ. आंबेडकर के प्रतिवेदन के आधार पर वाइसराय से अनुरोध किया कि वे दलित वर्गों की विशाल जनसंख्या को देखते हुए उनके राजनीतिक महत्त्व को पहचानें और उन्हें सरकारी नौकरियों, परिषदों व कमेटियों में अधिकाधिक स्थान दें। उत्तर में वाइसराय ने लिखा कि मैं दलितों के राजनीतिक महत्त्व को खूब पहचानता हूँ और डॉ. आंबेडकर के प्रतिवेदन पर आगे बढ़ने की कोशिश भी कर रहा हूँ। किंतु मुसीबत यह है कि दलित वर्गों के पास क्षमतावान् व्यक्तियों की भारी कमी है। ८ मार्च, १९४३ को लॉर्ड लिनलिथगो ने फिर लिखा है कि 'इस समुदाय की दुर्बलता सच में यह है कि उनके पास केवल एक या दो ही काम के आदमी हैं। आंबेडकर, राजा और शिवराज—इन दो-तीन नामों के बाद बस अँधेरा-ही-अँधेरा है। उनकी संख्या लाखों-करोड़ों में होते हुए भी अपनी देखभाल करने लायक क्षमता भी उनके पास नहीं।'

पूरे भारत में गाँव-गाँव का भ्रमण करके गांधीजी ने दलित यथार्थ को अपनी आँखों से देखा था। उन्होंने नवंबर १९३६ में अंतरराष्ट्रीय मिशनरी परिषद् के अध्यक्ष डॉ. जॉन मॉट (John Mott) से वार्त्तालाप में कहा था कि 'आप बेचारे हरिजनों का धर्मांतरण क्यों करते हैं? वे तो गाय के समान भोले और मूक हैं। आप अपने धर्मांतरण का प्रयास मुझसे या महादेव से शुरू क्यों नहीं करते?' गांधीजी के इस कथन को मिशनरी अखबारों ने खूब उछाला। कहा गया कि गांधीजी तो हरिजनों को गाय के समान पशु मानते हैं, उन्हें मनुष्यों की श्रेणी में रखते ही नहीं। इस हो-हल्ले का जवाब देते हुए गांधीजी ने 'हरिजन' में लिखा कि 'गाय मेरे लिए अत्यंत पवित्र और श्रद्धा की वस्तु है; किंतु वह निरीह और मूक है। मेरे हरिजन भाई भी मेरे लिए उतने ही पवित्र हैं; किंतु मैं जानता हूँ कि गाय के समान वे भी अभी निरीह और मूक ही हैं। मैं आज की बात कर रहा हूँ, तीस वर्ष आगे की नहीं।' पिछले पचास-साठ वर्षों में दलित वर्गों में जो विशाल सुशिक्षित वर्ग उभरा है, आज उसे शायद इस गुजरे हुए यथार्थ का दर्शन करना अच्छा न लगे, पर यही है उस

समय का कटु सत्य।

ऐसे समाज में डॉ. आंबेडकर आश्चर्यजनक बौद्धिक क्षमता लेकर जनमे थे। इस प्रतिभा के बल पर उन्होंने विदेशों में जाकर उच्चतम शिक्षा प्राप्त की। अंग्रेजी भाषा पर असामान्य अधिकार प्राप्त किया। पाश्चात्य अर्थशास्त्र, राजनीतिशास्त्र एवं विधिशास्त्र का गहन अध्ययन किया। उनके पास वकील जैसी पैनी तर्क बुद्धि थी। वे आधुनिक शब्दावली में शोधपरक वैज्ञानिक शैली में किसी भी विषय पर अपने पक्ष को प्रस्तुत कर सकते थे। उनकी प्रखर मेधा से प्रभावित होकर ही गांधीजी एक समय तो उन्हें दलित के बजाय ब्राह्मण समझने की भूल कर बैठे थे। इस बौद्धिक क्षमता के कारण ही डॉ. आंबेडकर अंग्रेज शासकों को भी अपने लिए अधिक उपयोगी लगे होंगे। उनकी इस प्रतिभा का आदर करते हुए स्वाधीन भारत के संविधान का रचनाकार होने का गौरव तथा प्रथम मंत्रिमंडल में स्थान दिया गया।

तीसरे दशक के दलित यथार्थ को लिखित शब्द के माध्यम से समग्रता में पकड़ पाना असंभव ही है; पर यदि लिखित और वह भी अंग्रेजी भाषा के शब्द को ही शोध का मुख्य स्रोत मान लिया जाए तो निश्चय ही आज के किसी भी शोधकर्ता को विशाल आंबेडकर वाङ्मय के अतिरिक्त कोई अन्य दलित स्रोत नहीं मिल पाएगा। आंबेडकर के सामने अन्य दलित नेताओं की स्थिति एक हजार वॉट के बल्ब के सामने दस वॉट के बल्बों जैसी हो गई। यह तो हर कोई जानता है कि डॉ. आंबेडकर ने सन् १९२७ में 'बहिष्कृत भारत' नाम से एक मराठी पाक्षिक प्रारंभ किया था; किंतु कितनों को पता है कि इस नाम की पत्रिका एक अन्य दलित नेता गणेश अक्का गवई ने तेरह साल पहले १९१४ में अमरावती से प्रारंभ की थी और ये गवई स्वयं महार होते हुए भी जीवनपर्यंत डॉ. आंबेडकर के दृष्टिकोण और राजनीति से सहमत नहीं रहे।

राजा-मुंजे पैक्ट के बारे में जानकारी प्राप्त करने की दृष्टि से जब हमने आंबेडकर साहित्य को टटोला तो पाया कि अधिकतर पुस्तकों में इस पैक्ट का जिक्र भी नहीं है। किंतु क्या वास्तविकता यही है? समकालीन स्रोत कुछ अलग ही कहते हैं इस बारे में।

[नवभारत टाइम्स, १५ जून, १९९५]

□

आंबेडकर साहित्य का मौन

सन् १९५६ में बाबा साहब आंबेडकर के देहावसान से अब तक उनके विचार और कार्यों को लेकर अंग्रेजी व भारतीय भाषाओं में विशाल साहित्य का सर्जन हुआ है। सन् १९९१ में उनके जन्म शताब्दी वर्ष से तो मानो आंबेडकर साहित्य की बाढ़-सी आ गई है। महाराष्ट्र सरकार उनके अंग्रेजी लेखों और भाषणों के तेरह खंड और मराठी लेखों का एक खंड प्रकाशित कर चुकी है। पर आश्चर्य है कि दस-ग्यारह हजार पृष्ठों के इन खंडों में राजा-मुंजे पैक्ट पर डॉ. आंबेडकर की कोई प्रतिक्रिया कहीं नहीं मिलती; जबकि गोलमेज सम्मेलन, पूना पैक्ट और मंदिर प्रवेश विधेयकों के संदर्भ में एम.सी. राजा पर उनकी लंबी कटु टिप्पणियाँ दो-तीन जगह मिलती हैं। क्या इसका अर्थ यह निकालें कि राजा-मुंजे पैक्ट को उन्होंने इतना महत्त्वहीन समझा कि उसका कोई नोटिस ही नहीं लिया? पर महाराष्ट्र सरकार ने ही सन् १९८२ में 'डॉ. आंबेडकर और अस्पृश्य आंदोलन संबंधी स्रोत सामग्री' का जो प्रथम खंड प्रकाशित किया, उसमें राजा-मुंजे पैक्ट पर 'बॉम्बे क्रॉनिकल' की कुछ कतरनें ग्यारह पृष्ठों में छपी हैं। इन कतरनों से इस पैक्ट के पक्ष में व्यापक समर्थन से विचलित डॉ. आंबेडकर की उन दिनों की मन:स्थिति और रणनीति पर काफी प्रकाश पड़ता है। विचित्र बात है कि इस स्रोत सामग्री के बाद प्रकाशित हुए दर्जनों जीवन-चरित्रों में उसका कोई उपयोग नहीं किया, केवल गैल ओमवेट ने अपनी नवीन पुस्तक 'दलित्स एंड द डेमोक्रेटिक रिवोल्यूशन' में उसकी ओर हलका सा इशारा किया है, वह भी उलटे ढंग से। जीवनीकार धनंजय कीर ने यदि दो-तीन पृष्ठ दिए हैं तो बिना किसी स्रोत का उल्लेख किए यह दरशाया है कि इस पैक्ट को दलित वर्गों का कोई समर्थन नहीं मिला। वे सब डॉ.

आंबेडकर के साथ खड़े थे और कामटी कॉन्फ्रेंस में देश भर से पंद्रह हजार प्रतिनिधियों ने इस समझौते के विरोध और डॉ. आंबेडकर के समर्थन पर अपनी सहमति की मुहर लगा दी थी।

पर समकालीन स्रोतों के अध्ययन से प्रतीत होता है कि इस समझौते को समाज के सभी वर्गों का व्यापक समर्थन प्राप्त हुआ और २५ फरवरी, १९३२ को ब्रिटिश प्रधानमंत्री के नाम राजा व मुंजे के संयुक्त तार की सूचना मिलते ही डॉ. आंबेडकर उसकी काट के लिए सक्रिय हो गए थे। २७ और २८ फरवरी के 'बॉम्बे क्रॉनिकल' और २८ फरवरी के 'लीडर' (इलाहाबाद) से ज्ञात होता है कि डॉ. आंबेडकर ने दलित वर्ग एसोसिएशन के महामंत्री गणेश अक्का गवई को एक धमकी भरा पत्र लिखा, जिसमें कहा कि पृथक् या संयुक्त निर्वाचन के प्रश्न पर पहले ही फैसला हो चुका है और अब इस प्रश्न को उठाया नहीं जा सकता। लोथियन कमेटी की प्रश्नावली में भी इसकी कोई गुंजाइश नहीं है। इसलिए संयुक्त निर्वाचन की बात न तो केंद्रीय मताधिकार समिति और न प्रांतीय समिति में उठनी चाहिए। 'यदि ऐसा हुआ तो तुम्हारे-हमारे बीच संबंध हमेशा के लिए टूट जाएँगे और युद्ध छिड़ जाएगा, जिसके परिणामों के लिए तुम्हें तैयार रहना चाहिए।'

डॉ. आंबेडकर ने यह भी लिखा कि मैं मताधिकार समिति की प्रश्नावली के उत्तर का एक नमूना बनाकर भेज रहा हूँ, जिसका अनुसरण सब लोग करें। गवई ने अपने कड़े विरोध-पत्र के साथ डॉ. आंबेडकर के धमकी भरे पत्र को लॉर्ड लोथियन को भेज दिया और एक प्रेस वक्तव्य देकर स्पष्ट कर दिया कि मताधिकार समिति की प्रश्नावली में संयुक्त या पृथक् निर्वाचन के प्रश्न पर विचार आमंत्रित किए गए हैं और यह प्रश्न अभी खुला हुआ है।

६ मार्च को दिल्ली में डॉ. मुंजे के निवास-स्थान पर प्रमुख हिंदू और सिख नेताओं की बैठक हुई। इस बैठक में अधिकतर लोग केंद्रीय विधानसभा के सदस्य थे। इस बैठक को मूर्धन्य इतिहासकार डॉ. राधाकुमुद मुखर्जी ने संबोधित किया। इस बैठक में समझौते का स्वागत किया गया। तीन ब्रिटिश भक्त समाचार-पत्रों 'मद्रास मेल', 'ईस्टर्न टाइम्स' और 'द स्टेट्समैन' के अलावा सभी समाचार-पत्रों ने इस समझौते के समर्थन में संपादकीय लेख लिखे। १६ मार्च को बंबई में दलित नेता बी.जे. देवरुखकर जब मताधिकार समिति के सामने संयुक्त निर्वाचन के पक्ष में साक्षी देने गए तो उनके पीछे एक विशाल जुलूस गया। बंबई के 'इंडियन डेली मेल' को रिपोर्ट के अनुसार रास्ते भर 'हमें पृथक् निर्वाचन नहीं चाहिए', 'राजा-मुंजे पैक्ट अमर रहे', 'डॉ. आंबेडकर मुर्दाबाद' जैसे नारे लगते रहे। पुलिस ने

जुलूस को रोकने के लिए लाठी चार्ज की धमकी दी और दो कार्यकर्ताओं को गिरफ्तार कर लिया। २३ मार्च के 'लीडर' में छपा कि लोथियन कमेटी के सदस्य संयुक्त निर्वाचन के पक्ष में इस व्यापक समर्थन को देखकर विस्मित रह गए। बंबई के जुलूस का उनपर बहुत प्रभाव हुआ। उसी समय एम.सी. राजा ने मद्रास जिला बोर्ड एक्ट के अनुसार संयुक्त निर्वाचन-पद्धति से चिंगलेपुट जिले में दोनों आरक्षित सीटें जीतकर संयुक्त निर्वाचन-पद्धति की सफलता में विश्वास गहरा कर दिया। ३० मार्च के 'बॉम्बे क्रॉनिकल' में बंबई प्रांत की बीस दलित संस्थाओं और उनके पदाधिकारियों के नाम छपे, जिन्होंने लोथियन कमेटी को संयुक्त निर्वाचन के पक्ष में तार भेजे। ३० मार्च को दिल्ली में एम.सी. राजा ने गवई, थावरे आदि बारह साथियों के साथ लोथियन कमेटी के सामने साक्षी दी, जिसमें कमेटी के सदस्य के नाते डॉ. आंबेडकर से उनका पैंतालीस मिनट तक वाग्युद्ध हुआ। इसकी विस्तृत रिपोर्ट ३१ मार्च के 'द स्टेट्समैन' में छपी। इस रिपोर्ट से साफ झलकता है कि रामास्वामी मुदलियार एवं सी.वाई. चिंतामणि आदि कुछ सदस्य डॉ. आंबेडकर के तौर-तरीकों से प्रसन्न नहीं थे और उन्होंने कई बार उन्हें टोका भी। पर समिति के अध्यक्ष लोथियन ने हर बार डॉ. आंबेडकर का बचाव किया। २ अप्रैल को 'बॉम्बे क्रॉनिकल' ने गवई और जाधव के साथ डॉ. आंबेडकर के निजी पत्र-व्यवहार को प्रकाशित करते हुए लिखा कि अब यह स्पष्ट है कि इस समझौते को व्यापक और प्रभावी समर्थन मिला है। उदाहरणार्थ—बी.जे. देवरुखकर ने लोथियन कमेटी को जो प्रतिवेदन दिया, वह एक सौ पैंतालीस संस्थाओं और पाँच हजार दलित नागरिकों द्वारा समर्थित था। इस हवा से विचलित होकर 'द स्टेट्समैन' ने ९ अप्रैल को संपादकीय में प्रश्न उठाया कि 'दलितों का असली नेता कौन है—आंबेडकर या राजा, क्योंकि तीसरा दावेदार तो कोई है नहीं।'

[नवभारत टाइम्स, २२ जून, १९९५]

□

१६

कामठी सम्मेलन का सच

डॉ. आंबेडकर के जीवनीकारों की सूची लंबी होती जा रही है; पर धनंजय कीर, जो शायद अंग्रेजी में उनके पहले जीवनीकार हैं, अभी भी सबसे आगे हैं। उनकी लिखी जीवनी का पहला संस्करण डॉ. आंबेडकर के जीवन काल में सन् १९५४ में प्रकाशित हो गया। उसके प्राक्कथन में कीर ने स्वीकारा है कि इसे लिखते समय उन्होंने डॉ. आंबेडकर से कई लंबी मुलाकातें कीं। इसलिए उसपर प्रामाणिकता का ठप्पा लगा है।

राजा-मुंजे पैक्ट पर धनंजय कीर लिखते हैं कि डॉ. आंबेडकर ने २८ फरवरी को ही मद्रास की जनसभा में एम.सी. राजा को सलाह दी की कि वे कामठी सम्मेलन के निर्णय की प्रतीक्षा करें। ७-८ मई को संपन्न हुए इस सम्मेलन का काफी विस्तार से वर्णन करते हुए वे कहते हैं कि वहाँ देश के कोने-कोने से लगभग पंद्रह हजार प्रतिनिधि आए। इतने प्रतिनिधियों को समाने लायक विशाल पंडाल बनाया गया। डॉ. आंबेडकर का दल बहुत संगठित और अनुशासित होने के कारण सम्मेलन शांतिपूर्ण और व्यवस्थित रहा। पुणे के राजभोज द्वारा एक-दो बार टोका-टाकी के अलावा कोई गड़बड़ नहीं हुई और वहाँ एकत्र पंद्रह हजार प्रतिनिधियों ने सर्वसम्मति से राजा-मुंजे पैक्ट की निंदा और डॉ. आंबेडकर के समर्थन में प्रस्ताव पारित कर दिए। जिन अन्य जीवनीकारों ने इस प्रसंग को छुआ है, उन्होंने भी वही पंद्रह हज़ार की संख्या और वैसा ही वर्णन शायद कीर की पुस्तक से वैसे-का-वैसा ले लिंया है। कीर या कोई अन्य जीवनीकार यह नहीं बताता कि ये तथ्य उन्हें कहाँ से मिले। किंतु हमारे सामने जो पाँच-छह समकालीन स्रोत हैं, उनसे तो बिलकुल दूसरा ही दृश्य उभरता है। ये स्रोत हैं—'द स्टेट्समैन' (१० मई), 'लीडर' (११

मई), एसोशिएटेड प्रेस की रिपोर्ट, गवई का वक्तव्य ('लीडर', १२ मई), वाइसराय सचिवालय की १२-१३ मई की टिप्पणियाँ और थावरे का वाइसराय के नाम ३ जून का प्रतिवेदन।

पहले संख्या को ही लें। 'द स्टेट्समैन' के अनुसार, असम को छोड़कर पूरे भारत से लगभग दो सौ प्रतिनिधि आए। 'लीडर' ने लिखा कि असम को छोड़कर सब प्रांतों से सौ प्रतिनिधि आए। लगभग सौ स्थानीय प्रतिनिधि थे। इनके अलावा स्त्री-पुरुष दर्शनार्थियों की भीड़ थी। एसोशिएटेड प्रेस ने रपट दी कि नागपुर के बाहर से केवल तीस प्रतिनिधि आए। उनका प्रांतशः ब्योरा है—बंगाल-४, पंजाब-५, संयुक्त प्रांत-७, बंबई-४, मद्रास-४ और बिहार-१। इनके अलावा नागपुर और कामठी से लगभग एक हजार पाँच सौ महार पुरुष और दो सौ महिलाएँ जुटाई गईं। यह रपट कहती है कि एंप्रेस और मॉडल मिलों की हड़ताल करवाकर यह भीड़ इकट्ठा की गई। थावरे ने भी अपने प्रतिवेदन में नागपुर और कामठी से एक हजार पाँच सौ लोगों की भीड़ बटोरने का जिक्र किया है और बाहर से आनेवाले प्रतिनिधियों की संख्या केवल चार-पाँच बताई है। यदि 'द स्टेट्समैन' की अधिकतम संख्या दो सौ को ही स्वीकार कर लें तो भी कहाँ दो सौ और कहाँ पंद्रह हजार!

जहाँ तक व्यवस्था और अनुशासन का संबंध है, 'लीडर' लिखता है कि पंडाल के भीतर और बाहर पुलिस का भारी बंदोबस्त था। अधिवेशन की काररवाई शुरू होते ही पुणे के राजभोज और शंकरराव पाटिल ने अधिवेशन की वैधता का प्रश्न उठाने की कोशिश की। पृथक् मताधिकारवादी तुरंत उनपर टूट पड़े। आधे घंटे तक गड़बड़ी मची रही। पुलिस ने स्थिति को ज्यादा बिगड़ने से बचा लिया। अगले दिन के सत्र में भी संयुक्त निर्वाचनवादियों के बार-बार माँग करने पर भी उन्हें अपने विचार रखने की अनुमति नहीं दी गई।

'द स्टेट्समैन' में छपा कि पहले सत्र में पुणे के राजभोज और पाटिल ने अधिवेशन की वैधता को चुनौती देने की कोशिश की तो कुछ स्वयंसेवक उनपर टूट पड़े और राजभोज के साथ बहुत बुरा व्यवहार किया गया। एसोशिएटेड प्रेस का कहना है कि राजा गुट ने इस अधिवेशन का पूर्ण बहिष्कार किया। फिर भी उनके कुछ लोग पुणे से पहुँच गए। अगले दिन राजभोज, पाटिल, खांडेकर और उनके मित्रों ने राजा-मुंजे पैक्ट और अल्पसंख्यक समझौते संबंधी प्रस्तावों पर अपने विचार रखने की कोशिश की; किंतु उन्हें बोलने नहीं दिया गया। इसलिए

वे चले गए।

वाइसराय सचिवालय काफी दिनों से इस सम्मेलन के होने की प्रतीक्षा कर रहा था। उसे प्राप्त रपट के अनुसार सम्मेलन 'अराजकतापूर्ण' रहा और राजा के अनुयायियों ने सम्मेलन का बहिष्कार किया। इसपर सचिव डब्ल्यू.एच. लेविस ने १३ मई को टिप्पणी लिखी—'स्पष्ट है कि दलित वर्गों का मत बँटा हुआ है। मेरी धारणा है कि कोई भी पक्ष बहुमत का प्रवक्ता होने का अपना दावा सिद्ध करने में सफल नहीं रहा।' लेविस के इन्हीं शब्दों को भारत सरकार के मत के रूप में १९ मई को तार द्वारा भारत-सचिव को सूचित कर दिया गया। किंतु यह शब्दावली वस्तुस्थिति का सही चित्रण नहीं है और डॉ. आंबेडकर के प्रति सरकारी तंत्र के झुकाव का सूचक है।

राजा-मुंजे पैक्ट को व्यापक समर्थन के कारण लोथियन कमेटी ने डॉ. आंबेडकर के सदस्य होते हुए भी संयुक्त निर्वाचन के पक्ष में सिफारिश कर दी। इस स्थिति से विचलित होकर डॉ. आंबेडकर ने ब्रिटिश प्रधानमंत्री एवं अन्य अधिकारियों से भेंट करने के लिए लंदन-यात्रा की गोपनीय योजना बनाई। उनके कुछ विश्वस्त सहयोगियों के अतिरिक्त किसी को इस योजना का पता नहीं चला। उन्हें कड़ा आदेश था कि किसी को इसकी भनक न लगने पाए। पर 'बॉम्बे क्रॉनिकल' के संवाददाता को भनक लग ही गई। उसने जहाज पर डॉ. आंबेडकर को देख लिया। वहाँ उनके निजी सचिव के अतिरिक्त कोई भी उन्हें पहुँचाने नहीं आया था। पिछली दो लंदन-यात्राओं के समान इस बार कोई भीड़, नारेबाजी और धूम-धड़ाका नहीं था। ३१ मई के 'बॉम्बे क्रॉनिकल' में इसकी विस्तृत रपट छपी।

लंदन जाकर उन्होंने ब्रिटिश नेताओं से भेंट की, प्रधानमंत्री को बाईस पृष्ठों का ज्ञापन दिया। अगस्त में सांप्रदायिक निर्णय की सार्वजनिक घोषणा के केवल तीन दिन पहले ही वे स्वदेश लौटे। उनकी यात्रा सफल रही और ब्रिटिश प्रधानमंत्री ने अपनी ही लोथियन कमेटी की सिफारिश को रद्दी की टोकरी में फेंककर दलित वर्गों के लिए पृथक् निर्वाचन का निर्णय घोषित कर दिया, जिसे उलटवाने के लिए गांधीजी को अपने प्राणों की बाजी लगानी पड़ी। डॉ. आंबेडकर का ब्रिटिश नीति निर्माताओं के मन में क्या स्थान था, यह गांधी उपवास के प्रसंग में वाइसराय के नाम भारत-सचिव के ६ दिसंबर, १९३२ के गोपनीय तार की निम्नलिखित पंक्तियों से आँका जा सकता है—

'तुम्हारे २३ अगस्त के तार के अंत में पैरा पाँच के संदर्भ में मुझे कहना है कि हमें यह आभास पैदा नहीं करना चाहिए कि यह मुद्दा गांधी और दलित वर्गों के बीच का मुद्दा है, क्योंकि इससे आंबेडकर की स्थिति कमजोर होगी, जो हमें नहीं करना चाहिए।' यह एक कारण है राजा-मुंजे पैक्ट के सिरे न चढ़ने का। दूसरे कारण के लिए हमें डॉ. मुंजे की सीमाओं को समझना होगा।

[नवभारत टाइम्स, २९ जून, १९९५]

□

मुंजे और गांधी में फर्क

राजा-मुंजे पैक्ट का एक सिरा एम.सी. राजा थे तो दूसरा सिरा थे नागपुर के डॉ. बालकृष्ण शिवराम मुंजे। प्रश्न यह है कि राजा ने दलितों के लिए संयुक्त निर्वाचन के प्रश्न पर डॉ. मुंजे के साथ ही समझौता क्यों किया? डॉ. मुंजे की भारत के सार्वजनिक जीवन में उस समय क्या हैसियत थी? राजा द्वारा ब्रिटिश प्रधानमंत्री को भेजे लंबे पत्र, जो २५ मार्च, १९३२ के 'हिंदुस्तान टाइम्स' में पूरा छपा है, से इन दोनों प्रश्नों का उत्तर मिल जाता है। डॉ. मुंजे का परिचय देते हुए वे लिखते हैं—'हिंदू महासभा समस्त हिंदुओं का संगठन है। वह अस्पृश्यता-निवारण, दलित वर्गों के साथ शेष समाज के धार्मिक एवं सामाजिक संबंध जैसे प्रश्नों पर उनका प्रतिनिधित्व करती है। डॉ. बी.एस. मुंजे महासभा के अध्यक्ष हैं। वे सन् १९२३ से १९२६ तक मध्य प्रांत विधान परिषद् के सदस्य थे और १९२६ में भारतीय विधानसभा के सदस्य हो गए। वे गोलमेज कॉन्फ्रेंस के भी सदस्य हैं। हिंदू महासभा ने अप्रैल १९२८ में अपने जबलपुर अधिवेशन में अस्पृश्यता को मिटाने का संकल्प पारित किया था, जो इस बात का संकेत है कि हिंदुओं की सामाजिक अंतरात्मा जग रही है।' इन पंक्तियों से स्पष्ट है कि राजा ने डॉ. मुंजे और हिंदू महासभा को पूरे हिंदू समाज के प्रतिनिधि के रूप में देखा।

इस समझौते की पृष्ठभूमि पर प्रकाश डालते हुए वे लिखते हैं—'भारत के सामाजिक और संवैधानिक इतिहास में अब पहली बार हमें हिंदू महासभा ने आधिकारिक न्योता दिया है कि हम उनके साथ एक मंच पर इकट्ठे आकर अस्पृश्यता के अभिशाप को मिटाने के लिए मिल-जुलकर प्रयास करें। मैं इसे हिंदू समाज में से अस्पृश्यता के कलंक को मिटाने की दिशा में सवर्ण हिंदुओं के सच्चे

प्रयास के रूप में देखता हूँ। इस मौके पर अपने सहकर्मी हिंदुओं की ओर से दलित वर्गों की ओर बढ़ाए गए बंधुत्व के हाथ को दुत्कारना मेरे समुदाय के स्वस्थ विकास के हित में नहीं है, क्योंकि हमारी समस्त गतिविधियों और आकांक्षाओं का उद्देश्य यही रहा है कि कैसे हम अन्य जातियों के साथ समता की स्थिति प्राप्त करें। हिंदू महासभा का निमंत्रण इस दृष्टि से शुभ संकेत बनकर आया।'

ये पंक्तियाँ राजा की भावात्मक दृष्टि एवं स्वस्थ चिंतन को प्रकट करती हैं। हिंदू महासभा को हिंदू हितों का प्रवक्ता मानकर ही ब्रिटिश सरकार ने भी उसके अध्यक्ष के नाते डॉ. मुंजे को गोलमेज सम्मेलन का निमंत्रण दिया था। पर प्रश्न यह है कि जिस प्रकार दलित वर्ग राजा के पीछे खड़ा था, क्या उसी प्रकार हिंदू समाज भी डॉ. मुंजे के पीछे खड़ा था? यदि ऐसा होता तो प्रथम गोलमेज सम्मेलन में सभी वर्गीय हितों के प्रतिनिधियों को बटोर लेने के बाद भी ब्रिटिश सरकार को यह चिंता क्यों सताती कि इतने जाने-माने चेहरों के इकट्ठा होने के बाद भी यह सम्मेलन अपूर्ण है, क्योंकि इसमें भारतीय जनता का सच्चा प्रतिनिधित्व नहीं है? अंग्रेज जानते थे कि भारत की जनता की सच्ची प्रतिनिधि संस्था कांग्रेस है और उसके एकमात्र सच्चे प्रवक्ता हैं महात्मा गांधी।

इसलिए प्रथम गोलमेज सम्मेलन में अपनी विभाजनकारी राजनीतिक गोटियाँ बिछा लेने के बाद ब्रिटिश सरकार ने दूसरे गोलमेज सम्मेलन के चक्रव्यूह में गांधीजी को फाँसने के लिए अपना पूरा बुद्धिबल लगा दिया। इसी योजनाबद्ध प्रयास का नतीजा था ५ मार्च, १९३१ का गांधी-इर्विन समझौता। पर कुछ स्थानीय प्रश्नों को लेकर कांग्रेस और सरकार के बीच मतभेद उत्पन्न हो गया और गांधीजी ने अपनी लंदन-यात्रा को इन प्रश्नों के हल से जोड़ दिया। तब भारत-सचिव सर सेमुअल होर ने २३ जुलाई, १९३१ को नए वाइसराय लॉर्ड विलिंग्डन को तार दिया कि 'मुझे विश्वास है कि आप किसी-न-किसी प्रकार हमारे लिए एक वास्तविक प्रतिनिधि सम्मेलन की स्थिति पैदा कर सकेंगे, क्योंकि वही हमारी भावी आशाओं को पूरा करने का आधार होगा।' गांधीजी और वाइसराय के बीच लंबे पत्राचार के बाद भी जब गुत्थी नहीं सुलझी तब १३ अगस्त को कांग्रेस ने गोलमेज सम्मेलन में भाग लेने से इनकार कर दिया और गांधीजी ने लंदन-यात्रा का अपना कार्यक्रम ठीक समय पर निरस्त कर दिया। किंतु साथ ही १४ अगस्त की प्रातः कांग्रेस कार्य समिति ने एक प्रस्ताव पास करके कहा कि गोलमेज सम्मेलन में भाग लेने के अलावा बाकी गांधी-इर्विन समझौते के पालन पर कांग्रेस अटल है, तो वाइसराय ने तुरंत वक्तव्य जारी किया कि 'गोलमेज सम्मेलन में कांग्रेस का भाग लेना ही तो उस

समझौते की जान है। अगर यह बात कांग्रेस को मंजूर नहीं तो पूरे समझौते पर पुनर्विचार होगा।' यह कहानी लंबी है कि किस प्रकार लंदन से भारत-सचिव ने दबाव डालकर वाइसराय को गांधीजी की शर्तें मानने को विवश किया, कैसे पुनः शिमला में विलिंग्डन-गांधी भेंट का नाटक हुआ और गांधीजी को तुरत-फुरत लंदन रवाना होना पड़ा।

दूसरे गोलमेज सम्मेलन में डॉ. मुंजे ने भी गांधीजी के प्रभाव को देखा। लंदन से वापसी के बाद १८ जनवरी, १९३२ की रात्रि में पुणे में लगभग चालीस प्रमुख हिंदू नेताओं की बैठक में डॉ. मुंजे ने गोलमेज सम्मेलन के अपने अनुभव प्रस्तुत करते समय सम्मेलन में गांधीजी की तुष्टीकरण की भूमिका की कटु आलोचना की; किंतु साथ ही स्वीकार किया कि 'निश्चित रूप से गांधीजी ही इस शताब्दी के पुरुष हैं।'

डॉ. मुंजे की यह स्वीकारोक्ति उनकी सीमाओं को स्पष्ट कर देती है। राजा के पीछे दलित वर्गों का समर्थन था, पर उन्हें ब्रिटिश सरकार की मान्यता नहीं थी। डॉ. मुंजे को ब्रिटिश सरकार की मान्यता थी, पर हिंदू समाज का समर्थन उन्हें प्राप्त नहीं था। वह समर्थन गांधीजी के पीछे खड़ा था। क्यों? इसके लिए हमें हिंदू समाज की प्रवृत्ति और गांधी व मुंजे के हिंदुत्व के अंतर को गहराई से समझना होगा। हिंदुत्व प्रतिक्रिया में से उपजी राजनीतिक विचारधारा मात्र नहीं है, वह मूलतः एक भावात्मक जीवन-दर्शन है, मूल्य या धर्माधिष्ठित जीवन-शैली है। मुंजे हिंदुत्व के पहले चेहरे के प्रतीक थे तो गांधीजी उसके भावात्मक पक्ष के। गांधीजी ने व्यक्तिगत एवं सार्वजनिक जीवन में उन जीवन-मूल्यों को जीने और प्रतिष्ठित करने का सच्चा प्रयास किया, जिनकी हिंदू समाज शताब्दियों से उपासना करता आया है। इसलिए भारत के सार्वजनिक मंच पर गांधी के अवतरण ने हिंदू मानस को झंकृत और स्पंदित कर दिया और वह उनके पीछे खड़ा हो गया। डॉ. मुंजे प्रखर हिंदुत्ववादी होते हुए भी इने-गिने शहरी शिक्षितों से आगे जाकर विशाल हिंदू समाज को स्पंदित नहीं कर पाए। जरा कल्पना करें कि यदि उस समय नैतिक शक्ति का गांधी जैसा पुंज हमारे बीच नहीं होता तो क्या दलित वर्गों के लिए पृथक् निर्वाचन के सांप्रदायिक निर्णय के चक्रव्यूह में से भारत बाहर निकल पाता?

[नवभारत टाइम्स, ६ जुलाई, १९९५]

□

गांधी, आंबेडकर और साम्राज्य

१७ अगस्त, १९३२ को ब्रिटिश प्रधानमंत्री रेम्जे मैकडोनॉल्ड के 'सांप्रदायिक निर्णय' की सार्वजनिक घोषणा के अगले ही दिन गांधीजी ने प्रधानमंत्री के नाम एक लंबा पत्र लिखकर इस निर्णय में हिंदू समाज के दलित वर्गों को पृथक् निर्वाचन का अधिकार देने के विरुद्ध २० सितंबर से आमरण अनशन प्रारंभ करने की सूचना दी और अपने पत्राचार के प्रकाशन की अनुमति माँगी। वाइसराय लॉर्ड विलिंग्डन ने भारत-सचिव सर सेमुअल होर को २३ अगस्त को तार दिया कि पत्राचार के प्रकाशन की अनुमति देने के पूर्व प्रधानमंत्री की ओर से गांधीजी के पत्र का उत्तर अवश्य जाना चाहिए और उसमें प्रधानमंत्री को लाइन लेनी चाहिए कि गांधी के अनशन से जुड़े मुद्दे का ब्रिटिश सरकार से कोई संबंध नहीं है; बल्कि यह मुद्दा गांधी और दलित वर्गों के बीच का मुद्दा है। भारत-सचिव ने ६ सितंबर को तार देकर कहा कि 'गांधी और दलित वर्गों के बीच का मुद्दा कहने से आंबेडकर की स्थिति कमजोर होगी, जो हमें नहीं होने देना चाहिए।' व्यूह-रचना को अंतिम रूप देते समय भी यह सावधानी बरती गई कि जेल से रिहा होने की स्थिति में गांधीजी का संपर्क आम जनता के बजाय केवल कुछ नेताओं तक ही सीमित रहे, ताकि इनके बीच हुए समझौते को संसार में यह कहकर प्रचारित किया जा सके कि ब्रिटिश सरकार के हस्तक्षेप के कारण ही सवर्ण हिंदुओं और दलित वर्गों के बीच यह समझौता संपन्न हो सका और यह कि 'दलित वर्ग' व 'सवर्ण हिंदू' नाम के दो अलग-अलग सुव्याख्यायित सामाजिक समूह हैं, जिन दोनों के बीच हित-विरोध की स्थिति विद्यमान है। जबकि गृह सचिव एम.जी. हैलेट ने २१ अगस्त को ही एक टिप्पणी में स्पष्ट शब्दों में लिखा था—'एक बिंदु जिसे भूलना नहीं चाहिए, वह यह

है कि दलित वर्गों की अभी तक कोई व्याख्या नहीं हो पाई है और कुछ प्रांतों में तो संभवतः ऐसे किसी वर्ग का अस्तित्व ही नहीं है।'

गांधीजी इस वस्तुस्थिति को ठीक प्रकार से समझते थे, इसलिए उन्होंने २६ अगस्त को जेल में जेल महानिरीक्षक कर्नल ई.ई. डोयले से, जिन्हें बंबई के गवर्नर ने गांधीजी का मन टटोलने के लिए भेजा था, अनौपचारिक वार्त्तालाप में कहा कि 'दलित वर्गों को पृथक् निर्वाचन दिया जा रहा है, जबकि एक वर्ग के रूप में उनकी ओर से ऐसी कोई माँग नहीं है। केवल एक बहुत छोटा सा वर्ग, अर्थात् डॉ. आंबेडकर के नेतृत्व को माननेवाले महार जाति के लोग, ही पृथक् निर्वाचन की माँग उठा रहे हैं; किंतु उन्हें संपूर्ण दलित वर्गों की ओर से बोलने का कोई अधिकार नहीं है। संयुक्त प्रांत, बंगाल और अन्य प्रांतों में दलित वर्ग संयुक्त निर्वाचन के पक्ष में है।' गांधीजी ने आगे कहा कि 'इसीलिए मैं इंग्लैंड से यह सोचकर लौटा था कि भारत पहुँचकर दलित वर्गों, जो राजनीतिक चेतना से शून्य हैं और जिन्हें यह ज्ञान ही नहीं है कि पृथक् निर्वाचन का अर्थ और परिणाम क्या हो सकता है, में राजनीतिक जागृति पैदा करने के लिए एक संगठित जन अभियान छेड़ूँगा; किंतु भारत पहुँचने के एक सप्ताह के भीतर ही मुझे जेल में ठूस दिया गया और अब आमरण अनशन के अलावा और कोई हथियार मेरे पास नहीं रह गया है।'

ऐसा नहीं है कि ब्रिटिश शासक दलित वर्गों के यथार्थ से और आंबेडकर आदि नेताओं की सीमाओं से परिचित नहीं थे। यह बात प्रांतीय गवर्नरों के नाम वाइसराय के २४ अगस्त के अर्ध-शासकीय पत्र के उत्तर में कई गवर्नरों के पत्रों से बहुत स्पष्ट है। मध्य प्रांत के गवर्नर ए.ई. नेल्सन ने लिखा—'जहाँ तक दलित वर्गों का सवाल है, वे अधिकांशतः पिछड़े हुए और निरक्षर हैं और इसलिए पृथक् बनाम संयुक्त निर्वाचन क्षेत्र जैसे प्रश्नों पर कोई मत देने में पूर्णतया अक्षम हैं, न ही उन्हें यह समझ में आता है कि हिंदू धर्म के विघटन का अर्थ क्या होता है। दलित वर्गों के नाम पर जो भी मत प्रचारित किया जाता है, वह केवल आधा दर्जन नेता किस्म के लोगों का मत होता है, जिनमें से कोई स्वयं को डॉ. आंबेडकर का, कोई एम.सी. राजा का अनुयायी बताता है। उनके विचार पक्के न होने के कारण वे इन दोनों के बीच पाला बदलते रहते हैं। इसलिए सांप्रदायिक निर्णय के बारे में दलित वर्गों की वास्तविक भावनाओं का पता लगाना संभव नहीं है।' बिहार के गवर्नर जे.डी. सिफ्टन ने लिखा—'यह बता पाना कठिन है कि इसका दलित वर्गों पर क्या परिणाम होगा। इस प्रांत में वे बिलकुल भी संगठित नहीं हैं—केवल उन दो-चार थानों को छोड़कर जहाँ लोथियन कमेटी के आधार पर निर्वाचन सूचियाँ बनाने का काम शुरू

हुआ है। उनमें से अधिकतर को तो यह भी पता नहीं कि उन्हें मताधिकार जैसी कोई चीज मिली है। पृथक् निर्वाचन के बारे में तो वे निश्चय ही कुछ भी नहीं जानते। सच तो यह है कि बिहार और उड़ीसा में उनमें अभी तक कोई पृथक् वर्ग-चेतना पैदा ही नहीं हुई है।'

इसी प्रकार मद्रास प्रांत, जिसे दलित चेतना की दृष्टि से बहुत जाग्रत् माना जाता था, के गवर्नर ने भी १७ सितंबर को सूचित किया कि इस समय यह कहना कठिन है कि दलित वर्गों का आम आदमी इस मामले पर क्या सोचता है। संभवत: उनमें से अधिकतर को तो इस बारे में कुछ भी पता नहीं है। ऐसे लोग भी इने-गिने ही होंगे जो पृथक् निर्वाचन के संभावित परिणामों को समझ सकें। 'जहाँ तक डॉ. आंबेडकर के सीमित जनाधार का संबंध है, गांधीजी के आकलन की पुष्टि पुणे के दलित नेता पी.एन. राजभोज के वाइसराय के नाम ८ जून, १९३२ के पत्र से भी होती है। उसमें राजभोज ने लिखा था कि 'हमारे प्रांत में चमार और माँग जातियों को सवर्णों के बजाय महारों से ज्यादा परेशानी होती है। इसलिए इन जातियों के लोग आंबेडकर को अपना नेता नहीं मानते।'

इस यथार्थ के मद्देनजर ब्रिटिश कूटनीति का स्पष्ट लक्ष्य था कि, बीस वर्ष के लिए ही क्यों न हो, दलित वर्गों को पृथक् निर्वाचन का अधिकार देकर उनकी शेष हिंदू समाज से अलग पहचान बनाना और एक विशेष प्रकार के नेतृत्व को उनके बीच स्थापित करना।

इसीलिए प्रधानमंत्री के उत्तर में गांधीजी ने ९ सितंबर को यह लिखा कि 'यह विडंबना ही है कि जिनकी सेवा करना मेरे जीवन का व्रत रहा है, आप मुझे उनका ही हित-शत्रु बताने का प्रयास कर रहे हैं। 'दलित' वर्गों के लिए पृथक् निर्वाचन की व्यवस्था करके आप ऐसा जहर बो रहे हैं, जिसका लक्ष्य हिंदू समाज को नष्ट करना है और जिससे दलित वर्गों का कोई भला नहीं होनेवाला है।'

[नवभारत टाइम्स, ३ अगस्त, १९९५]

□

एक कैदी से थर्राया साम्राज्य

नैतिक शक्ति से संपन्न व्यक्ति में कितना सामर्थ्य होता है, इसका कुछ अंदाजा सन् १९३२ में यरवदा जेल में बंदी गांधीजी के आमरण अनशन की सूचना मात्र से ब्रिटिश शासकों में फैली दहशत और घबराहट से लग सकता है। इस विषय पर बहुत कुछ लिखा गया है। गांधी और आंबेडकर का कोई भी जीवनीकार अथवा आधुनिक भारत की संवैधानिक यात्रा का कोई भी इतिहासकार ब्रिटिश प्रधानमंत्री के सांप्रदायिक निर्णय, उसके विरोध में गांधीजी के आमरण अनशन और उसमें से निष्पन्न पूना पैक्ट की उपेक्षा कर ही नहीं सकता। किंतु जितना कुछ भी अब तक लिखा गया है, वह बहुत ही अपर्याप्त है।

इस काल का इतिहास लिखते समय हमें यह भूलना नहीं चाहिए कि सन् १८५७ की क्रांति की विफलता के पश्चात् १९४७ तक भारत के सार्वजनिक जीवन का एजेंडा तय करने की पहल ब्रिटिश शासकों के हाथों में सिमट गई थी। वे पहल करते थे और अधिकतर भारतीय चिंतक व नेता उनकी पहल पर केवल प्रतिक्रिया करते रहते थे। अत: इस कालखंड की किसी भी महत्त्वपूर्ण घटना अथवा व्यक्तित्व का पूर्ण आकलन यह जाने बिना नहीं हो सकता था कि उस घटना का ब्रिटिश सरकार के एजेंडे में क्या स्थान था अथवा उस व्यक्ति विशेष के प्रति ब्रिटिश शासकों का क्या रुख था।

यह ध्यान रखना भी आवश्यक है कि किसी घटना या व्यक्ति के बारे में ब्रिटिश शासकों की असली सोच उनके सार्वजनिक शासकीय दस्तावेजों से नहीं जानी जा सकती, क्योंकि ऐसा प्रत्येक दस्तावेज परदे के पीछे चलनेवाली सामूहिक चिंतन की लंबी प्रक्रिया का परिणाम होता था और जन भावनाओं को ध्यान में रखकर प्रत्येक

बिंदु को बड़ी सावधानीपूर्वक चुने गए शब्दों में इस सार्वजनिक दस्तावेज में प्रस्तुत किया जाता था। इसी कारण ब्रिटिश दस्तावेजों की अधिकतर फाइलों में दो हिस्से पाए जाते हैं—एक, सार्वजनिक शासकीय दस्तावेजों का और दूसरा; उन दस्तावेजों के पीछे विद्यमान चिंतन-प्रक्रिया का। इस भाग को 'कीप विद्' या 'के.डब्ल्यू.' कहा जाता है। अब यह भाग भी शोधकर्ताओं को उपलब्ध है।

गांधीजी के उपवास से संबद्ध फाइलों के के.डब्ल्यू. भाग का अध्ययन करने पर आश्चर्य और गर्व होता है उनकी नैतिक शक्ति व जन-प्रभाव से सर्वोच्च ब्रिटिश शासक किस कदर भयभीत थे। १२ सितंबर, १९३२ को पहली बार देशवासी यह जानकर स्तब्ध रह गए थे कि सांप्रदायिक निर्णय में दलित वर्गों के लिए पृथक् निर्वाचन के प्रावधान के विरुद्ध गांधीजी २० सितंबर से आमरण अनशन प्रारंभ करने वाले हैं। इस सूचना से देश भर में जन-भावनाओं का जो ज्वार उमड़ा, जो जबरदस्त हलचल मची, उसका वर्णन तो अनेक लेखकों ने किया है; किंतु यह जानकारी कहीं नहीं मिलती कि ब्रिटिश शासकों पर उसकी क्या प्रतिक्रिया हुई। सर्वोच्च ब्रिटिश शासकों को गांधीजी ने अपने संकल्प की पूर्व चेतावनी ११ मार्च को ही भारत-सचिव सर सैमुअल होर के नाम एक पत्र द्वारा दे दी थी और १८ अगस्त को ब्रिटिश प्रधानमंत्री के नाम अपने लंबे पत्र में उन्होंने अनशन प्रारंभ करने की तिथि भी सूचित कर दी थी। ११ मार्च से १२ सितंबर तक दोनों पक्षों की ओर से इस सूचना को अलग-अलग कारणों से गुप्त रखा गया था।

इस छह मास के लंबे अंतराल में भारत-सचिव, वाइसराय लॉर्ड विलिंग्डन और प्रांतीय गवर्नरों, विशेषकर बंबई के गवर्नर सर फ्रेडरिक साईक्स, के बीच सैकड़ों निजी व गोपनीय त्वरित तारों का आदान-प्रदान हुआ। कभी-कभी एक ही दिन में लंदन और शिमला के बीच दो-दो तार आए-गए। अनेक अर्ध-शासकीय पत्र लिखे गए और पचासों सचिवालयीय टिप्पणियाँ निबद्ध की गईं। सब पर एक ही चिंता सवार थी कि गांधी के अनशन की सूचना प्रकाशित होते ही देश में तूफान आ जाएगा, उस तूफान का मुकाबला कैसे होगा? वाइसराय बार-बार चेतावनी दे रहे थे कि गांधी के आमरण अनशन की सूचना पाते ही पूरा हिंदू समाज पागल हो उठेगा और भारतीय प्रेस, जिसपर हिंदुओं का ही कब्जा है, बवंडर खड़ा कर देगा। जन-भावनाओं के इस भीषण ज्वार का सामना कैसे किया जा सकेगा?

गांधीजी जेल में बंद थे। भारत-सचिव या ब्रिटिश प्रधानमंत्री के साथ उनका पत्राचार बंबई के गवर्नर के माध्यम से ही संभव था। अत: उनके प्रत्येक पत्र के साथ ही इधर बंबई के गवर्नर और वाइसराय के बीच और उधर वाइसराय व भारत-सचिव

के बीच तारों का आदान-प्रदान शुरू हो जाता था। इस पूरे प्रकरण में बंबई के गवर्नर की स्थिति बहुत महत्त्वपूर्ण थी, क्योंकि यरवदा जेल व गांधीजी का साबरमती आश्रम दोनों ही बंबई प्रांत में पड़ते थे। गांधीजी के अनशन से उत्पन्न स्थिति का सीधा प्रभाव तो वहीं पड़ना था। इसलिए सर फ्रेडरिक साईक्स के मत को बड़ी गंभीरता से लिया जा रहा था। भारत-सचिव के नाम गांधीजी के ११ मार्च के पत्र को प्रेषित करते ही सर साईक्स ने १९ मार्च को वाइसराय को व्यक्तिगत पत्र लिखा कि यदि गांधीजी ने अनशन की धमकी को कार्यान्वित किया तो भारी समस्या खड़ी हो जाएगी। उधर, भारत-सचिव ने गांधीजी का पत्र पाकर ६ अप्रैल को वाइसराय को तार देकर पूछा कि इस पत्र का क्या उत्तर दूँ। वाइसराय ने ११ अप्रैल को तार से सुझाया कि अभी तो यह कहकर बात टाल दी जाए कि लोथियन कमेटी की रिपोर्ट की प्रतीक्षा की जा रही है। और १३ अप्रैल को सर होर ने अपने उत्तर में यही तर्क दोहरा दिया। यहाँ ब्रिटिश कार्य-पद्धति का यह वैशिष्ट्य भी सामने आता है कि भारत-सचिव या प्रधानमंत्री जैसे शीर्षस्थ लोग कोई भी उत्तर अपने मन से नहीं देते थे बल्कि वाइसराय से परामर्श करके ही देते थे। ब्रिटिश प्रधानमंत्री के नाम गांधीजी के १८ अगस्त के पत्र का उत्तर देने के लिए तो ८ सितंबर तक वाइसराय और भारत-सचिव के बीच बीसियों तारों का आदान-प्रदान हुआ। एक-एक पंक्ति या शब्द के परिवर्तन के लिए तार खटखटाए गए। तीनों के बीच पूर्ण मतैक्य हो जाने पर ही ८ सितंबर को प्रधानमंत्री के हस्ताक्षर से उत्तर रवाना हुआ।

वाइसराय को भारत-सचिव के २२ जुलाई के तार से विदित होता है कि उस समय तक सांप्रदायिक निर्णय को अंतिम रूप दिया जा चुका था। भले ही उसकी घोषणा लगभग एक माह बाद १७ अगस्त को की गई। भारत-सचिव ने कहा कि हमें अभी से अपना दिमाग साफ कर लेना चाहिए कि यदि गांधी ने अनशन शुरू किया तो हम उसका मुकाबला कैसे करेंगे। इसलिए मैं जानना चाहूँगा कि इस बारे में आपकी और साईक्स की सोच क्या है? भारत-सचिव ने यह भी चिंता व्यक्त की कि दलित वर्गों के मुद्दे पर गांधीजी के अनशन का विदेशों में हमारे लिए प्रतिकूल प्रभाव होगा, अतः हमें अपने निर्णय के बारे में जन-मानस को शिक्षित करने के प्रभावी उपाय करने होंगे। बस, यहीं से एक कैदी के उपवास के मुकाबले की व्यूह-रचना के लिए सचिवालयीय टिप्पणियाँ एवं गोपनीय तारों के आदान-प्रदान का अखंड सिलसिला शुरू हो जाता है।

[नवभारत टाइम्स, १३ जुलाई, १९९५]

□

अनशन के विरुद्ध ब्रिटिश रणनीति

सन् १९०९ के एक्ट में मुसलमानों को और १९१९ के एक्ट में सिखों को पृथक् निर्वाचन देकर देश को पृथक्तावाद के पथ पर धकेलने की कोशिश शुरू हो चुकी थी। अब सन् १९३५ के एक्ट में हिंदू समाज के दलित व्रर्गों को पृथक् निर्वाचन देकर भारतीय राष्ट्रवाद को गृह-युद्ध में झोंकने की तैयारी थी। किंतु पता नहीं कहाँ से इस डेढ़ हड्डी के आदमी ने लपककर साम्राज्य के घोड़े को पकड़ लिया और स्वप्नभंग की स्थिति पैदा कर दी। भारतीय जनता पर उसके जादू को और जनांदोलन खड़ा करने की उसकी ताकत को अंग्रेज पहचानते थे, इसलिए गोलमेज सम्मेलन से लौटते ही उन्हें जेल में बंद कर दिया गया था; पर जेल में बैठा-बैठा भी वह शख्स ब्रिटिश शासकों को चैन की नींद नहीं सोने दे रहा था।

साम्राज्य ने १७ अगस्त, १९३२ को सांप्रदायिक निर्णय की औपचारिक घोषणा के एक माह पहले से ही इस कैदी का मुकाबला करने के लिए अपनी व्यूह-रचना की तैयारी शुरू कर दी थी। वाइसराय ने भारत-सचिव का २२ जुलाई का तार पाकर बंबई के गवर्नर साईक्स को एक ही दिन में दो तार भेजकर रणनीति के बारे में उनकी सोच पूछी। सर साईक्स ने कड़ा रुख अपनाया। २८ जुलाई को उन्होंने तार दिया, 'अगर गांधी अनशन शुरू करते हैं तो बंबई सरकार उनकी कमजोरी को खतरनाक बिंदु तक पहुँचते ही उन्हें रिहा कर देगी। अगर रिहाई के बाद वे अनशन तोड़ते हैं तो आवश्यक होने पर उन्हें पुनः गिरफ्तार कर लिया जाएगा।' यह तार पाकर वाइसराय सकते में आ गए। क्या साईक्स स्थिति की नाजुकता को समझ पा रहे हैं? 'खतरनाक बिंदु' से उनका मतलब क्या है? गांधी अगर जेल से रिहा होते ही मर गए तो क्या कम भयंकर तूफान खड़ा होगा? वे जेल

में मरें या बाहर, दोनों ही स्थितियों में गांधी का शव सदा-सर्वदा के लिए ब्रिटिश सरकार और भारतीय जनता के बीच कटुता की दीवार बनकर खड़ा हो जाएगा। वाइसराय ने गृह सचिव हैलेट और गृह सदस्य सर हेग से परामर्श करके भारत-सचिव को ३१ जुलाई को तार दिया कि गांधी कोई साधारण कैदी नहीं हैं। उनपर जेल के सामान्य नियमों को लागू नहीं किया जा सकता। उन्हें न तो जबरन खिलाया जा सकता है और न ही भूखा मरने दिया जा सकता है। हमें जेल में या बाहर उनके मरने की स्थिति नहीं पैदा होने देना चाहिए, क्योंकि उसकी बहुत तीव्र प्रतिक्रिया होगी। अनशन प्रारंभ करते ही हमें उन्हें रिहा कर देना चाहिए।

भारत-सचिव ने ४ अगस्त को तार द्वारा वाइसराय की इस रणनीति को अपनी स्वीकृति दे दी और वाइसराय ने अर्ध-शासकीय पत्र द्वारा बंबई के गवर्नर को इस निर्णय से सूचित कर दिया। इसपर साईक्स ने प्रश्न उठाया कि क्या आप गांधी की रिहाई के परिणामों को समझते हैं? अगर गांधी बंबई पहुँच गए और उन्हें पंद्रह दिन भी जन-आंदोलन चलाने का मौका मिल गया तो हमारे पिछले छह महीनों के किए-कराए पर पानी फिर जाएगा।

सांप्रदायिक निर्णय के प्रकाशन के अगले ही दिन गांधीजी ने ब्रिटिश प्रधानमंत्री को एक लंबा पत्र लिखकर इस निर्णय के विरोध में २० सितंबर से आमरण अनशन प्रारंभ करने की सूचना दे दी और अपने पत्राचार को प्रकाशित करने की अनुमति माँगी। गांधीजी ने लिखा कि मैंने जेल के नियमों का पालन करते हुए अपने निर्णय की एवं इन पत्रों की जानकारी वल्लभभाई पटेल और महादेव देसाई के अलावा किसी को भी नहीं दी है। २१ अगस्त को हैलेट ने टिप्पणी लिखी कि अनशन के निर्णय की सूचना मिलते ही हिंदू धर्मयुद्ध छेड़ देंगे। हिंदुत्व के मुद्दे पर गांधी के विचारों के समर्थन में जबरदस्त आंदोलन शुरू हो जाएगा।

वाइसराय ने २३ अगस्त को भारत-सचिव को तार दिया कि गांधी अपनी धमकी को कार्यान्वित करने पर दृढ़ हैं। हमने उन्हें जेल में बंद करके अपने विचारों को जनता तक पहुँचाने से वंचित कर दिया था। अतः अब भी उनके पत्राचार के प्रकाशन की अनुमति नहीं दी गई तो बहुत कटुता फैलेगी। यह कह पाना कठिन है कि आंबेडकर और उसके अनुयायी इस तूफान के सामने खड़े रह सकेंगे। हम लोगों को भले ही गांधी का कदम अजीब और तर्कहीन लगता हो, पर यह हिंदुओं और भारत की आम जनता की भावनाओं को छूनेवाला है, क्योंकि यह उनके सोचने के तरीके से पूरी तरह मेल खाता है। प्रधानमंत्री को तुरंत गांधी के पत्र का उत्तर देना चाहिए और उसमें कहना चाहिए कि यह झगड़ा गांधी और सरकार के बीच नहीं,

गांधी और दलित वर्गों के बीच है। यह आभास भी पैदा किया जाए कि हम तो दलित वर्गों के शुभचिंतक हैं; पर गांधी उनके हितं शत्रु हैं। उनका उत्तर आते ही पत्राचार के प्रकाशन की अनुमति दे दी जाए और हम जिला स्तर तक जवाबी प्रचार अभियान छेड़ दें। गांधी को अनशन शुरू करते ही छोड़ दिया जाए; किंतु अभी इसकी घोषणा न की जाए।

२४ अगस्त को वाइसराय ने सभी प्रांतीय गवर्नरों को गोपनीय पत्र लिखकर अपनी रणनीति पर उनके सुझाव माँगे। बंगाल के गवर्नर एंडरसन ने लिखा कि यह बहुत ही अपमानजनक स्थिति है कि एक कैदी की धमकी के कारण हम उसे रिहा कर दें। २७ अगस्त को गृह विभाग ने सभी प्रांतीय सरकारों को प्रचार के मुद्दों पर एक गुप्त नोट भेजा, जिसमें अन्य तर्कों के साथ इस बात का विशेष रूप से उल्लेख किया गया कि गांधी का जन्म दलित वर्गों में नहीं हुआ है, वह सवर्ण हिंदू हैं। गृह विभाग ने विशेष रूप से सूचना दी कि यह नोट किसी भी प्रकार 'लीक' नहीं होना चाहिए। इसका उपयोग परोक्ष ढंग से हो और जिलाधीशों को सूचना रहे कि हमसे आधिकारिक सूचना मिलने तक उस लिफाफे को खोला न जाए। गांधी के अनशन के समाचार को भी अभी गुप्त रखा जाए। वाइसराय बार-बार प्रधानमंत्री को उत्तर भेजने और पत्राचार के प्रकाशन की अनुमति देने का आग्रह करते रहे; किंतु भारत-सचिव का सुनिश्चित मत था कि पत्राचार के प्रकाशन और अनशन शुरू होने की तिथियों के बीच कम-से-कम फासला रहना चाहिए, ताकि आंदोलन को संगठित होने और फैलने का अवसर न मिलने पाए। इसलिए उन्होंने १३ सितंबर की प्रात: भारत और लंदन में एक साथ प्रकाशन की तिथि तय की। साथ ही ११ सितंबर को सभी जिलाधीशों को गुप्त नोट का सीलबंद लिफाफा खोलने का आदेश भी भेज दिया गया।

[नवभारत टाइम्स, २० जुलाई, १९९५]

□

गांधी ने व्यूह-रचना पर पानी फेरा

गांधीजी के अनशन की तिथि २० सितंबर नजदीक खिसक रही थी। १३ सितंबर की प्रात: पत्राचार के प्रकाशन के साथ ही उनके इस निर्णय का सबको पता चल जाना था। प्रचार के मोरचे पर जवाबी हमले के लिए जिला स्तर तक पूरा ब्रिटिश प्रशासन तंत्र तैयार बैठा था। पर अभी तक यह तय नहीं हो पा रहा था कि अनशन शुरू होने के बाद गांधी का क्या किया जाए। इस बारे में वाइसराय लॉर्ड विलिंग्डन और बंबई के गवर्नर सर फ्रेडरिक साईक्स के बीच भारी मतभेद था। वाइसराय का निश्चित मत था कि जेल में या रिहाई के तुरंत पश्चात् गांधी की मृत्यु से जो तीव्र जन-प्रतिक्रिया उत्पन्न होगी, उससे बचने का एक ही उपाय है कि गांधी को अनशन शुरू करते ही रिहा कर दिया जाए और जवाबी प्रचार अभियान के द्वारा उनका मुकाबला किया जाए। पर सर साईक्स का कहना था कि बिंना शर्त रिहाई के बाद अगर गांधी में इतनी ताकत रह गई कि वह बंबई शहर जैसे कुछ ज्वलनशील स्थानों पर जाकर स्वयं प्रचार अभियान चला सकें तो समझ लीजिए कि गांधी की आँधी में आपका प्रचार अभियान रुई के फाहे की तरह उड़ जाएगा। तब क्या होगा दलित वर्गों को शेष हिंदू समाज से अलग करने की अपनी समूची रणनीति का? सर साईक्स दृढ़ थे कि गांधी को अनशन शुरू होने के बाद ऐसी हालत में रिहा किया जाए, जब उनमें हिलने-डुलने की ताकत न रहे। वाइसराय साईक्स के इस आकलन से सहमत नहीं थे।

१० सितंबर को भारत-सचिव ने वाइसराय को तार दिया कि अगर गांधी की रिहाई से सिविल नाफरमानी आंदोलन जोर पकड़ गया तो यहाँ हमारी स्थिति बहुत कमजोर हो जाएगी। इसलिए गांधी को बताया जाए कि वे दलित वर्गों के प्रश्न पर

अनशन करने जा रहे हैं और उसे हल करने के लिए ही उन्हें रिहा किया जा रहा है। इसलिए हमें विश्वास है कि वे अपना पूरा ध्यान इस प्रश्न पर ही केंद्रित करेंगे। वाइसराय चाहते थे कि १३ सितंबर को केंद्रीय विधानसभा का अधिवेशन शुरू होते ही इस नीति की घोषणा कर दी जाए। पर सर साईक्स अड़े हुए थे। उन्होंने सवाल उठाया कि यदि गांधीजी ने धारा ४ के बंधन को न माना तो हम बार-बार उन्हें गिरफ्तार करके साबरमती आश्रम में वापस लाने की हास्यास्पद स्थिति में पहुँच जाएँगे। इससे अच्छा तो यही होगा कि गांधी को फिर से गिरफ्तार करके जेल में डाल दिया जाए। साबरमती आश्रम के पास सभा जुलूसों को कदापि बरदाश्त न किया जाए।

१३ सितंबर को ही लंदन से भारत-सचिव का तार पहुँच गया कि यहाँ सरकार और जनमत दोनों ऐसी स्थिति से बचना जरूरी मान रहे हैं, जिसमें दलित वर्गों के नेताओं को जनमत के दबाव के सामने झुकना पड़ जाए। अत: साबरमती में गांधी के पास जनता को पहुँचने से रोकने के लिए आश्रम की नाकाबंदी करना जरूरी हो सकता है। इस स्थिति की तैयारी अभी से करनी चाहिए, क्योंकि गांधी को जेल में रखना मुश्किल है और दोबारा गिरफ्तार करना भी। परदे के पीछे चल रही इस कशमकश का परिणाम हुआ कि १३ सितंबर को असेंबली में केवल इतनी घोषणा की जा सकी कि अनशन की स्थिति में गांधी के साथ क्या व्यवहार हो, इसपर अभी विचार चल रहा है। वाइसराय ने बंबई को तार दिया कि हमें विश्वास है कि गांधी बंधन मानेंगे। पर अगर उन्होंने बंधन नहीं माने तो अध्यादेश की धारा १६ के तहत आश्रम के चारों ओर नाकाबंदी कर देंगे; पर उन्हें दोबारा गिरफ्तार नहीं करना है और कोई भी कदम हमसे पूछे बिना न उठाया जाए।

१४ सितंबर को बंबई ने वाइसराय को लंबा तार दिया कि कानून भंग करना ही जिस शख्स की विचारधारा है वह भला कोई बंधन क्यों मानने लगा! साईक्स ने एक नया सवाल खड़ा कर दिया कि क्या गांधी साबरमती आश्रम जाना स्वीकार करेंगे, क्योंकि वे सन् १९३० में प्रतिज्ञा ले चुके हैं कि स्वराज्य प्राप्त किए बिना मैं साबरमती आश्रम वापस नहीं लौटूँगा? यदि हमने पहले से घोषणा कर दी कि हम उन्हें साबरमती आश्रम ले जाने वाले हैं तो अभी से यरवदा जेल के बाहर से साबरमती के पूरे रास्ते भर प्रदर्शनों का ताँता लग जाएगा। इसलिए अगर वहाँ ले ही जाना है तो अच्छा होगा कि हम पहले उन्हें चुपके से साबरमती जेल ले जाएँ और फिर अनशन शुरू होने पर साबरमती आश्रम पहुँचा दें। साईक्स ने कहा कि गुजरात तो गांधीजी का चुना हुआ रणक्षेत्र है। साबरमती आश्रम में उनकी उपस्थिति मात्र से पूरे गुजरात में सिविल नाफरमानी आंदोलन भड़क उठेगा। यदि हमने आश्रम की

नाकाबंदी की तो उससे उत्तेजित होकर लोग प्रदर्शन करेंगे, आंदोलन करेंगे। हो सकता है, तब हमें गांधी को गुजरात से हटाकर कहीं और ले जाना पड़े। बहरहाल, किसी भी स्थिति से निबटने की छूट बंबई सरकार को मिलनी चाहिए।

इस तार को पाकर वाइसराय घबरा गए। उन्होंने तुरंत जवाबी तार दिया कि यदि गांधी ने साबरमती आश्रम में वापस लौटने के बारे में कोई प्रतिज्ञा ली है तो उनसे पहले पूछना उचित रहेगा। यदि गांधी को गुजरात में रखना खतरनाक है तो क्यों न हम उन्हें पुणे शहर में या उसके आस-पास किसी निजी बँगले में रखें! भारत-सचिव को भी पुणे में किसी निजी मकान में रखने का सुझाव पसंद आया।

तारों के इस आदान-प्रदान के प्रकाश में गृह सदस्य सर हेग ने १५ सितंबर को केंद्रीय विधानसभा में घोषणा कर दी कि अनशन शुरू होने पर गांधीजी को बिना शर्त रिहा करके किसी निजी मकान में ले जाया जाएगा। उनपर कोई बंधन नहीं रहेगा, सिवाय इसके कि वे वहीं रहें। अब व्यूह-रचना को अंतिम रूप मिल चुका था कि यकायक गांधी ने १७ सितंबर को वाइसराय के निजी सचिव के नाम पर तार भेजकर पूरी व्यूह-रचना पर पानी फेर दिया। उन्होंने लिखा—'अभी-अभी सरकार की यह घोषणा पढ़कर बहुत कष्ट हुआ कि अनशन प्रारंभ होने पर मुझे कुछ बंधनों के साथ किसी अज्ञात निजी मकान में ले जाया जाएगा। सरकार को अनावश्यक परेशानी और जनता के पैसे का अनावश्यक व्यय तथा स्वयं को अनावश्यक चिंता से बचाने के लिए मैं सरकार से प्रार्थना करता हूँ कि मुझे यहाँ से न छेड़ा जाए, क्योंकि मैं रिहाई के बाद इधर-उधर भटकने के अथवा किसी भी अन्य बंधन का पालन नहीं कर पाऊँगा। मैं यहीं भला हूँ।'

वाइसराय पर तो मानो गाज गिर पड़ी। उन्होंने साईक्स को तार दिया—'गांधी को समझाओ कि वे अपनी जिद छोड़ दें। वे क्यों हमें मुसीबत में डाल रहे हैं?' पर गांधी नहीं मानें। तब वाइसराय ने कहा कि हम गांधी को रिहा करने की घोषणा कर चुके हैं। इसलिए जनता को यह बताना जरूरी हो गया है कि गांधी के आग्रह पर ही उन्हें जेल से तुरंत रिहा नहीं किया जा रहा है। विवश होकर सर हेग ने २० सितंबर को विधानसभा में यह घोषणा की, जिसे पढ़कर भारत-सचिव ने तुरंत तार दिया कि अनशन शुरू होने के बाद भी गांधी को जेल में रखने का अर्थ होगा कि हम गांधी के जाल में फँस गए हैं। इसलिए अभी भी मेरी सलाह है कि गांधी को किसी निजी सदन में रख दें। पर गांधी अपनी जगह अटल रहे और ब्रिटिश साम्राज्य को ही पीछे हटना पड़ा।

[नवभारत टाइम्स, २७ जुलाई, १९९५]

☐

२२

आंबेडकर का पत्राचार कहाँ है?

तीसरे दशक में जिन दो दलित नेताओं के नाम अखिल भारतीय स्तर पर उभरे उनमें से एक थे एम.सी. राजा और दूसरे थे डॉ. आंबेडकर। सांप्रदायिक निर्णय और गांधीजी के अनशन पर इन दोनों नेताओं की प्रतिक्रिया क्या थी? १३ सितंबर को गांधीजी के अनशन की सूचना प्रसारित होते ही सबसे पहली प्रतिक्रिया एम.सी. राजा ने की। उसी दिन केंद्रीय विधानसभा में उन्होंने गांधीजी के प्रति कृतज्ञता प्रकट की कि उन्होंने अपने अनशन द्वारा दलित वर्गों की समस्या पर भारत ही नहीं, पूरे विश्व का ध्यान केंद्रित कर दिया है। मुंजे-पैक्ट का हवाला देते हुए राजा ने कहा कि दलित वर्ग पृथक् नहीं, संयुक्त निर्वाचन चाहता है। प्रधानमंत्री के पत्र की आलोचना करते हुए उन्होंने कहा कि इस निर्णय के फलस्वरूप दलित वर्ग हिंदू समाज से कट जाएँगे; जबकि दलित वर्गों के लोग भी उतने ही सच्चे हिंदू हैं जितना कि सवर्ण हिंदू हो सकते हैं। हमारे उद्धार का मार्ग हिंदू समाज से कटने में नहीं, बल्कि उसमें भीतर से परिवर्तन लाने में है। श्री राजा ने डॉ. आंबेडकर से अनुरोध किया कि वे पृथक् निर्वाचन का हठ त्याग दें और आरक्षण सहित संयुक्त निर्वाचन की मेरी माँग का समर्थन करें। अगले ही दिन डॉ. आंबेडकर ने गांधीजी के अनशन को नैतिक के बजाय शुद्ध राजनीतिक स्टंट करार दिया और राजा के सुझाव को ठुकराते हुए कहा कि मैं पृथक् निर्वाचन से एक इंच पीछे नहीं हटूँगा, भले ही इसमें गांधीजी की जान चली जाए। सच तो यह है कि उन दिनों डॉ. आंबेडकर एम.सी. राजा को अपना मुख्य प्रतिद्वंद्वी मानने लगे थे। राजा से डॉ. आंबेडकर को इतनी अधिक चिढ़ थी कि २२ सितंबर को जब गांधीजी ने राजा और आंबेडकर दोनों को यरवदा जेल में भेंट करने के लिए बुलाया तो डॉ. आंबेडकर ने

सार्वजनिक वक्तव्य दिया कि वे राजा के साथ बैठकर बात करना कदापि पसंद नहीं करेंगे। ब्रिटिश शासकों को भी इस स्थिति का पूरा आभास था। बंबई के गवर्नर सर फ्रेडरिक साईक्स ने वाइसराय के नाम १० सितंबर, १९३२ के गोपनीय तार में लिखा—'जैसा कि आप जानते ही हैं, गांधीजी व्यक्तिश: आंबेडकर के विरुद्ध हैं और मेरी समझ के अनुसार राजा को अपना आदमी समझते हैं। इसमें बहुत संदेह है कि गांधी का अनशन शुरू होते ही चारों ओर से आंबेडकर पर जो दबाव पड़ेगा उसके विरुद्ध आंबेडकर दृढ़तापूर्वक खड़े रह पाएँगे।'

डॉ. आंबेडकर भी मन-ही-मन समझते थे कि उनका शक्ति-स्रोत कहाँ है। इसीलिए लोथियन कमेटी द्वारा संयुक्त निर्वाचन के पक्ष में अनुशंसा दिए जाने पर भागे-भागे लंदन गए और वहाँ लगभग दो महीने रहकर उन्होंने प्रधानमंत्री द्वारा दिए जानेवाले सांप्रदायिक निर्णय में दलित वर्गों के लिए पृथक् निर्वाचन का प्रावधान करने का प्रयास किया। किंतु प्रधानमंत्री ने गांधीजी के अनशन और जनांदोलन के भय से दलित वर्गों के लिए पृथक् निर्वाचन की अवधि केवल बीस वर्ष घोषित की। उसके बाद पुन: संयुक्त निर्वाचन की स्थिति वापस आ जानी थी। डॉ. आंबेडकर ने भारत-सचिव को गोपनीय पत्र लिखा कि पृथक् निर्वाचन की व्यवस्था को बीस वर्ष के बाद में जारी रखा जाए, अर्थात् उसे स्थायी रूप दे दिया जाए। यहीं से डॉ. आंबेडकर के प्रति भारत-सचिव और वाइसराय के रुख में भारी अंतर उभरने लगता है।

भारत-सचिव ने ५ सितंबर को वाइसराय को गोपनीय तार देकर सलाह माँगी कि आंबेडकर के पत्र का क्या उत्तर दिया जाए। वाइसराय ने ६ सितंबर को तार देकर कहा कि डॉ. आंबेडकर की माँग को स्वीकार करने का कोई प्रश्न ही खड़ा नहीं होता; क्योंकि इसके परिणाम बहुत भयंकर होंगे। दुर्भाग्य से भारत-सचिव का तार और उसके साथ संलग्न डॉ. आंबेडकर का पत्र इस फाइल में उपलब्ध नहीं है; पर वाइसराय के ६ सितंबर के तार से पता चलता है कि भारत-सचिव आंबेडकर की बात को वजन देकर गांधीजी के नाम प्रधानमंत्री के उत्तर में कोई ऐसा स्पष्टीकरण जोड़ देना चाहते थे जिससे आंबेडकर की माँग अंशत: पूरी हो सके। किंतु वाइसराय ने इसका कड़ा विरोध किया। उन्होंने भारत-सचिव को लिखा कि आंबेडकर की बात को कोई वजन देने की आवश्यकता नहीं है। उसी दिन वाइसराय ने बंबई के गवर्नर को तार दिया कि मैं चाहता हूँ कि गांधी को प्रधानमंत्री का उत्तर जल्दी-से-जल्दी आए, पर अब आंबेडकर के पत्र ने उसमें अड़ंगा लगा दिया है। पर मैंने भारत-सचिव को सलाह दी है कि इस माँग को यह

कहकर ठुकरा दिया जाए कि 'निर्णय' में कोई भी संशोधन करना अब खतरे से खाली नहीं है। वाइसराय की बात का शायद भारत-सचिव पर कोई असर नहीं हुआ, क्योंकि भारत-सचिव ने प्रधानमंत्री के उत्तर का जो संशोधित रूप तार द्वारा भेजा, उसमें एक पैराग्राफ डॉ. आंबेडकर की माँग को पूर्ण करनेवाला था। प्रधानमंत्री की ओर से लिखा गया—'मैं निश्चयपूर्वक नहीं कह सकता कि विशेष निर्वाचन क्षेत्रों की अवधि समाप्त होने पर दलित वर्गों को किसी अन्य प्रकार के निर्वाचनीय संरक्षण की आवश्यकता रहेगी या नहीं। सरकार की पिछली घोषणा में उस समय पैदा होनेवाली स्थिति का विचार नहीं किया गया है।' वाइसराय ने इस पैराग्राफ पर कड़ी आपत्ति की। वे गांधीजी के अनशन से उत्पन्न होनेवाली स्थिति की विस्फोटकता को समझ रहे थे, जबकि भारत-सचिव दूर होने के कारण उससे अनभिज्ञ थे। अंततः भारत-सचिव को वाइसराय के विरोध के सामने झुकना पड़ा और उन्होंने ८ सितंबर को जवाबी तार दिया कि 'हम इस पैराग्राफ को काट रहे हैं और अब आप प्रधानमंत्री का उत्तर गांधीजी को भेज सकते हैं।'

क्या यह आश्चर्य की बात नहीं है कि दलित वर्गों के हित में अपने इन भगीरथ प्रयत्नों का डॉ. आंबेडकर अपने साहित्य में कहीं भी उल्लेख नहीं करते। गांधीजी के अनशन पर उन्होंने १८ सितंबर की शाम को जो बहुत लंबा वक्तव्य दिया उसमें एम.सी. राजा की आलोचना को तो काफी स्थान दिया गया है, प्रधानमंत्री के निर्णय में पृथक् निर्वाचन क्षेत्रों की बीस वर्षों के लिए अस्थायी व्यवस्था पर डॉ. मुंजे के भाषणों का भी उल्लेख है; पर परदे के पीछे किए अपने पत्राचार का अथवा अपनी लंदन-यात्रा का कोई जिक्र नहीं किया। सन् १९४५ में उन्होंने 'ह्वाट गांधी एंड कांग्रेस हैव डन टू दि अनटचेबल्स' (गांधी और कांग्रेस ने अछूतों के साथ क्या किया) शीर्षक पुस्तक प्रकाशित की। उसमें गोलमेज कॉन्फ्रेंस से पूना पैक्ट तक की घटनाओं का एक लंबा अध्याय है। पर उसमें ब्रिटिश सरकार के साथ उनके पत्राचार के बारे में एक भी शब्द नहीं है। महाराष्ट्र सरकार द्वारा प्रकाशित उनके समग्र वाङ्मय के खंड पाँच में पृष्ठ दो सौ सत्तासी से तीन सौ पंचानबे तक उनकी किसी अप्रकाशित रचना के दो अध्याय इसी कालखंड और इसी विषय पर हैं; पर उनमें भी डॉ. आंबेडकर इस बारे में पूर्णतया मौन हैं।

[नवभारत टाइम्स, १० अगस्त, १९९५]

□

२३

इतिहास का एक निर्णायक 'अगर'

क्या यह मात्र संयोग है कि महाराष्ट्र सरकार द्वारा प्रकाशित आंबेडकर वाङ्मय के चौदह खंडों में महात्मा गांधी के लिए एक शब्द भी अच्छा नहीं है और भारत सरकार द्वारा प्रकाशित 'संपूर्ण गांधी वाङ्मय' के पचास हजार पृष्ठों के सौ खंडों में डॉ. आंबेडकर के प्रति एक भी शब्द खराब नहीं है? क्या इससे कोई यह अर्थ निकाल सकता है कि आंबेडकर का व्यक्तित्व इतना पूर्ण और महान् था कि गांधी उसमें दोष निकालते भी तो कहाँ से और गांधी नाम का व्यक्ति इतना निकम्मा था कि डॉ. आंबेडकर यदि चाहते भी तो उनके लिए अच्छे शब्द पाते कहाँ से?

दूसरे गोलमेज सम्मेलन के लिए लंदन प्रस्थान करने के पूर्व १४ अगस्त, १९३१ को बंबई में मणिभवन निवास में गांधीजी से पहली मुलाकात के क्षण से ही डॉ. आंबेडकर ने गांधी को अपना शत्रु घोषित किया तो फिर कोई अवसर नहीं गया जब गांधी को दुनिया की नजरों में गिराने से वे चूके हों, यहाँ तक कि ३० जनवरी, १९४८ को गांधीजी की हत्या के हृदयविदारक क्षणों में भी, जब भारत ही नहीं, समूचा विश्व शोक से रोया, डॉ. आंबेडकर के मुँह से शोक या संवेदना का एक शब्द नहीं फूटा। ऐसा क्या अपराध किया था गांधी ने आंबेडकर के प्रति कि उन्होंने ब्रिटिश साम्राज्यवाद के बजाय गांधी के विरोध को ही अपने जीवन का परम लक्ष्य मान लिया?

गांधी वाङ्मय में आंबेडकर का पहला उल्लेख तेतीसवें खंड में मार्च १९२७ में मिलता है, जब गांधीजी उन्हें बिलकुल नहीं जानते थे। उन्हें किसी महाड़वासी ने सूचना दी थी कि डॉ. आंबेडकर के नेतृत्व में दलितों की एक भीड़ ने महाड़ के तालाब में सवर्णों के विरोध की चिंता न करके 'हर-हर महादेव' के

नारों के साथ पानी पीकर अपनी प्यास बुझाई। गांधीजी ने 'यंग इंडिया' में बिना झिझक आंबेडकर के इस साहसी काम की सराहना की। दूसरे गोलमेज सम्मेलन में डॉ. आंबेडकर ने गांधीजी पर लगातार तीखे हमले करके ऐसी स्थिति पैदा कर दी कि जीवनीकार धनंजय कीर के अनुसार, गांधी के जो आलोचक प्रारंभ में इस गांधी-निंदा में रस ले रहे थे, वे बाद में खराब अनुभव करने लगे। कीर लिखते हैं—'निश्चित ही अपने असामान्य नैतिक बल के सहारे गांधीजी इन तीखे प्रहारों के बीच अपने संयम और धैर्य को बनाए रख सके होंगे।' पर उस समय भी 'स्पेक्टेटर' के संपादक के साथ १७ अक्तूबर, १९३१ की भेंटवार्त्ता में गांधीजी ने कहा, 'डॉ. आंबेडकर निस्संदेह चतुर और उत्साही आदमी हैं। उनके मन में कटुता होना सभी तरह से उचित है।' (खंड ४८, पृ. १९७) २२ अक्तूबर, १९३१ को मिर्जा इस्माइल के नाम पत्र में भी गांधीजी सहानुभूतिपूर्वक लिखते हैं—'दक्षिण अफ्रीका में मैंने खुद वह सब झेला था जो वे (आंबेडकर) झेलते रहे हैं। इसलिए उनकी सभी बातों के प्रति मेरी सहानुभूति है।' (खंड ४९, पृ. २३०)

११ फरवरी, १९३३ को 'हरिजन' पत्र के उद्घाटन अंक में आंबेडकर ने संदेश भेजने की गांधीजी की प्रार्थना को ठुकरा दिया; पर गांधीजी ने लिखा—'आंबेडकर कटुता से भरे हैं। ऐसा होने का उन्हें पूरा अधिकार है। उन्होंने उदार शिक्षा पाई है। वे सामान्य शिक्षित भारतीय से कहीं अधिक प्रतिभा-संपन्न हैं। भारत के बाहर उन्हें सम्मान व स्नेह मिलता है; पर भारत में हिंदुओं की ओर से प्रत्येक कदम पर एहसास कराया जाता है कि वे हिंदू समाज के अछूत हैं। इसमें उनके लिए लज्जा की कोई बात नहीं है, क्योंकि उन्होंने कोई गलती नहीं की है। वे किसी भी गर्वीले और स्वच्छ ब्राह्मण जितने ही स्वच्छ हैं।' ऐसे अनेक उद्धरणों से गांधी वाङ्मय भरा पड़ा है।

अस्पृश्यता के प्रति गांधीजी के मन में वेदना और आक्रोश डॉ. आंबेडकर से कम नहीं था। गांधीजी ने भी अस्पृश्यता-निवारण को ही अपना जीवन-कार्य माना था। किंतु दोनों का मार्ग अलग था। गांधीजी इस समस्या को मूलत: सामाजिक और धार्मिक मानते थे और उसके लिए प्रबल सामाजिक आंदोलन खड़ा करने के लिए उन्होंने पूरी शक्ति लगा दी। वे बौद्धिकता से परे, संवेदना और करुणा के पुंज थे।

इसके विपरीत आंबेडकर विशुद्ध बौद्धिक प्राणी थे। वे समझते थे कि बौद्धिक शक्ति के बल पर ही वे अपना उत्कर्ष कर सकते हैं। एक कुशल वकील के समान वे पृथक् निर्वाचन के पक्ष में उतने ही प्रबल तर्क बुन सकते थे जितने कि

संयुक्त निर्वाचन के पक्ष में। अंग्रेजों को दलित वर्गों में जनमी ऐसी ही किसी पैनी बुद्धि की आवश्यकता थी। दलित आंदोलन को सामाजिक धरातल से हटाकर राजनीतिक धरातल पर लाने में आंबेडकर के बुद्धिबल का सहयोग अंग्रेजों को मिला और आंबेडकर को उनकी कृपा से वाइसराय के मंत्रिमंडल में श्रम मंत्री के पद तक पहुँचने का अवसर मिल सका।

सच यह है कि अपार बौद्धिक क्षमता होते हुए भी उनका जनाधार बहुत छोटा था। व्यापक जनाधार के लिए बौद्धिकता से अधिक संवेदनशीलता चाहिए, अपने अनुयायियों के सुख-दुःख में सहभागी बनने की त्याग-भावना चाहिए। यह शायद उनके मन की तैयारी नहीं थी।

उच्च शिक्षा प्राप्त करके लौटने के पश्चात् उन्हें सामाजिक उत्पीड़न व अपमान का भले ही शिकार बनना पड़ा हो, पर आर्थिक अभावों को नहीं भोगना पड़ा। उन्होंने आभिजात्य जीवन-शैली अपनाई। वे अपने अनुयायियों से अलग-थलग रहे। अपने व्यक्तिगत सुख के सामने उन्होंने अनुयायियों की भावनाओं को महत्त्व नहीं दिया।

उनकी जीवन-यात्रा में सन् १९४६ सबसे निराशापूर्ण एवं कठिन वर्ष था, क्योंकि तब कांग्रेस के पास सत्ता का आना निश्चित हो गया था। इतिहास का यह एक महत्त्वपूर्ण 'अगर' है कि यदि उस समय कांग्रेस के नेतृत्व ने सन् १९४६ तक की उनकी ब्रिटिश-भक्ति, कांग्रेस-विरोध और गांधी-निंदा के कटु अध्याय को भुलाकर उन्हें संविधान की प्रारूप समिति का अध्यक्ष पद और प्रथम मंत्रिमंडल में विधि मंत्री का स्थान न दिया होता तो स्वतंत्र भारत में उनकी भूमिका क्या होती और इतिहास उन्हें किस रूप में स्मरण करता? आज जन-मानस पर उनकी क्या छवि उभरी होती? क्या गांधीजी की उदारता के बिना उन्हें भारत के संविधान का रचनाकार कहलाने का गौरव मिल पाता? यही है गांधी और आंबेडकर के व्यक्तित्वों का अंतर।

[नवभारत टाइम्स, २४ अगस्त, १९९५]

□

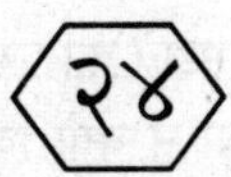

अंग्रेजों को हरिजन आंदोलन से भय क्यों था?

शायद इस बिंदु पर आम सहमति है कि जाति-व्यवस्था के नाम पर आज जो कुछ शेष है, वह महज विकृति है और उससे छुटकारा पाना आवश्यक है। आधुनिक टेक्नोलॉजी एवं औद्योगिक क्रांति के फलस्वरूप सभ्यता का चरित्र तेजी से बदल रहा है। पुराने शिल्पों और व्यवसायों का स्थान नए व्यवसाय ले रहे हैं। नए व्यवसायों के द्वार सबके लिए समान रूप से खुले हैं। जाति द्वारा निर्धारित वंशानुगत व्यवसाय का बंधन टूट रहा है। आवागमन के नए द्रुतगामी साधनों के कारण परिवारों की स्थानबद्धता या अंचलता समाप्त होकर एक ही परिवार के सदस्य अलग-अलग व्यवसायों में अलग-अलग शहरों, प्रांतों में बिखर रहे हैं। शिक्षा संस्थानों में एक साथ पढ़ने, रेल-बस-विमान आदि में एक साथ सफर करने, होटलों-ढाबों में एक साथ खाने-पीने आदि के कारण सामाजिक धरातल पर अंतरजातीय मेलजोल सहज रूप से बढ़ रहा है। छुआछूत का भाव अपने आप गायब हो रहा है। शहरों में तो अंतरजातीय विवाहों को भी मान्यता मिलने लगी है।

किंतु यह स्वीकार करना ही होगा कि इस परिवर्तन के पीछे हमारे आज के तथाकथित समाज सुधारकों एवं सामाजिक क्रांतिकारियों का कोई योगदान नहीं है। स्वतंत्रता-प्राप्ति के पश्चात् उन्होंने यह मान लिया था कि जाति-विहीन समाज के निर्माण का एकमात्र माध्यम ब्रिटिश संसदीय प्रणाली का अनुसरण करनेवाली लोकतांत्रिक चुनाव प्रक्रिया व उसके द्वारा अर्जित सत्ता ही हो सकती है। इसलिए उनके अपने प्रयास सामाजिक न्याय के नाम पर जाति विद्वेष को भड़काने, शहरों में बैठकर जाति-व्यवस्था को कोसने व 'जाति तोड़ो' जैसी खोखली गर्जनाएँ करने से अधिक कुछ नहीं रहे हैं। इस चुनावी राजनीति और खोखले शब्दाचार में से विगत

बीस वर्षों में जातिवाद का जो भयानक चित्र उभरा है, वह हमारे सामने है।

हमारे इस भटकाव का एकमात्र कारण यह है कि हम स्वामी दयानंद, महात्मा गांधी जैसे भारतीय मनीषियों के मार्ग को त्यागकर ब्रिटिश साम्राज्यवादियों द्वारा बताए मार्ग पर आँख मूँदकर दौड़ पड़े और जो भारतीय नेता जाति समस्या को राजनीति के क्षेत्र में खींचने की ब्रिटिश नीति में सहायक बने उन्हें ही हमने स्वाधीन भारत में 'नायक' और गांधी जैसे महामानव को 'खलनायक' के रूप में चित्रित करना आरंभ कर दिया। हमने यह समझने का प्रयास ही नहीं किया कि दलित प्रश्न पर ब्रिटिश कूटनीति का विरोध गांधी ने क्यों किया? गांधीजी क्यों इस प्रश्न को राजनीति से बाहर रखना चाहते थे? क्यों इस प्रश्न को हल करने के लिए एक प्रबल सामाजिक आंदोलन खड़ा करने के गांधी के प्रयासों को ब्रिटिश सरकार शुरू नहीं होने देना चाहती थी? क्यों यह आभास होते ही कि गांधीजी दूसरे गोलमेज सम्मेलन से भारत लौटने पर अपना सामाजिक अभियान शुरू करने वाले हैं, उन्होंने गांधीजी को जेल में बंद कर दिया? बंदी स्थिति में ही उन्होंने हरिजन सेवक संघ की स्थापना की, 'हरिजन' (अंग्रेजी) और 'हरिजन सेवक' (हिंदी) पत्र प्रारंभ किए। जब उन्होंने अस्पृश्यता के विरुद्ध प्रायश्चित्त या आत्मशुद्धि के लिए ८ मई, १९३३ से इक्कीस दिन का उपवास प्रारंभ करने की घोषणा कर दी तब कहीं जाकर जनमत के भय से उन्हें जेल से रिहा किया गया। नवंबर १९३३ में जब गांधीजी ने हरिजन आंदोलन के सिलसिले में पूरे भारत का दौरा करने का संकल्प घोषित किया तो ब्रिटिश सरकार घबरा उठी।

नमूने के तौर पर नागपुर जिले में गांधीजी के दौरे पर वहाँ के डिप्टी कमिश्नर डब्ल्यू.वी. ग्रिगसन की २० नवंबर की दस पृष्ठ लंबी टंकित रिपोर्ट की कुछ झलकियाँ यहाँ प्रस्तुत हैं। ग्रिगसन गांधीजी के स्वागत के लिए जन उत्साह को देखकर चमत्कृत थे। इतवारी मुहल्ले में गांधीजी के आगमन का वर्णन करते हुए वह लिखता है कि सड़क के दोनों ओर छतों पर लोग खचाखच भरे थे। चारों ओर से पुष्प-वर्षा हो रही थी। महिलाएँ भक्ति-भाव से हाथ जोड़े खड़ी थीं। लोग गांधीजी के दर्शनों की झलक पाने के लिए उनकी कार पर टूट पड़ रहे थे। दम घुटने की स्थिति से गांधीजी को बचाने के लिए यात्रा को बीच में स्थगित कर उन्हें धंतोली ले जाया गया। दर्शनों की दीवानी भीड़ वहाँ भी पहुँच गई। चिटणिस पार्क में शाम को साढ़े छह बजे जनसभा होने वाली थी। लोग दोपहर से ही सभास्थल पर जमा होने लगे थे। शाम को गांधी के पहुँचने तक बीस-पच्चीस हजार का समूह वहाँ उपस्थित था। ग्रिगसन लिखते हैं कि नागपुर के इतिहास की यह अब तक की

सबसे बड़ी सभा थी। हरिजन फंड के लिए गांधीजी की अपील पर जब श्रीमती अभ्यंकर ने अपनी कलाई से सोने की दो चूड़ियाँ उतारकर भेंट कीं और कहा कि अब यह मेरी अंतिम भेंट है, क्योंकि शेष सब मैं पहले ही स्वतंत्रता आंदोलन की भेंट चढ़ा चुकी हूँ, तो हजारों आँखों से आँसू बहने लगे। ग्रिगसन को इस बात से प्रसन्नता हुई कि गांधी का विरोध भी हुआ। हिंदू सभाई तत्त्व उनके कार्यक्रम से अलग रहे। सनातनधर्मियों ने तो उनका जमकर विरोध किया; गांधीजी की कार के सामने लेट गए, उनपर अंडे फेंके, उनकी सभाओं में गड़बड़ करने की कोशिश की। चौंकानेवाला तथ्य यह है और इसका उल्लेख ग्रिगसन ने तीन जगह किया है कि नागपुर के आंबेडकरवादी महार गांधीजी के स्वागत कार्यक्रमों में सम्मिलित नहीं हुए (स्पष्ट ही, आंबेडकर का प्रभाव उन दिनों महारों के एक वर्ग तक ही सीमित था)। सनातनधर्मियों का विरोध तो समझ में आता है, पर आंबेडकरवादियों का यह असहयोग क्यों? क्या गांधी और आंबेडकर के प्रयास एक ही लक्ष्य के लिए परस्पर पूरक नहीं थे?

[नवभारत टाइम्स, १२ अक्तूबर, १९९५]

□

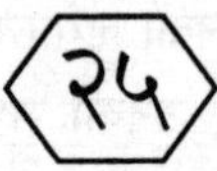

जब ब्राह्मणों ने सफाई-कर्म अपनाया

सफाई-कर्म शहरी जीवन की अनिवार्य आवश्यकता है। उसके बिना जीवन दूभर हो जाएगा। किंतु पता नहीं कब और क्यों इस महत्त्वपूर्ण सामाजिक दायित्व को वहन करनेवाले बंधुओं के प्रति कृतज्ञता की भावना प्रकट करने के बजाय उन्हें अस्पृश्य घोषित करके जाति-व्यवस्था में सबसे निचली सीढ़ी पर धकेल दिया गया। आम धारणा बनी है कि यह दु:स्थिति ब्राह्मणवाद की देन है। ब्राह्मणों ने स्वयं को सबसे ऊँची सीढ़ी पर बैठाकर सफाई-कर्म करनेवालों के प्रति घृणा और अस्पृश्यता का भाव फैलाया। किंतु भारत सरकार ने स्वतंत्रता-प्राप्ति के तुरंत बाद सफाई-कर्म की स्थिति एवं समस्याओं का अध्ययन करने के लिए एक वरिष्ठ गांधी-शिष्य प्रो. एन.आर. मलकानी की अध्यक्षता में एक समिति गठित की थी। इस समिति की सन् १९६० में प्रकाशित रिपोर्ट में उन्होंने सफाई-कर्म के इतिहास पर भी प्रकाश डाला। उनका निष्कर्ष है कि आज के सफाई-कर्मी उन पराजित योद्धाओं की संतान हैं जिन्हें बंदी बना लिया गया था और विजेताओं के लिए सफाई-कर्म करने को विवश किया गया था। स्व. अमृतलाल नागर ने भी अपनी खोजपूर्ण कृति 'नाच्यो बहुत गोपाल' में कहा है कि सफाई-पेशा करनेवाले लोग उन क्षत्रियों की संतान हैं जिन्हें मुसलिम आक्रांताओं ने परास्त करके बंदी बना लिया था।

अनेक समाजशास्त्रियों का कहना है कि भारत की ग्राम-प्रधान सभ्यता में ऐसे कर्म की आवश्यकता ही नहीं थी। इस धारणा की पुष्टि श्रेष्ठ गांधीवादी अप्पा साहब पटवर्धन के एक पत्र से भी होती है। नमक सत्याग्रह के कारण रत्नागिरि जेल में बंदी अप्पा साहब ने ७ दिसंबर, १९३२ को यरवदा जेल में बंदी गांधीजी के नाम

एक पत्र में लिखा कि वंश परंपरा से सफाई-कर्म को करनेवाले लोग पूरे महाराष्ट्र में, विशेषकर हमारे जिले (रत्नागिरि) में, नहीं ही होते। इसलिए जेलों में एवं बाहर भी सफाई-कर्म करने के लिए लोगों को अन्य प्रांतों से लाया जाता है।

इस पत्र में अप्पा साहब ने रहस्योद्घाटन किया कि ब्रिटिश शासक भी मुसलिम परंपरा का अनुसरण करते हुए जेलों में ऐसे कैदियों को (सफाई-कर्म जिनका पारिवारिक पेशा कभी नहीं था) सफाई-कर्म करने के लिए बाध्य करते थे और उनके प्रति अछूतों जैसा व्यवहार करते थे। अप्पा साहब ने गांधीजी को सूचित किया कि सन् १९३० में सत्याग्रह करके जेल आने के पश्चात् उन्होंने देखा कि महार और माँग जाति के बंदियों से उनकी इच्छा के विरुद्ध बलात् सफाई-कर्म कराया जाता है। इसी प्रकार कातकरी नामक पहाड़ी जनजाति के कैदियों से भी सफाई-कर्म कराया जाता है। उन्हें अन्य कैदियों से अलग पंक्ति में बैठाकर भोजन दिया जाता है और उनके पीने के पानी का बरतन भी अलग रखा जाता है। ऐसे कैदी जेल से छूटने के बाद अपनी जाति से सदा के लिए बहिष्कृत घोषित कर दिए जाते हैं। अप्पा साहब ने लिखा कि पेशे की ऊँच-नीच का विचार जितना तथाकथित उच्च जातियों में होता है, उससे कहीं अधिक तथाकथित नीची जातियों में पाया जाता है।

महार, माँग और कातकरी कैदियों पर इस अन्याय के बारे में जब अप्पा साहब ने फरवरी १९३१ में बेलगाँव जेल के दारोगा का ध्यान आकर्षित किया तो उसने यह कहकर टाल दिया कि हम केवल माँग जाति के कैदियों से ही यह कार्य कराते हैं, क्योंकि बाहर से मँगाने के बाद भी हमारे पास सफाई-कर्म करनेवालों की कमी रहती है। अप्पा साहब और अन्य सत्याग्रही इस अन्याय को देखकर बहुत दुःखी थे। अंत में उन्होंने एक साहसिक निर्णय लिया। अप्पा साहब के नेतृत्व में एक टोली तैयार हुई, जिसमें अधिकांश ब्राह्मण थे। इस टोली ने जेल अधिकारियों के सामने प्रस्ताव रखा कि वे स्वयं सफाई-कर्म करने के लिए अपनी सेवाएँ समर्पित करते हैं। अप्पा साहब ने गांधीजी को सूचित किया कि उनकी टोली ने मार्च १९३२ से मैला साफ करने का काम शुरू कर दिया था। किंतु अचानक सितंबर १९३२ में जेल महानिरीक्षक ने जेल के नियमों का हवाला देकर आदेश निकाला कि उच्च जाति के लोगों को सफाई-कर्म कदापि नहीं करने दिया जाएगा। अप्पा साहब ने कहा कि यह कैसा नियम-पालन है कि एक ओर तो जो नहीं करना चाहते उनपर सफाई-कर्म लादा जा रहा है और जो स्वेच्छा से करना चाहते हैं उन्हें यह कर्म करने से रोका जा रहा है।

कोई सुनवाई न होने पर अप्पा साहब पटवर्धन और उनके साथी अन्ना साहब दस्ताने ने इस अन्याय के विरोध में अर्ध-उपवास शुरू कर दिया। अप्पा साहब का वजन दस पौंड घट गया। जेल से मुक्त होने पर चार सत्याग्रहियों ने मराठी में एक पैंफ्लेट प्रकाशित करके जेल में अछूतों की नई जमात खड़ा करने के इस ब्रिटिश कुचक्र का पर्दाफाश किया। अप्पा साहब के उपवास की सूचना यरवदा जेल में गांधीजी तक भी पहुँच गई। उन्होंने २८ और ३० नवंबर, १९३२ को जेल महानिरीक्षक ई.ई. डायल के नाम दो पत्रों में अप्पा साहब और उनके साथियों के साहसी कदम की सराहना करते हुए उन्हें मैला उठाने की अनुमति देने का अनुरोध किया, अन्यथा स्वयं ३ दिसंबर से पूर्ण अनशन करने का अल्टीमेटम दे दिया।

क्या आज यह कल्पना की जा सकती है कि संपन्न और नैष्ठिक ब्राह्मण परिवारों में जनमे लोग स्वेच्छा से सफाई-कर्म अपना सकते हैं! जाति-प्रथा को ऊँच-नीच और छुआछूत की भावना से मुक्त करने का इससे अचूक उपाय और क्या हो सकता है कि जिस पेशे को घृणित माना जाए उसे उच्च जाति के लोग स्वेच्छा से अपना लें! किंतु यह निर्णय लेना सरल नहीं है। इसके लिए अति संवेदनशील अंतःकरण, आदर्शनिष्ठा और अपार नैतिक बल चाहिए। यह निष्ठा और बल गांधीजी में था। गांधीजी के दिव्य संपर्क का ही प्रभाव था कि अप्पा साहब और विनोबा जैसे ब्राह्मण भी सफाई-कर्म अपनाने का साहस कर सके। यही है सामाजिक परिवर्तन का सही कदम।

[नवभारत टाइम्स, ११ अक्तूबर, १९९५]

□

आंबेडकर-भक्ति बनाम गांधी-विरोध

जब से उत्तर प्रदेश की राजनीति में बसपा नेता मायावती एक सत्ता केंद्र के रूप में उभरी हैं, तब से 'गांधी बनाम आंबेडकर' जैसा निरर्थक और पीड़ादायक विवाद हमारे संचार-माध्यमों पर छा गया है। पता नहीं क्यों, मायावती ने अपनी इस व्यक्तिगत धारणा का सार्वजनिक ढिंढोरा पीटना आवश्यक समझा कि वे केवल डॉ. आंबेडकर को ही अपना प्रेरणा-पुरुष मानती हैं और उनकी दृष्टि में आंबेडकर नायक हैं तो गांधी खलनायक। गांधीजी ने दलित वर्गों के लिए जिस 'हरिजन' शब्द को लोकप्रिय बनाया, उसका मजाक उड़ाते हुए भी मायावती ने तीखी भाषा का प्रयोग किया। आज यह देश भले ही गांधीजी के आदर्शों और कार्यक्रमों से भटक चुका हो, किंतु श्रद्धा के धरातल पर तो गांधी आज भी उसके मन-प्राण में बसे हुए हैं। गांधी पर कोई अनावश्यक प्रहार करे तो उसकी श्रद्धा आहत होकर तीव्र प्रतिक्रिया करती है और वही हुआ। मायावती के उद्‌गारों को लेकर खूब चर्चा हुई, खूब गुस्सा निकला। जब जून १९९५ के घटनाचक्र ने ऐसी करवट ली कि उन्होंने रातोरात स्वयं को उत्तर प्रदेश जैसे विशाल राज्य के मुख्यमंत्री पद पर अभिषिक्त पाया तो समूचे देश में आनंद की लहर दौड़ गई कि दलित वर्ग में जनमी एक महिला को पहली बार इतने महत्त्वपूर्ण पद पर पहुँचने का अवसर मिला। किंतु शीघ्र ही वे पुनः गांधी बनाम आंबेडकर विवाद में उलझ गईं। उनके मुख्यमंत्री बनने के दो-चार दिन के भीतर ही कुछ पत्रकारों ने उनसे उगलवा लिया कि वे गांधी से कहीं बड़ा नेता आंबेडकर को मानती हैं। किंतु इस बार उन्होंने स्वयं को विषम स्थिति में फँसा पाया। एक ओर तो उनका अचेतन मानस उन्हें बेबाक अभिव्यक्ति के रास्ते पर धकेल रहा था तो दूसरी ओर मुख्यमंत्री पद

से जुड़ा सर्वजन प्रतिनिधि कहलाने का भाव उन्हें संयम अपनाने के लिए बाध्य कर रहा था।

अत: सवाल उठता है कि अपनी आंबेडकर-भक्ति का प्रदर्शन करने के लिए मायावती की गांधी-निंदा में उलझने की मजबूरी क्या है? किंतु यह रोग केवल मायावती तक ही सीमित नहीं है, उनकी पीढ़ी के अधिकतर दलित युवाओं में न्यूनाधिक मात्रा में विद्यमान है। ऐसा लगता है कि स्वाधीन भारत में दलित वर्गों में जो विशाल शिक्षित वर्ग खड़ा हुआ है, उसकी सोच में कहीं-न-कहीं गांधी, हिंदुत्व और मनु सब एक-दूसरे में घुल-मिल गए हैं और उसकी दृष्टि से आंबेडकरवाद का अर्थ इन सबका विरोध करना बन गया है। कहीं ऐसा तो नहीं कि आंबेडकर-भक्ति में से ही यह गांधी-विरोधी भाव उन्हें प्राप्त हुआ हो? मायावती कभी-कभी प्रकारांतर से इस बात को स्वीकार भी करती हैं। अभी ४ जून को जी.टी.वी. पर 'आपकी अदालत' में मायावती के अप्रैल १९९४ के मुकदमे का पुनः प्रसारण किया गया। उसमें जब रजत शर्मा ने मायावती से पूछा कि 'आपको 'हरिजन' शब्द से इतनी चिढ़ क्यों है? क्या आपने पढ़ा है कि दलित वर्गों के लिए गांधीजी ने 'हरिजन' शब्द का प्रयोग कब, क्यों किया था?' तो मायावती ने बार-बार एक ही उत्तर दिया कि 'मैं अपने मन से कुछ नहीं कहती। मैं तो वही कहती हूँ, जो बाबा साहब आंबेडकर और दादा साहब गायकवाड़ जैसे महापुरुषों ने कहा था।' इसपर जब रजत शर्मा ने 'हरिजन' शब्द से संबद्ध तीसरे दशक के कुछ समकालीन उद्धरण पढ़कर सुनाए तो वे अवाक् रह गईं, क्योंकि उन्होंने गांधी को तो पढ़ा ही नहीं था, केवल आंबेडकर को और उनके स्तुति साहित्य को ही पढ़ा था। मुख्यमंत्री बनने के बाद जब यह विवाद पुनः खड़ा हुआ तो मायावती ने स्पष्ट शब्दों में कहा कि 'महात्मा गांधी के बारे में अब तक मैंने अपनी ओर से कुछ भी नहीं कहा है। वही कहा है जो बाबा साहब कह चुके हैं और जो उनकी रचनाओं में प्रकाशित हो चुका है। ...चूँकि मेरी नजर में गांधी से कहीं ज्यादा बड़े नेता बाबा साहब हैं, इसलिए उनके विचारों के प्रति हमारा लगाव और समर्पण भी ज्यादा है।'

मायावती की आयु तीस वर्ष बताई जाती है। यदि लगभग सत्रह-अठारह वर्ष की आयु में उनमें समाज और देश के प्रश्नों के प्रति जाग्रति व जिज्ञासा जगी हो तो हम सातवें दशक में पहुँच जाते हैं। तब तक तो डॉ. आंबेडकर भारतीय संविधान के रचनाकार के साथ-साथ दलित वर्ग में जनमे एकमात्र शलाका पुरुष के रूप में स्थापित हो चुके थे। किसी भी जागरूक और शिक्षित दलित युवक के

सामने दलित स्रोत के रूप में आंबेडकर के अतिरिक्त किसी अन्य दलित नेता का कोई लिखित साहित्य उपलब्ध नहीं था। अत: आंबेडकर साहित्य ही उनके वैचारिक शिक्षण का एकमात्र माध्यम बना। यदि आंबेडकर वाङ्मय में ही गांधी-निंदा के बीज विद्यमान हों तो आंबेडकर-भक्ति से अभिभूत मायावती की पीढ़ी का इसमें क्या दोष?

[नवभारत टाइम्स, १७ अगस्त, १९९५]

□

डॉ. आंबेडकर को समग्रता में जानने की कोशिश

डॉ. भीमराव आंबेडकर की बौद्धिक क्षमता से प्रभावित होकर ही ब्रिटिश सरकार ने उन्हें अपनाया, गोलमेज कॉन्फ्रेंस में दलित वर्गों के प्रतिनिधि के नाते मनोनीत किया, द्वितीय विश्वयुद्ध के समय वाइसराय के मंत्रिमंडल में श्रम मंत्री का स्थान दिया और बाद में उनकी इस बौद्धिक क्षमता का राष्ट्र-निर्माण के लिए उपयोग करने के इरादे से गांधीजी और कांग्रेस नेतृत्व ने उन्हें संविधान प्रारूप समिति का अध्यक्ष एवं स्वाधीन भारत के प्रथम मंत्रिमंडल में विधि मंत्री का उच्च पद प्रदान किया। इसी कारण डॉ. आंबेडकर को 'आधुनिक मनु' की छवि प्राप्त हो सकी और उन्हें 'भारत रत्न' जैसे सर्वोच्च सम्मान से अलंकृत किया गया।

दलित नेताओं की अंधभक्ति

इन दिनों वोट और दलीय स्पर्धा की राजनीति में अनुसूचित जातियों के वोटों का महत्त्व बहुत बढ़ गया है। इन वोटों को रिझाने के लिए विभिन्न राजनीतिक दलों के बीच जबरदस्त होड़ लग गई है। इस होड़ के कारण डॉ. आंबेडकर के प्रति अंधभक्ति और उनके स्तुतिगान का प्रदर्शन करने में एक दल दूसरे दल से आगे बढ़ने की कोशिश कर रहा है। स्वयं को अनुसूचित जातियों का नेता सिद्ध करने के लोभ में अनुसूचित जातियों में जनमे राजनीतिज्ञ डॉ. आंबेडकर को भगवान् की श्रेणी में पहुँचाने में लगे हैं। हर सार्वजनिक स्थल पर उनकी प्रतिमाएँ स्थापित करने; पार्कों, सड़कों, सार्वजनिक भवनों, विश्वविद्यालयों, अस्पतालों, ग्रामों, नगरों, जिलों इत्यादि को डॉ. आंबेडकर का नाम देने का प्रयास शुरू हो गया है। इससे भी एक कदम आगे बढ़कर डॉ. आंबेडकर को भारत राष्ट्र के नायक और महात्मा गांधी को

खलनायक के रूप में चित्रित करने का प्रयास भी जोरदार ढंग से हो रहा है। यह प्रयास इस हास्यास्पद स्थिति तक पहुँच गया है कि उत्तर प्रदेश की मुख्यमंत्री सुश्री मायावती ने इटावा की एक जनसभा में वहाँ के चंद्रशेखर आजाद कृषि अभियंत्रण एवं प्रौद्योगिकी महाविद्यालय का नाम बदलकर डॉ. भीमराव आंबेडकर महाविद्यालय करने की घोषणा कर दी। अपने निर्णय का औचित्य सिद्ध करने के लिए उन्होंने स्वाधीनता सेनानियों के शिरोमणि हुतात्मा चंद्रशेखर आजाद को 'आतंकवादी' और डॉ. आंबेडकर को 'आजादी का योद्धा' तक घोषित कर दिया।

यदि कोई महत्त्वपूर्ण राजनेता डॉ. आंबेडकर को 'आजादी का योद्धा' कहे और वीर क्रांतिकारी चंद्रशेखर आजाद को 'आतंकवादी' बताए तो क्या इतिहासकार का यह पवित्र कर्तव्य नहीं हो जाता कि वह भारत के स्वाधीनता आंदोलन में डॉ. आंबेडकर के योगदान को समझने का प्रयास करे और उसे तथ्यात्मक ढंग से देश के सामने प्रस्तुत करे? यदि डॉ. आंबेडकर को 'आधुनिक मनु' का गौरव दिया जाता है तो यह पूछना आवश्यक नहीं हो जाता है कि स्वाधीन भारत के जिस संविधान की रचना से संबद्ध होने के कारण उन्हें यह गौरव दिया जा रहा है उस संविधान की रचना में उनका वास्तविक योगदान कितना है? संविधान सभा के अन्य सैकड़ों सदस्यों का योगदान क्या नहीं के बराबर है?

गांधी के प्रति शत्रुभाव

जब इतिहासकार इन प्रश्नों का उत्तर खोजने की कोशिश करता है तो वह यह देखकर स्तंभित रह जाता है कि सन् १९३० के गोलमेज सम्मेलन से सन् १९४६ तक डॉ. आंबेडकर गांधी को अपने मुख्य शत्रु के रूप में देखते रहे हैं। वे गांधीजी के नेतृत्व में चल रहे स्वतंत्रता आंदोलन का खुलकर विरोध करते हैं। इतना ही नहीं, वे भारत की आजादी के लिए किसी भी प्रकार के आंदोलन को निरर्थक बताते हैं और ब्रिटिश शासन के प्रति सहानुभूति और प्रशंसा का भाव प्रकट करते हैं। सन् १९४५ में उन्होंने वाइसराय के मंत्रिमंडल के सदस्य के नाते विदेशी पाठकों के लिए अपनी प्रसिद्ध रचना 'ह्वाट गांधी एंड कांग्रेस हैव डन टु अनटचेबिल्स' प्रकाशित की, जिसमें गांधी और कांग्रेस को दलित वर्ग-विरोधी चित्रित करके स्वाधीनता के प्रश्न पर ब्रिटिश नीति का समर्थन किया गया है। यह पुस्तक आज दलित वर्गों में सर्वाधिक लोकप्रिय है। वस्तुतः डॉ. आंबेडकर की प्रत्येक रचना को पढ़ते समय यह ध्यान में रखना आवश्यक है कि वह किस काल की रचना है, उस समय उनकी मन:स्थिति क्या थी, राग-द्वेष क्या थे, तात्कालिक आकांक्षा क्या थी। नैष्ठिक और

वकील बुद्धि में यही तो अंतर होता है। इतना सब होने के बाद भी महात्मा गांधी, सरदार पटेल और नेहरू उन्हें संविधान सभा की प्रारूप समिति का अध्यक्ष पद प्रदान करते हैं और नेहरू स्वाधीन भारत के पहले मंत्रिमंडल में उन्हें विधि मंत्री का पद सौंपते हैं। ऐसा उन्होंने क्यों किया? क्या इसे उनकी मजबूरी माना जाए या उनकी विशाल हृदयता? यदि वे यह न करते तो स्वाधीन भारत में डॉ. आंबेडकर की छवि क्या होती? उनका जनाधार कितना बड़ा होता?

चुनौती स्वीकार

जातिवादी वोट राजनीति द्वारा निर्मित अंधभक्ति एवं स्तुतिगान के वातावरण में ऐसे प्रश्नों को उठाना जोखिम का काम बन गया है, पर यह जोखिम उठाने का साहस दिखलाया देश के जाने-माने वरिष्ठ पत्रकार अरुण शौरी ने। अरुण शौरी का अब तक का पत्रकार जीवन इस बात का साक्षी है कि उन्होंने सत्य को जब ज़िस रूप में देखा-समझा, उसे निर्भीकता से अभिव्यक्त किया। आज वे भारतीय पत्रकारिता में सत्य, निष्ठा और निर्भयता के प्रकाश स्तंभ बन गए हैं। स्वाभाविक ही, दलित आंदोलन के वर्तमान भटकाव ने उन्हें उद्वेलित किया और इस भटकाव का कारण खोजते-खोजते वे डॉ. आंबेडकर पर जा पहुँचे। उन्होंने पाया कि डॉ. आंबेडकर के जीवन के कुछ महत्त्वपूर्ण पक्षों को छिपाया जा रहा है। उनके मन में प्रश्न उठे कि आज डॉ. आंबेडकर की छवि स्वाधीन भारत के संविधान के एकमात्र रचयिता के रूप में उभरी है, जिसके कारण स्वाधीनता आंदोलन के दौरान उनकी भूमिका लोक-दृष्टि से ओझल हो गई है। पहले उन्होंने इन प्रश्नों को देश की अनेक भाषाओं के अनेक दैनिक पत्रों में प्रकाशित होनेवाले अपने साप्ताहिक स्तंभ में उठाया। पर उनके इस प्रयास का स्वागत करने और उसपर तर्कपूर्ण तथ्यात्मक बहस चलाने की बजाय उन्हें डरा-धमकाकर, सार्वजनिक रूप से अपमानित करके उनका मुँह बंद करने की कोशिश की गई। 'शौरी का शोर' जैसी पुस्तिकाओं में उन्हें गंदी गालियाँ देकर अंध श्रद्धालुओं को उनके मकान पर उपद्रव करने के लिए उकसाया गया और इसके लिए उनका पता भी प्रकाशित किया गया।

इसकी प्रतिक्रिया अरुण शौरी पर उलटी हुई। उनके सत्यान्वेषी अंतःकरण ने इस चुनौती को स्वीकार किया। दो वर्ष लंबी शोध-साधना करके अब उन्होंने छह सौ अस्सी पृष्ठों की मोटी पुस्तक प्रकाशित की है, जिसमें उन्होंने केवल दो प्रश्नों का उत्तर खोजने का प्रयास किया है कि स्वाधीनता आंदोलन में डॉ. आंबेडकर की भूमिका क्या थी और स्वाधीन भारत में संविधान की रचना में उनका योगदान

कितना है? ब्रिटिश शासकों, भारतीय राजनेताओं एवं अंतरंग मित्रों के साथ डॉ. आंबेडकर का पत्र-व्यवहार उपलब्ध न होने के कारण यह शोध-यात्रा अभी पूरी नहीं हुई है। किंतु जितने कुछ प्रकाशित व अप्रकाशित दस्तावेज अरुणजी खोज पाए हैं, वे चौंकानेवाले हैं। सन् १९२७ में साइमन कमीशन के आगमन के समय से ब्रिटिश शासकों ने डॉ. आंबेडकर की महत्त्वाकांक्षा को समझा और उनके असामान्य बुद्धिबल का उपयोग गांधीजी के नेतृत्व में चल रहे स्वाधीनता आंदोलन के विरुद्ध करने का निर्णय किया। एम.सी. राजा जैसे वरिष्ठ दलित नेता की उपेक्षा करके डॉ. आंबेडकर को सन् १९३० से प्रारंभ होनेवाले गोलमेज सम्मेलन में दलित वर्गों के प्रतिनिधि के नाते मनोनीत किया।

यह सर्वविदित है कि गोलमेज सम्मेलन में डॉ. आंबेडकर ने गांधीजी को ही अपनी आलोचना का मुख्य निशाना बनाया था। यह अभी तक रहस्य ही है कि जिन डॉ. आंबेडकर ने साइमन कमीशन के सामने दलित वर्गों के लिए पृथक् निर्वाचन की माँग का विरोध किया था, प्रथम गोलमेज सम्मेलन के लिए लंदन रवाना होने के पूर्व ८ अगस्त, १९३० को नागपुर में एक जनसभा आयोजित करके पृथक् निर्वाचन के विरोध में प्रस्ताव पारित कराया था वे लंदन पहुँचते ही पृथक् निर्वाचन के पक्षधर कैसे बन गए? गोलमेज सम्मेलन में उनकी भूमिका की सराहना करते हुए लंदन से भारत-सचिव २८ दिसंबर, १९३१ को वाइसराय के नाम एक गोपनीय निजी पत्र में लिखते हैं—'आंबेडकर का व्यवहार (गोलमेज) सम्मेलन में बहुत ही अच्छा रहा और मैं हर तरीके से उनके हाथ मजबूत करने के लिए बहुत ही उत्सुक हूँ।' २४ नवंबर, १९३३ को भारतीय सचिव मद्रास के गवर्नर को एक गोपनीय पत्र में लिखते हैं—'पिछले दो-तीन सालों में मैंने आंबेडकर को काफी कुछ देखा-समझा है। अपने अधिसंख्य मित्रों की तरह मैं भी उनकी योग्यता और भारत में ब्रिटिश प्रभाव का समर्थन करने की स्पष्ट इच्छा से बहुत अधिक प्रभावित हूँ।' मुसलिम लीग की पाकिस्तान की माँग के प्रति डॉ. आंबेडकर के रुख को स्पष्ट करते हुए वाइसराय भारत-सचिव के नाम १९ नवंबर, १९४० के निजी व गोपनीय पत्र में लिखते हैं—'वे (आंबेडकर) साफ देखते हैं कि मुसलमान अपनी आधे-आधे की माँग पर डटे रहेंगे और इस प्रकार शनैः-शनैः पाकिस्तान की नींव डाल लेंगे। उन्होंने बताया कि वे इस स्थिति से पूरी तरह संतुष्ट हैं और वे खुलकर पाकिस्तान के विचार के पक्ष में हैं, क्योंकि इसका अर्थ होगा कि अंग्रेज भारत में टिके रहेंगे।' वाइसराय के युद्ध कालीन मंत्रिमंडल में स्थान मिलने के पूर्व डॉ. आंबेडकर की मनःस्थिति पर प्रकाश डालते हुए बंबई के गवर्नर २४ अप्रैल, १९४२

को वाइसराय को एक गोपनीय पत्र में सूचित करते हैं—'कुछ समय से वे उच्च न्यायालय या कहीं और कोई उच्च पद पाने के लिए उत्सुक हैं, ताकि उससे उन्हें अपने भविष्य को बनाने का अवसर मिल सके। कुछ समय से मुझे उनमें एक ऐसे व्यक्ति की झलक दिखाई दे रही है जिसकी अपने अनुयायियों के लिए वर्तमान कार्य को करने में कोई रुचि नहीं रह गई है और जो किसी भिन्न क्षेत्र में जाने को व्याकुल है।' १४ मई, १९४६ को स्वयं आंबेडकर ब्रिटिश केबिनेट मिशन को लिखते हैं—'भारत में ब्रिटिश साम्राज्य का अस्तित्व अछूत लोगों की सहायता से ही संभव हो सका। अनेक अंग्रेज सोचते हैं कि भारत को क्लाइवों, हेस्टिंग्जों जैसे लोगों ने जीता था। इससे बड़ी गलतफहमी क्या हो सकती है! भारत को भारतीयों की फौज ने ही जीता था और उस फौज में जो भारतीय थे वे केवल अछूत वर्ग के लोग थे।' ऐसे अनेक प्रामाणिक उद्धरणों से यह पुस्तक भरी पड़ी है।

जहाँ तक संविधान की रचना में डॉ. आंबेडकर के योगदान का संबंध है, उन्होंने स्वयं २ सितंबर, १९५३ को राज्यसभा में कहा था, 'लोग हमेशा मुझसे कहते रहते हैं—अरे! तुम तो संविधान के निर्माता हो!...मेरा जवाब है कि मैं तो किराए का टट्टू था। जो कुछ मुझसे करने को कहा गया वह मैंने अपनी इच्छा के बहुत विरोध में किया...मान्यवर, मेरे मित्र मुझे कहते हैं कि मैंने संविधान बनाया है। पर मैं बेझिझक यह कहने को तैयार हूँ कि इसे जलानेवाला मैं पहला व्यक्ति होऊँगा। मैं इसे बिलकुल नहीं चाहता। यह किसी के लिए भी उपयोगी नहीं है।...'

अपने श्रद्धेयों को उनकी समग्रता में राष्ट्र की भावी पीढ़ियों के सामने प्रस्तुत करना इतिहासकार का पुनीत कर्तव्य है। इस दृष्टि से अरुण शौरी की यह नवीनतम रचना राष्ट्र को एक अमूल्य उपहार है। निश्चय ही यह विचारोत्तेजक पुस्तक विवाद को जन्म देगी। किंतु ऐसी बहस प्रारंभ हो, यह आज की आवश्यकता है।

[पाञ्चजन्य, १३ जुलाई, १९९७]

□

'दलित' शब्द का भ्रमजाल

बंगलौर से प्रकाशित अंग्रेजी पाक्षिक 'दलित वायस' का ताजा अंक (१५-३१ अगस्त) मेरे सामने है। इस अंक में भय और चिंता व्यक्त की गई है कि कहीं बसपा नेता मायावती गांधी-निंदा की अपनी पुरानी लाइन से हटकर गांधी प्रशंसक तो नहीं बन रही हैं और कहीं वे हिंदू एकता के रास्ते पर तो नहीं चल पड़ी हैं! अंक में स्मरण दिलाया गया है कि 'हमारे उद्धारक डॉ. आंबेडकर ने गांधी को अस्पृश्यों का शत्रु क्रमांक एक घोषित किया था और इसलिए जब मायावती ने मार्च १९९४ में लखनऊ में गांधी-निंदा का बिगुल फूँका था तो हम दलित वायस फूले नहीं समाए थे।'

मैं 'दलित वायस' का उसके जन्म काल से ही नियमित पाठक हूँ और इसलिए उसके संस्थापक संपादक वी.टी. राजशेखर की विचारधारा से पूरी तरह परिचित हूँ। उनका कहना है कि ब्राह्मण, क्षत्रिय और वैश्य वर्ण के लोग, जिनकी जनसंख्या देश की कुल जनसंख्या की केवल १५ प्रतिशत है, विदेशी आर्य आक्रमणकारियों की संतान हैं। उन्होंने देश की समूची आर्थिक और राजनीतिक सत्ता पर कब्जा जमा रखा है और वे असली 'शोषक वर्ग' हैं। शेष ८५ प्रतिशत जनसंख्या, जिसमें मध्यम जातियों, अनुसूचित जातियों, जनजातियों और मुसलिम, ईसाई, सिख इत्यादि धार्मिक अल्पसंख्यक आते हैं, इस १५ प्रतिशत के शोषण का शिकार हैं। इसलिए वे सभी लोग 'दलित' या 'शोषित' कहलाने के अधिकारी हैं।

राजशेखर के अनुसार, भारत में दलित क्रांति का व्यावहारिक उपाय है ८५ प्रतिशत दलितों का एक संयुक्त मोरचा बनाकर १५ प्रतिशत शोषकों से सत्ता छीनना और भारत नाम की राजनीतिक इकाई को भंग कर उसके सात अलग-अलग टुकड़े

करके विभिन्न दलित समूहों में बँटवारा कर देना। ८५ प्रतिशत की इस एकता के लिए आवश्यक है कि 'हिंदू' शब्द से पूर्ण संबंध विच्छेद करके केवल 'दलित' शब्द को आग्रहपूर्वक अपनाया जाए। राजशेखर ऐसे किसी भी व्यक्ति व संगठन को, जो राष्ट्रीय एकता का उपासक है और दलित आंदोलन को उसके पुराने सामाजिक संदर्भ से जोड़ता है, 'आर्यन नाजी' जैसे नाम से विभूषित कर देते हैं। राजशेखर अपनी इस मौलिक विचारधारा को 'आंबेडकरवाद' बताते हैं और डॉ. आंबेडकर के गांधी-विरोधी उद्‍गारों का खूब दोहन करते हैं। इस अंक में भी एक जगह दावा किया गया है कि 'दलित वायस' एक साधारण दलित को भी लड़ाकू आंबेडकरवादी बना देता है।

किंतु क्या राजशेखर की इस व्यक्तिगत विचारधारा का आंबेडकरवाद से कुछ लेना-देना है? यह समूची विचारधारा उन्नीसवीं शताब्दी में यूरोपीय विद्वानों द्वारा आविष्कृत 'आर्य' आक्रमण सिद्धांत की खूँटी पर टिकी हुई है। डॉ. आंबेडकर ने अपनी प्रसिद्ध कृति 'शूद्र कौन थे?' में आर्य आक्रमण मिथक को पूरी तरह धराशायी कर दिया है। अपनी विद्वत्तापूर्ण खोज से वे इसी निष्कर्ष पर पहुँचे कि 'आर्य' नाम की कोई नस्ल कभी नहीं थी। 'आर्य' नाम से जाने गए लोग भारत के ही मूल निवासी थे और आगे चलकर जिन्हें 'शूद्र' कहा गया, वे भी मूलतः क्षत्रिय आर्य थे।

अब 'दलित' शब्द को लें। ब्रिटिश शासन काल में 'दलित वर्ग' के नाम से संबोधित किया जानेवाला समाज अशिक्षा, गरीबी, शोषण-उत्पीड़न और इन सब में से उपजी हीन भावना का बुरी तरह शिकार था। किंतु यह होने पर भी उसे 'दलित' कहलाना पसंद नहीं था। वह इस शब्द से छुटकारा पाना चाहता था। इस बारे में उस काल के दलित नेताओं में कोई मतभेद नहीं था। डॉ. आंबेडकर ने ४ नवंबर, १९३१ को गोलमेज सम्मेलन के लिए अपने पूरक प्रतिवेदन में स्पष्ट शब्दों में लिखा—'दलित वर्गों के लोगों को इस नाम पर सख्त आपत्ति है। इसलिए नए संविधान में हमें दलित वर्गों के बजाय गैर-सवर्ण हिंदू या 'प्रोटेस्टेंट हिंदू' अथवा 'शास्त्र-बाह्य हिंदू' जैसा कोई नाम दिया जाए।' पुनः १ मई, १९३२ को लोथियन कमेटी को एक प्रतिवेदन में उन्होंने लिखा कि 'आपकी कमेटी के सामने अधिकतर दलित नेताओं ने इस नाम पर आपत्ति की है। यह नाम भ्रम पैदा करता है कि दलित वर्ग कहलानेवाला समाज पिछड़ा और बेसहारा है, जबकि सच यह है कि प्रत्येक प्रांत में हमारे बीच खाते-पीते और सुशिक्षित लोग भी हैं।...इन सब कारणों से 'दलित वर्ग' नाम बिलकुल अनुपयुक्त और अवांछित है।' उधर एम.सी. राजा और उनकी दलित वर्ग

एसोसिएशन ने २१-२२ फरवरी, १९३२ को एक प्रस्ताव पारित कर 'आदि हिंदू' नाम स्वीकारने की प्रार्थना की। दलित वर्गों में से उठी इस सर्वसम्मत माँग का आदर करने के लिए ही गांधीजी ने 'हरिजन' शब्द फेंका था, जिसे इने-गिने गांधी-विरोधियों के अतिरिक्त पूरे समाज ने तुरंत अपना लिया।

'दलित वर्ग' नाम के विकल्प की खोज में से प्रश्न उठा कि दलित वर्ग की व्याख्या क्या हो? उन दिनों दलित वर्गों के अंतर्गत शूद्र वर्ण की जातियों के अतिरिक्त जनजातियों एवं अपराधी समुदायों को भी गिना जाता था। डॉ. आंबेडकर का आग्रह था कि दलित वर्गों की व्याख्या की कसौटी अस्पृश्यता को माना जाए और अछूत हिंदुओं के अतिरिक्त किसी को दलित वर्गों में न लिया जाए। अस्पृश्यता को व्याख्या का आधार बनाने का अर्थ ही है कि डॉ. आंबेडकर इस समस्या का संबंध केवल हिंदू समाज से जोड़ते थे। लोथियन कमेटी ने दलित वर्गों की व्याख्या की कसौटी के रूप में 'अस्पृश्यता' के सिद्धांत को तो स्वीकार कर लिया, किंतु नामकरण के प्रश्न को खुला छोड़ दिया।

ब्रिटिश सरकार के सामने असमंजस था कि हिंदू समाज में अस्पृश्यता की विभाजन रेखा कहाँ खींची जाए। वे जानते थे कि हिंदू समाज की जाति-व्यवस्था एक शृंखलात्मक संरचना है, जिसमें विवाह संबंध और खान-पान के मामले में छुआछूत व ऊँच-नीच की भावना ऊपर से नीचे तक सभी जातियों के बीच विद्यमान है। उन दिनों जिन्हें 'अस्पृश्य' कहा जाता था, उनमें भी आपस में खान-पान और विवाह संबंध नहीं हो सकते थे। साइमन कमीशन के सामने साक्षी देते समय डॉ. आंबेडकर को स्वीकार करना पड़ा था कि उनकी अपनी महार जाति और माँग जाति के बीच विवाह संबंध निषिद्ध थे और खान-पान भी नहीं होता था। अंग्रेज समझते थे कि अस्पृश्यता के आधार पर जो भी विभाजन रेखा खींची जाएगी वह कृत्रिम और विवादास्पद होगी। इसलिए उन्होंने सन् १९३६ में 'अनुसूचित जातियाँ' जैसा विचित्र नाम देकर एक ढीली-ढाली विभाजन रेखा खींच दी, जिसे सूची में परिवर्तन के द्वारा आगे-पीछे खिसकाया जा सके।

कैसी विडंबना है कि जो समाज पहले 'दलित' शब्द से छुटकारा पाकर अपने हिंदू मूल से जुड़ा रहना चाहता था उसे ही अब 'दलित' नाम से आग्रहपूर्वक चिपका रहने और उसपर गर्व करने को कहा जा रहा है और वह भी डॉ. आंबेडकर के नाम पर!

[नवभारत टाइम्स, ३१ अगस्त, १९९५]

□

'दलित' शब्द आया कहाँ से?

आजकल 'दलित' शब्द की धूम मची है। समाचार-पत्रों में अनेक शीर्षक 'दलित' शब्द से जुड़े होते हैं। के.आर. नारायणन के राष्ट्रपति बनने पर अनेक समाचार-पत्रों ने लिखा कि पहली बार भारत के राष्ट्रपति पद पर 'दलित' बैठा। पर उनके जीवन-चरित्र को पढ़ने से पता लगता है कि वे अपने विद्यार्थी जीवन से राष्ट्रपति पद तक केवल अपनी योग्यता के बल पर आगे बढ़ते गए, न कि किसी जाति विशेष या वर्ग विशेष में जन्म पाने के कारण। वे विदेश सेवा में चुने गए तो अपनी योग्यता के बल पर, जवाहरलाल नेहरू विश्वविद्यालय के कुलपति बने तो योग्यता के बल पर, केंद्रीय मंत्रिमंडल के सदस्य रहे तो योग्यता के बल पर। उस समय किसी ने नहीं कहा कि दलित होने के कारण ऐसा हुआ। आजकल महिलाओं के साथ बलात्कार के समाचार आम बात हो गई है; किंतु कभी-कभी शीर्षक दिया जाता है—'दलित महिला के साथ बलात्कार'। अनेक संस्थाओं ने अपने नाम में 'दलित' शब्द जोड़ लिया है; जैसे—'दलित सेना', 'दलित पेंथर' आदि-आदि। कई बड़े नामों का दलितीकरण कर दिया गया है। उन्नीसवीं शताब्दी के ज्योतिबा फुले, कोल्हापुर के शाहूजी महाराज, तमिलनाडु के रामास्वामी नायकर और डॉ. भीमराव आंबेडकर को दलितों के मसीहा के रूप में उभारा जा रहा है। और तो और, छठी शताब्दी ई.पू. में एक क्षत्रिय कुल में जनमे, योग मार्ग के राही गौतम बुद्ध का भी दलितीकरण किया जा रहा है। शब्द में बड़ा सामर्थ्य होता है। वह अपने भीतर एक पूरा भाव-संसार समेटे रहता है। शब्द के बोलते ही एक बिंब उभरता है। शब्द ही नाम बन जाता है, व्यक्ति और समूह की पहचान बन जाता है। हमारे यहाँ तो शब्द को ही ब्रह्म माना गया है। इसलिए यह जानना बहुत आवश्यक है कि

'दलित' शब्द से भारतीय समाज के किन अंगों को संबोधित किया जा रहा है? उनके लिए यह शब्द आया कहाँ से? 'दलित' शब्द समूहवाचक कब बना?

'दलित' हरिजन का पर्याय

स्वयं को 'दलितों' का नेता कहनेवाले चेहरों, उनके नारों को देखकर लगता है कि यह 'दलित' शब्द हिंदू समाज के उन अंगों के लिए प्रयुक्त किया जा रहा है जिन्हें कभी 'पंचम', 'अछूत' कहा जाता था, जिन्हें आगे चलकर 'हरिजन' या 'अनुसूचित जाति' नाम दिया गया। उत्तर प्रदेश में मायावती-मुलायम सिंह के बीच विवाद का मुद्दा बने 'हरिजन एक्ट' को कई बार अखबारों में 'दलित एक्ट' कह दिया जाता है। इससे स्पष्ट है कि 'दलित' शब्द को 'हरिजन' का पर्याय माना जा रहा है। पर बेचारे गौतम बुद्ध, ज्योतिबा फुले, शाहूजी महाराज और रामास्वामी नायकर को तो 'दलित' नामक किसी समूह का पता भी नहीं था! बुद्ध की प्राचीनतम जीवनियों में कहा गया है कि बुद्धों का जन्म केवल ब्राह्मण या क्षत्रिय कुलों में होता है, शूद्र कुल में कदापि नहीं। डॉ. आंबेडकर को तो 'दलित' कहलाने पर घोर आपत्ति थी।

पुराने दस्तावेजों का अध्ययन करने से पता चलता है कि हिंदू समाज के एक अंग को 'अछूत' कहा जाता था। इसीलिए स्वामी दयानंद और आर्यसमाज ने 'अछूतोद्धार' का बीड़ा उठाया। किंतु उन्नीसवीं शताब्दी के अंतिम दशक तक पहुँचकर समाज सुधारकों को 'अछूत' शब्द-प्रयोग खटकने लगा। मद्रास और बंबई प्रेसीडेंसियों में अछूत वर्गों में भी जागृति की लहर पैदा हुई और उनमें भी इस शब्द से छुटकारा पाने की इच्छा जगी। उनकी माँग पर मद्रास प्रेसीडेंसी में 'पंचम' शब्द अपनाया गया। इस पृष्ठभूमि में सन् १९०० के लगभग अंग्रेज शासकों ने 'दलित वर्ग' जैसा शब्द-प्रयोग हवा में फेंका। उल्लेखनीय बात यह है कि सन् १९०१ और १९११ की जनगणनाओं में उन्होंने 'दलित वर्गों' जैसा शब्द-प्रयोग नहीं अपनाया, किंतु ऊँची जातियों के समाज सुधारकों ने 'दलित वर्गों' शब्द-प्रयोग को लपककर उठा लिया। सन् १९०६ में उच्च वर्णी कर्मवीर शिंदे ने न्यायमूर्ति चंद्रावरकर के सहयोग से 'डिप्रेस्ड क्लासेज मिशन' की स्थापना की। सन् १९१८ के संवैधानिक सुधारों की पृष्ठभूमि तैयार करने हेतु अंग्रेज शासकों ने १९१६ में केंद्रीय विधानसभा में 'दलित वर्गों' की दशा पर विस्तृत बहस का आयोजन कराया। सन् १९१७ में महाराष्ट्र में अंग्रेजीदाँ उच्च वर्णी समाज सुधारकों ने दलित वर्गों के लिए अलग मताधिकार की माँग उठाने के लिए दो सम्मेलनों

का आयोजन किया। जब यह शब्द-प्रयोग अंग्रेजीदाँ समाज सुधारकों में अच्छी तरह चल पड़ा तब कहीं अंग्रेजों ने सन् १९२१ की जनगणना में उसका सरकारी स्तर पर प्रयोग किया।

उन्हें क्या 'दलित' शब्द स्वीकार्य था?

प्रश्न यह है कि 'दलित वर्ग' जैसा शब्द-प्रयोग हिंदू समाज के जिस वर्ग पर लगाया जा रहा था, क्या स्वयं उस वर्ग को यह नाम स्वीकार्य था? वह समय था जब इस वर्ग में शिक्षा का प्रवेश नहीं के बराबर था। उनके उत्थान के प्रयत्नों का नेतृत्व उच्च जातियों के समाज सुधारकों के हाथ में था। किंतु मद्रास और बंबई प्रेसीडेंसियों में इन वर्गों में जागृति की लहर शुरू हो गई थी। दो-चार अंग्रेजी पढ़े-लिखे लोग भी पैदा हो गए थे। ऐसा ही एक नाम है एम.सी. राजा का, जिन्हें मद्रास प्रेसीडेंसी में पंचमों का पहला नेता कहा जा सकता है। उन्हें सन् १९२२ में ब्रिटिश सरकार ने मद्रास विधानसभा में नामजद किया और वे पहले पंचम नेता थे जिन्हें १९२८ में केंद्रीय विधानसभा में मनोनीत किया गया। श्री राजा ने सन् १९१७ से ही माँग उठानी शुरू की कि हमें 'पंचम' के बजाय 'आदि द्रविड़' कहा जाए। यह माँग इतना जोर पकड़ गई कि अंततः ब्रिटिश सरकार ने कानूनन 'पंचम' शब्द का प्रयोग निषिद्ध कर दिया और 'आदि द्रविड़' शब्द को मान्यता दे दी। इसकी देखा-देखी आंध्र क्षेत्र से 'आदि आंध्र', उत्तर भारत के संयुक्त प्रांत आज के उत्तर प्रदेश में 'आदि हिंदू', पंजाब में 'आर धर्मी', बंगाल में 'नामशूद्र' जैसे शब्दों का प्रचलन शुरू हुआ। इन सब नामों के पीछे एक ही भाव काम कर रहा था कि हम इस देश के आदिवासी हैं, बाकी सब बाद में आए हैं। पश्चिमी विचारों द्वारा गढ़े गए 'आर्य आक्रमण मतवाद' का प्रभाव यहाँ बहुत स्पष्ट है।

दूसरे दशक के अंत तक हिंदू समाज के इस वर्ग में ऐसे स्थानीय नेतृत्व का उदय हुआ जो पढ़ा-लिखा था और थोड़ी-बहुत अंग्रेजी भी पढ़-लिख लेता था। ऐसे नेतृत्व में सबसे आगे थे विदेशों में उच्च शिक्षा प्राप्त एवं प्रखर मेधा शक्ति के धनी डॉ. आंबेडकर। आजकल डॉ. आंबेडकर के चारों ओर व्यक्ति-पूजा का वातावरण निर्माण हो गया है और उन्हें 'दलितों' का मसीहा बताया जा रहा है। पर क्या स्वयं डॉ. आंबेडकर को 'दलित' नाम स्वीकार्य था? सन् १९३० के प्रथम गोलमेज सम्मेलन में ब्रिटिश सरकार ने वरिष्ठ नेता एम.सी. राजा की उपेक्षा करके डॉ. आंबेडकर एवं मद्रास के आर. श्रीनिवासन को तथाकथित 'दलित वर्गों' के प्रतिनिधि के नाते मनोनीत किया। लंदन पहुँचकर डॉ. आंबेडकर और श्रीनिवासन

ने ब्रिटिश सरकार के नाम एक पूरक प्रतिवेदन में माँग उठाई कि हमारे लिए 'दलित वर्गों' जैसा नाम-प्रयोग अपमानजनक है और हमें इस नाम से छुटकारा दिया जाए। उन्होंने लिखा था—'दलित वर्गों के लोगों को इस नाम पर सख्त आपत्ति है। इसलिए नए संविधान में हमें 'दलित वर्गों' के बजाय 'असवर्ण हिंदू', 'प्रोटेस्टेंट हिंदू' या 'बहिष्कृत हिंदू' जैसा कोई नाम दिया जाए।' सन् १९३२ में गोलमेज सम्मेलनों के अंत में ब्रिटिश सरकार ने मताधिकार का निर्धारण करने के लिए एक समिति नियुक्त की, जिसका अध्यक्ष लॉर्ड लोथियन को बनाया गया। इस समिति ने 'दलित वर्गों' के उस समय के सभी नेताओं को साक्षी देने के लिए बुलाया। आज के 'दलित' नेताओं को शायद यह जानकर आश्चर्य होगा कि उनके लगभग प्रत्येक नेता एवं संस्था ने लोथियन कमेटी के सामने इस नाम का कड़ा विरोध किया और कहा कि हम 'दलित' नहीं कहलाना चाहते। हमें कोई और नाम दिया जाए। १ मई, १९३२ को लोथियन कमेटी को एक लिखित प्रतिवेदन में डॉ. आंबेडकर ने लिखा कि 'आपकी कमेटी के सामने दलित वर्गों के अधिसंख्य नेताओं ने इस नाम पर आपत्ति की है। यह नाम भ्रम फैलाता है कि 'दलित वर्ग' कहलानेवाला समाज पिछड़ा और बेसहारा है, जबकि सच यह है कि प्रत्येक प्रांत में हमारे बीच खाते-पीते और सुशिक्षित लोग भी हैं। इन सब कारणों से 'दलित वर्ग' नाम कतई अनुपयुक्त और अवांछित है।' उन्होंने लिखा कि हमें कहना ही है तो 'बहिष्कृत हिंदू' जैसा नाम दिया जाए। इसके पूर्व ही २१-२२ फरवरी, १९३२ को एम.सी. राजा और उनके दलित वर्ग एसोसिएशन ने एक प्रस्ताव पास करके 'आदि हिंदू' नाम का सुझाव दिया।

दलित वर्ग का विस्तार

इसी समय एक प्रश्न और उठा। ब्रिटिश शासकों ने संख्या बढ़ाने की दृष्टि से 'दलित वर्ग' के अंतर्गत वनवासियों व 'अपराधी' जातियों को भी सम्मिलित करके उसकी सीमा का विस्तार कर दिया था। डॉ. आंबेडकर एवं राजा आदि सभी नेताओं को हमपर भी सख्त आपत्ति थी। उन्होंने साइमन कमीशन के समय से ही आग्रह किया कि इस नाम को केवल हिंदू समाज के अस्पृश्यों के लिए प्रयुक्त किया गया था, इसलिए जनजातियों एवं अपराधी जातियों को इससे बाहर रखना चाहिए। ब्रिटिश सरकार ने यह माँग तो स्वीकार कर ली, पर नाम के बारे में वह पशोपेश में पड़ी रही। वह कोई भी ऐसा नाम नहीं अपनाना चाहती थी जिससे इन वर्गों का हिंदू समाज से अभिन्न संबंध दिखाई दे। वस्तुत: ब्रिटिश नीति हिंदू समाज

की इस अंदरूनी सामाजिक समस्या का राजनीतीकरण करने पर तुली हुई थी, जबकि गांधीजी उनके इस षड्यंत्र को विफल करने के लिए संघर्ष कर रहे थे।

इसी पृष्ठभूमि में गांधीजी ने सन् १९३२ में गुजरात के प्रसिद्ध संत कवि नरसीदास के भजनों में से उठाकर 'हरिजन' शब्द को फेंका, जिसे पूरे भारत ने हाथोहाथ उठा लिया। पर यह शब्द अंग्रेजों को कैसे हजम हो सकता था! सन् १९३५ का संविधान बनने तक उन्हें कोई उपयुक्त नाम नहीं मिल पाया। अंततः उन्होंने बंगाल सरकार के सुझाव पर 'अनुसूचित जाति' जैसा तटस्थ और राजनीतिक शब्द-प्रयोग स्वीकार कर लिया और सन् १९३५ का एक्ट बनने के बाद उसे वैधानिक मान्यता प्रदान की। इस निर्णय के पीछे दो कारण थे। एक तो यह कि 'हरिजन' शब्द में एक सामाजिक अर्थ विद्यमान था तो 'अनुसूचित जाति' नाम पूरी तरह सरकारी एक्ट पर आश्रित था—अर्थात् वे जातियाँ, जिन्हें संविधान की अनुसूची में स्थान मिला हो। इससे भी बड़ा कारण यह था कि ब्रिटिश सरकार सन् १९०१ से प्रयास करने पर भी वह विभाजन रेखा नहीं खोज पा रही थी, जिसके आधार पर अस्पृश्य जातियों को शेष हिंदू समाज से अलग किया जा सके, क्योंकि छुआछूत की दृष्टि से हिंदू समाज की संरचना ऊपर से नीचे तक सीढ़ीनुमा है। इसलिए 'अनुसूचित जाति' जैसा लचीला नाम अपनाने से इस सूची को आवश्यकतानुसार घटाया-बढ़ाया जा सकता था। उस समय के अखबारों और साहित्य का अध्ययन करने से विदित होगा कि भारतीय समाज ने 'हरिजन' शब्द को अपनाया और 'अनुसूचित जाति' शब्द-प्रयोग केवल सरकारी कामकाज तक सीमित रहा। ऐसा प्रतीत होता है कि डॉ. आंबेडकर ने शुरू में 'अनुसूचित जाति' नाम को स्वीकार नहीं किया, क्योंकि उन्होंने सन् १९३६ में स्थापित अपनी संस्था को 'इंडिपेंडेंट लेबर पार्टी' नाम दिया। किंतु आगे चलकर सन् १९४२ में जब उन्हें वाइसराय के मंत्रिमंडल में स्थान मिला तो उस संस्था का नाम बदलकर 'शेड्यूल्ड कास्ट्स फेडरेशन' कर दिया। स्वाधीन भारत की संविधान सभा में भी डॉ. आंबेडकर ने कभी 'दलित' शब्द को अपनाने की बात नहीं उठाई और 'अनुसूचित जाति' शब्द को ही अपनाया।

स्वाधीन भारत में लंबे समय तक 'हरिजन' और 'अनुसूचित जाति' शब्द-प्रयोग ही चलते रहे। किंतु सातवें दशक में 'दलित' शब्द फिर से उछला।

[पाञ्चजन्य, १० अगस्त, १९९७]

☐

सत्ता के लिए दलित राजनीति

स्वतंत्रता-प्राप्ति के पश्चात् भारत का समूचा सार्वजनिक जीवन सत्ता-राजनीति के इर्द-गिर्द घूमने लगा है, इसलिए स्वाभाविक ही दलित वर्ग का आज के वोट-गणित में महत्त्वपूर्ण स्थान बन गया है। इसे वोट-गणित की राजनीति का ही चमत्कार कहना होगा कि मायावती नाम की एक दलित महिला को उत्तर प्रदेश जैसे विशाल राज्य के मुख्यमंत्री की कुरसी पर बैठने का अवसर मिल सका। इस घटना का एक नए युग की शुरुआत मानकर लगभग सभी ओर से स्वागत किया गया था। किंतु चार मास के मुख्यमंत्रित्व काल में मायावती की कार्यशैली और चाल-ढाल ने यह स्थिति पैदा कर दी कि उनकी सरकार के गिरने पर किसी ने भी आँसू नहीं बहाए, उलटे सबने उसका स्वागत ही किया। सत्ता के आँगन में प्रवेश करने के पश्चात् बहुजन समाज पार्टी का जो लगातार विघटन हो रहा है और दलित नेताओं में नेतृत्व के लिए जो रस्साकशी चल रही है, उसने यह सोचने पर मजबूर कर दिया है कि दलित आंदोलन जिस लक्ष्य को पाने के लिए आरंभ हुआ था, क्या वह सचमुच उसी दिशा में आगे बढ़ रहा है? और स्वयं को दलितों का नेता बतानेवालों की मुख्य प्रेरणा क्या है?

इन प्रश्नों का उत्तर पाने के लिए हमें पहले यह विचार करना पड़ेगा कि 'दलित वर्ग' की परिभाषा क्या है और यह शब्द-प्रयोग भारतीय राजनीति में प्रारंभ कब से हुआ? यह प्रश्न इसलिए महत्त्वपूर्ण हो गया है, क्योंकि आजकल 'दलित' शब्द के बारे में बहुत भ्रमजाल पैदा हो गया है। कोई इस शब्द को प्रतिष्ठित करने का श्रेय कांशीराम को दे रहा है कोई दलित सेना के संस्थापक रामविलास पासवान को तो कोई सन् १९७२ में महाराष्ट्र में जनमे दलित पेंथर्स नामक मंच को। महात्मा

गांधी और 'हरिजन' शब्द से चिढ़ने और 'दलित' शब्द को अधिक सार्थक समझनेवाले लोग इस भ्रम में जी रहे हैं कि 'दलित' नाम इस नाम से पहचाने जानेवाले समाज ने अपने आप सन् १९३० में अपनाया था। उन्हें यह जानकर आश्चर्य होगा कि उन दिनों इस समाज के दो प्रमुख नेता थे—डॉ. भीमराव आंबेडकर व एम.सी. राजा और उन दोनों ने ही अपने समाज के लिए 'दलित' नामकरण का विरोध किया था। वस्तुत: ब्रिटिश शासकों ने यह शब्द-प्रयोग अपने हित और सुविधा के लिए बीसवीं शताब्दी के प्रारंभ में शुरू किया था, क्योंकि उन्नीसवीं शताब्दी के दस्तावेजों में यह शब्द-प्रयोग नहीं मिलता। कर्मवीर शिंदे और न्यायाधीश चंदावरकर ने सन् १९०६ में 'डिप्रेस्ड क्लासेज मिशन' नामक संस्था की स्थापना की, जिसके तत्त्वावधान में नवंबर १९१७ में बंबई में दो दलित वर्ग सम्मेलन आयोजित किए गए। इस प्रकार डॉ. आंबेडकर के अमेरिका से वापस लौटने के पूर्व 'दलित वर्ग' शब्द-प्रयोग स्थापित हो चुका था और उन्होंने स्वयं जनवरी १९१९ में साउथबोरो कमेटी के अपने लिखित वक्तव्य में यह शब्द-प्रयोग अपनाया। सन् १९२१ की जनगणना में दलित वर्गों का अलग कॉलम बनाकर अंग्रेजों ने इसे राजकीय मान्यता प्रदान कर दी। किंतु सन् १९२५ तक आते-आते डॉ. आंबेडकर को यह शब्द-प्रयोग खटकने लगा और उन्होंने इसे तिलांजलि देकर 'बहिष्कृत हितकारिणी सभा' जैसा नाम अपनाया। इतना ही नहीं, उन्होंने ब्रिटिश सरकार से बार-बार माँग की कि उनके समाज के लिए 'दलित वर्ग' नाम का इस्तेमाल न किया जाए। उन्होंने गोलमेज सम्मेलन के लिए अपने पूरक प्रतिवेदन में ४ नवंबर, १९३१ को स्पष्ट शब्दों में लिखा कि 'दलित वर्गों के लोगों को इस नाम पर सख्त आपत्ति है। इसलिए नए संविधान में हमें 'दलित वर्गों' के बजाय गैर-सवर्ण हिंदू या 'प्रोटेस्टेंट हिंदू' अथवा 'शास्त्र-बाह्य हिंदू' जैसा कोई नाम दिया जाए। पुन: १ मई, १९३२ को लोथियन कमेटी को एक प्रतिवेदन में उन्होंने लिखा कि 'आपकी कमेटी के सामने अधिकतर दलित नेताओं ने इस नाम पर आपत्ति की है। यह नाम भ्रम पैदा करता है कि दलित वर्ग कहलानेवाला समाज पिछड़ा और बेसहारा है; जबकि सच यह है कि प्रत्येक प्रांत में हमारे बीच खाते-पीते और पढ़े-लिखे लोग भी हैं। इन सब कारणों से हमारे लिए 'दलित वर्ग' जैसा नाम बिलकुल अनुपयुक्त और अवांछित है। इसके बजाय हमें 'बहिष्कृत हिंदू' कहना उचित होगा।' उन्हीं दिनों २१-२२ फरवरी, १९३२ को एम.सी. राजा की अध्यक्षता में दलित वर्ग एसोसिएशन ने एक प्रस्ताव पास करके 'आदि हिंदू' नाम देने का आग्रह किया। वस्तुत: उत्तर भारत में इस वर्ग की अनेक संस्थाओं ने 'आदि धर्म सभा' या 'आदि हिंदू सभा' जैसे नाम अपनाए हुए थे।

डॉ. आंबेडकर और एम.सी. राजा के उपर्युक्त प्रयासों से स्पष्ट है कि ये लोग दलित समस्या को हिंदू समाज के संदर्भ में ही देखते थे। साउथबोरो कमेटी के लिए डॉ. आंबेडकर के लिखित वक्तव्य में 'दलित' की एकमात्र कसौटी 'अस्पृश्यता' को बताया गया है। उस वक्तव्य में उन्होंने हिंदू समाज को दो भागों में विभाजित किया है—स्पृश्य और अस्पृश्य। किंतु ब्रिटिश सरकार तब दलित वर्गों के अंतर्गत अछूत कहलानेवाली जातियों के अतिरिक्त जनजातियों एवं अपराधी समूहों को भी सम्मिलित करती थी। साउथबोरो कमेटी ने 'दलित वर्गों' के लिए यही व्याख्या अपनाई थी। डॉ. आंबेडकर ने इस व्याख्या का बड़ा विरोध किया। उन्होंने सन् १९२८ में साइमन कमीशन और १९३२ में लोथियन कमेटी से आग्रहपूर्वक कहा कि दलित वर्ग की व्याख्या की एकमात्र कसौटी 'अस्पृश्यता' को ही माना जाना चाहिए और अछूत माने जानेवाले हिंदुओं के अतिरिक्त किसी भी अन्य समूह को 'दलित वर्गों' के अंतर्गत नहीं गिना जाना चाहिए। इस बिंदु पर गांधी और डॉ. आंबेडकर एकमत थे, क्योंकि गांधीजी भी दलित समस्या को मूलत: हिंदू समाज में व्याप्त ऊँच-नीच और छुआछूत की समस्या ही मानते थे।

ब्रिटिश शासक 'दलित वर्ग' शब्द का प्रयोग तो करते थे, किंतु वे उसकी कोई स्पष्ट व्याख्या नहीं खोज पा रहे थे। यह इस बात से स्पष्ट है कि ब्रिटिश प्रधानमंत्री रैम्जे मैकडोनॉल्ड ने लोथियन कमेटी को जो दिशा-निर्देश दिए उसमें एक बात यह भी कही कि वह दलित वर्गों की व्याख्या की कोई सुनिश्चित कसौटी निर्धारित करे, ताकि यह तय हो सके कि किन जातियों को दलित वर्गों के अंतर्गत गिना जा सकता है। लोथियन कमेटी ने अस्पृश्यता को व्याख्या की कसौटी के रूप में तो स्वीकार कर लिया, किंतु इन वर्गों के नामकरण का प्रश्न खुला छोड़ दिया। गांधीजी द्वारा 'हरिजन' शब्द के प्रयोग को इसी पृष्ठभूमि में देखा जाना चाहिए। गांधीजी ने ६ अगस्त, १९३१ के 'यंग इंडिया' में स्पष्ट कहा कि लोगों के अनुरोध पर ही वे 'अंत्यज' के स्थान पर 'हरिजन' शब्द अपना रहे हैं। १० मार्च, १९३३ के 'हरिजन सेवक' में उन्होंने प्राचीन मराठी कवि मोरोपंत का एक हवाला भी दिया, जिसका अर्थ है, 'पता नहीं क्यों तुम हरिजनों को 'महार' और 'कुन्बी' जैसे नामों से पुकारते हो?' उन दिनों 'हरिजन' शब्द का सभी ने स्वागत किया था। यदि डॉ. आंबेडकर ने कई वर्ष बाद इस नाम का विरोध किया तो उनकी उस समय की राजनीतिक आवश्यकता को समझने की आवश्यकता है।

ब्रिटिश सरकार ने सन् १९३५ के संविधान में शुरू में तो 'दलित वर्ग' नाम को ही अपनाया, किंतु दलित वर्ग के नेताओं के कड़े विरोध को ध्यान में रखकर

बाद में 'अनुसूचित जातियों' जैसे तटस्थ नाम को अपनाया, जिसका कोई सामाजिक संदर्भ नहीं है। इस नाम का प्रयोग सर्वप्रथम सन् १९३२ में बंगाल सरकार के पत्र-व्यवहार में हुआ था। यह नाम अपनाने के पीछे उनकी मजबूरी थी। अस्पृश्यता को दलित वर्गों की व्याख्या की कसौटी मान लेने पर भी ब्रिटिश सरकार यह नहीं तय कर पा रही थी कि अस्पृश्य-स्पृश्य की विभाजन रेखा कहाँ खींची जाए, क्योंकि हिंदू समाज की जाति-व्यवस्था एक शृंखलात्मक संरचना थी, जिसमें ऊँच-नीच और छुआछूत की भावना ऊपर से नीचे तक सभी जातियों के बीच न्यूनाधिक मात्रा में विद्यमान थी। उदाहरणार्थ, यदि कुर्मी जाटव को अस्पृश्य समझता है तो जाटव वाल्मीकि को। स्वयं डॉ. आंबेडकर को साइमन कमीशन के सामने साक्षी देते समय यह स्वीकार करना पड़ा था कि उनकी अपनी महार जाति और माँग जाति के बीच विवाह-संबंध और खान-पान निषिद्ध माना जाता है। उन्हीं दिनों महाराष्ट्र के एक दलित नेता पी.एन. राजभोज ने सन् १९३२ में वाइसराय के नाम एक पत्र लिखा था कि माँग और चमार जातियों के लोगों को सवर्णों की अपेक्षा महारों से ज्यादा उत्पीड़न भोगना पड़ता है, इसलिए वे लोग महार नेता आंबेडकर को अपना नेता मानने को तैयार नहीं हैं। इस लेखक ने भी छह वर्ष तक एक अनुसूचित बहुल पुनर्वास बस्ती में सामाजिक कार्य करते समय पाया कि वहाँ जाटवों और वाल्मीकियों के बीच अस्पृश्यता की खाई जितनी गहरी है उतनी शायद तथाकथित सवर्णों और जाटवों के बीच नहीं है।

हिंदू समाज की इस वास्तविकता से परिचित होने के कारण अंग्रेजों ने 'अनुसूचित जातियों' जैसी एक ढीली-ढाली विभाजन रेखा खींचने का प्रयास किया, ताकि उसे सुविधा एवं आवश्यकतानुसार आगे-पीछे खिसकाया जा सके। वस्तुतः अंग्रेजों का मूल उद्देश्य अस्पृश्यता और पिछड़ेपन को मिटाकर दलित समस्या का हल करना नहीं था, अपितु हिंदू समाज को जाति के आधार पर विभाजित करके राष्ट्रीय आंदोलन को दुर्बल बनाना था। सन् १९३०-३२ में तीन गोलमेज सम्मेलनों का आयोजन, लोथियन मताधिकार समिति की नियुक्ति, ब्रिटिश प्रधानमंत्री रैम्जे मैकडोनॉल्ड के 'सांप्रदायिक निर्णय' (१९३२) में दलित वर्गों को पृथक् निर्वाचन का अधिकार देना इत्यादि इसी कुटिल रणनीति का अंग थे। सन् १९३३ में उन्होंने केंद्रीय विधानसभा में गांधीजी की प्रेरणा से पेश किए गए मंदिर प्रवेश संबंधी विधेयक के मार्ग में अनेक बाधाएँ उत्पन्न कीं।

अंग्रेज शासक दलित समस्या का राजनीतीकरण करके उसका अपनी 'फूट डालो और राज करो' नीति के लिए इस्तेमाल करना चाहते थे, जैसा कि सन् १९४६

में भारत-सचिव लॉर्ड एमरी और वाइसराय लॉर्ड लिनलिथगो के पत्र-व्यवहार से बहुत स्पष्ट है कि अनुसूचित जातियों की विशाल जनसंख्या के कारण वे उन्हें अपनी साम्राज्यवादी नीति के लिए उपयोगी कच्चा माल समझते थे। लॉर्ड लिनलिथगो के अनुसार, उन दिनों अनुसूचित जातियों की विशाल जनसंख्या में डॉ. आंबेडकर जैसी श्रेष्ठ बौद्धिक क्षमता-संपन्न व्यक्तियों की संख्या तीन भी नहीं थी। इसलिए वाइसराय ने उनकी प्रतिभा का उपयोग करने के लिए डॉ. आंबेडकर को अपने युद्ध कालीन मंत्रिमंडल में श्रम मंत्री का स्थान दिया और वे उस पद पर सन् १९४६ में अंतरिम सरकार के गठन तक बने रहे।

गांधीजी दलित समस्या को एक सामाजिक समस्या मानकर उसे सामाजिक प्रयत्नों द्वारा हल करना चाहते थे। इसीलिए द्वितीय गोलमेज सम्मेलन में जब गांधीजी ने देखा कि ब्रिटिश शासक इस समस्या का राजनीतीकरण करने और हिंदू समाज को विभाजित करने पर तुले हुए हैं तो प्रबल सामाजिक आंदोलन आरंभ करने का संकल्प लेकर भारत वापस आए। उस कहानी को यहाँ दोहराने की आवश्यकता नहीं कि इस विषय को लेकर किस प्रकार गांधीजी और ब्रिटिश सरकार के बीच कशमकश चली। गांधीजी के चिंतन का मूल सूत्र था—दलित समस्या मूलतः अस्पृश्यता, ऊँच-नीच और पिछड़ेपन की समस्या है। यह समस्या जाति-व्यवस्था की विकृति में से पैदा हुई है। अतः तथाकथित उच्च जातियों को अपने पूर्वजों की भूल का प्रायश्चित्त करने के लिए अपने समाज के दुर्बल वर्गों को अपने समकक्ष लाने के लिए त्याग और तपस्या का मार्ग अपनाना होगा। इसके लिए सशक्त नैतिक-सामाजिक आंदोलन या अभियान का सर्जन करना होगा। इसीलिए गांधीजी ने स्वयं को अस्पृश्य घोषित किया, सफाई कार्यक्रम अपनाया और जीवन के अंत तक भंगी बस्तियों में ठहरने का उदाहरण प्रस्तुत किया, ताकि सामाजिक दूरियाँ कम हों। गांधीजी का मार्ग हृदय-परिवर्तन और सामाजिक सद्भाव का नैतिक मार्ग था। भले ही डॉ. आंबेडकर ने दलित समस्या के राजनीतीकरण की ब्रिटिश नीति को समर्थन दिया हो, पर वे भी गांधीजी के समान इस समस्या की जड़ हिंदू समाज की जाति-व्यवस्था और अस्पृश्यता की भावना में देखते थे और 'दलित' शब्द के प्रयोग के विरुद्ध थे।

दुःख की बात है कि स्वाधीनता आने पर राजसत्ता को ही सब समस्याओं को हल करने का एकमात्र माध्यम मान लिया गया, सत्ता-प्राप्ति के लिए चुनाव-राजनीति समूचे सार्वजनिक जीवन की प्रेरणा बन गई और इसलिए गांधीजी द्वारा प्रवर्तित सामाजिक आंदोलन धीरे-धीरे सूखता चला गया। आरक्षण की सुविधा के

कारण अनुसूचित जातियों में शिक्षा का प्रसार हुआ, उन्हें सरकारी नौकरियों में प्रवेश मिला और विधानमंडलों में एक राजनीतिक नेतृत्व भी विकसित हुआ।

किंतु विगत चालीस-पचास वर्षों के अनुभव से लगता है कि समाज द्वारा प्रदत्त आरक्षण की सुविधा में से उपजे इस अपेक्षाकृत सबल वर्ग ने अपनी स्थिति का लाभ अपने समाज के विशाल वर्ग को शिक्षित बनाने, पिछड़ेपन के गड्ढे से बाहर निकालने, जाति-भेद से ऊपर उठकर एक समरस एकात्म समाज-जीवन को खड़ा करने के लिए नहीं किया। वह त्याग और तपस्या का मार्ग अपनाने के बजाय अपने लिए अधिक-से-अधिक सुख-सुविधाएँ बटोरने और सत्ता के गलियारे में प्रवेश पाने की कोशिशों में लग गया। एक प्रकार से वह स्वयं भी अनुसूचित जातियों के बीच एक अभिजात वर्ग बन गया, जो अपने ही जाति बंधुओं के दुःख-दर्द में सहभागी होने के बजाय उनसे दूर रहना चाहता है। यदि ऐसा न होता तो एक परिवार में एक पीढ़ी के लिए आरक्षण की सुविधा लेने, आरक्षण की सीढ़ी से पदोन्नति न पाने और मलाईदार तबके यानी क्रीमी लेयर को आरक्षण की सुविधा से वंचित रखने के प्रयत्नों का इतना कड़ा विरोध न होता। इस विरोध से स्पष्ट है कि आरक्षण की सीढ़ी से ऊपर चढ़े हुए छोटे से शक्तिशाली वर्ग ने आरक्षण नीति में निहित स्वार्थ पैदा कर लिया है और अपने ही दीन-हीन जाति बंधुओं को वह उसका लाभ उठाने से वंचित रखना चाहता है।

इससे भी खराब मानसिकता राजनीतिक नेतृत्व की है। इस नेतृत्व की दृष्टि में सता के गलियारे में प्रवेश पाना ही राजनीति का एकमात्र लक्ष्य रह गया है। इसके लिए वह अपनी जाति को एक वोट बैंक के रूप में देखता है, जाति-प्रथा को मिटाने के बजाय वह उसे सुदृढ़ करने में लगा हुआ है। अब उसकी भूमिका मात्र सत्ता के दलाल की ही रह गई है। सत्ता पाने की लालसा ने उसे अपने मूल लक्ष्य से भटका दिया है। अब वह भारतीय समाज को जाति और संप्रदाय के आधार पर टुकड़ों में बाँटकर देखनेवाले सत्तालोलुप राजनीतिज्ञों के वोट-गणित का मोहरा बन गया है। इसी वोट-गणित ने डॉ. आंबेडकर आदि सभी दलित नेताओं द्वारा त्याज्य 'दलित' शब्द को पुनःप्रतिष्ठा प्रदान की है। 'दलित वर्ग' नाम को केवल अनुसूचित जातियों तक सीमित रखने के डॉ. आंबेडकर के लंबे प्रयासों को विफल करके अब 'दलित' नाम के अंतर्गत अनुसूचित जातियों के अलावा मध्य जातियों (जिन्हें आजकल 'अन्य पिछड़ा वर्ग' अर्थात् 'ओ.बी.सी.' कहा जाता है) एवं सभी मजहबी अल्पसंख्यकों, विशेषकर मुसलमानों, को सम्मिलित करने का प्रयास किया जा रहा है। चर्च-समर्थित वी.टी. राजशेखर जैसे बुद्धिजीवी बीस-पच्चीस वर्षों से एक

थीसिस फेंक रहे हैं कि भारत में ब्राह्मण, क्षत्रिय एवं वैश्य जातियों के लोग, जो विदेशी आर्य आक्रमणकारियों की संतान हैं और जिनकी संख्या भारत की कुल जनसंख्या का मात्र १५ प्रतिशत है, शोषक हैं और शेष ८५ प्रतिशत लोग, जिनमें अनुसूचित जातियाँ, जनजातियाँ, मध्य जातियाँ एवं सभी मजहबी अल्पसंख्यक समूह आते हैं, शोषित हैं। इन १५ प्रतिशत शोषकों के विरुद्ध इन ८५ प्रतिशत शोषितों को एकजुट करना होगा और यह एकजुटता 'दलित' नाम की छत्रच्छाया में ही संभव है। अत: अनुसूचित जातियों और मध्य जातियों से आग्रह किया जा रहा है कि वे स्वयं को 'हिंदू' कहने के बजाय केवल 'दलित' कहें। यानी अब 'दलित' शब्द एक सामाजिक-आर्थिक स्थिति एवं मनोदशा का प्रतीक न होकर एक वोट बैंक बन गया है, जिसका लक्ष्य सामाजिक परिवर्तन न होकर कुछ लोगों को सत्ता-सुख प्राप्त कराना है। यही कारण है कि तथाकथित दलित साहित्य में पहले जैसी टीस और छटपटाहट नहीं रही, मात्र खोखले शब्द रह गए।

इसी थीसिस में से उत्तर प्रदेश में मुसलिम व मध्य जातियों के गठबंधन के रूप में समाजवादी पार्टी और मुसलिमों, अनुसूचित जातियों एवं कुर्मी, जाटव आदि मध्य जातियों के गठबंधन के रूप में बहुजन समाज पार्टी का उदय हुआ और सन् १९९३ के चुनाव में सपा-बसपा के संयुक्त मोरचे को काफी सीटें प्राप्त हुईं। भले ही दोनों को मिलाकर केवल २८ प्रतिशत मत मिले, जबकि तथाकथित शोषकों के दल भारतीय जनता पार्टी को ३४ प्रतिशत मत मिले। किंतु सपा-बसपा गठबंधन की सफलता को इस ८५ बनाम १५ प्रतिशतवाली थीसिस की विजय के रूप में उछाला गया। सत्ता में पहुँचने के बाद सत्ता का उपयोग सामाजिक परिवर्तन के लिए करने के बजाय सत्ता के लाभों को बटोरने और उसके लिए आपसी छीना-झपटी के रूप में सामने आया। पिछले दो वर्षों में उत्तर प्रदेश में जो कुछ हुआ है उससे स्पष्ट है कि सपा-बसपा गठबंधन के पीछे कोई उदात्त सामाजिक प्रेरणा नहीं थी। यह कुछ व्यक्ति विशेषों की सत्ता-लालसा को पूरा करने के लिए एक नकारात्मक गठबंधन था। सत्ता में पहुँचते ही छीना-झपटी मच गई और समस्त अंतर्विरोध उभरकर सामने आ गए। आज मुलायम सिंह को भारत का सबसे धनाढ्य राजनीतिज्ञ बताया जाता है और मुलायम सिंह मायावती पर सरकारी अधिकारियों के स्थानांतरण में भारी रिश्वत लेने का आरोप लगा रहे हैं। मायावती के विश्वस्त सहयोगी कैप्टन सिकंदर रिजवी महज चार मास के मुख्यमंत्रित्व काल में एक सौ पच्चीस करोड़ रुपए बटोरने का आरोप उनके विरुद्ध लगा रहे हैं। मुख्यमंत्री बनने पर मायावती ने सर्वजन समाज का प्रतिनिधि होने की बात तो कही, किंतु पूरे प्रशासन का जातीयकरण

कर डाला, जाति-सम्मेलनों की धूम मचाई। परिणामस्वरूप बसपा भी जातियों के आधार पर विभाजित हो गई है। जाति-व्यवस्था के विरुद्ध नारा लगानेवाली राजनीति अब जाति-जाति के अलग राजनीतिक समूह बना रही है। वस्तुतः अब दलित आंदोलन के नाम पर मुट्ठी भर राजनीतिज्ञों के बीच सत्ता स्पर्धा चल रही है और वे सत्ता का सुख पाने के लिए कंधों को ढूँढ़ रहे हैं। रामविलास पासवान-कांशीराम की प्रतिस्पर्धा सर्वज्ञात है। कांशीराम मुलायम सिंह से दूर गए हैं तो रामविलास पासवान उनसे जुड़ रहे हैं। इन सभी नेताओं का पंच सितारा विलासिताओं के प्रति रुझान अब बिलकुल साफ है। रामविलास कांशीराम की जीवन-शैली को नंगा कर रहे हैं तो मायावती रामविलास पर उँगली उठा रही हैं। मुख्यमंत्री बनते ही मायावती ने मुख्यमंत्री पद से हटने के बाद की शानदार जिंदगी की तैयारी शुरू कर दी। अपने लिए एक विशाल कोठी का चयन करके इसकी सज्जा पर लाखों रुपए राजकोष से खर्च कराए। बहुजन समाज फाउंडेशन, जिसका नियंत्रण केवल कांशीराम और मायावती के हाथों में है, के लिए सत्ता के दबाव से व्यापारियों से विशाल धनराशि उगाही गई। कुख्यात अपराधियों को जेल से रिहा करके जेड श्रेणी की सुरक्षा दी गई। मायावती के एक मंत्रिमंडलीय सहयोगी पर दिन-दहाड़े अपनी ही जाति के पड़ोसी राजनीतिज्ञ की हत्या का आरोप है। संक्षेप में, इन तथाकथित दलित नेताओं की समूची राजनीति का चरित्र वही है जिसकी वे निंदा करते रहे हैं। सत्ता के दलाल बनकर ये लोग समाज में अपराध वृत्ति, भ्रष्टाचार, अनुशासनहीनता और जातिवाद को बढ़ावा दे रहे हैं और तथाकथित दलित वर्गों का इस्तेमाल अपने व्यक्तिगत हितों के लिए कर रहे हैं। इसलिए दलित आंदोलन को वर्तमान भटकाव से बाहर निकालने व उसकी मूल प्रेरणाओं से जोड़ने के लिए पहले इस नेतृत्व से छुटकारा दिलाना होगा और 'दलित' शब्द के मोह को त्यागना पड़ेगा, क्योंकि यह समाज को जोड़ने की नहीं, तोड़ने की राजनीति है।

[राष्ट्रीय सहारा, १८ नवंबर, १९९५]

□

आत्मवत् सर्वभूतेषु या अस्पृश्यता?

'मैं सबसे गर्वीले मनुष्यों में से एक हूँ। किंतु मैं तुम्हें स्पष्ट रूप से बता दूँ कि यह गर्व मुझे अपने कारण नहीं, अपितु अपने पूर्वजों के कारण है। अतीत का मैंने जितना ही अध्ययन किया है, जितनी ही मैंने भूतकाल पर दृष्टि डाली है यह गर्व मुझमें उतना ही बढ़ता गया है।...उन प्राचीन आर्यों की संतानो! भगवत् कृपा से तुम भी उस गर्व से परिपूर्ण हो जाओ।'

स्वामी विवेकानंदजी की उपर्युक्त जीवन-श्रद्धा ही सचमुच 'पाञ्चजन्य' की यात्रा का अब तक एकमात्र पाथेय रहा है। उसने अपने प्रत्येक शब्द के द्वारा इस श्रद्धा को ही अपने पाठकों के अंत:करण में उतारने का प्रयास किया है।

किंतु अतीत के प्रति इस श्रद्धा का आधार क्या है? स्वामी विवेकानंद के शब्दों में ही कहना हो तो, 'यहीं और केवल यहीं मानव अंत:करण का विस्तार इतना अधिक हुआ कि उसमें न केवल संपूर्ण जाति समा गई, अपितु पशु-पक्षी और पेड़-पौधों को भी स्थान मिल गया। देवताओं से लेकर रेत के कणों तक, महानतम से निम्नतम तक सब कोई उस विशाल, अनंत मानव अंत:करण में स्थान पा गए और केवल यहीं मानव-आत्मा ने ब्रह्मांड को एक अविच्छिन्न, अखंड इकाई के रूप में देखा और उसकी प्रत्येक धड़कन को अपनी धड़कन जाना।'

इस महान् तेजोमयी एवं उदार परंपरा के उत्तराधिकारी होने के नाते समाज-जीवन में व्याप्त समस्त विकृतियों को समाप्त कर अद्वैत के इस भव्य जीवन-दर्शन के आधार पर भारत के उज्ज्वल भविष्य के निर्माण का स्वप्न ही हमारे समस्त प्रयासों का प्रेरणा-स्रोत रहा है।

किंतु जब हम संपूर्ण भारत को अद्वैत का अमृतपान करानेवाले, जीव-

जगत्‌-ब्रह्म की एकात्मता का साक्षात्कार करानेवाले, महावंदनीय आदि शंकराचार्य की परंपरा के एक प्रतिनिधि के मुख से यह सुनते हैं कि 'हिंदू शास्त्र छुआछूत का आदेश देते हैं और छुआछूत का उन्मूलन करना उन शास्त्रों की अवमानना होगी', तो सचमुच हमारा मस्तक लज्जा से झुक जाता है। पहले तो हम समाचार-पत्रों की रिपोर्ट पर सहसा विश्वास नहीं कर सके; किंतु जब गोवर्धन पीठाधिपति ने पुनः पत्रकारों के समक्ष अपने कथन की पुष्टि की तो हम स्तंभित रह गए।

पता नहीं किन शास्त्रों के आधार पर पुरी के शंकराचार्य ने उपर्युक्त घोषणा की है, क्योंकि न तो हम शास्त्रज्ञ होने का दावा कर सकते हैं और न ही आदि शंकराचार्य के इस पवित्र आसन के साथ शास्त्रार्थ करने की धृष्टता करना चाहते हैं। पर भारत के अतीत के एक श्रद्धालु अध्येता के नाते विनम्रतापूर्वक किंतु पूर्ण आत्मविश्वास के साथ यह कहना चाहेंगे कि 'आत्मवत्‌ सर्वभूतेषु' के उद्‌घोष की नींव पर खड़ी हुई भारतीय परंपरा कभी भी अस्पृश्यता की समर्थक नहीं रही। गुण-कर्म के आधार पर चातुर्वर्ण्य व्यवस्था की रचना करनेवाले स्वयं भगवान्‌ श्रीकृष्ण ने स्पष्ट शब्दों में घोषणा की कि 'पंडित लोग ब्राह्मण, गौ, हाथी, कुत्ते और चांडाल सब में समता का दर्शन करते हैं।' 'महाभारत' के वनपर्व के अंतर्गत अजगरपर्व के अध्याय एक सौ अस्सी के श्लोक बीस से सैंतीस तक सर्प रूपी नहुष और युधिष्ठिर के संवाद के माध्यम से महर्षि व्यास ने भी 'जन्म' को नहीं, शील एवं चरित्र को ही वर्ण का आधार बताया।

स्वयं आदि शंकराचार्य ने भी जब मलाबार के छुआछूत के संस्कारों के वशीभूत होकर पुण्यक्षेत्र काशी में अपने ही वेदांत ज्ञान को भूलकर एक चांडाल की छाया से बचने की कोशिश की थी तो उस चांडाल के मुख से उन्हें अद्वैत का पाठ सीखने को विवश होना पड़ा था।

आज हिंदू समाज बहुत ही विषम परिस्थिति से गुजर रहा है। उसपर चारों ओर से प्रहार हो रहे हैं। एक ओर विदेशी पैसे और धर्म-प्रचारकों द्वारा धर्मांतरण का प्रयास चल रहा है, मुसलिम नेतृत्व एवं प्रचार-तंत्र बड़े सुनियोजित ढंग से हमारे समाज के चतुर्थ वर्ण एवं वन जातियों को हजम करने का षड्‌यंत्र चला रहा है, दूसरी ओर स्वार्थी राजनीतिज्ञ तथाकथित सेक्युलरिज्म की आड़ में जाति-द्वेष जैसे घातक विष को समाज-जीवन में घोल रहे हैं। ऐसी स्थिति में समाज को जोड़ने का दायित्व जिन परंपरागत श्रद्धा केंद्रों पर है, जब उन्हीं से विघटनवादी स्वर निकलता है तो आत्मा चीत्कार करने लगती है और पूछती है कि 'यदि हिंदू धर्म छुआछूत की भावना पर ही आधारित है और वह सदियों से दलित, उपेक्षित वनवासियों तथा शूद्रों

के प्रति अपने अंत:करण की करुणा को नहीं उड़ेल सकता, उन्हें अपने सीने से नहीं लगा सकता तो उसे क्या अधिकार है कि वह उन्हें समता एवं करुणा की खोज में हिंदू धर्म के बाहर जाने से रोक सके?'

वस्तुत: हम उन राजनीतिकों के स्वर में अपना स्वर नहीं मिलाना चाहते, जिन्होंने जाति-प्रथा की निंदा की आड़ में विगत बाईस वर्षों में अपने क्षुद्र राजनीतिक स्वार्थों की पूर्ति के लिए जातिवाद की दीवारों को और सुदृढ़ बनाया है, जो बाहर तो छुआछूत को कोसते हैं, किंतु जिनमें स्वयं तथाकथित अस्पृश्यों के साथ सहभोजन में सम्मिलित होकर परंपरा के कुसंस्कारों को चुनौती देने का साहस नहीं है। हम यह मानते हुए भी कि किसी काल विशेष में इस जाति-प्रथा ने विधर्मियों एवं विदेशियों के आक्रमणों के समक्ष कवच बनकर हमारे समाज-जीवन की अस्तित्व-रक्षा की थी, आज यह निस्संकोच भाव से कहना चाहेंगे कि जाति-प्रथा के नाम पर जो कुछ शेष है, वह विकृति है, कूड़ा है, कचरा है और समाज के स्वस्थ विकास में बहुत बड़ी बाधा है। पुनर्निर्माण के पूर्व इन खंडहरों को ढहाना ही होगा, समाज-जीवन को एकरस करना ही होगा। वास्तव में जो कार्य प्राचीन काल में व्यास, बुद्ध, महावीर एवं असित देवल ने, मध्य काल में रामानंद, चैतन्य, नानक, कबीर, रामदेव, गोरखनाथ इत्यादि की संत परंपरा ने किया और आधुनिक काल में जो सुधारवादी स्वामी दयानंद, रामकृष्ण परमहंस, विवेकानंद और गांधी ने उठाया उसे आगे बढ़ाने का दायित्व शंकराचार्य के पीठों एवं अन्य समस्त साधु-संतों पर विशेष रूप से है।

सचमुच, हमारा मन यह देखकर बहुत उदास है, दु:खी है कि शंकराचार्य के पद की गरिमा संसद् में एवं बाहर इस प्रकार उपहास, अपमान एवं लांछन का पात्र बनी और वह भी उन राजनीतिकों द्वारा जिनके अपने कर्म राष्ट्र को अधोगति एवं विघटन के गर्त में धकेलने का कारण बन रहे हैं। हम चाहते हैं कि पुरी के शंकराचार्य एवं उनके समर्थक हमारी इस पीड़ा को समझने का प्रयास करें और इस समय जब हिंदू समाज को जोड़ने में समर्थ श्रद्धा के सभी तार एक-एक कर टूट रहे हैं, अथवा प्रयत्नपूर्वक तोड़े जा रहे हैं, वे अपने किसी भी शब्द अथवा कृति से परंपरा के प्रति बची-खुची श्रद्धा को नष्ट न होने दें।

[पाञ्चजन्य, ८ अप्रैल, १९६९]

☐

३२

शंकराचार्य प्रकरण की ओछी राजनीति

१६ अप्रैल (१९६९) को लोकसभा में विधि एवं समाज कल्याण मंत्री श्री पी. गोविंद मेनन ने घोषणा की कि केंद्र सरकार ने बिहार सरकार को पुरी के गोवर्धन पीठ के वर्तमान अधिष्ठाता स्वामी निरंजनदेव तीर्थ के विरुद्ध उनके अस्पृश्यता संबंधी कथन को लेकर कानूनी काररवाई करने का आदेश दे दिया है। हमें पता नहीं कि इस घोषणा से उन संसद् सदस्यों एवं राजनीतिक तत्त्वों, जिन्हें उस दुर्भाग्यपूर्ण कथन ने हिंदू धर्मगुरुओं एवं हिंदू शास्त्रों के विरुद्ध विष-वमन करने तथा हरिजनों के प्रति हमदर्दी के मगरमच्छी आँसू बहाने का मुँहमाँगा अवसर प्रदान कर दिया है, को प्रसन्नता हुई है अथवा घोर निराशा। कानूनी काररवाई प्रारंभ हो जाने पर ये लोग व्याख्या-मुक्त विशेषाधिकारों के लौह दुर्ग में सुरक्षित बैठकर चाहे जिसके विरुद्ध चाहे जैसे अपशब्दों का प्रयोग कर स्वयं को शूरवीर सिद्ध करने की स्वर्ण संधि से वे वंचित हो जाएँगे।

हमारा यह विश्वास दृढ़तर होता जा रहा है कि शंकराचार्यजी के अस्पृश्यता संबंधी कथन को लेकर देश में जो तूफान खड़ा किया गया उसकी तह में अस्पृश्यता के उन्मूलन की तड़प इतनी नहीं है जितनी कि अपने व्यक्तिगत एवं दलीय राजनीतिक स्वार्थों को सिद्ध करने की क्षुद्र भावना। अन्यथा क्या कारण है कि एक पीठ के शंकराचार्य के कथन को तो इतना महत्त्व दिया जा रहा है, पर अन्य दो पीठों के शंकराचार्यों के कथनों, जिनमें उन्होंने स्पष्ट शब्दों में अस्पृश्यता को धर्म-विरुद्ध ठहराया है, की कहीं चर्चा भी सुनाई नहीं देती?

लोकसभा में श्री गुरुजी और संघ को बार-बार इस विवाद में घसीटना, गुरुजी के प्रति अपशब्दों का प्रयोग करना, दिल्ली नगर निगम में बिना कारण

शंकराचार्यजी के कथन पर बहस उठाने की कोशिश करना क्या इस बात का प्रमाण नहीं हैं कि शंकराचार्यजी के कथन पर उठे बवंडर की जड़ में संकीर्ण राजनीति ही है, समाज-सुधार की उदात्त प्रेरणा नहीं? कौन विश्वास करेगा कि इन राजनीतिज्ञों को यह भी पता नहीं है कि राष्ट्रीय स्वयंसेवक संघ ने विगत चौवालीस वर्षों में सामाजिक भेदभाव को मिटाने का जितना रचनात्मक प्रयास किया है उतना इन ढपोरशंखी राजनीतिज्ञों की दस पीढ़ियाँ भी मिलकर नहीं कर पाएँगी! एक छोटा सा चुनाव जीतने के लोभ में स्वयं को श्रेष्ठ ब्राह्मण, कुलीन एवं 'पंडित' घोषित करनेवाले ये क्षुद्र राजनीतिज्ञ जब समाजवाद एवं सेक्युलरिज्म का दंभ भरते हैं तो उनपर गुस्सा नहीं, सिर्फ हँसी आती है, शर्म आती है। हम जानना चाहते हैं उन समाजवादियों एवं सेक्युलरवादियों के नाम, जिन्होंने सवर्ण हिंदू होकर भी विचारपूर्वक अपनी बेटियों का विवाह हरिजन युवकों के साथ किया है अथवा हरिजन बेटियों को अपनी पुत्रवधू का सम्मान दिया है?

किंतु चाहे जो कहा जाए, बताया जाए, ये राजनीतिज्ञ अपनी ओछी राजनीति से बाज नहीं आएँगे। कारण स्पष्ट है कि ये राजनीतिज्ञ कदापि नहीं चाहते कि देश से अस्पृश्यता समाप्त हो, पिछड़ी जातियाँ आगे बढ़ सकें। वस्तुत: आर्थिक और सामाजिक विषमताओं के बल पर ही तो उनकी वोट राजनीति जी रही है।

यदि ऐसा न होता तो क्या इस लंबे विवाद के गर्भ में से केवल एक ही निर्णय का जन्म होता कि संविधान की धारा ३३०, ३३२ एवं ३३५ के अंतर्गत अनुसूचित जातियों एवं अनुसूचित जनजातियों को विधानमंडलों एवं नौकरियों में दिए गए विशेष आरक्षण की अंतिम अवधि को दस वर्ष और आगे बढ़ाने के लिए संविधान में एक नया संशोधन कर दिया जाए। हम अस्पृश्यता के घोर विरोधी एवं पिछड़ी जातियों को विकास की अधिकाधिक सुविधाएँ देने के कट्टर समर्थक होते हुए भी आज तक यह नहीं समझ पाए कि क्या विधानमंडलों में उनके लिए सीटें सुरक्षित रखने एवं नौकरियों में आरक्षण देने से अथवा अस्पृश्यता-विरोधी कानून पास करने मात्र से सामाजिक एवं आर्थिक समता के लक्ष्य की प्राप्ति हो सकेगी? इससे तो विषमता की खाई और बढ़ती जाएगी। वस्तुत: इस आरक्षण में कुछ निहित स्वार्थ पैदा हो गए हैं, पिछड़े कहानेवालों के भी और उनके वोटों को ललचाई आँखों से देखनेवाले राजनीतिज्ञों के भी। यही कारण है कि संविधान निर्माताओं ने जिस आरक्षण की अवधि केवल दस साल निर्धारित की थी उसे बढ़ाकर बीस वर्ष किया गया और अब बीस वर्ष की अवधि समाप्ति के निकट पहुँचते ही प्रचार का बवंडर खड़ा कर उसे दस वर्ष और बढ़ाने का निर्णय ले लिया गया।

हमें लगता है कि हम समस्या के अंत की ओर नहीं, अपितु उसे स्थायी बनाने के मार्ग पर बढ़ रहे हैं। यह समस्या केवल आर्थिक या राजनीतिक नहीं, मूलत: सामाजिक और मनोवैज्ञानिक है। उसे हल करने के लिए पहले हृदयों को जोड़ना होगा, उन्हें सैकड़ों वर्षों के रूढ़िवादी संस्कारों के बंधनों से मुक्त करना होगा। यह कार्य कानून पास करके, कुछ आर्थिक सुविधाएँ देकर अथवा हिंदू धर्म और शास्त्रों को गालियाँ देने मात्र से कदापि नहीं हो सकेगा। इसके लिए तो हृदय-हृदय की करुणा को जगाना होगा, उस करुणा को जगाने के लिए उन्हें एक महान् जीवन-दर्शन एवं जीवन-लक्ष्य का अधिष्ठान प्रदान करना होगा, स्वयं अपने व्यक्तिगत एवं पारिवारिक जीवन के बारे में क्रांतिकारी संकल्प लेने का साहस प्रदर्शित करना होगा। क्या ये राजनीतिज्ञ इनमें से एक भी कार्य कर पाए हैं ? महानगरीय जीवन की सुख-सुविधाओं में आकंठ डूबे वे केवल कागजी वक्तव्यों को देकर ही आत्मप्रवंचना कर रहे, छल रहे हैं। यदि इस कार्य को किसी एक संगठन ने बिना किसी प्रचार के किया है तो वह है—राष्ट्रीय स्वयंसेवक संघ, जिसने 'आत्मवत् सर्वभूतेषु' के हिंदू जीवन-दर्शन एवं प्रखर राष्ट्रभक्ति की नींव पर एक ऐसी कार्य-प्रणाली का आविष्कार किया है जिसमें रहकर बिना क्रांति की उग्र भाषा बोले क्रांति होती चलती है और अगणित होनहार नवयुवक सुख-सुविधाओं को लात मारकर ग्रामों, पर्वतों एवं जंगलों में बिखरे हुए अपने दरिद्र, अज्ञ एवं दलित समाज-बांधवों के पास अंत:करण की करुणा लेकर जा रहे हैं। अस्पृश्यता के उन्मूलन का यही एक राजमार्ग है, अन्य सब प्रवंचना है, ढोंग है।

[पाञ्चजन्य, २२ अप्रैल, १९६९]

□

३३

बेलछी कांड से धर्मपुरा कांड तक

पिछले विधानसभा चुनावों के ठीक पहले २७ मई को घटित बेलछी कांड के इर्द-गिर्द जो प्रचार आँधी खड़ी की गई है, उसके भीतर प्रवेश करने पर यह स्पष्ट दिखाई दे जाता है कि सत्ता-राजनीति को जीवन का आराध्य माननेवाले राजनीतिज्ञ चुनाव जीतने के लोभ में राष्ट्र के दूरगामी एवं व्यापक हितों का विचार किए बिना किसी भी घटना को कोई भी रंग देने का महापाप कर सकते हैं। बेलछी कांड के घटित होते ही बिहार के एक भूतपूर्व कांग्रेसी केंद्रीय मंत्री का विमान से उड़कर दिल्ली आना, देश की एकमात्र समाचार एजेंसी के संपादकीय विभाग में अपने व्यक्तिगत संबंधों का दुरुपयोग करके, उस घटना को एक विशेष रंग देकर समाचार-पत्रों में प्रकाशित करवा देना आदि घटनाक्रम से स्पष्ट था कि बेलछी कांड को उछालने के पीछे हरिजनों के प्रति हमदर्दी की भावना नहीं है, अपितु आगामी विधानसभा चुनावों को जीतने की कुत्सित चाल मात्र है।

उस समाचार के प्रसारित होने के साथ ही सभी चुनाव क्षेत्रों में जनता पार्टी के राज में हरिजनों पर अत्याचारों का धुआँधार प्रचार प्रारंभ हो गया। हर गाँव और मुहल्लों में हरिजनों के जुलूस निकालने के प्रयत्न किए गए, ताकि हरिजन वोटों को जनता पार्टी से अलग किया जा सके और कांग्रेस की झोली में लाया जा सके। बिहार सरकार द्वारा जाँच से यह स्पष्ट हो जाने पर भी कि यह घटना हरिजनों पर सवर्णों के आक्रमण की घटना नहीं थी, क्योंकि मारे जानेवालों में सब हरिजन नहीं थे और न ही सब आक्रमणकारी सवर्ण थे, इस घटना को हरिजनों पर सवर्णों के सुनियोजित आक्रमण का ही रूप दिया जाता रहा। यह बहुत ही दुर्भाग्यपूर्ण स्थिति है कि भारतीय राजनीति विवेक और सही जानकारी पर नहीं, अपितु अज्ञान और

भावुकता पर ही अब तक पल रही है। हमारे राजनीतिक जीवन की दुर्बलता का लाभ उठाने के लिए ही सत्ता-लोलुप एवं वर्ग-लोलुप राजनीतिज्ञ अपने प्रतिस्पर्धियों का चरित्र-हनन करने के लिए झूठे नारे और झूठे प्रचार को उछालते हैं।

विरोधियों का जाल

आम जनता उनके इस जाल में फँसे तो फँसे, राजनीति के धुरंधर नेता भी संभवत: व्यक्तिगत कारणों से अपने प्रतिस्पर्धियों द्वारा बिछाए हुए जाल में फँस जाते हैं। जनता पार्टी के दो जिम्मेदार संसद् सदस्यों ने बेलछी कांड को लेकर जो सार्वजनिक विवाद आजकल चला रखा है, वह इसी दुर्भाग्यपूर्ण स्थिति का परिचायक है। सामाजिक दिखावा और अस्पृश्यता को मिटाने के लिए समूची जनता पार्टी कृत-संकल्प है। अत: लोकसभा में बेलछी क्षेत्र का प्रतिनिधित्व करनेवाले श्री श्यामसुंदर दास गुप्त और हरिजन कुल में उत्पन्न श्री रामधन समान रूप से इस संकल्प को पूरा करने के लिए जिम्मेदार हैं।

यदि श्री श्यामसुंदर दास गुप्त पूरी छानबीन के पश्चात् ठोस तथ्यों के आधार पर कांग्रेस और रूसपंथी कम्युनिस्ट पार्टी के इस प्रचार-गुब्बारे की हवा निकाल देना चाहते हैं कि बेलछी में सवर्णों ने हरिजनों को जिंदा जला दिया, तो श्री रामधन के लिए यह कहाँ तक उचित है कि वे श्री गुप्त द्वारा प्रस्तुत तथ्यों की सत्यता की जाँच किए बिना ही उनके विरुद्ध वक्तव्य देने के लिए अखबारों की ओर दौड़ पड़ें और अपने ही एक सहयोगी की दल-निष्ठा एवं आदर्श-निष्ठा पर हमला करें? क्या श्री रामधन यह समझते हैं कि हरिजन कुल में जन्म लेने के कारण केवल वे ही हरिजनों के सच्चे 'हित-चिंतक' हैं और जिन्हें विधाता ने हरिजन कुल में जन्म लेने का सौभाग्य प्रदान नहीं किया है वे सब हरिजन-विरोधी हैं? यह कैसे कहा जा सकता है कि श्री रामधन ने बेलछी कांड के बारे में जो रिपोर्ट प्रकाशित की वही अंतिम सत्य है। व्यक्तिगत कुंठाओं और महत्त्वाकांक्षाओं के कारण दल की आंतरिक एकता को दुर्बल करने एवं समाज की एकता को छिन्न-भिन्न करने हेतु प्रतिस्पर्धा राजनीतिज्ञ दलों के प्रयत्नों में सहायक बनना श्री रामधन जैसे वरिष्ठ एवं मँजे हुए राजनीतिज्ञ के लिए उचित है? क्या उन्हें नहीं दिखाई दे रहा है कि 'फूट डालो और राज करो' की नीति पर चलनेवाली इंदिरा गांधी और उनकी कांग्रेस पार्टी खोई हुई सत्ता को वापस पाने की लालसा से हरिजनों और अल्पसंख्यकों, विशेषकर मुसलमानों, की भावनाओं को उभार के लिए योजनाबद्ध तरीके से झूठे प्रचार का सहारा ले रही है?

कांग्रेसी रणनीति

कांग्रेस कार्यसमिति के हाल के प्रस्ताव में यह रणनीति स्पष्ट शब्दों में अपनाई गई है। पिछली 'वोट क्रांति' के फलस्वरूप उत्पन्न राष्ट्रीय एकता को ध्वस्त करने के लिए कांग्रेसी और रूसपंथी कम्युनिस्ट नेतृत्व हरिजनों पर सवर्णों के और अल्पसंख्यकों पर बहुसंख्यकों के काल्पनिक अत्याचारों पर घड़ियाली आँसू बहा रहा है। जनता पार्टी में फूट और अविश्वास के बीज बोने के लिए एक ओर वह चौधरी चरण सिंह की हरिजन-विरोधी छवि उभारने की कोशिशों में लग गया तो दूसरी ओर राष्ट्रीय स्वयंसेवक संघ और जनसंघ के विरुद्ध सांप्रदायिकता के पुराने आरोप के घिसे-पिटे रिकॉर्ड को पूरी आवाज से बजा रहा है। क्या दो वर्ष के लंबे संघर्ष की भट्ठी में तपकर निकले हुए जनता पार्टी के नेता, पहले उनका संबंध चाहे जिस घटक से रहा हो, राष्ट्रीय एकता के इन शत्रुओं के जाल में फँसकर अपने ही साथियों की निष्ठा पर अविश्वास करने लगेंगे और अपने दल तथा राष्ट्र के भविष्य को अंधकारमय बनने देंगे? (पाञ्चजन्य, १४ अगस्त, १९७७)

धर्मपुरा कांड

बेलछी और बढ़ैया कांड की गूँज अभी शांत हुई ही थी कि बिहार के भोजपुर जिले में धर्मपुरा नामक गाँव में २० अक्तूबर को एक नया धमाका हो गया, जिसमें एक महंत रामानुज आचार्य के नेतृत्व में भूमिधरों के एक गिरोह ने चार भूमिहीन हरिजनों की दिन-दहाड़े गोली मारकर हत्या कर दी। ऐसे किसी भी दु:खांत प्रसंग की प्रतीक्षा में बैठे हुए सत्ता-लोलुप राजनीतिज्ञों को मनचाहा अवसर मिल गया और उन्होंने इस घटना को हरिजनों पर सवर्णों के अत्याचार का रंग देकर अखबारी वक्तव्यों के माध्यम से हरिजनों के प्रति सहानुभूति के मगरमच्छी आँसू बहाने प्रारंभ कर दिए हैं। किंतु यह संतोष की बात है कि दुर्घटना के अगले ही दिन मुख्यमंत्री श्री कर्पूरी ठाकुर अस्वस्थ होते हुए भी धर्मपुरा पहुँच गए। उन्होंने अपराधियों के विरुद्ध कठोर कानूनी काररवाई का चक्र तुरंत चालू कर दिया और इस दुर्घटना से संबंधित सभी और सही तथ्य सामने आ गए।

दुर्घटना का कारण

इन तथ्यों से प्रकट होता है कि इस दुर्घटना की जड़ में सवर्ण-हरिजन प्रश्न न होकर पचहत्तर बीघा जमीन पर जुताई के अधिकार को लेकर चला आ रहा कई वर्ष पुराना विवाद विद्यमान है। यह संयोग की बात है कि भूस्वामी महंत

की जमीन पर जुताई करनेवाले सभी भूमिहीन कृषक हरिजन हैं और इस प्रकार वर्ग और वर्ण की अभिन्नता का जयप्रकाशजी का कथन यहाँ पूरी तरह लागू होता है। नए भूमि सुधारों के अंतर्गत 'जो जोते, जमीन उसकी' का सिद्धांत मान्य किए जाने के कारण जहाँ एक ओर लंबे समय से जोतते आ रहे भूमिहीन परिवारों में भूमि का स्वामित्व प्राप्त करने का आग्रह प्रबल हुआ है वहाँ दूसरी ओर भूमि का स्वामित्व छिनने की आशंका से भयभीत भू-स्वामियों ने इन परंपरागत जोतनेवालों को जमीन से अलग कर जुताई के आधुनिक साधनों को अपनाने के प्रयत्न तेज कर दिए हैं।

इन्हीं प्रयत्नों के अंतर्गत महंत रामानुज आचार्य ने सन् १९७४ में ट्रैक्टर खरीदा और धर्मपुरा गाँव के हरिजन परिवारों को, जो लंबे समय से उनके खेतों की जुताई करते आ रहे थे, उनकी रोजी से वंचित करने की कोशिश की। झगड़ा न्यायालय में गया। २७ अक्तूबर को उसका फैसला होना था; किंतु क्योंकि पहले भी ऐसे दो-तीन विवादों का फैसला भूमिहीन कृषकों के पक्ष में जा चुका था, अत: अपनी पराजय का अदालती फैसला सुनाए जाने के पूर्व ही महंत ने शक्ति-प्रयोग द्वारा फैसला अपने पक्ष में करने का निर्णय ले लिया। न्याय की छाती पर स्थापित बल-प्रयोग की इस वेदी पर शिवमुनी, लल्लनराम, नायक और सिद्धनाथ शहीद हो गए। इनमें शिवमुनी बी.ए. पास नवयुवक था, जिसने पिछली बार स्वतंत्र उम्मीदवार के नाते विधानसभा का चुनाव भी लड़ा था। शिवमुनी उस चेतना और संकल्प बल का प्रतीक है, जो युग-युग से शोषित वर्गों में अब जाग्रत् हो रही है और जिसके फलस्वरूप ये वर्ग अपने अधिकारों को प्राप्त करने के लिए कटने-मरने की तैयारी कर चुके हैं। इस जागृति की ओर संकेत करते हुए जयप्रकाशजी ने कहा था, 'बिहार के ग्रामीण अंचलों में ऐसे संघर्षों की संख्या में वृद्धि का एक प्रमुख कारण यह भी है कि अपने अधिकारों के अपहरण को चुपचाप सहनेवाले ये वर्ग अब उनकी रक्षा के लिए कमर कसकर खड़े हो गए हैं।' इसी जागृति का परिणाम है कि धर्मपुरा की दुर्घटना से आतंकित होने के बजाय आस-पास के गाँवों से दो हजार भूमिहीनों की भीड़ वहाँ एकत्र हो गई और उसके चेहरे पर गुस्से और प्रतिशोध की भावना नाच रही थी।

जंगली न्याय का यह उपाय क्यों?

किंतु क्या लोकतंत्रीय स्वतंत्रता के इस वातावरण में भी जब अदालती न्याय के द्वार सबके लिए खुले हुए हैं, इन विवादों का फैसला शक्ति-प्रयोग के द्वारा ही

होगा? गाँव-गाँव में ऐसे विवाद विद्यमान हैं। शिवमुनी की छब्बीस वर्षीया जवान विधवा पत्नी रामकलिया ने 'टाइम्स ऑफ इंडिया' के संवाददाता को बताया कि ऐसे पैंतालीस मुकदमे धर्मपुरा गाँव से ही अदालत में चल रहे हैं। क्या धर्मपुरा कांड उन सब मामलों में भी दोहराया जाएगा? बिहार के वित्तमंत्री श्री कैलाशपति मिश्र की सूचनानुसार धर्मपुरा कांड के दो दिन के भीतर ही भोजपुर जिले के ही शाहपुर क्षेत्र में सोन गाँव के रामप्रसाद चमार की जमींदारों ने हत्या कर दी।

इन घटनाओं का क्रम लंबे समय से चला आ रहा है। जिस समय देश धर्मपुरा और सोठा गाँव की हत्याओं पर मातम मना रहा था, उसी समय बक्सर से केवल बारह किलोमीटर दूर स्थित उमेरपुर दियरा में, जो पहले बिहार के इस भोजपुर जिले का अंग था, किंतु अब उत्तर प्रदेश के बलिया जिले में सम्मिलित कर दिया गया है, आस-पास के गाँवों के हजारों लोग सन् १९६९ में मारे गए ग्यारह भूमिहीन कृषकों की स्मृति में शहीद दिवस मनाने के लिए एकत्र हुए थे।

जिम्मेदार कौन?

अतः इन घटनाओं को दलीय राजनीति के चश्मे से नहीं देखा जाना चाहिए। उनके लिए किसी एकाध दल अथवा उसकी सरकार को दोषी ठहराकर अन्य राजनीतिक दल अपने दायित्व से मुक्त नहीं हो सकते। इन घटनाओं के लिए युगों से चली आ रही समयातीत आर्थिक एवं सामाजिक व्यवस्था जिम्मेदार है। इस व्यवस्था को केवल कानून पास करके नहीं बदला जा सकता। इसके लिए एक प्रबल सामाजिक क्रांति की आवश्यकता है।

लोकतंत्रीय पद्धति में आस्था रखनेवाले देश में ऐसी क्रांति का मार्ग हिंसा तथा रक्तपात से होकर नहीं तो नैतिक जागृति के सामूहिक प्रयत्नों से होकर ही गुजरेगा। ऐसे प्रयत्नों के अभाव में कोई भी सरकार पुलिस के बल पर ऐसी घटनाओं को घटने से नहीं रोक सकती। इतने विशाल देश में, जहाँ पाँच लाख से अधिक गाँव विद्यमान हैं और उन गाँवों तक पहुँचने के लिए अच्छी सड़कें भी उपलब्ध नहीं हैं, मुट्ठी भर पुलिस के द्वारा कहाँ-कहाँ चौकसी रखी जा सकती है और कहाँ-कहाँ घटनाओं को घटित होने के पहले ही रोका जा सकता है? धर्मपुरा को ही लें। बक्सर से पैंतीस किलोमीटर दूर स्थित इस गाँव तक कार अथवा जीप द्वारा पहुँचने में मुख्यमंत्री अथवा पत्र-संवाददाताओं को तीन घंटे से अधिक समय लग गया। रास्ते से जीप को कमर तक गहरी दलदल से निकालने के लिए पंद्रह-बीस व्यक्तियों का सहारा लेना पड़ा। शेष दुनिया से कटे हुए इन टापूनुमा गाँवों में

सामाजिक तनावों और संघर्षों को केवल पुलिस के बल पर नहीं रोका जा सकता। इसके लिए व्यापक सामाजिक एवं राजनीतिक प्रयत्नों की आवश्यकता है। लोकनायक जयप्रकाश की पचहत्तरवीं वर्षगाँठ के अवसर पर बंगलौर में आयोजित समारोह में बोलते हुए भूतपूर्व समाजवादी नेता श्री अच्युत पटवर्धन ने ठीक ही कहा है कि 'हमारे देश के सामने मुख्य संकट विचारधारा का अभाव न होकर नैतिक मूल्यों का ह्रास है।'

[पाञ्चजन्य, ३० अक्तूबर, १९७७]

□

बिहार में आरक्षण बना भस्मासुर

समग्र क्रांति की जन्मभूमि बिहार गृहयुद्ध में जल रहा है। खोखले नारों और झूठे आश्वासनों पर पलनेवाली वोट राजनीति ने गरीबी की मार से व्याकुल बिहार को उपचार के नाम पर जातिवाद ने दावानल की लपटों में झोंक दिया है। इस विशाल प्रदेश की पाँच करोड़ साठ लाख जनसंख्या प्रतिवर्ष उपलब्ध होनेवाली दो या तीन हजार सरकारी नौकरियों के बँटवारे के सवाल पर दो युद्धरत जातिवादी खेमों में विभाजित हो गई है। आँखों से खून बरस रहा है। खूँखार नारे हवा में उछल रहे हैं। जवानी सड़कों पर उग्र प्रदर्शन करने पर उतर आई है। बसें जल रही हैं, रेल की पटरियाँ उखड़ रही हैं, पुलिस पर हमले हो रहे हैं। जयप्रकाश नारायण जैसे वंदनीय नेताओं की इज्जत उतारने में भी संकोच नहीं हो रहा है। लगता है कि इन तीन हजार नौकरियों के सही बँटवारे पर ही बिहार की भयंकर गरीबी का हल निर्भर करता है। किसी को यह सोचने की फुरसत नहीं कि इन तीन हजार नौकरियों में से २४ प्रतिशत पहले से परिगणित जातियों के लिए आरक्षित हैं। शेष बचीं कितनी? उनमें से २६ प्रतिशत पिछड़ी जातियों के लिए आरक्षित कर देने पर भी पिछड़ी जातियों के कितने नवयुवकों की बेकारी दूर हो पाएगी? और अभी तो मुसलमानों एवं महिलाओं के लिए भी नौकरियाँ आरक्षित करने की बात चल रही है। जो बची-खुची हैं, वे तथाकथित उच्च वर्णों के नवयुवकों के लिए रह जाएँगी?

नौकरों का देश

आरक्षण के सिद्धांत को इस तरह हवा में उछाला जा रहा है मानो भारत में विद्यमान सामाजिक और आर्थिक विषमता को मिटाने का यही रामबाण उपाय है।

कोई ठहरकर यह सोचने को तैयार नहीं कि प्रशासकीय तंत्र देश को सक्षम, कुशल एवं भ्रष्टाचार-मुक्त प्रशासन देने के लिए बनाया जाता है, न कि बेरोजगार हाथों को मासिक वेतन की खैरात बाँटने के लिए। हाँ, यह तो होना चाहिए कि यदि एक पद के लिए समान योग्यता व क्षमता के दो प्रत्याशी उपलब्ध हों तो उनमें चयन के समय सामाजिक एवं आर्थिक पिछड़ेपन को प्राथमिकता दी जाए। किंतु स्वाधीनता-प्राप्ति के बाद से सरकारी नौकरियों के लिए चयन की नीति भी वोट राजनीति की विवशताओं की बंदी बन गई है। फलतः सन् १९४७ से प्रशासकीय तंत्र सुरसा की भाँति फैलता जा रहा है। खंडित भारत का शासन प्रबंध सँभालनेवाला प्रशासकीय तंत्र आकार में विभाजन पूर्व भारत के तंत्र की तुलना में बीस गुने से अधिक बड़ा हो गया है। कभी-कभी तो ऐसा लगने लगता है कि यह संपूर्ण देश ही सरकारी नौकरों का देश हो जाएगा। यहाँ सभी शासक हो जाएँगे, कोई शासित रहेगा ही नहीं। किंतु संपूर्ण प्रशासन तंत्र भ्रष्टाचार के पंक में डूबा हुआ है। प्रशासकीय क्षमता एवं कुशलता निरंतर घटती चली जा रही है। इसी स्थिति को डॉ. राममनोहर लोहिया अपनी विशिष्ट शैली में एक फॉर्मूले के द्वारा व्यक्त किया करते थे— कांग्रेस सरकार = ब्रिटिश सरकार—कार्यकुशलता + भ्रष्टाचार।

यह होड़ क्यों?

सरकारी नौकरियों एवं सुविधाओं में आरक्षण के इस सिद्धांत को अपनाने का ही परिणाम हुआ है कि पिछड़े वर्गों की श्रेणी में सम्मिलित होने की विभिन्न जातियों-उपजातियों में होड़ लग गई है। इसी होड़ का परिणाम है कि पिछड़ी जातियों की सरकारी सूची लगातार लंबी होती जा रही है। बिहार में मुँगेरी लाल रिपोर्ट में परिशिष्ट-१ में उन्यासी पिछड़ी जातियों की सूची है, जिसमें तीस नाम परिशिष्ट-२ के द्वारा जोड़ दिए गए हैं। इस सूची में सोनार, कोयरी, कुर्मी, यादव और बनिया नाम की जातियाँ भी हैं। स्थिति यहाँ तक पहुँच गई है कि अनेक उपजातियाँ ब्राह्मण और क्षत्रिय वर्णों से अपने संबंधों की ऐतिहासिक विरासत का बंधन तोड़कर पिछड़ी जातियों की सूची में सम्मिलित होने के लिए लालायित हैं। किंतु यहाँ भी ठसाठस भरी ट्रेन का दृश्य विद्यमान है। जो उस सूची में पहुँच चुकी हैं, वे अन्य उपजातियों को वहाँ घुसने देने को तैयार नहीं; क्योंकि सवाल नौकरियों और सुविधाओं के बँटवारे का है। यहीं वह उच्च वर्गीय मानसिकता आ जाती है, जिसके बने रहते सामाजिक और आर्थिक विषमता का उन्मूलन असंभव है। यही मानसिकता है, जिसने हरिजनों, परिगणित जातियों एवं पिछड़ी जातियों के भीतर

एक ऐसे साधन-संपन्न उच्च पदस्थ विशेषाधिकार-युक्त प्रभावशाली वर्ग को जन्म दिया है, जो एक ओर तो अपनी ही जाति के लोगों से मिलने-जुलने में अपनी हेठी समझता है, अभिजात वर्ग की जिंदगी जीता है; किंतु दूसरी ओर आरक्षण के सिद्धांत का दुरुपयोग कर सरकार द्वारा प्रदत्त सब सुविधाओं को अपने परिवार एवं नाते-रिश्तेदारों के लिए हड़प जाना चाहता है।

निहित स्वार्थ का जन्म

गत २४ मार्च को आकाशवाणी के दिल्ली केंद्र द्वारा 'कमजोर वर्गों की स्थिति में सुधार की समस्या' विषय पर आयोजित परिचर्चा में भाग ले रहे एक हरिजन प्रतिनिधि ने बहुत स्पष्ट शब्दों में हरिजनों के बीच विद्यमान उच्च वर्गीय मानसिकता पर प्रकाश डाला। स्वाभाविक ही उच्च वर्गीय मानसिकता से ग्रस्त इस प्रभावशाली वर्ग का आरक्षण के सिद्धांत में निहित स्वार्थ पैदा हो गया है। वह इस सिद्धांत के आवरण में तमाम सुविधाओं और अवसरों को हड़प जाना चाहता है। परिणामस्वरूप, इस आरक्षण के सिद्धांत से एक ओर तो हरिजनों और पिछड़े वर्गों के सचमुच गरीब लोगों को कोई लाभ नहीं पहुँच पा रहा है, दूसरी ओर, ऐसे हास्यास्पद दृश्य देखने में आए हैं कि गरीबी की गोद में पैदा हुआ बालक संघर्षपूर्वक योग्यता अर्जित करने पर भी एक अवसर से इसलिए वंचित कर दिया जाता है, क्योंकि इतिहास ने उसपर किसी उच्च वर्ण का ठप्पा लगा दिया है; जबकि उसी पद को एक खाते-पीते लखपति घर का अपेक्षाकृत अयोग्य बालक केवल इसलिए हड़प कर जाता है, क्योंकि पिछड़े वर्गों की सरकारी सूची में उसकी उपजाति को सम्मिलित कर दिया गया है। यह सत्य है कि सरकारी नौकरियों की संख्या इतनी अल्प है कि सब नौकरियाँ किसी एक उपजाति को दे देने पर भी उस उपजाति की बेरोजगारी की समस्या को हल नहीं कर सकती; किंतु ऐसी दो-चार घटनाओं से भी भावुक अंतःकरणों में कितनी तीखी भयानक प्रतिक्रिया होती होगी, इसका सहज ही अनुमान लगाया जा सकता है। इसी प्रतिक्रिया में से जातीय ईर्ष्या व कटुता को जन्म मिलता है, जो बढ़ते-बढ़ते गृहयुद्ध की स्थिति को जन्म देने का कारण बन जाता है।

वोट राजनीति की माया

किंतु वोट राजनीति के खेल में मगन राजनीतिज्ञों को राष्ट्र के दूरगामी भविष्य से जुड़े हुए इन बुनियादी सवालों पर विचार करने की फुरसत ही कहाँ है? उनकी निगाहों में पंचवर्षीय चुनावों और मंत्रिपदों से ऊँची और कोई चीज दुनिया में है ही

नहीं। चुनावों को जीतने या मंत्रिपदों को हासिल करने अथवा प्राप्त पदों पर जमे रहने के लिए जो भी किया जाए वही जायज है, वही महत्त्वपूर्ण है। वे जानते हैं कि वोट राजनीति में सफलता का आधार आदर्शवाद या विचारधारा नहीं वरन् विशुद्ध संख्या बल है। संख्या बल को अपने पीछे खड़ा करना ही आज के भारतीय राजनीतिज्ञ का परम धर्म बन गया है। वोट राजनीति का गणित बतलाता है कि पूरे भारत की जनसंख्या के ११ प्रतिशत मुसलिम मतदाताओं को एवं २० प्रतिशत अनुसूचित जाति के मतदाताओं को, जो अपने पीछे खड़ा करने में सफल हो जाएगा, वोट राजनीति के खेल में विजय उसकी होगी। अत: वोट राजनीति की यह माँग है कि स्वयं को हरिजनों एवं मुसलमानों का हित-रक्षक प्रदर्शित करने के लिए प्रत्येक हथकंडा व उपाय अपनाया जाए। यह प्रदर्शनकारी स्पर्धा न केवल विभिन्न राजनीतिक दलों के बीच चल रही है, अपितु राजनीतिक दलों के भीतर भी चल रही है।

कुटिल राजनीति

मार्च १९७७ के चुनावों में सत्ता छिन जाने के कारण इंदिरा गांधी और उनके साथियों ने हरिजनों एवं अल्पसंख्यकों पर अत्याचारों का खूब प्रचार किया और इस प्रकार जनता पार्टी पर हरिजन-विरोधी एवं मुसलिम-विरोधी बिंब आरोपित कर स्वयं को उनका मसीहा प्रदर्शित करने की कोशिशें चालू कर दीं। इधर, जनता पार्टी के भीतर भी सत्ताकांक्षियों ने अपने राजनीतिक प्रतिस्पर्धियों को हरिजन-विरोधी या मुसलिम-विरोधी सिद्ध करना प्रारंभ कर दिया। गृहमंत्री चौधरी चरणसिंह पर हरिजन-विरोधी छवि को आरोपित करके उनके त्यागपत्र की माँग उठाई गई। भूतपूर्व जनसंघी कार्यकर्ताओं पर सांप्रदायिकता का आरोप दोहराकर उन्हें सत्ता की दौड़ में पीछे धकेलकर अपने आगे बढ़ने का रास्ता तैयार करने की कोशिश की गई। किसी महत्त्वाकांक्षी हरिजन संसद् सदस्य का मंत्री बनने का सपना पूरा करने के लिए हरिजन मंत्रालय के निर्माण का बेसिर-पैर का नारा उछाल दिया गया, मानो हरिजनों के कल्याण का दायित्व पूरी सरकार का न होकर केवल एक मंत्रालय का है। हरिजन मंत्री ही हरिजनों के कार्य की चिंता कर सकता है, अन्य वर्णों के मंत्रियों से यह आशा नहीं की जा सकती। जबकि स्थिति यह है कि हरिजनों के हित-रक्षक होने का दावा करनेवाले अधिकांश राजनीतिक उच्च वर्णों के ही हैं।

एक भोंड़ा प्रदर्शन

ओछी राजनीतिक ईर्ष्या एवं प्रतिस्पर्धा में से जनमे हरिजन-प्रेम के प्रदर्शन

का एक भोंड़ा उदाहरण पिछले सप्ताह दिल्ली में देखने में आया। दिल्ली की दीवारों पर एक पोस्टर चिपकाया गया, जिसमें लिखा था—'कर्पूरी ठाकुर के हाथ मजबूत करने के लिए दिल्ली का महापौर हरिजन क्यों नहीं? आर.एस.एस. और जनसंघ की हरिजन-विरोधी नीति क्यों?' ऊपर लोहिया के नाम की दुहाई और नीचे बारह-चौदह नाम, जिनमें एक या दो को छोड़कर सभी उच्च वर्णों के नाम हैं इन नामों की पृष्ठभूमि बताने के लिए इन लोगों के द्वारा दिल्ली की दीवारों पर समय-समय पर चिपकाए गए अनेक पोस्टर विद्यमान हैं। हर बार वही बारह-चौदह नाम, जिनकी दिल्ली की राजनीति में कभी जड़ें नहीं जमीं, जो म्यूनिसिपैलिटी के चुनाव में भी कभी अपनी जमानत नहीं बचा पाए, किंतु जो अब दिल्ली की जनता पार्टी में विद्यमान भूतपूर्व जनसंघियों के बहुमत के कंधे पर सवार होकर सत्ता को हड़प जाना चाहते हैं। जिनकी रणनीति का एक ही लक्ष्य है—जनसंघी कार्यकर्ताओं की राजनीतिक जड़ों को काटना और अपने को आगे बढ़ाना। जब दिल्ली के महापौर का चुनाव होना है, पर बहुमत के आधार पर पुराने जनसंघी का महापौर बनना सुनिश्चित है, अपने गुट के हाथ में महापौर पद आना असंभव है, तो खिसियानी बिल्ली खंभा न नोचे तो क्या करे? क्यों न हरिजन महापौर का नारा उछालकर जनसंघ को हरिजन-विरोधी और स्वयं को हरिजन-रक्षक सिद्ध किया जाए? राजनीतिक ईर्ष्या एवं दुर्भाव से ग्रस्त ये संकुचित मस्तिष्क यह भी भूल गए कि कुछ ही दिनों पूर्व दिल्ली महानगर परिषद् में जनसंघी बहुमत ने स्वयं प्रेरणा से अपने एक हरिजन कार्यकर्ता श्री कालका दास का महानगर परिषद् के अध्यक्ष पद पर अभिषेक किया हुआ है। उस चयन के पीछे हरिजन-प्रेम के प्रदर्शन का भाव नहीं था, अपितु उस कार्यकर्ता की निष्ठा एवं कार्यक्षमता का समादर करने का भाव था।

अशांति का कारण

क्या ऐसी ही कोई राजनीतिक स्पर्धा बिहार को भी गृहयुद्ध की स्थिति में धकेलने का कारण बन रही है? ऊपर से देखने में तो यह लगता है कि मुख्यमंत्री श्री कर्पूरी ठाकुर ने पिछड़ी जातियों के लिए २६ प्रतिशत स्थानों के आरक्षण के निर्णय को १ अप्रैल से लागू करने का निर्णय घोषित करके (जो अब टल गया है) एक प्रकार से जनता पार्टी के चुनाव घोषणा-पत्र में किए गए वायदे को ही पूरा करने की कोशिश की है। किंतु यहाँ यह प्रश्न उठता है कि ऐसा सही कदम उठाते समय उन्होंने अपने मंत्रिमंडल एवं जनता पार्टी विधायक दल का विश्वास प्राप्त

करना आवश्यक क्यों नहीं समझा ? उनकी उपेक्षा क्यों की ? क्या वे इस निर्णय का श्रेय अकेले लेकर स्वयं को पिछड़ी जातियों का एकमात्र संरक्षक एवं अपने अन्य सहयोगियों को हरिजनों एवं पिछड़ी जातियों का शत्रु सिद्ध करना चाहते हैं ? पिछले एक वर्ष में मुख्यमंत्री की प्रशासकीय अक्षमता एवं कानून की स्थिति खराब होने से जनता विधायकं दल के भीतर उनके त्यागपत्र की माँग जोर पकड़ रही थी एवं उनके प्रतिस्पर्धियों का पलड़ा भारी हो रहा था, क्या इस स्थिति को उलटने के लिए ही उन्होंने आरक्षण का सिद्धांत नाटकीय ढंग से उछालकर न केवल बिहार की जनता को अपितु जनता विधायक दल को भी जातिवादी आधार पर विभाजित करने में सफलता प्राप्त कर ली है? जातिवादी चश्मे से देखा जाए तो बिहार जनता विधायक दल के दो सौ पंद्रह सदस्यों में से उनतीस भूमिहार, सैंतीस राजपूत, आठ कायस्थ, पाँच ब्राह्मण, सात ऊँची जातियों के मुसलमान, चौवालीस हरिजन और पचासी पिछड़ी जातियों के हैं। आरक्षण के सिद्धांत पर विधायक दल में जातिवादी ध्रुवीकरण के फलस्वरूप कर्पूरी ठाकुर हरिजन एवं पिछड़ी जातियों के एक सौ उनतीस विधायकों को अर्थात् बहुमत को अपने पीछे खड़ा कर सकते हैं ? यदि यह जातिवादी गणित ही श्री कर्पूरी ठाकुर के मस्तिष्क में काम कर रहा है तो इंदिरा गांधी के इस आरोप का खंडन कैसे किया जा सकेगा कि जनता पार्टी के नेताओं ने अपने राजनीतिक स्वार्थों के लिए बिहार को जाति के आधार पर बाँट दिया है। एक प्रकार से कर्पूरी ठाकुर भी 'फूट डालो और राज करो' की उसी पुरानी नीति का अनुसरण कर रहे हैं, जिसे इंदिरा गांधी ने ग्यारह वर्षों तक अपनाया था। तब इंदिरा गांधी की राजनीति और कर्पूरी ठाकुर की राजनीति में फर्क कहाँ रह जाता है ? क्या राजनीति की बोतल वही है, सिर्फ लेबिल बदल गया है ? इस संदर्भ में यह प्रश्न उठना स्वाभाविक हैं कि देश की बरबादी पर जीनेवाली इस राष्ट्रघाती राजनीति के चंगुल से राष्ट्र के भविष्य को बचाने का उपाय क्या है? यह उपाय क्या इस राजनीतिक ढाँचे के भीतर रहकर खोजा जा सकता है अथवा उसके लिए राजनीतिक ढाँचे का ही कोई स्वस्थ विकल्प खोजना होगा ?

[पाञ्चजन्य, १६ अप्रैल, १९७८]

□

आरक्षण की जातिवादी राजनीति

गरीबी और पिछड़ेपन के क्षय रोग से पीड़ित बिहार अब एंसीफिलाइटिस और जातिवादी राजनीति की चक्की में पीसा जा रहा है। मार्च के महीने में बिहार के मुख्यमंत्री श्री कर्पूरी ठाकुर ने सरकारी नौकरियों में पिछड़ी जातियों के लिए २६ प्रतिशत स्थानों के आरक्षण की घोषणा करके जातीयता के भस्मासुर को अपना रौद्र रूप प्रदर्शित करने का न्योता दिया था, तभी से यह दानव बिहार को निगलने के लिए अपना मुँह फैलाए हुए है। कर्पूरी ठाकुर की इस घोषणा ने बिहार को दो युद्धरत शिविरों में विभाजित कर दिया—एक 'आगे बढ़ो' और दूसरा 'पीछे हटो'। इस अघोषित गृहयुद्ध ने बिहार के संपूर्ण शैक्षणिक जीवन को ध्वस्त कर दिया।

नया फॉर्मूला

अक्तूबर के प्रथम सप्ताह में पूजा अवकाश के नाम पर बिहार के समस्त विश्वविद्यालयों और कॉलेजों को ८ नवंबर तक के लिए बंद करके किसी प्रकार युद्ध विराम की स्थिति पैदा की गई, किंतु शिक्षा संस्थाओं के खुलने की तिथि निकट आने के एक सप्ताह के भीतर ही कर्पूरी ठाकुर ने एक पत्रकार सम्मेलन बुलाकर एक संशोधित आरक्षण फॉर्मूले की घोषणा कर दी। इस घोषणा के अनुसार, पिछड़ी जातियों के लिए आरक्षण का प्रतिशत २६ से घटाकर २० कर दिया गया और शेष ६ प्रतिशत स्थानों में से ३ प्रतिशत उच्च जातियों के निर्धन परिवारों के लिए आरक्षित कर दिए गए। ८ नवंबर को बिहार मंत्रिमंडल की एक लंबी और तूफानी बैठक में मुख्यमंत्री द्वारा पहले ही घोषित इस फॉर्मूले पर न केवल स्वीकृति की मोहर लगा दी गई, अपितु उसे एक सप्ताह पीछे अर्थात् ३१ अक्तूबर से लागू

करने का भी निर्णय लिया गया। यह भी स्पष्ट किया गया कि आरक्षण का यह फॉर्मूला आठ हजार रुपए वार्षिक से अधिक आयवाले परिवारों के लिए लागू नहीं होगा और आरक्षित स्थान उपयुक्त प्रत्याशियों के न मिलने की स्थिति में तीन वर्ष तक खाली रखे जाएँगे।

गधा ढोने की स्थिति

इस संशोधन की घोषणा ऐसे समय पर करके, जब जातिवादी दानव सोया प्रतीत हो रहा था, कर्पूरी ठाकुर क्या प्राप्त करना चाहते थे, यह केवल वही बता सकते हैं। स्पष्ट रूप में यह एक नए आंदोलन के लिए निमंत्रण था और उसे स्वीकार कर लिया गया है। यदि इस संशोधन के द्वारा कर्पूरी ठाकुर पिछड़ी जातियों के साथ-साथ उच्च वर्गों को भी संतुष्ट करने का विचार कर रहे थे तो उन्हें केवल दुराशा ही हाथ लगी है। ३ प्रतिशत का चुग्गा फेंककर वे उच्च जातियों को संतुष्ट कर ही कैसे सकते थे, उलटे पिछड़ी जातियों का नेतृत्व भी ६ प्रतिशत छिन जाने के कारण असंतुष्ट हो गया है। आज स्थिति यह है कि उच्च जातियाँ, मध्यम जातियाँ यहाँ तक कि हरिजन भी, जिनके लिए २४ प्रतिशत स्थान पहले से आरक्षित है, असंतुष्ट हैं। श्री कर्पूरी ठाकुर के निवास स्थान के बाहर सात हरिजन परिवार यह माँग लेकर अनशन कर रहे हैं कि पिछड़ी जातियों के लिए आरक्षण की घोषणा वापस ली जाए। बिहार सरकार की स्थिति आज उस बाप-बेटे के समान हास्यास्पद बन गई है, जो लोकमत को संतुष्ट करने के चक्कर में गधे पर सवारी करने के बजाय गधे को ही अपने कंधे पर ढोकर चलने की स्थिति में पहुँच गए थे।

घोषणा का समय

कर्पूरी ठाकुर के द्वारा संशोधित फॉर्मूले की घोषणा के लिए चुना गया समय इसलिए भी अटपटा लग रहा है कि उसके एक सप्ताह पूर्व ही २४ अक्तूबर को पटना की आम सभा में प्रधानमंत्री मोरारजी देसाई ने पिछड़ी जातियों की समस्या पर समग्र दृष्टि से विचार करने के लिए एक पाँच सदस्यीय उच्च आयोग की स्थापना के निर्णय की घोषणा की थी और उस घोषणा के कार्यान्वयन के लिए शीघ्र ही बिहार के एक भूतपूर्व मुख्यमंत्री श्री बिंदेश्वरी प्रसाद मंडल की अध्यक्षता में एक 'पिछड़ी जाति आयोग' का गठन भी कर दिया गया। इस आयोग को सामाजिक एवं शैक्षणिक दृष्टि से पिछड़ी जातियों की व्याख्या करने, इस व्याख्या के अंतर्गत आनेवाले पिछड़े वर्गों के उद्धार के उपायों की खोज करने एवं केंद्रीय तथा राज्य

सेवाओं में उनके लिए आरक्षण की वांछनीयता की जाँच-पड़ताल करने का काम सौंपा गया है। साथ ही अब तक के प्रत्यक्ष अनुभवों के प्रकाश में कालेलकर आयोग की सिफारिशों के कार्यान्वयन में आनेवाली बाधाओं का हल खोजने का दायित्व भी सौंपा गया। इस आयोग के गठन और उसके सौंपे गए दायित्व से स्पष्ट है कि कर्पूरी ठाकुर को इस विषय पर कोई नई घोषणा तब तक नहीं करनी चाहिए थी जब तक कि यह आयोग राष्ट्रीय परिप्रेक्ष्य में इस समस्या का सर्वांगीण अध्ययन करके अपनी सिफारिशें सरकार के सामने प्रस्तुत न करे।

सत्ता की मजबूरी?

वह कौन सी मजबूरी थी, जिसके कारण कर्पूरी ठाकुर ने इस आयोग की रिपोर्ट की प्रतीक्षा करना उचित नहीं समझा? क्या यह मजबूरी जनता पार्टी की अंदरूनी सत्ता स्पर्धा अथवा बिंदेश्वरी मंडल से कर्पूरी ठाकुर की व्यक्तिगत स्पर्धा से जुड़ी हुई है? अथवा २६ नवंबर को होनेवाले समस्तीपुर के लोकसभा के उपचुनाव में से पैदा हुई है? यदि पहला कारण है तो कर्पूरी ठाकुर ने पिछड़ी जाति आयोग को जन्म लेने से पूर्व ही मृत घोषित कर दिया है। और यदि दूसरा कारण है तो बिहार के वर्तमान वातावरण पर छाए हुए जाति उन्माद को देखकर यह आशंका निराधार नहीं है कि कहीं कर्पूरी ठाकुर का यह पासा उनके लिए ही उलटा न बैठ जाए।

समस्तीपुर में पिछड़ी जातियों के दो लाख बयासी हजार मतदाता हैं तो उच्च जातियों के दो लाख सत्तर हजार। हरिजन तिहत्तर हजार और मुसलिम मतदाताओं की संख्या एक लाख सत्ताईस हजार बताई जा रही है। इंदिरा कांग्रेस के वोट गणितज्ञ इस समय उच्च जातियों, हरिजनों एवं मुसलिम मतदाताओं को ठोस रूप से अपने पीछे खड़ा करने और कर्पूरी के पिछड़ी जाति समर्थकों में दरार पैदा करने की शतरंज बिछा रहे हैं। उन्होंने समस्तीपुर उपचुनाव को आरक्षण के फॉर्मूले के अंतिम फैसले का कुरुक्षेत्र घोषित कर दिया है। यदि कर्पूरी ठाकुर उनके इस गणित को विफल कर ले गए तो सचमुच एक बड़ा चमत्कार होगा।

व्यापक हिंसा के पीछे कौन?

वस्तुतः जातिवाद पर पलनेवाली वोट राजनीति में माहिर इंदिरा कांग्रेस कर्पूरी ठाकुर की ओर से ऐसी ही किसी गलत चाल का इंतजार कर रही थी और उनके सौभाग्य से कर्पूरी ठाकुर ने अपनी चाल का समय ही वह चुना, जब शिक्षण

संस्थाएँ खुलने का दिन नजदीक था, जिसके कारण इंदिरा कांग्रेस को पहले से विक्षुब्ध एवं अपने भविष्य पर लगे अनिश्चय के प्रश्न-चिह्न से युवा पीढ़ी को सुनियोजित ढंग से हिंसा और विध्वंस के पथ पर धकेलने का मनचाहा अवसर मिल गया। शिक्षण संस्थाओं के खुलते ही जिस संगठित ढंग से तिरहुत, दरभंगा, भागलपुर एवं पटना डिवीजनों में सरकारी दफ्तरों पर हमले किए गए हैं, रेल यातायात को ध्वस्त किया गया है, सरकारी बसों को फूँका गया है, टेलीफोन और बिजली के खंभों को उखाड़ा गया है, उसे देखकर कौन कह सकता है कि यह स्थानीय छात्रों का स्वयंस्फूर्त विरोध प्रदर्शन है और इसके पीछे कोई केंद्रीय दुष्ट मस्तिष्क सक्रिय नहीं है? तीन दिन के भीतर दूर-दूर के स्थानों पर एक साथ एक ही शैली से विध्वंस और आक्रमण की घटनाएँ घटित हुई हैं। करोड़ों रुपए की सार्वजनिक संपत्ति का विनाश कर दिया गया है। मोकामा के विशाल रेलवे गोदाम को भस्मसात् कर दिया गया, उसमें जूट और चमड़े की सैकड़ों गाँठें रखी हुई थी। पटना में भूगार्भिक सर्वेक्षण विभाग के कार्यालय पर हमला करके सोलह जीपों, एक स्टेशन वैगन और एक कार को पल भर में राख कर दिया गया। राजकीय परिवहन विभाग की चालीस से अधिक बसें फूँकी जा चुकी हैं। बक्सर के निकट कलकत्ता-दिल्ली एक्सप्रेस को पटरी से उतार दिया गया। निर्दोष रेल-यात्रियों को भी उत्पीड़न का शिकार बनाया जा रहा है। हिंसा के इस उन्माद को देखकर यह विश्वास करना कठिन है कि यह वही बिहार है जहाँ गांधी ने चंपारन में अहिंसात्मक आंदोलन का पहला प्रयोग भारत की धरती पर किया था और जहाँ जयप्रकाश नारायण के नेतृत्व में युवा पीढ़ी ने पुलिस की लाठियों को हँस-हँसकर झेला था और अहिंसा की पताका को नीचे नहीं गिरने दिया था।

बिहार की युवा पीढ़ी को आज कौन समझाए कि हिंसा और विध्वंस के वर्तमान दावानल का मूल्य इस आग को लगानेवाले राजनीतिज्ञों को नहीं, युवा पीढ़ी को ही चुकाना पड़ेगा। इस दावानल में अगर कुछ जल रहा है तो बिहार की युवा पीढ़ी का रहा-सहा भविष्य जल रहा है। राजनीतिज्ञ तो केवल उसकी बरबादी की आग पर अपने स्वार्थों की रोटी सेंक रहे हैं, अपने राजनीतिक भविष्य को चमका रहे हैं। समस्तीपुर में चाहे कोई जीते या हारे, इस हार-जीत में से बिहार की युवा पीढ़ी को बरबादी और निराशा के अलावा कुछ नहीं मिलनेवाला है। क्या वे समझते हैं कि इंदिरा कांग्रेस की उम्मीदवार, जो इस समय आरक्षण-विरोधियों को 'समस्तीपुर चलो' का नारा थमा रही है, चुने जाने के पश्चात् उनके लिए नौकरियों की वर्षा कर देंगी? बेरोजगारी के कलंक को मिटा देंगी? बिहार का शिक्षित युवक आज

बेरोजगारी की जिस बाढ़ में डूब रहा है, क्या वह बाढ़ तीस वर्ष के कांग्रेसी शासनकाल की उपज नहीं है? क्या इस बाढ़ का जन्म कर्पूरी ठाकुर के मुख्यमंत्री बनने के बाद ही हुआ है? पर, इस समय बिहार की युवा पीढ़ी पर पागलपन सवार है। वह आसानी से किसी भी दिशा में बहकाई जा सकती है।

भारत के वर्तमान राजनीतिज्ञों से तो यह आशा करना व्यर्थ ही होगा कि वे अपने क्षणिक राजनीतिक स्वार्थों के बजाय राष्ट्र के दूरगामी भविष्य की चिंता करें। वे वोट राजनीति की विवशताओं के असहाय बंदी बन चुके हैं। देश के भविष्य को ऐसी राजनीति के चंगुल से कैसे मुक्त कराया जा सकता है, यही आज का सबसे ज्वलंत और बुनियादी सवाल है।

[पाञ्चजन्य, २६ नवंबर, १९७८]

□

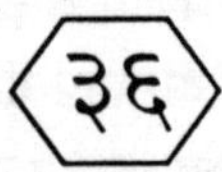

उत्तर प्रदेश में छात्र हिंसा के पथ पर

प्रात:काल समाचार-पत्र को हाथ में लेते ही दिल में धुकधुकी मचने लगती है कि पता नहीं आज देश के किस कोने से व्यक्तिगत अथवा सामूहिक हिंसा का समाचार पढ़ने को मिले। अखबार पढ़ते-पढ़ते दिल बैठ जाता है। लगता है, समूचा देश हिंसा की आग में जल रहा है।

उत्तर प्रदेश में पिछड़े वर्गों के लिए नौकरियों के आरक्षण के सरकारी निर्णय के विरोध में हिंसक आंदोलन की लपटें एक जिले से दूसरे जिले की ओर फैलती जा रही हैं। उत्तर प्रदेश सरकार के कथनानुसार अठारह जिले इस आग की चपेट में आ चुके हैं। यद्यपि इस आंदोलन के सूत्रधार बड़े गर्वपूर्वक घोषणा कर रहे हैं कि उन्होंने बयालीस जिलों में यह आग पहुँचा दी है। इस आंदोलन की आग में प्रदेश की छात्र पीढ़ी को झोंक दिया गया है। सैकड़ों विद्यालयों में शैक्षणिक जीवन उध्वस्त हो चुका है। सरकारी बसों, कार्यालयों, पोस्ट ऑफिसों, रेलवे स्टेशनों, रेलगाड़ियों, यहाँ तक कि विश्वविद्यालयों के पुस्तकालयों तक को विध्वंस का शिकार बनाया जा रहा है। उत्तर प्रदेश के मुख्यमंत्री की एक सप्ताह पूर्व सूचनाओं के अनुसार सार्वजनिक संपत्ति के विनाश की एक सौ दस घटनाएँ हो चुकी हैं। सत्रह रेलवे स्टेशनों पर आक्रमण किया गया, आठ पोस्ट ऑफिसों को जलाया गया, एक सौ पचहत्तर बसें बेकार कर दी गई हैं, जबकि आंदोलनकारियों की उग्र भीड़ पर काबू पाने के लिए पुलिस को आधे दर्जन से अधिक बार गोली-वर्षा का सहारा लेना पड़ा है। यद्यपि ईश्वर को धन्यवाद है कि अब तक एक ही छात्र की बाराबंकी में पुलिस की गोली से मृत्यु हुई है। इस एक सप्ताह के भीतर इन आँकड़ों में पर्याप्त वृद्धि हुई है; क्योंकि आंदोलन को योजनापूर्वक आगे बढ़ाया जा रहा है।

बिहार का दुर्भाग्य केवल आरक्षण-विरोधी आंदोलन तक ही सीमित नहीं है, आरक्षण-विरोधी आंदोलन की खबरों के साथ-साथ वहाँ से आएदिन हरिजन बस्तियों पर आक्रमण के समाचार भी प्रकाशित होते रहते हैं। यह नहीं तो इन सामूहिक संघर्षों के अतिरिक्त राजनीतिक कार्यकर्ताओं एवं ट्रेड यूनियन नेताओं की हत्याओं के समाचार भी बिहार के लिए आम बात हो गई है। विगत एक-डेढ़ वर्ष में बिहार के विभिन्न क्षेत्रों में हरिजनों पर आक्रमण की बाएह बड़ी घटनाएँ घट चुकी हैं। अगस्त १९७८ से १० जनवरी तक बिहार में इक्कीस राजनीतिक एवं ट्रेड यूनियन कार्यकर्ताओं की हत्या के समाचार प्राप्त हुए हैं।

सूत्रधार कौन?

आरक्षण के निर्णय के औचित्य-अनौचित्य के विवाद को इस समय न उठाकर हमारे लिए यह जानना आवश्यक है कि क्या ये हिंसक आंदोलन स्वयंस्फूर्त होते हैं अथवा सुनियोजित? उत्तर प्रदेश में यह आंदोलन कैसे आरंभ हुआ? पहला समाचार कई महीने पूर्व आया था कि वाराणसी में आरक्षण-विरोधी आंदोलन आरंभ करने की कोशिश की गई, किंतु जिला प्रशासन ने सतर्कतापूर्वक उसे दबा दिया और उसके सूत्रधारों को जिले से निष्कासित कर दिया। निष्कासित छात्र नेता लखनऊ आ गए और वहाँ आरक्षण-विरोधी आंदोलन को खड़ा करने का प्रयत्न किया गया। कतिपय समाचार-पत्रों में प्रकाशित सूचनाओं के अनुसार ये सूत्रधार इंदिरा कांग्रेस के कार्यकर्ता हैं, श्री कमलापति त्रिपाठी के सुपुत्र श्री मायापति त्रिपाठी के चेले हैं और इंदिराजी की गिरफ्तारी के विरोध में विमान अपहरण की घटना से भी संबंधित हैं। तब से इस आंदोलन को योजनाबद्ध तरीके से प्रयत्नपूर्वक एक जिले से दूसरे जिले में पहुँचाया जा रहा है, अर्थात् आरक्षण के सवाल को राजनीतिक प्रतिस्पर्धा का हथियार बनाया जा रहा है। किंतु यह प्रतिस्पर्धा केवल दो दलों के बीच तक सीमित नहीं है वह तो प्रत्येक दल के भीतर भी उभरकर सामने आ रही है। जनता पार्टी के एक प्रमुख विधायक डॉ. राकेश चतुर्वेदी भी इस आंदोलन के सृजन और प्रसार में महत्त्वपूर्ण योगदान दे रहे हैं। उन्होंने बड़े गर्व के साथ स्वीकार किया है कि अब तक बयालीस जिलों में आंदोलन को पहुँचा चुके हैं और तीन सौ अठहत्तर सरकारी बसों का विनाश किया जा चुका है।

बिहार में स्वर्णसिंह कांग्रेस के उम्मीदवार ने समस्तीपुर लोकसभा चुनाव में इंदिरा कांग्रेस के भूमिहार उम्मीदवार के विरुद्ध जनता पार्टी के कुर्मी उम्मीदवार को जिताने के लिए अपना नाम वापस ले लिया तो संदेश विधानसभा उपचुनाव में

जनता पार्टी ने इंदिरा कांग्रेस के राजपूत प्रत्याशी के विरुद्ध स्वर्णसिंह कांग्रेस के यादव उम्मीदवार को परोक्ष रूप से अपना समर्थन प्रदान किया। संपूर्ण राजनीति जातीयता के आधार पर विभाजित होती जा रही है और अपनी राजनीतिक महत्त्वाकांक्षाओं की पूर्ति के लिए जातीय संघर्ष की योजनापूर्वक सृष्टि की जा रही है।

यह हिंसा देश को कहाँ ले जाएगी? क्या वर्तमान लोकतंत्रीय ढाँचा देर तक टिक सकेगा? या तथाकथित लोकतंत्रीय राजनीति के गर्भ से जनमी यह हिंसा ही अपनी जन्मदात्री व्यवस्था को खा जाएगी? क्या इस हिंसा को समाज-जीवन के समुद्र मंथन में से निकले उस हलाहल का प्रतीक माना जाए, जिसके पश्चात् कोई उपयुक्त व श्रेष्ठ व्यवस्था रूपी अमृत प्रकट होगा? ऐसा प्रतीत होता है कि देश एक युगांतरकारी मोड़ पर खड़ा है। व्यवस्था ढह रही है और नए के जन्म की प्रतीक्षा हो रही है। प्रत्येक व्यवस्था अपने साँचे का नेतृत्व ऊपर फेंकती है। इस व्यवस्था की मृत्यु के साथ नए नेतृत्व का उदय भी अवश्यंभावी है। नए नेतृत्व के उदय के लिए शायद देश को अराजकता और हिंसा की अग्नि-परीक्षा से गुजारना ही नियति की योजना और इच्छा है।

[पाञ्चजन्य, २८ जनवरी, १९७९]

□

आरक्षण की बैसाखी नहीं चाहिए

डॉ. भीमराव आंबेडकर की धर्मपत्नी श्रीमती सविता आंबेडकर ने २७ फरवरी को भोपाल में 'दलित पेंथर' की मध्य प्रदेश शाखा के दो दिवसीय सम्मेलन की समाप्ति पर एक पत्रकार सम्मेलन में यह घोषणा करके बड़े साहस का परिचय दिया है कि लोकसभा और राज्य विधानसभाओं में अनुसूचित जातियों व जनजातियों के लिए आरक्षण की व्यवस्था को समाप्त कर दिया जाए। अपनी इस घोषणा के पक्ष में उन्होंने तीन तर्क प्रस्तुत किए हैं—१. आरक्षण के इस सिद्धांत का केवल उन लोगों ने लाभ उठाया है, जिन्होंने इन तीस वर्षों में हमारी (अर्थात् अनुसूचित जातियों की) तनिक सहायता नहीं की, २. आरक्षण से भ्रष्टाचार को प्रोत्साहन मिला है, ३. सरकारी नौकरियों में आर्थिक दृष्टि से पिछड़े हुए सभी लोगों के लिए आरक्षण की व्यवस्था होनी चाहिए।

कम्युनल अवॉर्ड

आरक्षण के विषय पर श्रीमती आंबेडकर के विचारों को सर्वाधिक महत्त्व दिया जाना चाहिए, क्योंकि उनके पति ने ही हरिजनों के लिए पृथक् निर्वाचन की माँग को सन् १९३०-३१ में लंदन की गोलमेज कॉन्फ्रेंस के सामने सर्वप्रथम उठाया था। डॉ. आंबेडकर के इस सुझाव में ब्रिटिश साम्राज्यवादियों को अपनी 'फूट डालो और राज करो' नीति के कार्यान्वयन का अवसर दिखाई दिया, क्योंकि सन् १९०९ के एक्ट के द्वारा मुसलमानों को पृथक् निर्वाचन देकर उनको पृथक्तावाद के रास्ते पर चलाने की चतुराई वे पहले ही कर चुके थे। अब उन्हें हरिजनों के विशाल वर्ग को हिंदू समाज से अलग करने का अवसर मिल रहा था। अतः डॉ. आंबेडकर की

माँग को आधार बनाकर १७ अगस्त, १९३२ को 'कम्युनल अवॉर्ड' के अंतर्गत ब्रिटिश प्रधानमंत्री रैंमजे मैकडोनॉल्ड ने भावी संविधान में हरिजनों के लिए भी पृथक् निर्वाचन के अधिकार की घोषणा कर दी।

पूना समझौता

किंतु, गांधीजी ने ब्रिटिश साम्राज्यवादियों की इस कुटिल चाल को सफल नहीं होने दिया। वे इस विभाजनकारी नीति के विरुद्ध आमरण अनशन पर बैठ गए, जिसके फलस्वरूप डॉ. आंबेडकर आदि नेताओं ने मिलकर एक मध्यम मार्ग निकाला, जिसे 'पूना समझौते' के नाम से जाना जाता है। पूना समझौते के अंतर्गत पृथक् निर्वाचन के बजाय व्यवस्थापिका सभाओं में दलित वर्गों के लिए सीटों के आरक्षण का सिद्धांत अपनाया गया। ब्रिटिश सरकार द्वारा पूना समझौते को मान्यता दिए जाने पर ही गांधीजी ने अपना अनशन २६ सितंबर को तोड़ा। आरक्षण के सिद्धांत को सर्वप्रथम सन् १९३५ के संविधान एक्ट में स्थान दिया गया। स्वाधीन भारत के लिए संविधान के निर्माण में भी डॉ. आंबेडकर ने बहुत महत्त्वपूर्ण और निर्णायक भूमिका का निर्वाह किया। उनकी प्रेरणा से स्वाधीन भारत के संविधान में केवल दस वर्षों के लिए अनुसूचित जातियों व जनजातियों के लिए लोकसभा एवं राज्य विधानसभाओं के अतिरिक्त सरकारी नौकरियों एवं शिक्षा संस्थाओं में भी आरक्षण की व्यवस्था की गई थी।

आगे या पीछे?

इस आरक्षण के रास्ते पर चलते हुए हमें तीस वर्ष हो गए। अब पुनः दस वर्ष के लिए यह अवधि बढ़ाई जा रही है, अतः यह प्रश्न उठना स्वाभाविक है कि जिस उद्देश्य की प्राप्ति के लिए हमने आरक्षण का रास्ता अपनाया था, इन तीस वर्षों में उस लक्ष्य की प्राप्ति की दिशा में हम कितना आगे बढ़े हैं? आगे बढ़े हैं अथवा पीछे हटे हैं? और यदि पीछे हटे हैं तो इस गलत रास्ते पर बढ़ते रहने का औचित्य क्या है? क्यों नहीं उस लक्ष्य की प्राप्ति के लिए सही रास्ते की खोज की जाती?

चतुर्थ वर्ण में जनमे डॉ. आंबेडकर उस सामाजिक और आर्थिक विषमता के प्रति विद्रोह के प्रतीक थे, जो वर्ण-व्यवस्था में विकृति के फलस्वरूप किसी व्यक्ति पर जन्म से ही लाद दी जाती है। महान् बौद्धिक प्रतिभा के धनी होते हुए भी डॉ. आंबेडकर को इस सामाजिक विषमता से पग-पग पर जूझना पड़ा। यद्यपि अपनी बौद्धिक प्रतिभा के बल पर वे पच्चीस वर्ष की अल्पायु में ही विद्वत्ता के क्षेत्र

में अपने लिए स्थान बनाने में सफल हो गए, जैसा कि ९ मई, १९१६ में अमेरिका के कोलंबिया विश्वविद्यालय में उनके निबंध लेखन और 'इंडियन एंटीक्वेरी' जैसी गंभीर शोध पत्रिका के मई १९१७ के अंक में उनके निबंध के प्रकाशन से विदित होता है। आर्थिक दृष्टि से भी वे ऊपर उठते गए, तथापि सामाजिक क्षेत्र में उन्हें भारी विषमता से जूझना पड़ा। अत: इस विषमता के ऐतिहासिक व तात्कालिक कारणों की उन्होंने गहरी खोज की।

विशेष अवसर का सिद्धांत

आरक्षण के पक्ष में उनका मुख्य तर्क यह था कि यद्यपि स्वाधीन भारत का संविधान प्रत्येक नागरिक को विकास के लिए समान अवसर देने की गारंटी देता है, तथापि शताब्दियों से चली आ रही सामाजिक, आर्थिक विषमता के गड्ढे में पड़े लोगों की प्रगति के लिए कुछ समय के लिए विशेष अवसर देने का सिद्धांत अपनाना होगा। डॉ. आंबेडकर को विश्वास था कि केवल दस वर्ष तक आरक्षण की सुविधाएँ मिलने पर एक ओर तो इन दुर्बल जातियों के कुछ प्रतिनिधियों को अन्य जातियों के लोगों के साथ राजनीतिक, आर्थिक व समानता का उपभोग करने का अवसर प्राप्त हो सकेगा, जिससे सामाजिक विषमता की खाई पट सकेगी। कुछ लोग हीन भावना से ऊपर उठकर सामान्य धरातल से जीवन की दौड़ में सम्मिलित हो सकेंगे तो दूसरी ओर संविधान द्वारा प्रदत्त समान अवसर की सुविधाओं का पूरा लाभ उठाकर इन दलित वर्गों की नई पीढ़ी कठोर परिश्रम एवं साधना के द्वारा योग्यता के क्षेत्र में अपने को अन्य जातियों के बच्चों के स्तर पर ला सकेगी। डॉ. आंबेडकर ने यह कभी नहीं सोचा था कि आरक्षण का फॉर्मूला सदा-सर्वदा के लिए बना रहेगा। उनके लिए महज एक तात्कालिक रणनीति थी, न कि कोई शाश्वत व पवित्र सिद्धांत।

समर्पित नेतृत्व क्यों नहीं उभरा?

किंतु आरक्षण की राजनीति को अपनाकर हम इन तीस वर्षों में कहाँ पहुँचे हैं? लोकसभा व विधानसभाओं में सीटों के आरक्षण के माध्यम से क्या अनुसूचित जातियों एवं जनजातियों में से कोई ऐसा नेतृत्व उभरा, जो व्यक्तिगत महत्त्वाकांक्षा व स्वार्थ-भावना से ऊपर उठकर अपने दलित-पीड़ित अनुयायियों की समस्याओं को हल करने के लिए स्वयं को समर्पित कर सके? क्या उन्होंने इन जातियों को शताब्दियों से चली आ रही सामाजिक-आर्थिक विषमता के गड्ढे से बाहर निकालने के लिए कोई आत्म-त्याग किया? श्री जगजीवन राम सरीखे नेता ने सन् १९४६ से

१९८० तक की चौंतीस वर्ष लंबी अवधि में केंद्रीय मंत्रिमंडल में अत्यंत महत्त्वपूर्ण विभागों का मंत्रिपद सँभालकर भी राजनीतिक नैतिकता का कौन सा आदर्श देश के सामने प्रस्तुत किया? अनुसूचित जातियों को शेष देशवासियों के समकक्ष लाने की दिशा में कौन सा व्यक्तिगत प्रयास किया? उनकी अपनी जीवन-शैली क्या है? उनकी राजनीति और सवर्ण राजनीति में कहाँ अंतर है? चौंतीस वर्षों में वे आर्थिक दृष्टि से कहाँ से कहाँ पहुँच गए हैं, उनके सुपुत्र सुरेशराम की काम-क्रीड़ाओं का अर्थ क्या है?

उनकी जीवन-शैली में कहाँ कोई उदात्त प्रेरणा व तड़प विद्यमान है? अगर चौधरी चरणसिंह प्रधानमंत्री बनने की अपनी व्यक्तिगत महत्त्वाकांक्षा की पूर्ति के लिए जाटवाद को उभारने की कोशिश करते हैं तो क्या जगजीवन राम की संपूर्ण राजनीति का एकमात्र लक्ष्य प्रधानमंत्री बनना नहीं है? क्या इस लक्ष्य की पूर्ति के लिए वे और उनके निकटतम सहयोगी हरिजनों को एक निर्जीव हथियार की तरह इस्तेमाल नहीं कर रहे? प्रधानमंत्री बनने के लिए जब उन्हें लगता है कि सवर्ण सांसदों के सहयोग के बिना यह संभव नहीं है तो वे कहते हैं कि मुझे केवल हरिजनों का नेता क्यों कहा जाता है? मैं तो सबका प्रतिनिधि हूँ। मैं प्रधानमंत्री पद हरिजन होने के नाते नहीं तो योग्यता के बल पर प्राप्त करना चाहता हूँ। किंतु जब प्रधानमंत्री पद नहीं मिल पाता तो विलाप करते हैं कि मुझे हरिजन होने के कारण प्रधानमंत्री नहीं बनने दिया गया। उनके द्वारा स्थापित 'भारतीय डिप्रेस्ड क्लासेज लीग' के कार्यकारी अध्यक्ष मोहनलाल पीपली हिंदू समाज पर यह आरोप लगाते हुए कि किसी हरिजन को अब तक प्रधानमंत्री या राष्ट्रपति नहीं बनने दिया गया, बीस करोड़ दलित लोगों को उपदेश देते हैं कि इस अन्याय के विरोध में वे हिंदू धर्म को छोड़कर इसलाम धर्म स्वीकार कर लें। अर्थात् अगर अकेले बाबू जगजीवन राम प्रधानमंत्री बन जाते हैं तो सबकुछ ठीक था, भले ही बीस करोड़ दलित लोग अपनी वर्तमान अवस्था में ही पड़े रहते। बाबूजी प्रधानमंत्री बन जाएँ तो हिंदू धर्म ठीक, बाबूजी प्रधानमंत्री न बन पाएँ तो हिंदू धर्म खराब। ऐसे और भी कई नमूने पेश किए जा सकते हैं। शायद ऐसे नेतृत्व को ध्यान में रखकर ही सविताबाई आंबेडकर ने कहा है कि लोकसभा, विधानसभा में आरक्षण के सिद्धांत का लाभ ऐसे लोगों ने उठाया है, जिन्होंने अनुसूचित जातियों की इन तीस सालों में तनिक सहायता नहीं की।

सरकारी नौकरियों में आरक्षण के सिद्धांत का कुफल भी हमारे सामने है। भारत जैसे देश में, जहाँ आर्थिक साधन बहुत कम हैं और जहाँ गरीबी की मार से सभी वर्णों व सभी मजहबों के लोग त्रस्त हैं वहाँ केवल जन्मना जाति के आधार पर

नौकरियों के आरक्षण का परिणाम यह हो रहा है कि जिन जातियों को आरक्षण की सुविधा प्रदान की गई है, उनके बच्चे योग्यता को अर्जित करने के लिए कठोर साधना करने के बजाय आरक्षण की बैसाखी पर ही भरोसा किए बैठे हैं। इसके कारण कभी-कभी विचित्र स्थिति पैदा होती है। इसका एक उदाहरण मुझे कुछ समय पूर्व एक वरिष्ठ सरकारी अधिकारी ने सुनाया। उन्होंने बताया कि रेलवे विभाग में कुछ नौकरियों के लिए लिखित परीक्षा का आयोजन किया गया। उसमें अनुसूचित जनजातियों के प्रतियोगियों के लिए २५ प्रतिशत अंकों को उत्तीर्णांक तय किया गया, जबकि अन्य प्रतियोगियों के लिए ६० प्रतिशत अंकों को। किंतु यह सुविधा मिलने पर भी अनुसूचित जाति का कोई भी प्रतियोगी २५ प्रतिशत अंक प्राप्त नहीं कर पाया, जबकि अन्य प्रतियोगियों में से ६० प्रतिशत अंक से कम अंक पानेवालों को नौकरी में लेना संभव नहीं था। अत: समस्या आई कि आरक्षित स्थानों का क्या किया जाए? स्थानीय अधिकारियों का कहना था कि क्योंकि अनुसूचित जातियों का कोई भी प्रतियोगी २५ प्रतिशत अंक नहीं ला पाया, अत: ये स्थान अन्य प्रतियोगियों को, जिन्होंने ६० प्रतिशत से अधिक अंक पाए हैं, दे दिए जाएँ। किंतु रेलवे मंत्री ने राजनीतिक कारणों से आदेश दिया कि आरक्षित स्थानों पर अनुसूचित जातियों के प्रतियोगी ही नियुक्त किए जाएँ, भले ही उनके अंक २५ प्रतिशत से कम क्यों न हों।

उच्च शिक्षा के क्षेत्र में अनुसूचित जातियों के छात्रों के लिए तरह-तरह की सुविधाएँ दी जा रही हैं। प्रत्येक पाठ्यक्रम में २० प्रतिशत स्थानों के आरक्षण के साथ-साथ उन्हें प्रवेश के लिए न्यूनतम योग्यता में भी ५ प्रतिशत अंकों की छूट दी जा रही है। अर्थात् दिल्ली विश्वविद्यालय के बी.कॉम. (ऑनर्स) कोर्स में, जिसके लिए प्रवेशार्थियों की भारी भीड़ होती है, अन्य छात्रों के लिए प्रवेश योग्यता ४० प्रतिशत अंक है तो अनुसूचित जातियों के छात्रों के लिए ३५ प्रतिशत अंक। किंतु व्यवहार में होता यह है कि श्रीराम कॉलेज ऑफ कॉमर्स में यदि अन्य छात्रों को ६५ प्रतिशत अंक पाकर भी प्रवेश नहीं मिल पाता तो अनुसूचित जाति के छात्रों को ३५ प्रतिशत अंकों में ही प्रवेश मिल जाता है। इसके अतिरिक्त उन्हें लगभग सौ रुपए महीने की छात्रवृत्ति भी दी जाती है। पुस्तकें आदि भी बिना मूल्य प्रदान की जाती हैं। किंतु इतनी सब सुविधाओं के दिए जाने पर भी वे अपनी योग्यता को बढ़ाने के लिए विशेष प्रयत्न करते दिखाई नहीं देते। दूसरी बात यह हो रही है कि अच्छी स्थितियों में पहुँचे हुए कुछ परिवार ही इन सुविधाओं को हड़प रहे हैं।

इस सब दृश्य को देखकर समाज में कटुता का वातावरण पैदा हो रहा है।

एक ओर तो उच्च वर्णों के माता-पिता भी अपने बच्चों के लिए नौकरी व प्रवेश की सुविधा पाने के लोभ में छल-छद्म के द्वारा अनुसूचित जाति का प्रमाण-पत्र पाने की कोशिश में लगे रहते हैं, कुछ तो अपनी पूरी जाति को अनुसूचित श्रेणी में सम्मिलित करने की कोशिश करते हैं, दूसरी ओर आरक्षण के सिद्धांत को अन्य जातियों के लिए लागू करने की माँग उठाई जाती है। बिहार, उत्तर प्रदेश में पिछले दिनों कुर्मी, यादव आदि मध्यम जातियों के आरक्षण के सिद्धांत का विस्तार करने के कारण जो जाति-युद्ध की स्थिति पैदा हुई, वह अभी कल की बात है।

आरक्षण का आधार आर्थिक हो

इसीलिए श्रीमती आंबेडकर का कहना है कि आरक्षण की वर्तमान नीति के कारण भ्रष्टाचार फैल रहा है। बिलासपुर के एक हरिजन सांसद श्री गोविल प्रसाद अनुरागी ने ठीक ही कहा है कि 'हरिजन संसद् सदस्य या हरिजन आई.ए.एस. अफसर के बेटे को उस प्राथमिकता के आधार पर आरक्षण का लाभ नहीं मिलना चाहिए, जो उनके पिता को मिली थी।' किंतु प्रतीत होता है कि कुछ लोगों ने आरक्षण के सिद्धांत में निहित स्वार्थ पैदा कर लिया है, सत्ता-लोलुप राजनीतिज्ञों ने इसे अपनी राजनीति का हथियार बना लिया है। आरक्षण के सिद्धांत की बात करके वे जातिवाद को उभारते हैं। जातीय संघर्ष का वातावरण पैदा कर अपनी राजनीति की दुकानें चलाते हैं। अब ये नेता नहीं चाहते कि आरक्षण समाप्त हो, क्योंकि आरक्षण रहेगा तो जातिवाद जिंदा रहेगा, जातिवाद जिंदा रहेगा तो थोक वोट उनकी जेब में रहेंगे। अत: अब आरक्षण की नीति सामाजिक और आर्थिक विषमता को घटाने के बजाय उसे बढ़ाने का माध्यम बन गई है। अब इस समस्या का हल वर्तमान वोट् राजनीति के चौखटे के भीतर रहकर निकलना असंभव है, क्योंकि राजनीतिज्ञों का उसमें निहित स्वार्थ पैदा हो गया है। अत: इसके लिए एक सशक्त सामाजिक आंदोलन की आवश्यकता है, जिसके द्वारा जन्म के आधार पर हुई सामाजिक विषमता को जड़-मूल से समाप्त कर आर्थिक दृष्टि से दुर्बल परिवारों को, वे चाहे जिस वर्ण या मजहब के क्यों न हों, स्वावलंबन के पथ पर बढ़ने में सहयोग प्रदान करें। तब तक यदि आरक्षण की नीति का अपनाना आवश्यक ही हो तो सविताबाई आंबेडकर की सलाह मानकर उसे आर्थिक आधार पर ही लागू किया जाना चाहिए, न कि जन्मना जाति के आधार पर।

[पाञ्चजन्य, ९ मार्च, १९८०]

□

३८

आरक्षण–इरादा नेक, रास्ता उलटा

स्वाधीन राष्ट्र के रूप में अपनी यात्रा प्रारंभ करते समय हमारे मन में यह संकल्प उठना स्वाभाविक था कि हमारे समाज के उन अंगों को, जो शताब्दियों की सामाजिक विषमता एवं उपेक्षा का शिकार बनकर बहुत पिछड़ गए हैं, शेष समाज के समकक्ष लाने के लिए शिक्षा एवं नौकरियों के क्षेत्र में विशेष सुविधाएँ प्रदान की जाएँ।

यह संकल्प इस बात का परिचायक था कि स्वाधीन भारत अपने पूर्वजों के किन्हीं पापों का प्रायश्चित्त करना चाहता है। इसलिए स्वाधीन भारत के संविधान में जहाँ एक ओर हमने सामाजिक, आर्थिक और राजनीतिक क्षेत्र में जाति, भाषा, उपासना व क्षेत्र आदि के भेदों को अस्वीकार कर प्रत्येक नागरिक को समानता प्रदान करने का संकल्प घोषित किया, वहीं समाज के इन उपेक्षित व दुर्बल वर्गों के लिए निश्चित अवधि तक विशेष सुविधाओं का भी प्रावधान किया।

इसलिए यदि संविधान की धारा १४, १५ (१) व १६ (१) में उपासना, नस्ल, जाति, लिंग, जन्म-स्थान इत्यादि सब भेदों से ऊपर उठकर प्रत्येक नागरिक को कानून की दृष्टि में समान दर्जा प्रदान किया गया है, वहीं धारा १५ (४), १६ (४), ४६ व ३३५ के अंतर्गत परिगणित जातियों, परिगणित जनजातियों व अन्य दुर्बल वर्गों को जीविकार्जन व शिक्षा के क्षेत्र में विशेष सुविधाएँ प्रदान करने का भी प्रावधान किया गया है। हमने सोचा था कि समयबद्ध राष्ट्रीय संकल्प के बल पर हम अपने संविधान में विद्यमान इस अंतर्विरोध से निर्धारित अवधि के भीतर मुक्ति पा लेंगे और इन उपेक्षित व पिछड़े हुए वर्गों को शेष समाज के समकक्ष लाकर खड़ा कर देंगे।

उलटी दिशा

किंतु इन तीस वर्षों का अनुभव इससे उलटी दिशा में जा रहा है। एक ओर तो नौकरियों व शिक्षण संस्थाओं में आरक्षण की अवधि को बार-बार बढ़ाना पड़ रहा है, दूसरी ओर आरक्षण की सुविधा को प्राप्त करने के लिए पिछड़ी जातियों व जनजातियों की संख्या लगातार बढ़ती जा रही है। हिंदू समाज में विद्यमान सामाजिक विषमता से क्षुब्ध होकर जिन बंधुओं ने डॉ. आंबेडकर के आह्वान पर बौद्ध धर्म को स्वीकार कर लिया था, वे माँग कर रहे हैं कि हिंदू समाज को उन्होंने भले ही त्याग दिया हो, किंतु हिंदू समाज का दुर्बल अंग होने के नाते जिन सुविधाओं को वे भोगते रहे हैं, उनसे उन्हें वंचित क्यों किया जाए। उनकी देखा-देखी अब मुसलिम और ईसाई समाजों की ओर से भी माँग उठने लगी है कि परिगणित जातियों एवं जनजातियों के जिन लोगों ने शताब्दियों पूर्व धर्मांतरण कर लिया था, उनके वंशजों को भी इन जातियों के लिए सुरक्षित सुविधाएँ मिलनी चाहिए। अभी एक सप्ताह पूर्व दिल्ली में 'अखिल भारतीय धोबी महासंघ' ने अपने द्विदिवसीय सम्मेलन के अंत में प्रस्ताव पारित किया कि उन्हें भी बारह राज्यों एवं दिल्ली क्षेत्र में परिगणित जातियों की सूची में सम्मिलित किया जाए। इतना ही नहीं, अब तो मुसलिम समाज के नेतागण अलग-अलग मंचों से यह माँग कर रहे हैं कि मुसलिम समाज के लिए भी नौकरियों में आरक्षण की सुविधा प्रदान की जाए।

सरकारों में होड़

पिछड़ेपन के आधार पर नौकरियों एवं शिक्षा के क्षेत्र में आरक्षण को लेकर विभिन्न राजनीतिक दलों एवं सरकारों के बीच होड़-सी लग गई है। देवराज अर्स के नेतृत्व में कर्नाटक राज्य में परिगणित जातियों व जनजातियों के लिए १८ प्रतिशत के अतिरिक्त ४० प्रतिशत स्थान पिछड़ी जातियों के लिए सुरक्षित कर दिए गए। तमिलनाडु सरकार ने पिछड़ी जातियों के लिए आरक्षण का अनुपात ५० प्रतिशत करके कर्नाटक सरकार को पीछे छोड़ दिया तो महाराष्ट्र सरकार ७५ प्रतिशत नौकरियों को आरक्षित श्रेणी में लाकर इन दोनों से आगे बढ़ गई। बिहार में जनता सरकार के मुख्यमंत्री के रूप में कर्पूरी ठाकुर ने पिछड़ी जातियों के लिए आरक्षण की घोषणा करके फार्वर्ड-बैकवर्ड का विवाद खड़ा किया और उसमें से तात्कालिक राजनीतिक लाभ कमाया। आरक्षण का यह सिद्धांत पहले यदि केवल परिगणित जातियों व जनजातियों तक सीमित था तो आगे चलकर वह पिछड़ी जातियों के

लिए लागू कर दिया गया और अब उसी में से 'धरती के पुत्र को प्राथमिकता' का नारा खड़ा हो रहा है। अत: आरक्षण का यह सिद्धांत एकता के सूत्र में बँधे एक समरस राष्ट्रीय समाज के निर्माण की हमारी आकांक्षा की पूर्ति के बजाय रही-सही राष्ट्रीय एकता को भी छिन्न-भिन्न करने का कारण बन गया है।

गृह-युद्ध की स्थिति

जिस दिन दिल्ली में धोबी महासंघ धोबियों के लिए आरक्षण की माँग उठा रहा था उसी दिन दिल्ली में श्री हरिहरन, यू.के. बख्शी, एम. बंछीनाथन, ओ.के. वासुदेव एवं यू. विश्वनाथन नामक पाँच युवक आरक्षण के विरुद्ध पाँच दिन से भूख हड़ताल पर बैठे हुए थे। पिछड़ी जातियों को आरक्षण के प्रश्न पर समूचा बिहार लगभग गृहयुद्ध की स्थिति में पहुँच चुका था। जो अनेक प्रत्याशी आरक्षण के कारण शिक्षा संस्थानों में प्रवेश नहीं पा सके अथवा नौकरियों से वंचित रह गए वे न्यायालयों का दरवाजा खटखटा रहे हैं। मध्य प्रदेश सरकार के मेडिकल कॉलेजों में आरक्षण के बारे में नए आदेश के विरुद्ध निवेदिता जैन नामक छात्रा की ओर से मध्य प्रदेश उच्च न्यायालय में याचिका दाखिल हुई। रेलवे विभाग में आरक्षण के सिद्धांत को पदोन्नति के लिए लागू करने के विरुद्ध सर्वोच्च न्यायालय में याचिका प्रस्तुत हुई। एयर इंडिया में भी आरक्षण के विरुद्ध याचिका सर्वोच्च न्यायालय में आई। कश्मीर की एक छात्रा ने वहाँ के मेडिकल कॉलेजों में ७५ प्रतिशत से अधिक सीटों को आरक्षित श्रेणी में लाने के विरुद्ध याचिका दायर की। पिछले दिनों 'टाइम्स ऑफ इंडिया' व 'हिंदुस्तान टाइम्स' जैसे बड़े अखबारों में आरक्षण के प्रश्न पर 'संपादक के नाम पत्र' स्तंभ में जो बहस चली है उसे पढ़कर कल्पना की जा सकती है कि तीस वर्षों में आरक्षण के सिद्धांत के प्रयोग के फलस्वरूप निराशा, क्षोभ व तनाव की भावना कितनी गहरी होती जा रही है।

निम्नतम योग्यता क्या हो?

अत: यह आवश्यक हो गया है कि विगत तीस वर्षों में अनुभव के प्रकाश में यह आकलन किया जाए कि आरक्षण का सिद्धांत उन उद्देश्यों की पूर्ति में कहाँ तक सहायक हुआ था, जिनके लिए उसे अपनाया गया था। क्या सचमुच यह सिद्धांत परिगणित जातियों एवं जनजातियों के लोगों में योग्यता के अर्जन एवं स्वावलंबन की भावना को विकसित करने में सहायक हुआ है ? अब मध्य प्रदेश के ही मामले को लें। वहाँ के मेडिकल कॉलेजों में केवल सात सौ बीस सीटें हैं। इन

में से दो सौ सोलह सीटें परिगणित जातियों व जनजातियों के बच्चों के लिए आरक्षित कर दी गई हैं। साथ ही उनको सुविधा दी गई है कि मेडिकल की प्रवेश परीक्षा को उत्तीर्ण करने के लिए उनके अंकों का कुल योग ४० प्रतिशत व प्रत्येक प्रश्न-पत्र में ३० प्रतिशत अंक होना चाहिए। गैर-परिगणित प्रत्याशियों के लिए यह न्यूनतम योग्यता ५० व ४० प्रतिशत रखी गई है। किंतु इस परीक्षा में बैठनेवाले दस हजार से अधिक छात्रों में से केवल उन्हें ही मेडिकल कॉलेजों में प्रवेश पाने का सौभाग्य मिल पाता है, जिनके अंक ७५ प्रतिशत से भी अधिक हों, जबकि अनुभव यह आया कि परिगणित जातियों एवं जनजातियों के छात्रों के लिए आरक्षित दो सौ सोलह सीटों के लिए परिगणित जातियों के केवल सात व जनजातियों का केवल एक छात्र न्यूनतम योग्यता प्राप्त कर पाए। अत: उनके लिए इस न्यूनतम योग्यतांक को घटाकर ३५ प्रतिशत कुल योग व ३० प्रतिशत प्रति प्रश्न-पत्र कर दिया गया। आगे चलकर इसे और घटाकर परिगणित जातियों के लिए ३० प्रतिशत व जनजातियों के लिए २० प्रतिशत कर दिया गया। किंतु तब भी इन जातियों के लोग इस सुविधा का उपयोग नहीं कर पाए। इंदिरा कांग्रेस की सरकार बनने के बाद पहले तो इस योग्यता को बढ़ाकर ३६ प्रतिशत अंक कर दिया गया, किंतु फिर राजनीतिक कारणों से ९ सितंबर, १९८० को आदेश जारी कर दिया गया कि परिगणित जातियों एवं जनजातियों के लिए सुरक्षित दो सौ सोलह सीटों को भरने के लिए प्रवेश परीक्षा में प्राप्त अंकों का कोई बंधन नहीं होगा। इन जातियों के जो छात्र इस परीक्षा में बैठेंगे, उन्हें शून्यांक प्राप्त होने पर भी प्रवेश दे दिया जाएगा।

कितनी विचित्र स्थिति है कि एक ओर तो ७५ प्रतिशत अंक पानेवाला मेधावी छात्र प्रवेश से केवल इसलिए वंचित कर दिया जाएगा, क्योंकि वह विशिष्ट जाति में पैदा नहीं हुआ है, भले ही उसकी आर्थिक स्थिति कितनी ही दयनीय क्यों न हो और दूसरी ओर आरक्षित कोटे में उच्च सरकारी पद पर आसीन, परिगणित जाति में जनमे एक अधिकारी का पुत्र शून्यांक पाकर भी प्रवेश पाने का अधिकारी होगा, क्योंकि वह परिगणित जाति का है।

पदोन्नति में आरक्षण क्यों?

इस विरोधाभास को देखकर ही आरक्षण के विरोध में निम्नलिखित तर्क अब प्रस्तुत किए जा रहे हैं।

१. आरक्षण के सिद्धांत के बल पर एक बार नौकरी पा जानेवाले व्यक्ति को क्या अधिकार है कि वह अपनी संतान के लिए भी इस सुविधा का प्रयोग करे?

आरक्षण के सिद्धांत का एक बार सहारा मिल जाने पर वह समाज के शेष भाग के समकक्ष लाया जा चुका है और अब उसका यह दायित्व है कि इस सुविधा का लाभ उठाकर वह अपनी संतान को योग्यतार्जन के लिए प्रेरित करे। दूसरी पीढ़ी को भी आरक्षण की सुविधा का अवसर प्रदान करने के दो दुष्परिणाम हो रहे हैं—एक तो परिगणित जातियों के भी थोड़े से सुविधा-संपन्न लोग ही तमाम अवसरों को हड़पते जा रहे हैं, इन जातियों के शेष लोगों के लिए अवसर नहीं बचते हैं; दूसरे, आरक्षण के सिद्धांत में उनका निहित स्वार्थ पैदा हो गया है, अतः वे योग्यतार्जन की ओर से उदासीन होकर बैसाखी की खोज में लगे रहते हैं, जिसके फलस्वरूप उनमें स्वावलंबन के बजाय परावलंबन की भावना पैदा होती है।

२. नौकरी देने के समय आरक्षण के सिद्धांत का प्रयोग तो समझ में आता है, किंतु नौकरी पा जाने के बाद पदोन्नति के लिए इस सिद्धांत को लागू करने का क्या औचित्य है? योग्यता की उपेक्षा कर आरक्षण के आधार पर अयोग्य व्यक्ति की पदोन्नति करने का अर्थ होगा कि कर्मचारियों में अपने दायित्व के प्रति प्रामाणिकता का भाव समाप्त हो जाएगा। उनमें निराशा व कटुता उत्पन्न हो जाएगी, जिसके फलस्वरूप प्रशासकीय क्षमता का तेजी से ह्रास होगा।

३. डॉक्टरी, विमान सेवाओं व प्रशासकीय सेवाओं में कार्यकुशलता का अपना महत्त्व है। सामाजिक-आर्थिक विषमता को दूर करने के उद्‌देश्य की पूर्ति का प्रयास करते समय भी कार्यकुशलता की अनिवार्य आवश्यकता की उपेक्षा नहीं कर सकते। यदि कोई व्यक्ति योग्यता के कारण नहीं, केवल आरक्षण के बल पर डॉक्टर बन गया तो उसकी अयोग्यता का परिणाम किसे भोगना पड़ेगा? विमान सेवाओं में योग्यता की कमी का होना कितना महँगा पड़ सकता है, यह बताने की आवश्यकता नहीं। अतः सर्वोच्च न्यायालय ने सन् १९७६ में केरल सरकार बनाम एन.एम. थामस केस में फैसला देते हुए स्पष्ट कहा था कि 'प्रशासन की कार्यकुशलता की कीमत पर आरक्षण के सिद्धांत को लागू करना बुद्धिमत्तापूर्ण कदम नहीं होगा। इसकी अनुमति कदापि नहीं दी जानी चाहिए।'

आर्थिक स्थिति की कसौटी

४. अभी पिछले सप्ताह केंद्रीय योजना मंत्री नारायण दत्त तिवारी ने राज्यसभा में लिखित रूप से सूचना दी कि देश की ५०.८२ प्रतिशत ग्रामीण जनसंख्या एवं ३८.१९ प्रतिशत शहरी जनसंख्या गरीबी रेखा के नीचे जी रही है। जिस देश की यह स्थिति है वहाँ आरक्षण के सिद्धांत का एकमात्र आधार आर्थिक दशा को बनाया

जाना चाहिए, न कि जाति को। अल्पसंख्यक आयोग के वर्तमान अध्यक्ष डॉ. गोपाल सिंह ने ठीक ही कहा है कि 'परिगणित जातियों का कोई सदस्य आयकर देने की स्थिति में आने के बाद भी आरक्षण की सुविधा का उपयोग करे और घोर निर्धनता में जनमा ब्राह्मण-पुत्र योग्य होने के बाद भी अवसरों से केवल इसलिए वंचित हो जाए, क्योंकि वह स्थान परिगणित जातियों के लिए आरक्षित है, यह कहाँ तक न्यायसंगत है? इसपर राष्ट्रीय बहस चलाई जानी चाहिए।'

यह बड़े संतोष की बात है कि न केवल न्यायालयों के द्वारा हमारे संविधान में विद्यमान इस अंतर्विरोध की ओर ध्यान खींचा जा रहा है, अपितु अल्पसंख्यक आयोग के पिछले अध्यक्ष न्यायमूर्ति एम.आर.ए. अंसारी ने स्पष्ट शब्दों में आरक्षण के सिद्धांत का विरोध किया है (टाइम्स ऑफ इंडिया, ५ नवंबर, १९८०)। हरिजनों के नेता श्री जगजीवन राम भी अब यह अनुभव करने लगे हैं कि आरक्षण सिद्धांत से हरिजनों की समस्या हल होने के बजाय खराब ही हुई है। डॉ. गोपाल सिंह से हाल में वार्त्ता करते हुए उन्होंने कहा कि नौकरियों में आरक्षण लागू करने के बजाय हरिजनों के बच्चों को शिक्षा की सुविधाएँ अधिक प्रदान की जाएँ। सामाजिक और आर्थिक विषमता के चक्र को तोड़ने का अचूक उपक्रम यही हो सकता है कि पिछड़े व दुर्बल वर्गों की नई पीढ़ी को योग्यतार्जन व व्यक्तित्व विकास की दिशा में अधिकाधिक सुविधा प्रदान की जाए। जहाँ एक ओर शेष समाज को अपने उपेक्षित व दलित बंधुओं के लिए त्याग करने की आवश्यकता है, वहीं इन वर्गों की नई पीढ़ी में भी यह भाव जगाने की आवश्यकता है कि यह गरीब देश अपने सीमित साधनों के भीतर जो भी अवसर व सुविधाएँ उन्हें प्रदान कर रहा है उनका पूरा-पूरा लाभ उठाना उनका नैतिक कर्तव्य है। योग्यतार्जन की तड़प व स्वावलंबन का भाव उनमें जगाना आज सबसे बड़ी आवश्यकता है।

वोट राजनीति का हथियार

हमारा दुर्भाग्य यह है कि पुरुषार्थ और स्वावलंबन के इस भाव को जगाने का देश में कोई प्रयास नहीं हो रहा है। आरक्षण का यह सिद्धांत ही वोट राजनीति का हथियार बन गया है। प्रत्येक राजनीतिक दल आरक्षण का पासा फेंककर अपनी झोली में वोट बटोरने की कोशिश में लगा हुआ है। स्थिति यहाँ तक पहुँच गई है कि सर्वोच्च न्यायालय के न्यायाधीश जैसे महत्त्वपूर्ण और शीर्ष स्थान के लिए जहाँ नियुक्ति के लिए व्यक्ति की योग्यता, प्रामाणिकता एवं निष्पक्षता ही एकमात्र कसौटी होनी चाहिए वहाँ भी केंद्रीय विधि मंत्री संसद् में सगर्व घोषणा करते हैं कि

उन्होंने एक हरिजन को पहली बार सर्वोच्च न्यायालय में न्यायाधीश पद पर नियुक्त किया। इस घोषणा का अर्थ यदि यह निकालें कि उक्त न्यायाधीश अपनी योग्यता के कारण नहीं, केवल हरिजन होने के कारण नियुक्त हुए हैं तो आश्चर्य नहीं होना चाहिए और यदि ये न्यायाधीश महोदय हर समय इस बारे में जागरूक रहें कि वे इस पद पर हरिजन होने के कारण हैं तो उनसे अपने कर्तव्य के पालन में निष्पक्षता की अपेक्षा कैसे की जा सकती है!

[पाञ्चजन्य, ७ दिसंबर, १९८०]

□

३९

गुजरात में आरक्षण-विरोधी छात्र आंदोलन

अछूतोद्धारक महर्षि दयानंद एवं अहिंसा के अग्रदूत महात्मा गांधी की जन्मभूमि गुजरात आज जातिवादी हिंसा के दावानल में झुलस रहा है। लगभग एक मास पूर्व वी.जे. मेडिकल कॉलेज, बड़ौदा में आरक्षण के विरुद्ध छात्रों की हड़ताल के रूप में जो नन्ही सी चिनगारी सुलगी थी, उसने दावानल का रूप धारण करके पूरे गुजरात को अपनी लपटों में लपेट लिया है।

दो खेमे

गुजरात के सभी विश्वविद्यालय अनिश्चित काल के लिए बंद कर दिए गए हैं। आंदोलन की लपटें शहरों और कस्बों को पार करके अब गाँवों में प्रवेश कर गई हैं। 'रास्ता रोको, वाहन रोको' नारे के साथ सड़कों पर अवरोध खड़े करके सार्वजनिक यातायात को बंद करने की कोशिशें की जा रही हैं। बसों पर पथराव हो रहे हैं, उन्हें आग लगाई जा रही है। एक ओर आरक्षण के समर्थक हैं, दूसरी ओर आरक्षण के विरोधी हैं। एक-दूसरे की बस्तियों पर हमले किए जा रहे हैं। राज्य की पुलिस तो स्थिति पर काबू पाने में असमर्थ हो ही गई है, सीमा सुरक्षा पुलिस एवं केंद्रीय रिजर्व पुलिस भी स्थिति को नहीं सँभाल पाई है। अनेक बार गोली वर्षा का सहारा लेना पड़ा है, जिसके फलस्वरूप अब तक अनेक निरीह-निर्दोष जानें जातिवाद की वेदी पर बलि चढ़ चुकी हैं। अनेक बड़े-बड़े शहरों व कस्बों में कर्फ्यू थोप दिया गया है। स्थिति इतनी बिगड़ गई है कि सेना को मैदान में उतारना पड़ा है। एक ओर आरक्षण समर्थकों की ओर से दलित रक्षा समिति के आह्वान पर अहमदाबाद की पैंसठ कपड़ा मिलों में हरिजन श्रमिकों ने २० फरवरी से काम की

हड़ताल आरंभ कर दी है, दूसरी ओर आरक्षण-विरोधियों ने नवनिर्माण आंदोलन की शैली पर आंदोलन को सरकार गिराने की सीमा तक ले जाने की घोषणा कर दी है। समूचा गुजरात दो परस्पर विरोधी शिविरों में विभाजित हो गया है और जो चिनगारी स्थानीय छात्र आंदोलन के रूप में आरंभ हुई थी, वह अब जातिवादी गृहयुद्ध का भयंकर रूप धारण करती जा रही है।

आशंकाएँ

इस दुर्भाग्यपूर्ण स्थिति की जड़ में हमारी दो परस्पर विरोधी आकांक्षाओं का टकराव विद्यमान है। एक ओर तो हम अपने देश के सीमित साधनों के भीतर डॉक्टरी, इंजीनियरिंग आदि व्यावसायिक पाठ्यक्रमों की शिक्षा के उच्च स्तरों में प्रवेश का आधार योग्यता को बनाना चाहते हैं, इसके लिए कठिन प्रवेश परीक्षाओं की व्यवस्था कर रहे हैं और दूसरी ओर शताब्दियों से चली आ रही सामाजिक विषमता के अभिशाप से ग्रस्त बंधुओं को प्रगति के विशेष अवसर प्रदान करना चाहते हैं। इन दोनों राष्ट्रीय उद्देश्यों में मेल बैठाने की दृष्टि से ही हमने अपनी कुछ जातियों के लिए शिक्षा व नौकरियों के क्षेत्र में आरक्षण की समयबद्ध व्यवस्था की थी। किंतु संविधान निर्माण के तीस वर्ष पश्चात् भी हम अपने इस लक्ष्य की प्राप्ति के निकट पहुँचते प्रतीत नहीं हो रहे हैं। उलटे आरक्षण की सुविधा पाने के लोभ में परिगणित और पिछड़ी हुई जातियों की सूची लगातार बढ़ती चली जा रही है तथा आरक्षण की अवधि को बार-बार बढ़ाया जा रहा है। इस स्थिति को देखकर युवा पीढ़ी के मन में यह आशंका पैदा हो गई है कि आरक्षण का यह समयबद्ध निर्णय शायद अब चिरस्थायी सिद्धांत का रूप धारण कर रहा है और जिस रफ्तार से आरक्षण की परिधि में आनेवाली जातियों की संख्या बढ़ रही है तथा आरक्षण के क्षेत्र का विस्तार हो रहा है, उसे देखते हुए शायद निकट भविष्य में इन पाठ्यक्रमों में प्रवेश पाने का आधार परिश्रम द्वारा अर्जित योग्यता व पारिवारिक निर्धनता न रहकर कुछ विशेष जातियों में जन्म लेना मात्र रह जाएगी।

नवीनतम फॉर्मूला

युवा पीढ़ी के मन में उत्पन्न यह आशंका विगत कुछ वर्षों से विभिन्न राज्यों में जातिवादी तनावों व आंदोलनों को जन्म देती रही है। गुजरात का वर्तमान आंदोलन इस श्रृंखला में सबसे ताजा उदाहरण है। गुजरात के मेडिकल कॉलेज के छात्रों की मुख्य शिकायत यह है कि मेडिकल कॉलेजों में परिगणित जातियों व

जनजातियों के छात्रों के लिए आरक्षित सीटों के लिए इन जातियों के छात्र पूरी संख्या में उपलब्ध न होने पर भी इन सीटों को उनके लिए खाली रखा जाता था और अगले वर्ष के प्रवेश में पिछले वर्ष की खाली सीटों को आरक्षित कोटे में सम्मिलित कर दिया जाता था, जिसके फलस्वरूप आरक्षण से मुक्त सीटों की संख्या लगातार घटती जा रही है और अन्य जातियों के निर्धन छात्र योग्यता के बल पर भी प्रवेश पाने से वंचित रह जाते हैं। आरक्षण-विरोधियों का यह भी कहना है कि आरक्षण का सिद्धांत अब आर्थिक व सामाजिक विषमता को मिटाने का माध्यम न रहकर वोट राजनीति का घिनौना हथियार बनकर रह गया है। इसलिए गुजरात जूनियर डॉक्टर एसोसिएशन की ओर से जो नवीनतम फॉर्मूला गुजरात सरकार के सामने रखा गया है, उसमें आरक्षण को क्रमशः समाप्त करने का उपाय सुझाया गया है। एसोसिएशन द्वारा प्रस्तुत फॉर्मूला इस प्रकार है—

१. परिगणित जाति व जनजाति के छात्रों को बीस अतिरिक्त अंक देकर उन्हें मुक्त प्रतियोगिता में बराबरी के स्तर पर सम्मिलित होने को कहा जाए। बीस अतिरिक्त अंक पानेवाले छात्रों की संख्या कुल सीटों के २० प्रतिशत से अधिक्ष नहीं होनी चाहिए। प्रतिवर्ष इन अतिरिक्त अंकों की मात्रा घटती जानी चाहिए। अर्थात् सन् १९८१ में यदि बीस अतिरिक्त अंक दिए जाएँ तो १९८२ में पंद्रह अंक और १९८३ में दस अंक। इस प्रकार चार वर्ष में आरक्षण को पूर्णतया समाप्त कर दिया जाए।

२. मुक्त प्रतियोगिता में उत्तीर्ण होनेवाले छात्रों में से अंतिम छात्र को प्राप्त अंकों के योग में से बीस अंक घटाकर जो योग आए, उसे परिगणित जाति के छात्रों के प्रवेश की निम्नतम सीमा मानी जाए—अर्थात् यदि कुल पचास सीटों में से चालीस सीटें मुक्त हैं और दस आरक्षित तो मुक्त सीटों के लिए चुने गए छात्रों में से अंतिम छात्र को यदि छह सौ अंक प्राप्त हुए हैं तो छह सौ में से बीस घटाकर पाँच सौ अस्सी अंकों पर परिगणित छात्रों को प्रवेश दे दिया जाए। आनेवाले वर्षों में क्रमशः घटाए जानेवाले अंकों की मात्रा कम की जाए—अर्थात् बीस, पंद्रह, दस और…।

३. पाँच वर्षों के भीतर स्नातकोत्तर पाठ्यक्रमों में आरक्षण के नियम को क्रमशः पूर्णतया समाप्त कर दिया जाए।

सरकार का फैसला

गुजरात सरकार ने छात्रों द्वारा प्रस्तुत इस फॉर्मूले के पीछे विद्यमान दृष्टि व

भावना को समझने के बजाय आरक्षण के सिद्धांत का क्षेत्र और व्यापक कर दिया है। प्रकाशित समाचारों के अनुसार, गुजरात सरकार ने परिगणित जातियों एवं बख्शी आयोग द्वारा नामांकित पिछड़ी जातियों के छात्रों के लिए पहले से निर्धारित आरक्षण के अलावा अन्य जातियों के निर्धन छात्रों के लिए भी आरक्षण लागू करने का निर्णय लिया है। इसका अर्थ होगा कि प्रत्येक पाठ्यक्रम में आरक्षित सीटों की संख्या में और वृद्धि होगी अर्थात् अपने परिश्रम एवं योग्यता के बल पर खुली प्रतियोगिता में सफलता पाने का क्षेत्र और भी संकुचित हो जाएगा। इस नए निर्णय को कार्यान्वित करने में एक व्यावहारिक कठिनाई यह भी आएगी कि किसी परिवार की निर्धनता का निर्णय करने की प्रामाणिक एवं निष्पक्ष कसौटी क्या होगी?

पिछला अनुभव

वस्तुत: पिछले तीस वर्ष के अनुभव से अब हमें यह स्पष्ट हो जाना चाहिए कि केवल आरक्षण की बैसाखी प्रदान करके सामाजिक एवं आर्थिक दृष्टि से पिछड़े लोगों का उद्धार असंभव है। उसके लिए ऐसे लोगों को अपनी योग्यता बढ़ाने के लिए विशेष अवसरों का निर्माण करना होगा। उदाहरणार्थ, इंजीनियरिंग व डॉक्टरी में प्रवेश पाने के इच्छुक निर्धन व परिगणित जातियों के छात्रों के लिए विशेष कक्षाओं का आयोजन किया जाए, ताकि वे प्रतियोगी परीक्षा में बैठने के लिए आत्मविश्वास व योग्यता अर्जित कर सकें। किंतु यह कार्य केवल सरकारी कानूनों के बल पर नहीं हो सकता, इसके लिए पूरे समाज में दायित्व-बोध जाग्रत् करना होगा। अत्यधिक पीड़ा की बात यह है कि जिस दायित्व-बोध में से हमने संविधान में आरक्षण का सिद्धांत अपनाया, वह दायित्व-बोध व राष्ट्रीय संकल्प विगत तीस वर्षों से बहुत शिथिल पड़ गया है। आरक्षण का जो सिद्धांत स्वाधीन भारत में जातीय सद्भाव की स्थापना व सामाजिक-आर्थिक विषमता को मिटाने के राष्ट्रीय संकल्प का उद्घोषक बनकर आया था, वही आज उस सद्भाव की जड़ें खोद रहा है और हमें उस उदात्त राष्ट्रीय संकल्प से हटाकर गृहयुद्ध की अग्नि में झोंकने का कारण बन गया है।

नैतिक स्वर चाहिए

प्रश्न यह है कि राष्ट्र को उसके उदात्त संकल्पों का स्मरण दिलाकर इस जातिवादी उन्माद के पथ से हटने का आह्वान देनेवाला नैतिक स्वर आज कहाँ है? कौन उठाए यह स्वर? यह सुनिश्चित है कि राजनीति यह स्वर कदापि नहीं उठा

सकती। वोट-गणित में उलझे हुए राजनीतिक मस्तिष्क ऐसी स्थितियों में सद्भाव और विवेक का स्वर उठाने के बजाय थोक वोट पक्के करने के लोभ में स्वयं पक्षधर बन बैठते हैं। गुजरात के छात्र आंदोलन को ही लें। आंदोलन प्रारंभ होते ही गुजरात के मुख्यमंत्री श्री माधव सिंह सोलंकी ने इस आंदोलन के पीछे राजनीतिक दलों का हाथ होने का आरोप लगाया, उसके तुरंत बाद केंद्रीय गृह राज्य मंत्री योगेश मकवाना ने भारतीय जनता पार्टी को इस आंदोलन के लिए उत्तरदायी ठहराया। भारतीय जनता पार्टी के एक विधायक अशोक भट्ट ने प्रत्युत्तर में आरोप लगाया कि इंदिरा कांग्रेस के ही एक असंतुष्ट गुट ने सोलंकी सरकार की स्थिति को खराब करने के उद्देश्य से जातिवाद को उभारा है। भारतीय जनता पार्टी के महासचिव श्री लालकृष्ण आडवाणी ने आरोप लगाया कि वर्तमान आंदोलन मुख्यमंत्री सोलंकी व केंद्रीय मंत्री मकवाना के बीच सत्ता-स्पर्धा का परिणाम है। अभी वीरमगाम में एक हजार आरक्षण-विरोधी छात्रों के समूह ने मकवाना का पुतला जलाया। मकवाना के निवास स्थान को भी घेर लिया गया। उस दिन लोकसभा में मकवाना गुट के एक इंदिरा कांग्रेसी सदस्य ने बड़े आवेश में आकर हरिजनों पर अत्याचार का आरोप लगाया, जिसके कारण लोकसभा में हंगामा मच गया। योगेंद्र मकवाना आरक्षण समर्थकों के हीरो बन रहे हैं तो सोलंकी आरक्षण-विरोधियों के पृष्ठ-पोषक माने जा रहे हैं। अत: यह स्पष्ट है कि सत्तारूढ़ दल के भीतर सत्ता-स्पर्धा का इस आंदोलन में कुछ हाथ अवश्य है। ऐसी स्थिति में राज्य सरकार से भी पूर्ण निष्पक्षता की आशा नहीं की जा सकती।

दायित्व कौन सँभाले?

यह बात कई बार कही जा चुकी है कि वोट गणित में उलझे रहने के कारण राजनीतिक दलों एवं राजनीतिज्ञों का जातीय तनावों में निहित स्वार्थ पैदा हो गया है। प्रत्येक राजनीतिक दल अथवा राजनीतिज्ञ किसी एक जाति के प्रवक्ता अथवा हित-रक्षक के रूप में अपनी छवि को उभारने के लिए लालायित हैं, ताकि कुछ थोक वोटों का आधार उसे प्राप्त हो सके। अत: अब इस समस्या का हल ऐसे लोगों के द्वारा ही संभव है, जो सत्ता राजनीति से सर्वथा अलिप्त हैं एवं राष्ट्रीय एकता के प्रति जिनकी निष्ठा निर्विवाद है।

सन् १९३२ में जब ब्रिटिश प्रधानमंत्री मैकडोनॉल्ड ने अपने साम्राज्यवादी उद्देश्यों की पूर्ति के लिए 'कम्युनल अवॉर्ड' के अंतर्गत हरिजनों के लिए पृथक् निर्वाचन के अधिकार की घोषणा की थी, तब गांधीजी ने आमरण अनशन की

घोषणा करके अपने जीवन को दाँव पर लगा दिया था और राष्ट्र की नैतिक चेतना को झकझोर डाला था। उन्होंने अपने नैतिक बल के द्वारा सत्ता के विरुद्ध सफलता प्राप्त की थी और हिंदू समाज को खंड-खंड करने के ब्रिटिश कुचक्र को विफल कर दिया था। आज ऐसा नैतिक स्वर कहाँ है ? जब संपूर्ण सार्वजनिक जीवन दलीय राजनीति की दलदल में बुरी तरह फँसा हुआ है, तब रा.स्व. संघ एवं गांधी युग के कतिपय श्रेष्ठ अंत:करण जैसे आचार्य कृपलानी ही ऐसे दिखाई देते हैं, जो इस मामले में पहल कर सकते हैं; क्योंकि अभी भी उनकी राष्ट्रनिष्ठा एवं सत्ता-स्पर्धा से अलिप्तता का विश्वास समाज के मन में बाकी है। राष्ट्रीय एकता के उपासकों ने यदि शीघ्र पहल नहीं की तो आरक्षण की राजनीति समाज को खंड-खंड करके ही चैन लेगी।

[पाञ्चजन्य, १ मार्च, १९८१]

□

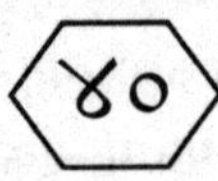

आरक्षण की आग पर राजनीति की रोटियाँ

अभागा गुजरात जातिवादी गृहयुद्ध की आग में जल रहा है और राजनीतिक नेता अपने दलीय और व्यक्तिगत स्वार्थों की बंसी बजा रहे हैं। अभी तक अनेक निष्पक्ष पत्रकारों की छानबीन के फलस्वरूप एक ही निष्कर्ष उभरकर सामने आया था कि उच्च शिक्षा व नौकरियों के क्षेत्र में जातीय आधार पर आरक्षण के कारण उत्पन्न सामाजिक तनाव व असंतोष की बारूद में चिनगारी लगाने का काम गुजरात के मुख्यमंत्री पद के लिए सोलंकी-मकवाना प्रतिस्पर्धा ने किया है। अनेक तथ्य इस निष्कर्ष पर पहुँचाते हैं।

सोलंकी-मकवाना प्रतिस्पर्धा

१. केंद्रीय गृह राज्यमंत्री योगेंद्र मकवाना गुजरात का मुख्यमंत्री पद पाना चाहते थे, किंतु यह पद माधवसिंह सोलंकी को मिला।

२. उनकी पत्नी शांताबेन मकवाना गुजरात विधानसभा की सदस्या तो बन गईं, किंतु मुख्यमंत्री माधवसिंह सोलंकी ने उनके पति के बार-बार अनुरोध पर भी उन्हें अपने मंत्रिमंडल में स्थान नहीं दिया।

३. नवंबर मास में मकवाना ने इंदिरा कांग्रेस की राज्य शाखा के परामर्श की उपेक्षा करके भी एक विशाल हरिजन सम्मेलन का आयोजन किया और हरिजनों को अपने अधिकारों के लिए लड़ने का आह्वान किया।

४. मकवाना-सोलंकी प्रतिस्पर्धा इतना विकृत रूप धारण कर गई कि लगभग तीन मास पूर्व बड़ौदा में गुजरात सरकार द्वारा आयोजित एक सार्वजनिक समारोह में केंद्रीय गृह राज्यमंत्री मकवाना अपने ही दल के मुख्यमंत्री सोलंकी के

साथ एक मंच पर बैठने को तैयार नहीं हुए। मुख्यमंत्री के चले जाने के बाद ही वे मंच पर आए। किंतु उनके भाषण का एकमात्र विषय मुख्यमंत्री की कटु आलोचना थी और उनका मुख्य स्वर था कि गुजरात के हरिजन सोलंकी सरकार की छत्रच्छाया में सुरक्षित नहीं हैं।

यदि सत्तारूढ़ दल के दो मुख्य कर्णधारों के पारस्परिक संबंधों की यह स्थिति हो तो उसका परिणाम क्या निकल सकता है, यह गुजरात की हो रही बरबादी को देखकर स्पष्ट है। सरकारी आँकड़ों के अनुसार, बीस से अधिक जानें जा चुकी हैं। एक हरिजन नेता डाह्या भाई परमार के कथनानुसार, हरिजनों की ही एक करोड़ रुपए से अधिक की संपत्ति नष्ट हो चुकी है। सरकार दमन का सहारा ले रही है। छात्र नेताओं को गिरफ्तार किया जा रहा है। इकसठ छात्र नेता राष्ट्रीय सुरक्षा अध्यादेश के अंतर्गत गिरफ्तार किए जा चुके हैं।

आंदोलन का विस्तार

किंतु इन दमनकारी उपायों से आंदोलन दबने के बजाय और भड़क रहा है। कपड़ा मिलों का श्रमिक वर्ग पहले ही हड़ताल का रास्ता अपना चुका है। अब बैंकों, जीवन बीमा निगम एवं अन्य अर्द्ध-सरकारी संस्थानों के अतिरिक्त राज्य एवं केंद्रीय सरकार के समस्त कर्मचारियों ने भी २५ मार्च से आरक्षण-विरोधी आंदोलन में कूदने की घोषणा कर दी है। अनेक कर्मचारी संघों के प्रतिनिधियों ने मिलकर 'अखिल गुजरात अनामत नबूदी कर्मचारी समिति' का गठन कर लिया है। अभी तक यह आंदोलन केवल मेडिकल छात्रों तक सीमित था, किंतु अब अन्य सभी छात्र इस आंदोलन में सम्मिलित होने की तैयारी कर रहे हैं। अब यह आंदोलन केवल स्नातकोत्तर मेडिकल कोर्स में आरक्षण के विरोध तक सीमित नहीं रह गया है। हर स्तर पर आरक्षण-विरोधी आंदोलन हो रहा है। अब यह गुजरात की सीमाओं को पार कर राजस्थान में भी प्रवेश कर गया है।

दुर्भाग्य यह है कि समस्या की जड़ को टटोलने के स्थान पर राजनीतिज्ञ इस आंदोलन की आग पर अपने स्वार्थों की सियासी रोटी सेंकने का प्रयास कर रहे हैं। कौन आशा कर सकता था कि गांधी युग के वयोवृद्ध नेता जगजीवन राम गुजरात जाकर उसके जख्मों पर सद्भाव का मरहम लगाने के बजाय उसपर जातिवाद का विषाक्त नमक छिड़केंगे? किंतु जगजीवन राम ने यही किया।

उन्होंने गुजरात की स्थिति का अध्ययन करने के नाम पर एक दिन के लिए गुजरात जाकर स्वयं को एकमात्र हरिजन नेता के रूप में उभारने की कोशिश की

और एक प्रकार से वर्ग-युद्ध या जाति-युद्ध का आह्वान ही कर डाला। पत्रकार सम्मेलन में एक पत्रकार के प्रश्न का उत्तर देते हुए उन्होंने कहा कि वे जाति-युद्ध का स्वागत करेंगे, ताकि एक बार यह फैसला हो जाए कि १० प्रतिशत लोग ९० प्रतिशत लोगों पर हमेशा कैसे शासन कर सकते हैं! उन्होंने आर्थिक आधार पर आरक्षण का विरोध करते हुए जाति के आधार पर आरक्षण का आग्रह किया। वे यहाँ तक कह गए कि सभी क्षेत्रों में सभी जातियों के लिए उनकी जनसंख्या के अनुपात में आरक्षण का सिद्धांत लागू किया जाना चाहिए। सन् १९४६ से १९७९ तक केंद्रीय मंत्रिमंडल का अंग बने रहनेवाले अनुभवी व्यक्ति ने एक बार नहीं सोचा कि वे क्या कह रहे हैं? इस सिद्धांत को लागू करने का व्यावहारिक परिणाम क्या होगा? प्रशासन की क्या दुर्दशा होगी?

संकीर्ण दृष्टि

किंतु जगजीवन राम जैसे शीर्षस्थ नेताओं की दृष्टि भी राष्ट्र की अपेक्षा व्यक्तिगत स्वार्थों पर ही केंद्रित रही है। उनके जीवन का एकसूत्री कार्यक्रम प्रधानमंत्री पद पाना रहा है। जब-जब उन्हें यह सपना पूरा होता प्रतीत हुआ है तब-तब वे स्वयं को हरिजनों के बजाय पूरे देश का नेता बताने की कोशिश करते रहे हैं। उन दिनों यदि कोई उन्हें 'हरिजन नेता' कह दे तो वे चिढ़ जाते थे। तब एक बार उन्होंने कहा था कि वे प्रधानमंत्री पद हरिजन के नाते नहीं, अपितु अपनी योग्यता के बल पर पा रहे हैं। किंतु जब वह सपना टूट गया तो वे पुनः हरिजन नेता की भूमिका पर उतर आए। उनके मन की कुंठा अहमदाबाद की प्रेस कॉन्फ्रेंस में भी मुखरित हो उठी। उन्होंने कहा कि 'दो वर्ष पूर्व जब मुझे प्रधानमंत्री पद मिल रहा था तो गुजरात के उच्च वर्ग के लोगों ने मंदिरों के माध्यम से मेरे विरुद्ध अभियान छेड़ दिया था।' इस कथन से स्पष्ट है कि जगजीवन राम की गुजरात-यात्रा का लक्ष्य गुजरात की समस्या को सुलझाना नहीं, अपितु गुजरात आंदोलन की आग में अपनी कुंठा का घी उड़ेलना था। अब ऐसे नेताओं से कैसे अपेक्षा की जा सकती है कि वे राष्ट्र-जीवन में उत्पन्न कटुता को दूर करके पारस्परिक सद्‌भाव का वातावरण पैदा करने में सहयोग दे सकेंगे?

राजनीतिज्ञ किसी भी घटना को दलीय व व्यक्तिगत चश्मे से अलग हटकर देख ही नहीं सकते। इसका सबसे ताजा प्रमाण है कि गुजरात के गृहमंत्री प्रबोध रावल ने यह आत्मालोचन करने के बजाय कि उनकी सरकार के सब प्रयत्नों के बावजूद इस आंदोलन का व्याप पिछले दो महीनों से लगातार फैलता क्यों जा रहा

है, ८ मार्च को अहमदाबाद में जल्दी-जल्दी में एक पत्रकार सम्मेलन बुलाकर उसमें बड़े नाटकीय ढंग से घोषणा कर डाली कि तीन जूनियर डॉक्टरों के पास से उन्हें कुछ ऐसे दस्तावेज प्राप्त हो गए हैं, जिनसे प्रमाणित होता है कि इस आंदोलन के पीछे राष्ट्रीय स्वयंसेवक संघ का हाथ है। रावलजी ने कहा कि उन्हें शुरू से ही संदेह था कि इस आंदोलन में संघ का हाथ अवश्य है और अब तो यह सिद्ध हो गया। कैसे सिद्ध हो गया? तीन डॉक्टरों के पास से कुछ पत्र प्राप्त हुए हैं, जो उनके और भारतीय जनता पार्टी के नेताओं के बीच हुए और रावलजी के क़थनानुसार ये तीनों रा.स्वयं. संघ के भी कट्टर स्वयंसेवक हैं। अत: सिद्ध हो गया कि संघ इस आंदोलन को चला रहा है।

बेबुनियाद आरोप

राष्ट्रीय स्वयंसेवक संघ के अंतरंग से परिचित कौन व्यक्ति रावलजी के इस प्रलाप को गंभीरता से लेगा? क्या रावलजी को इतना भी पता नहीं कि भारतीय जनता पार्टी और राष्ट्रीय स्वयंसेवक संघ दो अलग-अलग संगठन हैं, जिनका एक-दूसरे से कोई नाता नहीं है। सत्ता की दौड़ में उनके दल की स्पर्धा भारतीय जनता पार्टी से हो सकती है, किंतु इस स्पर्धा में संघ का नाम घसीटने का क्या तुक? एक राज्य के गृहमंत्री का पद सँभालनेवाले व्यक्ति से इतनी तो अपेक्षा की जाती है कि उसे अपने राज्य में चलनेवाले विभिन्न संगठनों के वास्तविक कार्यक्षेत्र और चरित्र की सही जानकारी हो। कौन समझदार व्यक्ति राष्ट्रीय स्वयंसेवक संघ पर आरोप लगा सकता है कि उसके द्वारा कभी अनजाने में भी जातिवाद को प्रोत्साहन मिला होगा? आज जब वोट राजनीति के मोह-जाल में फँसे हुए राजनीतिज्ञों ने समूचे देश को जातिवाद के आधार पर बाँटकर रख दिया है, राष्ट्रीय स्वयंसेवक संघ ही एकमात्र संगठन हैं, जिसने कश्मीर से कन्याकुमारी तक और कामरूप से कच्छ तक जाति, भाषा, पंथ, वर्ग के भेदों से ऊपर उठे हुए राष्ट्रभक्त अंत:करणों की अभेद्य श्रृंखला खड़ी करके राष्ट्रीय एकता को सुदृढ़ अधिष्ठान प्रदान किया है। वस्तुत: राजनीतिज्ञ इस बात को सहन ही नहीं कर सकते कि उनके द्वारा खड़ी की गई संकुचित निष्ठा की दीवारों को कोई ढहा दे। राष्ट्रीय स्वयंसेवक संघ राष्ट्रीय एकता का यह मंत्र फूँक रहा है, क्योंकि वह सत्ता राजनीति से सर्वथा अलिप्त है, किंतु राजनीतिक दल उसे लांछित करने के लिए किसी-न-किसी राजनीतिक दल के साथ नत्थी करने की कोशिश हमेशा करते रहे हैं और करते रहेंगे। संघ इन आरोपों-प्रत्यारोपों के प्रति उदासीनता का मार्ग अपनाकर राष्ट्रीय एकता के निर्माण के अपने जीवन-व्रत पर डटा ही रहेगा।

संघ की भूमिका

वोट राजनीति का विष वृक्ष जिस तेजी से राष्ट्र-जीवन की जड़ों को खोखला कर रहा है, उसे देखते हुए संघ के सामने एक गंभीर चुनौती आ खड़ी हुई है। राष्ट्रीय एकता की रक्षा के हित में यह आवश्यक हो गया है कि सत्ता के लिए विभिन्न राजनीतिक दलों की स्पर्धा में संघ की भूमिका एक तटस्थ निर्णायक के रूप में उभरकर आए और केवल संघ ही इस भूमिका का निर्वाह कर सकता हैं। आसेतुहिमाचल लक्षावधि राष्ट्रभक्त समर्पित कार्यकर्ताओं के विशाल संगठन का स्वामी होने के कारण संघ ही अपनी शक्तिशाली बाहुओं से इन सत्तालोलुप छोटे-छोटे क्षेत्रीय राजनीतिक दलों को राष्ट्रीय एकता की पीठ में छुरा भोंकने से रोक सकता है। राजसत्ता के माध्यम से यह काम होना असंभव है, क्योंकि सत्ता जिनके हाथों में है वे स्वयं पक्ष बने हुए हैं। ज़ब राजनीतिक नेतृत्व अपने कर्तव्य-पथ से भ्रष्ट हो जाता है तो समाज-शक्ति अथवा लोक-शक्ति को आगे बढ़ना पड़ता है। इस समय संघ भारतवर्ष में इस लोक-शक्ति का ही प्रकट रूप है। अतः राष्ट्रीय स्वयंसेवक संघ को इस समस्या को राजनीतिक दलों के हाथों में न छोड़कर स्वयं पहल करनी चाहिए। यह शुभ लक्षण है कि देश के प्रबुद्ध नागरिकों व बुद्धिजीवियों में आरक्षण के सिद्धांत के क्रियान्वयन के अब तक के परिणामों का वस्तुनिष्ठ आकलन करने का भाव उत्पन्न हुआ है। आर्थिक-सामाजिक विषमता को मिटाने की दिशा में आरक्षण का योगदान अधिक नहीं है—यह भी स्वीकार किया जाने लगा है।

[पाञ्चजन्य, १५ मार्च, १९८१]

□

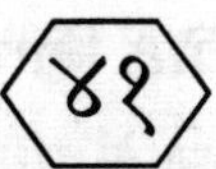

आरक्षण में से निकल रही जन्मना जाति-व्यवस्था

हम परेशान हैं कि उत्तर प्रदेश के पहाड़ों में आग लगी है, पर मुख्यमंत्री मुलायम सिंह हँस रहे हैं। खुली प्रतियोगिता में अपनी योग्यता-क्षमता के बल पर अपने भविष्य को बनाने के लिए व्याकुल युवक गोलियों से भूने जा रहे हैं और मुलायम सिंह निर्लज्ज गर्जनाएँ कर रहे हैं कि चाहे जो हो, आरक्षण वापस नहीं होगा। इतना ही नहीं, वे संविधान संशोधन द्वारा आरक्षण की सीमा को ६२ प्रतिशत पर ले जाने का दावा कर रहे हैं। मुलायम सिंह ही क्यों, इस समय तो आरक्षण की सीमा को अधिक-से-अधिक बढ़ाने की होड़ सी लगी है। अन्नाद्रमुक और द्रमुक की प्रतिस्पर्धा के कारण आरक्षण की सीमा बहुत पहले ही ६९ प्रतिशत हो चुकी थी। सर्वोच्च न्यायालय का निर्णय कि ५० प्रतिशत से अधिक आरक्षण गैर-कानूनी माना जाएगा, गले की हड्डी बना हुआ था। अत: तमिलनाडु विधानसभा ने सर्वोच्च न्यायालय के निर्णय के विरुद्ध और ६९ प्रतिशत आरक्षण के पक्ष में विधेयक पारित करके जनवरी '९४ में केंद्र सरकार की स्वीकृति के लिए भेज दिया, जिसे कुछ राजनीतिक सौदेबाजी के बाद केंद्र सरकार ने स्वीकार कर लिया। पर सर्वोच्च न्यायालय फिर मार्ग में आ गया। अंतत: संसद् के दोनों सदनों ने सर्वसम्मति से पचासीवाँ संशोधन पारित करके तमिलनाडु सरकार के निर्णय को संविधान की नौवीं अधिसूची में सम्मिलित करके न्यायालयीय पुनरीक्षण की परिधि से बाहर कर दिया। जबकि इस नौवीं अधिसूची का निर्माण जमींदारी उन्मूलन जैसे भूमि से जुड़े निर्णयों को न्यायालयीय परिधि से बाहर रखने के लिए किया गया था। किंतु बात यहीं नहीं रुकनेवाली है। अगर कर्नाटक में कांग्रेसी मुख्यमंत्री वीरप्पा मोइली और बिहार में जनता दल के मुख्यमंत्री लालू यादव आरक्षण की ऊपरी सीमा ८० प्रतिशत

ले जाने की घोषणा कर सकते हैं तो ब्राह्मण कुल में जनमी जयललिता के नेतृत्ववाली अन्नाद्रमुक को चुनाव के मैदान में हराने के लिए ८० प्रतिशत आरक्षण की माँग उठाने से द्रमुक को कौन रोक सकता है! चुनाव सिर पर हैं और इसलिए बहुत संभव है कि वोट-राजनीति की मजबूरी तमिलनाडु में भी चुनावों के पूर्व ही ८० प्रतिशत आरक्षण की स्थिति पैदा कर दे।

सामाजिक न्याय नहीं, वोट निष्ठा

अब यह स्पष्ट है कि आरक्षण के हथियार का उपयोग सामाजिक न्याय, समता या एकता के लिए नहीं किया जा रहा है। यह विशुद्ध रूप से जातिवाद के आधार पर वोट बैंकों का निर्माण करके सत्ता तक पहुँचने का माध्यम बन गया है। इसलिए बहुधा चुनावों के आगमन के पूर्व ही बिना किसी जन-आंदोलन या माँग के विभिन्न दल आरक्षण की 'गाजर' वोटरों को दिखलाना शुरू कर देते हैं। सामाजिक व आर्थिक पिछड़ेपन को दूर करने पर इन राजनीतिज्ञों की दृष्टि बिलकुल नहीं है।

संविधान में आरक्षण का प्रावधान एक अल्पकालीन आपात व्यवस्था के रूप में किया गया था। ऐतिहासिक कारणों से हिंदू समाज के भीतर ऊँच-नीच एवं सामाजिक-आर्थिक पिछड़ेपन की विसंगतियों को दूर करने के हेतु। यह प्रावधान कभी भी गैर-हिंदू समाजों के लिए अभिप्रेत नहीं था। किंतु अब मुसलिम वोटों को पाने के लोभ में आंध्र और असम में मुसलमानों को भी आरक्षण की सुविधा देने का निर्णय किया गया है। मुसलिम संस्थाएँ भी १० प्रतिशत आरक्षण की माँग उठाने लगी हैं। ईसाई संस्थाएँ बहुत पहले से दलित ईसाइयों के लिए आरक्षण की माँग उठा रही हैं और तमिलनाडु सरकार उनकी इस माँग पर गंभीरतापूर्वक विचार भी कर रही है। आरक्षण की ऐतिहासिक संवैधानिक पृष्ठभूमि के प्रति भी हमारे वोट-लोभी राजनीतिज्ञ पूरी तरह अंधे हो चुके हैं। आरक्षण की प्रासंगिकता और उपयोगिता के विषय में तो उनसे कोई चर्चा करना ही बेकार है। आरक्षण की छुरी से कसाई की तरह वे हिंदू समाज की बोटी-बोटी काटने पर तुले हुए हैं। जाति-विहीन समाज के निर्माण का लक्ष्य वे आज भी बेशर्म होकर घोषित करते हैं; किंतु वे यह देखने को तैयार नहीं कि अपनी जातिवादी राजनीति के कारण उन्होंने जाति-प्रथा को स्थायी जन्मना रूप दे दिया है। अपनी कथनी और करनी के इस स्पष्ट अंतर को वे मानने को तैयार नहीं।

आरक्षण की राजनीति को सत्ता-प्राप्ति का साधन समझनेवाले ये राजनीतिज्ञ

किसी भी आरक्षण-विरोधी आंदोलन को अपने लिए हितकर समझते हैं। पहाड़ जल रहा है। वहाँ के होनहार, निरीह युवक गोलियों से भूने जा रहे हैं तो मुलायम सिंह दुःखी क्यों हों? क्या उत्तराखंड ने उन्हें गद्दी पर बैठाया है? उत्तराखंड का आरक्षण-विरोधी आंदोलन यदि पूरे उत्तर प्रदेश में उनका वोट आधार मजबूत करता है तो वे क्यों न हँसें! आरक्षण नीति और जातिवादी राजनीति के कारण यदि प्रशासन ऊपर से नीचे तक विभाजित, अक्षम, निष्क्रिय एवं पक्षपाती हो जाता है तो उनका क्या जाता है? उनकी गद्दी बनी रहनी चाहिए, इससे आगे सोचने की न उन्हें आवश्यकता है, न फुरसत। राष्ट्रीय एकता, सामाजिक समता, जाति-विहीन समाज और जाति तोड़ो का नारा लगानेवाले ये सत्ता-गिद्ध चाहते हैं कि हरेक भारतीय अपने माथे पर जाति का नामपट्ट लगाकर घूमे, प्रत्येक नगर और मोहल्ला जाति-युद्ध की आग में फँस जाए, ताकि इनकी सत्ता की भूख शांत हो सके।

न्यायपालिका का अपमान

एक ओर ये न्यायपालिका के सम्मान की दुहाई देते हैं, दूसरी ओर अपने राजनीतिक हितों में बाधक बनने पर न्यायपालिका के निर्णयों को निर्लज्जतापूर्वक रद्दी की टोकरी में फेंक देते हैं। आरक्षण के संबंध में सर्वोच्च न्यायालय एवं उच्च न्यायालयों के आदेशों की अवहेलना की एक लंबी सूची प्रस्तुत की जा सकती है। स्पष्ट है कि न्यायपालिका आरक्षण की इस राष्ट्र-घातक अंधी दौड़ पर कोई अंकुश लगाने में अब असमर्थ है। विधायिका से तो कोई आशा करना ही व्यर्थ है। तमिलनाडु में ७९ प्रतिशत आरक्षण के पक्ष में विधानसभा का सर्वसम्मत विधेयक, उस विधेयक को न्यायालयीय अधिकार-क्षेत्र से बाहर रखने के लिए नौवीं अनुसूची में जोड़ने के लिए संसद् के दोनों सदनों में सभी दलों की मौन या मुखर सहमति, लालू यादव के क्रीमी लेयर को खत्म करनेवाले अध्यादेश पर राज्यपाल के हस्ताक्षर, कर्नाटक, आंध्र प्रदेश, उत्तर प्रदेश और बिहार के मुख्यमंत्रियों की संविधान संशोधन द्वारा सर्वोच्च न्यायालय द्वारा निर्धारित सीमा का उल्लंघन करने की निर्लज्ज घोषणाएँ—ये सब संकेत हैं कि सभी राजनीतिक दलों का आरक्षण की राजनीति में निहित स्वार्थ उत्पन्न हो चुका है। जो इसे अभी भी राष्ट्रघाती और विभाजनकारी मानते हैं वे अल्पमत में पड़ जाने और आरक्षण से लाभान्वित जातियों के बीच अपने प्रतिद्वंद्वियों द्वारा विरोधी छवि बनाए जाने के भय से मौन रहना ही उचित समझने लगे हैं। संक्षेप में कहना हो तो सभी राजनीतिक दल गलाकाट राजनीतिक प्रतिस्पर्धा के कारण निकृष्टतम जातिवादी राजनीति के बंदी बन गए हैं। दस साल में आरक्षण

की बैसाखी से छुटकारा पाने की संविधान निर्माताओं की पवित्र प्रतिज्ञा भी संविधान के प्रति निष्ठा की शपथ लेनेवाले विधायकों एवं संसद् सदस्यों के लिए पवित्र नहीं रह गई है। राजनीतिज्ञों एवं विधानमंडलों के ऐसे शर्मनाक आचरण को देखकर स्व. पीलू मोदी का वह व्यंग्य सहसा स्मरण हो आता है कि 'यदि मुझ सहित दो सौ-चार सौ प्रमुख राजनीतिज्ञों को समुद्र में डुबो दिया जाए तो भारत अधिकांश समस्याओं से छुट्टी पा जाएगा और वह सुख-चैन से जी सकेगा।'

राजनीति का विषम चक्र

राजनीतिज्ञों एवं राजनीतिक दलों की इतनी कटु भर्त्सना करने का यह अर्थ कदापि नहीं है कि भारतीय राजनीति में कोई भी दल या राजनीतिज्ञ ऐसा नहीं है जो इस सिद्धांतहीन, समाज-तोड़क सत्ता राजनीति से दुःखी व चिंतित न हो या उससे बाहर निकलने के लिए व्याकुल न हो। किंतु यह भी उतना ही कठोर सत्य है कि राष्ट्रीय एकता एवं सामाजिक समरसता के प्रति अव्यभिचारी निष्ठा रखनेवाले राजनीतिज्ञ एवं उनका दल भी आज स्वयं को जातिवादी राजनीति के भँवर में फँसा पा रहे हैं। क्या आज उनकी भी सोच यह नहीं है कि अपने सपनों का भारत बनाने के लिए सत्ता में आना आवश्यक है? सत्ता पाने का एकमात्र मार्ग है चुनावों में अधिक-से-अधिक सीटें जीतना, सीटें जीतने के लिए प्रत्येक सीट का वोट-गणित लगाते समय वहाँ के जातीय यथार्थ और उसपर आधारित समीकरणों को ध्यान में रखना होगा और अनुकूल समीकरण के लिए प्रत्याशी की जातीय पृष्ठभूमि को उसके अन्य गुणों एवं निष्ठाओं के ऊपर प्राथमिकता देनी होगी। यह एक विषम चक्र है। सामाजिक समरसता से ओत-प्रोत समाज-जीवन खड़ा करने के लिए जातिवादी राजनीति के मार्ग से जाकर क्या सत्ता के शिखर पर पहुँचते-पहुँचते उनके दल का आंतरिक सोच एवं चरित्र-परिवर्तन नहीं हो जाएगा?

सोचने की बात यह है कि हमारे संविधान निर्माताओं ने तो वयस्क मताधिकार पर आधारित निर्वाचन प्रणाली के माध्यम से ऐसे समाज की रचना का स्वप्न सँजोया था, जो जाति, भाषा, क्षेत्र और मजहब की संकुचित निष्ठाओं से ऊपर उठकर अखिल भारतीय राष्ट्रीयता पर अधिष्ठित होगा। ऐसे राष्ट्रीय समाज की रचना के लिए उन्होंने कुछ दुर्बल वर्गों, जैसे—अनुसूचित जाति और अनुसूचित जनजातियों के लिए आरक्षण का अल्पकालीन प्रावधान किया था। जाति-विहीन समाज के लक्ष्य को प्राप्त करने के लिए ही स्वतंत्र भारत की जनगणना में से जाति का कॉलम ही निकाल दिया गया था, केवल अनुसूचित जाति/जनजाति कॉलम रखा गया था;

किंतु संविधान लागू होने के चौवालीस वर्ष पश्चात् आज हम कहाँ पहुँच गए हैं! राष्ट्रीयता का भाव तो लगभग गायब हो गया। शेष बचा है केवल जातियों, क्षेत्रों और मजहबों में बिखरा हुआ, टूटा हुआ क्षत-विक्षत समाज। इसे भटकाव कहें या विकृति अथवा स्वाधीन भारत द्वारा अंगीकृत संवैधानिक संरचना व प्रक्रिया की स्वाभाविक परिणति!

बीमारी नई नहीं, पुरानी

यह स्मरण रखना आवश्यक है कि हमारी चुनावी राजनीति में जातिवाद, क्षेत्रवाद और मजहब की महत्त्वपूर्ण भूमिका प्रथम आम चुनाव से ही देखी जा सकती है। प्रथम आम चुनाव से आज तक के चुनावों का साक्षी एवं विद्यार्थी होने के कारण मैं कह सकता हूँ कि मैंने समाचार-पत्रों में ऐसा कोई चुनाव पूर्व विश्लेषण या चुनाव परिणाम विश्लेषण नहीं पढ़ा जिसमें विचारधारा या दलीय घोषणा-पत्रों को मतदान को प्रभावित करने का कारण बताया गया हो। प्रत्येक विश्लेषण जातिवादी एवं मजहबी समीकरणों के इर्द-गिर्द घूमता रहा। इन चुनाव विश्लेषणों के अध्ययन से स्पष्ट हो जाता है कि अधिकांश मुसलिम मतदाता मजहबी प्रेरणा से मतदान करते हैं, जबकि मजहबी उन्माद से मुक्त हिंदू चेतना अधिकांशत: जाति और क्षेत्र के आधार पर विभक्त रही है। वोट की राजनीति के इस यथार्थ को ध्यान में रखने के कारण ही अधिकतर राजनीतिज्ञ एवं राजनीतिक दल सबसे बड़े वोट बैंक अर्थात् मुसलिम मतों को पाने के लिए हिंदू-विरोधी सेक्युलरिज्म का मुखौटा लगाते रहे हैं और हिंदू वोटों को हड़पने के लिए जातिवाद, भाषावाद या क्षेत्रीयता की राजनीति खेलते रहे हैं। अंतर केवल इतना हुआ है कि पहले इस अवसरवादी राजनीति पर राष्ट्रीयता, समाजवाद, सेक्युलरिज्म और लोकतंत्र के प्रति निष्ठा का शाब्दिक आवरण चढ़ा रहता था। अब इस जातिवादी, सांप्रदायिक एवं क्षेत्रवादी राजनीति को निर्लज्जतापूर्वक सामाजिक न्याय और ८५ प्रतिशत दलितों पर से १५ प्रतिशत उत्पीड़कों की सत्ता को हटाने की लोकतांत्रिक आकांक्षा की पूर्ति की दिशा में 'मौन क्रांति' का नाम दिया जा रहा है। शनै:-शनै: समाज का विभाजन इस सीमा तक पहुँच गया है कि मजहबी कट्टरवाद और जातिवाद के साथ खुलेआम समझौता करने में कोई लज्जा नहीं रह गई है। पहले तो जातिवाद को स्वीकार करने में संकोच होता था, अब तो जातिवाद की घोषणा करने में गर्व अनुभव होता है और प्रत्येक जाति अपनी संख्या की गणना कर रही है। सन् १९५१ से अब तक की जनगणना में जातियों की गणना न होने के कारण मंडल आयोग को

ब्रिटिश काल की सन् १९३१ की जनगणना का सहारा लेना पड़ा था। यदि राजनीति की यही दिशा रही तो कौन कह सकता है कि अगली जनगणना में जाति का कॉलम फिर से वापस नहीं आ जाएगा।

प्रश्न यह है कि उदात्त राष्ट्रीय लक्ष्यों को प्राप्त करने का संकल्प लेकर हमारी चौवालीस वर्ष लंबी संविधान-यात्रा का यह उलटा परिणाम क्यों निकल रहा है ? यहाँ महात्मा बुद्ध की संवाद शैली का एक अंश स्मरण आता है। बुद्ध के पास आकर जब कोई जिज्ञासु पूछता कि 'भगवन्, आपने संबोधि की स्थिति कैसे प्राप्त की? क्या मैं भी इस स्थिति को प्राप्त कर सकता हूँ और कैसे?' तो बुद्ध उससे पूछते, 'भंते, यदि तुम यहाँ से राजगृह जाना चाहो तो मार्ग में कौन से गाँव और नगर क्रम से पड़ेंगे?' इसके उत्तर में प्रश्नकर्ता उन गाँवों और नगरों के नाम क्रम से गिनाता। तब बुद्ध कहते कि 'यदि तुम्हारे गिनाए सभी गाँव-नगर उसी क्रम से आते जाएँ तो तुम यही सोचोगे न कि मैं ठीक मार्ग पर हूँ और राजगृह पहुँच जाऊँगा; किंतु यदि ये गाँव-नगर न पड़ें तो सोचोगे कि मैं गलत मार्ग पर चल पड़ा हूँ या उलटी दिशा में जा रहा हूँ।' तब फिर बुद्ध उसे बताते कि संबोधि की स्थिति पाने के लिए मैंने जो साधना-पथ अपनाया उसपर इन-इन स्थितियों को मुझे पार करना पड़ा। तुम चल पड़ो तो तुम भी वहीं पहुँच जाओगे।' राष्ट्रीय लक्ष्यों को प्राप्त करने की लालसा से लगातार चौवालीस वर्ष तक इस संवैधानिक पथ पर चलते रहने के पश्चात् आज यह पूछने का समय आ गया है कि हम उलटी दिशा में जाते क्यों प्रतीत हो रहे हैं ? क्या यह हमारे अपने भटकाव का परिणाम है या इस संविधान पथ पर चलकर इससे भिन्न परिणाम निकल ही नहीं सकते थे ? इन प्रश्नों का उत्तर पाने के लिए हमें इतिहास की आँखों से स्वाधीन भारत द्वारा अंगीकृत संविधान के बीज तक पहुँचने का प्रयास करना होगा, क्योंकि कहा गया है कि 'बोए बीज बबूल का तो आम कहाँ से होय'।

कहीं ऐसा तो नहीं कि अपने समाज की 'जाति' नामक संस्था को ही हम किसी गलत चश्मे से देखते रहे हैं ! फिर जितना हम उसे मिटाने की कोशिश करते हैं उतना ही वह अपनी जकड़ हम पर मजबूत करती जाती है। हमें इतिहास में झाँकना ही होगा।

[पाञ्चजन्य, १८ सितंबर, १९९४]

□

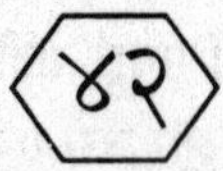

जाति-विभाजन की ब्रिटिश राजनीति आज भी जारी

कुछ विधानसभाओं के चुनाव जैसे-जैसे नजदीक आ रहे हैं, सत्ता के गिद्ध आरक्षण के पंजों से नए वोट बैंक खोंचने के लिए झपट रहे हैं। सर्वोच्च न्यायालय की निषेधाज्ञाओं का अनादर करते हुए कर्नाटक के कांग्रेसी मुख्यमंत्री श्री वीरप्पा मोइली ने विधानसभा में ८० प्रतिशत आरक्षण का विधेयक पेश कर ही दिया। भले ही विपक्ष के कड़े विरोध और सर्वोच्च न्यायालय के अपमान के आरोप के भय से इस सत्र में उस विधेयक के पारित होने की संभावना नहीं बची है, किंतु विधेयक पेश होने मात्र से ही मोइली का राजनीतिक उद्देश्य पूरा हो गया, क्योंकि उन्होंने अपने लक्षित वोट बैंकों को यह लालच दे दिया है कि अगर हम वापस आएँगे, तभी तुम आरक्षण की सुविधा पा सकोगे।

घातक अवसरवाद

इधर उत्तर प्रदेश में सपा-बसपा गठबंधन ने आरक्षण के पक्ष में सरकारी बंद का आह्वान देकर यह स्पष्ट कर दिया है कि जिस वोट-गणित पर उनकी सत्ता राजनीति टिकी है, उसमें उत्तराखंड का कोई स्थान नहीं है और पहाड़ी लोगों का आरक्षण-विरोधी आंदोलन उनके लिए वरदान बनकर आया है; क्योंकि इससे उन्हें आरक्षण की 'गाजर' दिखाकर पिछड़ों और दलितों के बिखरते गठबंधन को फिर से जोड़ने का मनचाहा अवसर मिल गया है। उत्तर प्रदेश जाति-युद्ध के दावानल में जलकर भस्म हो जाए तो उनकी बला से। गिद्धों को तो लाश चाहिए, जिंदा इनसान उनके किस काम का!

क्या सचमुच सत्ता का लोभ-मोह मनुष्य को इतना अंधा कर देता है कि वह

यह देखने के बाद भी कि जिस आरक्षण नीति को वह जाति-विहीन समाज रचना का मार्ग समझ बैठा था, वह उसे जन्मना और स्थायी जाति-प्रथा की उलटी दिशा में ले जा रही है, उसी समाज-तोड़क गलत हथियार का अंधाधुंध इस्तेमाल करने पर तुला हुआ है! जिस आरक्षण नीति को संविधान निर्माताओं ने अल्पकालिक मजबूरी के रूप में स्वीकार किया था, उसे अनंत काल तक बनाए रखने में ही वह अपना निहित स्वार्थ देखने लगा है? हम यह कैसे मान लें कि हमारे चतुर राजनीतिज्ञों की बुद्धि यह छोटी सी बात भी नहीं समझ पाती होगी कि जाति-आधारित पिछड़ापन मूलत: एक सामाजिक समस्या है और उसे एक प्रबल सामाजिक आंदोलन द्वारा ही हल किया जा सकता है, न कि तथाकथित पिछड़ी जातियों के कुछ मुट्ठी भर शिक्षितों को थोड़ी सी सरकारी नौकरियों में हिस्सा मिलने मात्र से! क्या उनकी अनुभवी आँखें इस सत्य को नहीं देख पातीं कि हिंदू समाज में ऊँच-नीच या अगड़े-पिछड़े की विकृत भावना प्रत्येक दो जातियों के बीच थोडी-बहुत मात्रा में विद्यमान है? तथाकथित दलित जातियों में चमार और भंगी के बीच भी उतनी ही दूरी है जितनी कि ब्राह्मण और चमार के बीच कही जा सकती है। मंडल आयोग द्वारा निर्मित 'अन्य पिछड़ी जातियों' नामक नए वर्ग के भीतर भी यादवों, कुरमियों और पासियों के बीच ऊँच-नीच का भाव सर्वज्ञात है। और इसीलिए समाज-शास्त्रियों ने हिंदू समाज की जाति-व्यवस्था का वर्णन एक सीढ़ीनुमा संरचना के रूप में किया है। यह संरचना कोई आज की नहीं है। तमिलनाडु के तिन्नीवेली जिले में सन् १४५२ का एक अभिलेख मिला, जिसमें सौ साल पुराने किसी दस्तावेज के संदर्भ से 'वेल्लाल' और 'वेल्लई-नाडार' नामक दो पिछड़ी जातियों के बीच ऊँच-नीच के आधार पर लंबे झगड़े का वर्णन किया गया है। यह विकृति कब प्रारंभ हुई, यह संरचना उचित है या नहीं, इस बहस के लिए लेख में स्थान नहीं है। अभी तो मूल प्रश्न यह है कि इस विशुद्ध सामाजिक समस्या को राजनीति के क्षेत्र में कौन, कब और क्यों खींच ले आया? जातियों की सीढ़ीनुमा संरचना में 'अन्य पिछड़े वर्गों' एवं 'अनुसूचित जातियों' जैसी कृत्रिम विभाजन रेखाएँ कब और किस आधार पर खड़ी की गईं?

अंग्रेज प्रशासकों की दृष्टि

इन प्रश्नों का उत्तर पाने के लिए हमें भारत में ब्रिटिश साम्राज्यवादी नीति को गहराई से समझना होगा। यूरोपीय ईसाई मिशनरियों एवं अंग्रेज प्रशासकों ने बहुत पहले ही भारतीय समाज-रचना में जाति-संस्था के महत्त्व को पहचान लिया

था। सन् १८५७ तक विभिन्न गवर्नर जनरलों के नाम ईसाई मिशनरियों के प्रतिवेदनों में एक ही रुदन मिलता है कि जाति-व्यवस्था और ब्राह्मणों के प्रति श्रद्धा के कारण हिंदुओं का धर्मांतरण बहुत कठिन हो गया है। सन् १८५७ की कारण-मीमांसा करने पर अंग्रेज इसी निष्कर्ष पर पहुँचे कि जब तक जाति-व्यवस्था कायम है और सभी जातियों के हिंदुओं के मन में ब्राह्मणों के प्रति श्रद्धा-भाव विद्यमान है तब तक भारत में अंग्रेजी राज के स्थायित्व की आशा करना व्यर्थ होगा। जाति-व्यवस्था उस समय अंग्रेजों के मन-मस्तिष्क पर कितनी बुरी तरह छाई हुई थी, इसका पता इससे चल सकता है कि सन् १८५८ में लगभग एक ही समय बंबई में एक मिशनरी विद्वान् जॉन विल्सन ने 'भारत में जाति' विषय पर दो खंडों की पुस्तक प्रकाशित की, इंग्लैंड में संस्कृत विद्वान् जॉन म्योर ने ओरिजिनल संस्कृत टैक्स्ट्स सिरीज का प्रथम खंड प्रकाशित किया, जिसमें प्राचीन संस्कृत ग्रंथों से जाति-विषयक संदर्भ संकलित किए गए। उसी समय ऑक्सफोर्ड में बैठकर मैक्समूलर ने 'जाति-व्यवस्था' पर एक लंबा निबंध लिखा और अमेरिका में बैठे अंग्रेज भाषाशास्त्री व्हिटने ने भी 'जाति-व्यवस्था' पर लिखना आवश्यक समझा। तभी से उन्होंने अंग्रेजी शिक्षित हिंदुओं के दिमागों में जाति-व्यवस्था और ब्राह्मण वर्ग के प्रति अश्रद्धा व विद्रोह का भाव भरने की बौद्धिक एवं संवैधानिक प्रक्रियाएँ भी प्रारंभ कर दीं।

अंग्रेज शासकों की कार्य-पद्धति के दो सूत्रों को ध्यान में रखना बहुत आवश्यक है। अंग्रेज नीति-विषयक कोई भी निर्णय जल्दबाजी में नहीं लेते थे, उसकी तैयारी बहुत पहले से आरंभ कर देते थे। इस तैयारी के अंतर्गत उनका पहला कार्य होता था किसी भी समस्या से संबद्ध यथार्थ का सूक्ष्म अध्ययन करना। सन् १८७१ में दस वर्षीय जनगणना प्रणाली का आरंभ, जिला व प्रांत गजेटियरों का निर्माण भारतीय यथार्थ के सब पहलुओं का सूक्ष्मतम अध्ययन करने की उनकी जिज्ञासा का अंग थे। ध्यान देने की बात यह है कि जहाँ एक ओर वे अंग्रेजी शिक्षित भारतीयों के दिमागों में यह बात बैठाने की कोशिश कर रहे थे कि जाति-प्रथा ही हिंदू समाज के विभाजन और पतन का मूल कारण है और इसको मिटाए बिना हिंदू समाज ऊपर नहीं उठ सकेगा, वहीं दूसरी ओर जनगणना रिपोर्टों में शैक्षणिक, सामाजिक एवं आर्थिक स्थिति संबंधी सब आँकड़ों व विश्लेषणों का आधार जातियों व मजहबों को ही बना रहे थे। और इस प्रकार उन्होंने जातिवादी व मजहबी स्पर्धा को बढ़ावा दिया। सन् १९०१ की जनगणना में 'सामाजिक वरीयता' का सिद्धांत अपनाकर उन्होंने विभिन्न जातियों के बीच स्पर्धा एवं कटुता को और

बढ़ावा दिया। उसी स्पर्धा में से विभिन्न जाति-सभाओं का जन्म हुआ, जो अपनी-अपनी जाति के लिए उच्चता व वरीयता का दावा करने लगीं।

विभिन्न जातियों में परस्पर पूरकता की भावना को नष्ट करने और उनके बीच जातीय स्पर्धा व संघर्ष का भाव पैदा करने के लिए नवजात आर्य आक्रमण सिद्धांत का सहारा लिया गया और जातियों का वर्गीकरण आर्य रक्त, अनार्य रक्त एवं मिश्रित रक्त के आधार पर किया जाने लगा। दस वर्षीय जनगणना रिपोर्टों, जिला गजेटियरों एवं क्षेत्रानुसार जाति-सर्वेक्षणों के आधार पर जातियों के इस वर्गीकरण को एक वैज्ञानिक सत्य के रूप में अंग्रेजी पढ़े-लिखे भारतीयों के मस्तिष्कों में प्रतिष्ठित कर दिया गया।

भ्रमित राजनीति

उन दिनों बोया गया दृष्टि-विभ्रम किस प्रकार आज भी स्वाधीन भारत की राजनीति को प्रभावित कर रहा है, इसका एक ही उदाहरण यहाँ देना पर्याप्त होगा। सन् १८८० में प्रकाशित बहुखंडीय 'इंपीरियल गजेटियर' के संपादक सर डब्ल्यू. डब्ल्यू. हंटर ने उस गजेटियर में भारत के बारे में एक लंबा परिचयात्मक निबंध लिखा, जिसे गजेटियर से अलग करके स्वतंत्र पाठ्य-पुस्तक के रूप में भी विभिन्न प्रांतों में प्रचलित किया गया। इस निबंध में सर हंटर लिखते हैं, 'यूरोपीय लेखक भारतीय जनसंख्या को पहले दो जातियों—अर्थात् हिंदुओं और मुसलमानों में बाँटकर देखते थे; किंतु जब हमने यहाँ की जनसंख्या का अधिक नजदीक से अध्ययन किया तो उसमें चार प्रकार के जातीय तत्त्व दिखाई दिए। वे हैं—प्रथम, अनार्य जातियाँ, जिन्हें 'आदिवासी' कहा जाता है और जिनकी संख्या सन् १८७२ की जनगणना के अनुसार ब्रिटिश राज्यों में एक करोड़ अस्सी लाख है। द्वितीय, आर्य अथवा संस्कृत भाषी जाति की संतान, जिन्हें आजकल ब्राह्मण और राजपूत कहते हैं और जिनकी संख्या सन् १८७२ में एक करोड़ साठ लाख थी। तृतीय, मिश्रित जातियों की विशाल संख्या, जिन्हें सामान्यतया 'हिंदू' कहा जाता है और जिनका उद्भव आर्य तथा अनार्य (मुख्यतया अनार्य) रक्त के मिश्रण में से हुआ है और जिसकी संख्या सन् १८७२ में बारह करोड़ दस लाख थी। चतुर्थ, मुसलमान, जिनका भारत में प्रवेश १००० ईस्वी के लगभग आरंभ हुआ और सन् १८७२ में जिनकी संख्या चार करोड़ पचास लाख थी।'

हंटर के इस विश्लेषण की विशेषता यह है कि जहाँ वह हिंदू समाज का विभाजन आर्य जाति के आधार पर करता है, वहीं विदेशी मुसलमानों और भारतीय

धर्मांतरितों की मजहबी आधार पर बनी संख्या को भी एक 'जाति' के रूप में ही देखता है। भारत की जनसंख्या का यह कृत्रिम विभाजन आज भी भारतीय राजनीति में कार्य कर रहा है। दलित नेता वी.टी. राजशेखर और कांशीराम, मुसलिम नेता शहाबुद्दीन और मार्क्सवादी नेता नंबूदरीपाद—तीनों ही इस सिद्धांत के आधार पर विदेशी आर्य आक्रमणकारियों की संतान के रूप में ब्राह्मण, क्षत्रिय और वैश्यों के १५ प्रतिशत शोषितों के विरुद्ध अनुसूचित जातियों, जनजातियों, अन्य पिछड़ी जातियों व मुसलिम अल्पसंख्यकों की ८५ प्रतिशत जनसंख्या के गठबंधन पर आधारित वोट-गणित लगा रहे हैं। विभिन्न राज्यों में आरक्षण की सीमा के विस्तार व उसमें मुसलमानों के समावेश के पीछे भी यही गणित काम कर रहा है। अंग्रेजों ने अनुसूचित जातियों व जनजातियों को शूद्र अनार्य रक्त का बताकर एक साथ रखा तो स्वाधीन भारत में अभी तक अनुसूचित जातियों व जनजातियों के लिए एक ही आयोग काम कर रहा है, जबकि दोनों की भौगोलिक स्थितियों व सामाजिक रचना में कुछ भी समानता नहीं है, दोनों की आवश्यकताएँ व समस्याएँ भी एक-दूसरे से सर्वथा भिन्न हैं। यह है हमारी मानसिक दासता की एक पीड़ाजनक साक्षी।

राष्ट्रीय चेतना का जोर

भारतीय समाज को विभाजित करने एवं दृष्टि-विभ्रम पैदा करने की इन सब कोशिशों के बावजूद भारत की राष्ट्रीय चेतना अंग्रेजी पढ़े-लिखे भारतीयों में भी जोर पकड़ने लगी और पाश्चात्य चिंतन, आदर्शों व संस्थाओं से अत्यधिक प्रभावित ये लोग ब्रिटिश शैली की संसदीय प्रणाली के आरोपण और उसमें भारतीयों को प्रतिनिधित्व देने की माँग उठाने लगे। यही था उन्नीसवीं शताब्दी के उत्तरार्द्ध में 'भारतीय नवराष्ट्रवाद' की लहर का मुख्य स्वर। उन दिनों इंग्लैंड अपनी संसदीय लोकतांत्रिक प्रणाली को सर्वोत्तम कहता था और इस प्रणाली के प्रसार को ही अपना वैश्विक मिशन बताता था। अत: इंग्लैंड की युवा पीढ़ी की ओर से भी बीच-बीच में यह स्वर उठता रहता था कि स्वयं को लोकतंत्र का प्रचारक कहनेवाला इंग्लैंड क्यों भारत जैसे विशाल देश पर अधिनायकवादी प्रणाली के माध्यम से शासन कर रहा है? क्यों नहीं वह वहाँ संसदीय लोकतंत्र की स्थापना करता? इस दोतरफा माँग के दबाव में उस समय के ब्रिटिश नीति-निर्माताओं ने बहुत अधिक विचार-मंथन किया और उनमें आपसी गोपनीय पत्राचार भी हुआ। इस पत्राचार के अध्ययन से स्पष्ट है कि ये सभी ब्रिटिश चिंतक इस बात पर एकमत थे कि जाति-संस्था, भाषायी एवं मजहबी विविधता एवं भौगोलिक विशालता के कारण क्षेत्रीय

चुनाव क्षेत्रों में निर्वाचन द्वारा प्रतिनिधित्व पर आधारित संसदीय प्रणाली भारत के लिए सर्वथा उपयुक्त नहीं है। उससे भारतीय समाज जड़ तक विभाजित हो जाएगा, शांति-व्यवस्था की समस्या गंभीर हो जाएगी।

किंतु तब तक दयानंद, बंकिम, रामकृष्ण परमहंस, तिलक और अरविंद जैसे व्यक्तित्वों के आगमन से राष्ट्रीय आंदोलन का स्वर बदलने लगा। वह पूर्ण स्वातंत्र्य व स्वदेशी का नारा लगाने लगा और जनांदोलन के पथ पर चल पड़ा। सन् १९०५ के बंगभंग-विरोधी स्वदेशी आंदोलन की प्रखरता एवं अखिल भारतीय व्यापकता ने ब्रिटिश नीति-निर्माताओं को पूरी तरह हिला दिया। एक ओर तो उन्होंने राष्ट्रीय आंदोलन की गति को अवरुद्ध करने के लिए उसके विरुद्ध मुसलिम पृथक्तावाद को खड़ा करने का निश्चय किया। सन् १९०५ में बंगाल का विभाजन, १९०६ में मुसलिम लीग की स्थापना और १९०९ के एक्ट में मुसलमानों को पृथक् निर्वाचन का अधिकार इसी योजना का अंग थे। दूसरी ओर उन्होंने राष्ट्रीय आंदोलन के जनाधार को संकुचित करने के लिए 'संवैधानिक सुधार' का रास्ता अपनाया।

यह सर्वविदित तथ्य है कि स्वाधीन भारत जिस संवैधानिक प्रणाली के माध्यम से अपने राष्ट्रीय लक्ष्यों को पाने की कोशिश चौवालीस वर्ष से कर रहा है वह सन् १८६१, विशेषकर १९०९ के भारत एक्ट, से प्रारंभ हुई संवैधानिक सुधार प्रक्रिया का ही अगला चरण व अभिन्न अंग है। विचारणीय बात यह है कि जिस संसदीय प्रणाली को उन्नीसवीं शताब्दी के अंत तक ब्रिटिश शासक एवं संविधानवेत्ता भारत के लिए सर्वथा अनुपयुक्त मानते रहे उसे सन् १९०९ से लागू करना उन्होंने क्यों आवश्यक व उचित समझा?

कुटिल नीति का कार्यान्वयन

क्यों भारत-सचिव लॉर्ड मोरले ने बार-बार सार्वजनिक मंचों से संसदीय प्रणाली को भारत के लिए अनुपयुक्त घोषित करके भी सन् १९०९ के भारत एक्ट में निर्वाचन पद्धति का श्रीगणेश किया? सन् १९०९, १९१९ और १९३५ के भारत सरकार एक्टों के पीछे विद्यमान ब्रिटिश साम्राज्यवादी उद्देश्यों एवं कूटनीति का विवेचन यहाँ संभव नहीं है। किंतु निष्कर्ष रूप में यह कहा जा सकता है कि इस संपूर्ण संवैधानिक सुधार प्रक्रिया का मूल उद्देश्य राष्ट्रीय आंदोलन को जन-संघर्ष के रास्ते से हटाकर सत्ता के गलियारों में भटकाना, विघटनकारी प्रवृत्तियों को उभारकर राष्ट्रवादी चेतना को कुंठित करना और राष्ट्रीय आंदोलन के जनाधार को उत्तरोत्तर संकुचित करते जाना था! सन् १९०९ के एक्ट में मुसलमानों को, १९१९

के एक्ट में सिखों को तथा १९३२ के कम्युनल अवार्ड में दलितों, एंग्लो इंडियनों, यूरोपियनों एवं महिलाओं को पृथक् निर्वाचन का अधिकार देना इसी 'फूट डालो और राज करो' नीति के कार्यान्वयन की दिशा में एक के बाद दूसरा कदम थे। सन् १९३५ के एक्ट में दलित वर्गों अर्थात् अनुसूचित जातियों को पृथक् निर्वाचन का अधिकार देने की उनकी पूरी तैयारी थी, पर १९३२ के कम्युनल अवार्ड के विरोध में गांधीजी के आमरण अनशन के कारण उनकी वह योजना पूरी तरह सफल नहीं हो सकी; किंतु उसमें से आरक्षण का यह विष-वृक्ष तो पैदा हो ही गया।

ब्रिटिश संसदीय प्रणाली द्वारा जातियों के आधार पर हिंदू समाज का आंतरिक विघटन व आरक्षण के विष-बीज के उद्‍भव की कहानी को जरा अधिक विस्तार से देखना होगा। वस्तुत: स्वाधीन भारत की राजनीति ब्रिटिश राजनीति के पदचिह्नों पर ही चल रही है। इस राजनीति के चरित्र व दिशा को ब्रिटिश राजनीति के चरित्र के जाने बिना समझा नहीं जा सकता।

[पाञ्चजन्य, २५ सितंबर, १९९४]

□

जो अंग्रेज देख सके, वह हम क्यों नहीं देख पाते?

उत्तर प्रदेश के मुख्यमंत्री मुलायम सिंह यदि इस समय विजेता की मुद्रा में मूँछों पर ताव दे रहे हों तो कोई आश्चर्य की बात नहीं। सरकारी तंत्र और उन्मादी भीड़ की सहायता से उन्होंने राज्य भर में आतंक और तोड़-फोड़ का दृश्य खड़ा करके अपनी आरक्षण नीति के समर्थन में बंद की सफलता का प्रदर्शन कर दिया। भले ही उनकी निर्लज्ज सत्ता राजनीति की सफलता के लिए उत्तर प्रदेश की जनता को अनेक अमूल्य, निरीह प्राणों की बलि देनी पड़ी, उच्च न्यायालय के घोर अपमान का दृश्य आँखों से देखना पड़ा। जो मुलायम सिंह गद्दी बचाने के लिए कल तक कांशीराम के सामने मुँह में तिनका दबाकर घुटनों के बल गिड़गिड़ाते दिखाई दे रहे थे, वे ही अब सरकारी ताकत के कंधों पर सवार होकर असहाय जनता को कोड़े लगा रहे हैं और विजय का अट्टहास कर रहे हैं। सत्ता के गिद्धों से इससे बेहतर आचरण की अपेक्षा ही कैसे की जा सकती है!

किंतु आश्चर्य और दुःख तो उन कलमघिस्सू पत्रकारों और बुद्धिजीवियों को देखकर होता है जो मुलायम सिंह की इस समाज-विभाजक जातिवादी सत्ता राजनीति में डॉ. राममनोहर लोहिया के 'जाति तोड़ो' नारे की सफलता देख रहे हैं, जो अभी भी बीसियों साल पुराने घिसे-पिटे शीर्षकों, जैसे—'जब जाति टूटेगी, तभी समता होगी' और 'जब तक जातियाँ रहेंगी, तब तक आरक्षण रहेगा' के लेख लिखकर वही पुराना राग अलाप रहे हैं कि जातियों को मिटाए बिना समतामूलक समाज नहीं बनेगा—और जाति को तोड़ने का एकमात्र रास्ता आरक्षण नीति है। डॉ. लोहिया एक श्रेष्ठ विचारक एवं नेता थे। यदि राष्ट्र और मानवता में उनकी निष्ठा अविचल थी तो उनका चिंतन गतिमान और रणनीति परिवर्तनशील थी। यह सत्य है

कि समतामूलक समाज के निर्माण का स्वप्न लेकर किसी समय उन्होंने 'जाति तोड़ो' का नारा दिया था और जातियों के आधार पर प्रतिनिधित्व की बात भी उठाई थी; किंतु यदि आज वे जीवित होते और अपनी आँखों से यह देखते कि आरक्षण नीति के फलस्वरूप जाति टूटने के बजाय स्थायी व जन्मना होती जा रही है, कि सामाजिक धरातल पर जाति-भेद कम हो रहा है तो जाति-प्रथा का राजनीतिकरण होने के कारण वह अधिक मजबूत हो रही है और जाति-विहीन समतामूलक समाज के निर्माण का स्वप्न उत्तरोत्तर धूमिल होता जा रहा है, तो इसमें संदेह नहीं कि सत्ता राजनीति के लिए आरक्षण को हथियार के रूप में इस्तेमाल करने का विरोध करनेवालों में डॉ. लोहिया सबसे आगे होते। बिलकुल उसी प्रकार जिस प्रकार उन्होंने नेहरू-सुभाष स्पर्धा में नेहरू का साथ देने की अपनी भूल को सार्वजनिक और लिखित रूप में स्वीकार करने का साहस दिखाया था। डॉ. लोहिया की आत्मा आज यह देख कैसा अनुभव कर रही होगी कि कुछ जड़ मति और शायद बिकाऊ बुद्धिजीवी-पत्रकार उनके नाम पर समाज-तोड़क अवसरवादी सत्ता राजनीति की अंधी वकालत में जुट गए हैं।

उलटी दिशा में क्यों

वर्तमान संवैधानिक ढाँचे के भीतर स्वाधीन भारत की चौवालीस वर्ष लंबी यात्रा के प्रत्यक्ष अनुभवों के आधार पर इन कलमघिस्सू 'सामाजिक क्रांतिकारियों' के मन में ऐसे प्रश्न क्यों नहीं खड़े होते कि इन चौवालीस वर्षों में हमारा देश जाति, क्षेत्र, भाषा, संप्रदाय इत्यादि संकुचित निष्ठाओं से ऊपर उठकर अखिल भारतीय राष्ट्रीयता पर अधिष्ठित समरस, एकात्म समाज-जीवन की रचना के बजाय उलटी दिशा में क्यों जा रहा है? स्वाधीन भारत में शिक्षा व प्रचार माध्यमों के ज्यामितिक गति में व्यापक विस्तार के बावजूद जातिभेद खत्म होने के बजाय बढ़ता क्यों जा रहा है? क्यों समूची चुनाव राजनीति 'जाति' के चारों ओर घूम रही है? क्यों जनगणना में से 'जाति' का कॉलम निकाल देने पर भी प्रत्येक भारतीय अपने माथे पर जाति का नामपट्ट लगाए घूम रहा है? कहीं ऐसा तो नहीं कि जिस संवैधानिक रचना को हमने आम का बीज समझकर अपनाया था, वह वस्तुत: बबूल का बीज था और इसीलिए वह हमें आम के बजाय बबूल का वृक्ष दे रहा है! कहीं ऐसा तो नहीं कि हमारी जाति-व्यवस्था, जिसे हम वस्त्रों जैसी ऊपरी वस्तु मान बैठे थे कि जब चाहे इससे छुटकारा पा सकते हैं, उसकी जड़ें बहुत गहरी हैं और वह हमारी मांस, मज्जा और रक्त में अभिन्नतः भिदी हुई है। उसकी विकृतियों एवं दुष्परिणामों

से छुटकारा पाना है तो पहले उसके स्वरूप को सही ढंग से समझना होगा और इसके लिए ब्रिटिश उपनिवेशवादियों द्वारा आरोपित दृष्टि को त्यागकर शुद्ध भारतीय दृष्टि से अपनी सामाजिक, आर्थिक व अन्य संस्थाओं को देखना-समझना होगा; अपनी जड़ों से जुड़ना होगा—अर्थात् एक नया इतिहास-बोध, नई इतिहास-दृष्टि अपनानी होगी।

संवैधानिक रचना

जहाँ तक वर्तमान संवैधानिक रचना का संबंध है, जिसका बीजारोपण ब्रिटिश उपनिवेशवादियों ने अपने साम्राज्यवादी उद्देश्यों की पूर्ति के लिए किया था, जिसे हम भारत की लोकतांत्रिक चेतना की अभिव्यक्ति का एकमात्र माध्यम समझ बैठे हैं और जिसके दुष्परिणामों को देखकर भी हम आँखें मूँद लेते हैं कि उनकी चर्चा करने पर कहीं लोग हमें लोकतंत्र-विरोधी घोषित न कर दें, इस रचना के बारे में ब्रिटिश साम्राज्यवादियों को पहले दिन से ही स्पष्ट था कि यह रचना जाति-प्रथा को मिटाने के बजाय उसे प्रतिस्पर्धी, भेदकारी एवं सुदृढ़ बनाएगी।

सन् १८६१ के इंडिया काउंसिल एक्ट से आरंभ हुई तथाकथित संवैधानिक सुधार प्रक्रिया में अंग्रेजों ने पहली बार १९०९ के भारत सरकार एक्ट में निर्वाचन-पद्धति का समावेश किया। यह तो सर्वविदित है कि इस एक्ट में मुसलमानों को पृथक् निर्वाचन का अधिकार देकर अंग्रेजों ने पाकिस्तान के जन्म का संवैधानिक गर्भाधान किया। किंतु जाति-संस्था पर इस निर्वाचन प्रक्रिया का क्या परिणाम होने वाला है, इसकी ओर किसी का ध्यान नहीं गया। इस एक्ट के बनने के पूर्व २ मार्च, १९०९ को लंदन में ईस्ट इंडिया एसोसिएशन के तत्त्वावधान में एक सभा हुई, जिसकी अध्यक्षता बंगाल के पूर्व उपराज्यपाल सर चार्ल्स सेसिल स्टीवेंस ने की। इस अवसर पर भारत से सेवानिवृत्त एक ब्रिटिश अधिकारी ए.ई. दुचेस्ने (Duchesne) ने अपने लंबे अनुभवों के आधार पर इस विधेयक के भावी परिणामों का विश्लेषण प्रस्तुत किया। दुचेस्ने ने चेतावनी देते हुए कहा कि 'यदि हमारा उद्देश्य भारत में लोकतांत्रिक प्रक्रिया को आरंभ करना है तो हमें अपने परिवर्तनों के संभावित परिणामों की कुछ तो पूर्व-कल्पना रहनी ही चाहिए। भारत में निर्वाचक वर्ग जैसी संस्था खड़ी करने का मतलब केवल यह होगा कि हम वर्तमान जाति-संगठनों को उत्तेजक भाषण देनेवाले, सत्तालोभियों के इशारों पर नाचनेवाले विशाल सत्ता-गुटों में बदल डालेंगे। जाति-नेता फैसला करेंगे तो उनके हुक्म से मतदान होगा, नहीं तो कतई नहीं होगा। उनकी आज्ञा का उल्लंघन करनेवाले मतदाताओं का उत्पीड़न

होगा। स्वतंत्र मतदाता नामक वस्तु देखने को भी नहीं मिलेगी।'

कौन कह सकता है कि इस संवैधानिक रचना के परिणामों का जो चित्र एक अंग्रेज प्रशासक ने इस शताब्दी के आरंभ में बैठकर देखा था वही चित्र इस शताब्दी के अंतिम दशक में हमारे सामने नहीं खड़ा है!

अंग्रेज शासकों ने भारतीय यथार्थ का सूक्ष्म अध्ययन करके उस यथार्थ के साथ ब्रिटिश संसदीय प्रणाली की विसंगतियों और दुष्परिणामों को अच्छी प्रकार समझकर ही भारत को इस संवैधानिक सुधार प्रक्रिया के पथ पर जान-बूझकर धकेला। सन् १९१९ के संवैधानिक सुधारों की पूर्व पीठिका के रूप में तत्कालीन भारत-सचिव मांटेग्यू एवं गवर्नर जनरल चेम्सफोर्ड के नाम से एक संयुक्त रिपोर्ट २० अगस्त, १९१७ को प्रकाशित की गई, जिसमें घोषणा की गई कि ब्रिटिश सरकार का लक्ष्य निर्वाचन पर आधारित लोकतांत्रिक प्रक्रिया के माध्यम से भारत को क्रमशः पूर्ण उत्तरदायी शासन प्रदान करना है। इस रिपोर्ट के पैरा १४९ में कहा गया है कि 'जितनी जल्दी जाति जैसी विभेदकारी दीवारें ढहेंगी उतनी ही जल्दी भारत साम्राज्य के अंतर्गत स्व-शासन की स्थिति को प्राप्त कर सकेगा।' और यह दावा किया गया कि निर्वाचन पर आधारित लोकतांत्रिक प्रक्रिया से गुजरकर ही भारत जाति जैसी शताब्दियों पुरानी विभाजनकारी दीवारों से छुटकारा पा सकेगा। जाति-संस्था की थोड़ी गहरी समझ रखनेवाले सर हैरी स्टीफेन सरीखे अनुभवी ब्रिटिश चिंतकों की पहली टिप्पणी यह थी कि 'यह रिपोर्ट स्पष्ट नहीं करती कि इस संवैधानिक प्रक्रिया में से विकसित उत्तरदायी शासन की प्राचीन जाति-संस्था के साथ संगति कैसे बैठेगी!' उसी समय प्रसिद्ध इतिहासकार विंसेंट स्मिथ ने भी एक छोटी सी पुस्तिका प्रकाशित की, जिसमें मांटेग्यू-चेम्सफोर्ड रिपोर्ट में विद्यमान विसंगतियों एवं उसके दुष्परिणामों का अधिक गहरा विश्लेषण प्रस्तुत किया गया। १८ दिसंबर, १८१८ को इस पुस्तिका की भूमिका में सर विंसेंट स्मिथ ने लिखा कि 'आई.सी.एस. अधिकारी के नाते मैंने उनतीस वर्ष तक भारत में ब्रिटिश सरकार के अनेक विभागों में कार्य करते हुए भारतीय यथार्थ को निकट से देखा है और इतिहासकार के रूप में अपनी वयस्क आयु के लगभग पचास वर्ष इस यथार्थ के विकास की लंबी ऐतिहासिक प्रक्रिया को समझने के लिए खर्च किए हैं। इसलिए मैं समझता हूँ कि इस रिपोर्ट पर टिप्पणी करने का मुझे अधिकार है।' स्मिथ ने यह भी लिखा कि 'भारत ने मुझे बहुत कुछ दिया है और अब जब मेरे सक्रिय जीवन का अंत निकट है तो मुझे भी भारत के लिए कुछ कर जाना चाहिए।'

पुस्तिका के चौथे अध्याय में मांटेग्यू-चेम्सफोर्ड रिपोर्ट द्वारा प्रस्तावित

संवैधानिक रचना के संदर्भ में जाति-व्यवस्था का विचार करते हुए स्मिथ लिखते हैं कि 'इस रिपोर्ट के लेखक भारतीय समाज की अंत:प्रकृति को समझने में असमर्थ रहे हैं। यूरोपीय अनुभव में उसकी कोई मिसाल नहीं मिलती। इस रिपोर्ट के लेखक समझते हैं कि जाति कोई बाहरी चिह्न या लक्षण मात्र है, जिसे सरलता से अलग फेंका जा सकता है। वे भूल जाते हैं कि यह भारतीयों की रक्त-मज्जा में घुली-भिदी संस्था है। इसलिए यह नितांत आवश्यक है कि भारतीय लोकतंत्र का सपना देखनेवाले पहले जाति के सही अर्थ को समझने की कोशिश करें, क्योंकि जाति भारत का अपना वैशिष्ट्य है। विश्व में उसका कोई दूसरा उदाहरण अन्यत्र नहीं मिलता।'

इस प्रारंभिक चेतावनी के बाद सर विंसेंट लिखते हैं कि 'जाति हिंदू समाज की आत्मा और शरीर दोनों है। हिंदू धर्म एक अति प्राचीन समाज-व्यवस्था है, जो जाति-संस्था पर आधारित और अभिन्न दोनों है। जाति-व्यवस्था ने ही हिंदू धर्म को अब तक बचाए रखा है और जाति-प्रथा के नष्ट होने के साथ ही हिंदू धर्म भी मिट जाएगा।'

अनन्य हिंदू धर्म

वे लिखते हैं कि 'हिंदू धर्म को इसलाम और ईसाई धर्मों की श्रेणी में नहीं रखा जा सकता। उसका कोई एक पैगंबर या धर्मग्रंथ नहीं है। यह तो अनेक सहस्राब्दियों में विकसित आचार या धर्म के हिंदू आदर्श की सामाजिक अभिव्यक्ति मात्र है। प्रत्येक जाति-समूह के लिए आचार के अलग नियम होते हैं, प्रत्येक जाति में आंतरिक लोकतंत्र होता है। जाति के नियम सर्वोपरि होते हैं। समूचे जीवन पर जाति का नियंत्रण होता है। निम्न व अस्पृश्य कही जानेवाली जातियाँ भी जाति-संगठन को उतना ही महत्त्व देती हैं जितना कि तथाकथित उच्च जातियाँ। उनके मन में हीनता का भाव नहीं है।'

इतिहासकार स्मिथ का कहना है कि 'भारत में व्यक्ति को नहीं, परिवार को समाज की मूल इकाई माना जाता है। आंतरिक एकता के साथ-साथ खान-पान और विवाह आदि के बारे में परंपरागत नियमों से बँधे अनेक परिवारों के समुच्चय का नाम ही जाति है। किसी जाति विशेष का सदस्य होने के अतिरिक्त कोई और आधार ही नहीं है, जिससे कोई हिंदू अपनी पहचान कर सके। वस्तुत: जाति और हिंदू धर्म अलग-अलग वस्तु न होकर अभिन्न हैं। और जब तक हिंदू हिंदू बने रहना चाहते हैं तब तक जाति-प्रथा को नष्ट कर पाना असंभव है। जाति-व्यवस्था यदि तीन

हजार से भी अधिक वर्षों से जीवित है तो इसलिए है, क्योंकि वह हिंदुओं के लिए हितकर है और उनकी प्रकृति का अंग बन चुकी है। और इन्हीं कारणों से वह अनगिनत शताब्दियों तक बनी भी रहेगी।'

जाति-संस्था का उपर्युक्त विश्लेषण करने के पश्चात् सर विंसेंट स्मिथ मांटेग्यू-चेम्सफोर्ड रिपोर्ट की शव-परीक्षा करते हैं। वे लिखते हैं कि रिपोर्ट के पैरा १५२ में आशा व्यक्त की गई है कि निर्वाचन पर आधारित प्रतिनिधित्व के कारण जाति-प्रथा की कठोरता को कम करने में सहायता मिलेगी। '…क्या इस रिपोर्ट के लेखक गंभीरता से यह मानते हैं कि निर्वाचनों और मतदान पेटियों की संख्या बढ़ाते जाने से ही ब्राह्मण और निम्न जातियों की तुलनात्मक स्थिति में अंतर आ जाएगा? यदि वे ऐसा मानते हैं तो वे चाहे जो मान सकते हैं।'

संक्षेप में, सर विंसेंट स्मिथ का यह सुविचारित मत था कि ब्रिटिश मॉडल पर आधारित संसदीय संवैधानिक प्रणाली के माध्यम से जाति-प्रथा की कठोरता और भेदकारी प्रवृत्तियाँ कम होने के बजाय और बढ़ेंगी। उनका विश्वास था कि इस संवैधानिक प्रक्रिया में से यदि कोई संस्था मिटने के बजाय अधिक मजबूत होकर बाहर निकलेगी तो वह जाति-व्यवस्था ही होगी।

विंसेंट स्मिथ की भविष्यवाणी सही निकली है। आज हम अपनी आँखों से देख रहे हैं कि पिछले चौवालीस वर्षों में इस संवैधानिक प्रक्रिया में से जातिवादी राजनीति उत्तरोत्तर बलवान् होती जा रही है। तथाकथित पिछड़े वर्गों और दलित जातियों के दलों के सत्तारूढ़ होने के बाद से जातीय संघर्षों और उत्पीड़न की घटनाओं में भारी वृद्धि हुई है और समूचा वातावरण जाति-विद्वेष, कटुता व संघर्ष के जहर से भर गया है। हमारा समूचा राजनीतिक नेतृत्व दोगले चरित्र का बन गया है। वह बात तो जाति-मुक्त समाज की करता है और राजनीति जाति के आधार पर करता है।

जातिभेद की राजनीति

ब्रिटिश संवैधानिक सुधार प्रक्रिया के इतिहास पर दृष्टि डालने से स्पष्ट हो जाता है कि जब-जब स्वाधीनता आंदोलन के कारण राष्ट्रीय चेतना का ज्वार आया तब-तब अंग्रेजों ने संवैधानिक सुधार के नाम पर उस चेतना को जाति, संप्रदाय आदि भेदों में बिखेरने की कोशिश की। अंग्रेजों ने जातिभेद जैसी सामाजिक समस्या को भी सत्ता राजनीति के क्षेत्र में खींचने की कोशिश की। मैकाले के भारतीय मानसपुत्र राजसत्ता को ही सामाजिक परिवर्तन एवं सामाजिक पुनर्रचना

का माध्यम मानकर अंग्रेजों के इस जाल में फँसते चले गए। वस्तुतः सन् १९१७ में ही बंबई प्रांत के दो सम्मेलनों में मैकाले के मानसपुत्रों ने ब्रिटिश शासन के प्रति निष्ठा की शपथ लेकर दलित वर्गों के लिए अलग प्रतिनिधित्व की माँग उठानी शुरू कर दी थी।

अंग्रेजों के इस कुचक्र को गांधीजी ने समझा। उन्होंने जाति-संस्था को भी विशुद्ध भारतीय दृष्टि से समझने की कोशिश की और इस संस्था की विकृतियों को दूर करने के लिए एक प्रबल सामाजिक आंदोलन खड़ा करने का प्रयास किया। जाति के प्रश्न को सत्ता राजनीति के क्षेत्र में खींचने की अंग्रेजों की कोशिशों को विफल करने का गांधीजी ने भरसक प्रयास किया। उन्होंने यह समझ लिया था कि जाति-व्यवस्था के सत्य को स्वीकार करके उसकी आंतरिक विकृतियों को दूर करने, उसे परस्पर पूरक बनाने, जातीय चेतना को राष्ट्रीयता के उच्च धरातल तक ऊपर उठाने और उसके साथ सुसंगत बनाने तथा इन्हीं संस्थाओं में से विकसित भारत की शताब्दियों पुरानी लोकतांत्रिक चेतना की आधुनिक युगानुकूल अभिव्यक्ति के लिए भारतीय मनीषा को ब्रिटिश रचना का अंधानुकरण न करके कोई स्वतंत्र संवैधानिक रचना खोजनी होगी।

अतः यह आवश्यक हो गया है कि हम आत्मालोचन करें। गांधीजी के दृष्टिकोण और उनके प्रयत्नों को गहराई से समझे बिना हम इस दुश्चक्र से बाहर नहीं निकल सकेंगे।

[पाञ्चजन्य, २ अक्तूबर, १९९४]

□

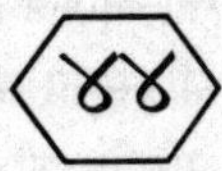

बंदर के हाथ में आरक्षण की छुरी

किसी राष्ट्र का इससे बड़ा दुर्भाग्य और क्या हो सकता है कि जोड़-तोड़ की नकारात्मक राजनीति के माध्यम से कोई ऐसा व्यक्ति प्रधानमंत्री जैसी महत्त्वपूर्ण कुरसी पर पहुँच जाए, जिसकी दृष्टि का क्षितिज अपने परिवार, जाति और प्रांत से आगे झाँकने में असमर्थ हो; जिसके जीवन में न कोई वैचारिक प्रतिबद्धता हो और न कोई आदर्शवादी चेतना।

बिना सोचे-समझे घोषणाएँ

सस्ती लोकप्रियता अर्जित करने के लिए देवगौड़ा जनसभाओं में करोड़ों रुपयों की परियोजनाओं की सार्वजनिक घोषणा करना और आरक्षण की रेवड़ियाँ बाँटना ही राष्ट्र-निर्माण का कार्य समझ बैठे हैं। उत्तर प्रदेश की किसी जनसभा में उन्हें सवर्ण जाति के लोग अधिक संख्या में बैठे दिखाई दिए तो उन्होंने उच्च जातियों के निर्बल वर्गों के लिए १० प्रतिशत आरक्षण का प्रावधान करने की घोषणा कर डाली। महिलाओं को वे आश्वासन दे रहे हैं कि उनके लिए ३३ प्रतिशत आरक्षण का विधेयक शीघ्र लाया जाएगा। लोकसभा के शीतकालीन सत्र में वे दलित ईसाइयों के लिए आरक्षण का विधेयक लाने के लिए वचनबद्ध हैं। उनका जनता दल मुसलमानों को आरक्षण की पहले से ही जोरदार वकालत कर रहा है। वे उत्तर-पूर्व का दौरा करने गए तो वहाँ की जनाकांक्षाओं और समस्याओं के जटिल स्वरूप को जाने बिना ही छह हजार एक सौ करोड़ रुपए की राशि वितरण करने की घोषणा कर डाली। उत्तराखंड के मतदाताओं को लुभाने के लिए उत्तराखंड राज्य तुरंत बनाने का वचन दे डाला।

इसी क्रम में उन्होंने १२ नवंबर को राजस्थान के झुँझनूँ नगर की एक जनसभा में जाटों को पिछड़े वर्गों की सूची में सम्मिलित करके आरक्षण की सुविधाएँ देने की घोषणा कर डाली। इतना ही नहीं, यह भी कह डाला कि मंडल आयोग के अधूरे कार्य को पूरा करने के लिए शीघ्र ही एक नए आयोग की नियुक्ति की जाएगी, जो अन्य जातियों को भी अन्य पिछड़े वर्गों में सम्मिलित करने पर विचार करेगा। यह घोषणा करने का अधिकार उन्हें कहाँ से मिला? क्या संयुक्त मोरचा के न्यूनतम कार्यक्रम में कहीं इसका उल्लेख है? क्या यह घोषणा करने से पूर्व उन्होंने मोरचे की समन्वय समिति की स्वीकृति प्राप्त की? यदि नहीं तो अनायास उन्होंने कैसे घोषणा कर डाली? क्या वे यह घोषणा करने के लिए ही झुँझनूँ गए थे?

व्यक्तिगत लाभ की राजनीति

प्राप्त जानकारी के अनुसार उनकी इस यात्रा का मूल उद्‌देश्य विशुद्ध वैयक्तिक था। झुँझनूँ जिले के झंझार नामक कस्बे में लक्ष्मीनारायण गुप्ता नामक एक सज्जन रहते हैं। वे पहले बंगलौर शहर में ब्याज पर ऋण देने का महाजनी धंधा करते थे और देवगौड़ा परिवार को उसके आड़े दिनों में आर्थिक सहायता देकर उपकृत किया था। भाग्य का छींका टूट जाने से प्रधानमंत्री की कुरसी पर पहुँचकर लक्ष्मीनारायण गुप्ता के प्रति कृतज्ञता-ज्ञापन के बहाने उन्हें अपने सत्ता वैभव से चमत्कृत करना चाहते थे और इसीलिए सितंबर मास से ही झंझार जाने के लिए छटपटा रहे थे। प्रधानमंत्री की व्यक्तिगत यात्रा का राजनीतिक लाभ उठाने का विचार वहाँ से तिवारी कांग्रेस के टिकट पर लोकसभा के लिए निर्वाचित और उसके कोटे से केंद्रीय मंत्रिमंडल में स्थान पानेवाले सांसद शीशराम ओला के मन में उठा। प्रधानमंत्री की यात्रा के व्यक्तिगत उद्‌देश्य पर परदा डालने के लिए उन्होंने जिला केंद्र झुँझनूँ में एक जनसभा का आयोजन कर दिया और वहाँ उनके हाथों में पचास लाख जाटों के हस्ताक्षरों से युक्त एक ज्ञापन पकड़ा दिया, जिसमें माँग की गई थी कि जाटों को भी 'अन्य पिछड़े वर्गों' की सूची में सम्मिलित करके आरक्षण की सुविधा प्रदान की जाए। शीशराम ने देवगौड़ा के कान में यह मंत्र भी फूँक दिया होगा कि यह घोषणा करने से पश्चिमी उत्तर प्रदेश, हरियाणा और राजस्थान के जाट भाजपा का साथ छोड़कर जनता दल की झोली में आ जाएँगे। देवगौड़ा को लगा होगा कि शीशराम की बात मानने से तिवारी कांग्रेस को साथ लाने में मदद मिल सकेगी। इसके साथ ही उनको लगा

होगा कि जाटों के बहाने नए आयोग के गठन की घोषणा करने से अपनी खुद की वोक्कालिंगा जाति को भी 'अन्य पिछड़े वर्गों' की सूची में सम्मिलित कराने का रास्ता खुल जाएगा।

मात्र एक घोषणा के इतने अधिक राजनीतिक लाभ तुरंत मिलने की संभावनाओं ने देवगौड़ा में जोश भर दिया होगा और उन्होंने घोषणा के दूरगामी परिणामों का विचार किए बिना घोषणा कर डाली।

आरक्षण की बंदर-बाँट

देवगौड़ा ने जब केंद्रीय मंत्रिमंडल के सामने अपनी घोषणा को तुरंत अर्थात् अपनी रोम यात्रा के पूर्व ही कार्यान्वित करने का प्रस्ताव रखा तो उन्होंने पाया कि संयुक्त मोरचे के सभी घटक अपने-अपने कारणों से उनसे असहमत हैं। जब देवगौड़ा ने कहा कि वे इसके लिए व्यक्तिश: वचनबद्ध हैं तो मंत्रिमंडल में द्रमुक के प्रतिनिधि मुरासोली मारन ने कहा कि किसी के व्यक्तिगत वचन की रक्षा के लिए आत्मघाती कदम नहीं उठा सकते। उन्होंने कहा कि उनके दल द्रविड़ मुन्नेत्र कषगम ने ही अन्य पिछड़े वर्गों के लिए आरक्षण का प्रावधान करने में पहल की थी। किंतु हर चीज का वक्त होता है। हम अगर ऐसा कोई आयोग बनाते हैं तो मुसीबत का पिटारा खोलना होगा। यह न तो हमारे न्यूनतम कार्यक्रम का अंग है और न ही संयुक्त मोरचे की प्राथमिकता। उन्होंने कहा कि यह बहुत ही नाजुक विषय है और इसे इतने हलके-फुलके ढंग से नहीं निपटाया जा सकता। संयुक्त मोरचे के तीन वजनदार यादव छत्रप मुलायम सिंह, लालू यादव व शरद यादव बहुत पहले से जाटों को अन्य पिछड़े वर्गों की सूची में सम्मिलित करने के सुझाव का विरोध करते रहे हैं। उनकी सोच है कि अन्य पिछड़े वर्गों के लिए निर्धारित २७ प्रतिशत आरक्षण का अधिकांश भाग इस समय तो प्रभावशाली यादव जाति के खाते में समा जाता है। यदि जाटों को इस सूची में सम्मिलित कर लिया गया तो पिछड़ों में अगड़ा होने के कारण आरक्षण की पूरी मलाई जाट ही हड़प जाएँगे, तब यादवों के हिस्से में क्या बचेगा? सर्वोच्च न्यायालय के निर्णय के कारण आरक्षण की सीमा को ५० प्रतिशत से अधिक ले जाना संभव नहीं है, इसलिए जो भी बंदर-बाँट होनी है वह ५० प्रतिशत के भीतर ही होगी। यही खतरा है जिसके कारण तथाकथित दलित ईसाइयों को आरक्षण की सुविधा देने की राजनीतिज्ञों की कोशिश का अनुसूचित जातियों के द्वारा कड़ा विरोध किया जा रहा है, क्योंकि दलित नेता जानते हैं कि तब ईसाई लोग शिक्षा व अन्य दृष्टि से काफी आगे होने के कारण उन्हें

मिलनेवाली सब सुविधाओं को हड़प जाएँगे और वास्तविक दलित आरक्षण की सुविधाओं से वंचित रह जाएँगे।

जाट : एक पराक्रमी जाति

कौन कहेगा कि जाटों को आरक्षण की बैसाखी की आवश्यकता है? प्राचीन यौधेय क्षत्रियों की वंशज जिस जाति ने आधुनिक काल में रणजीतसिंह और सूरजमल जैसे महाराजा उत्पन्न किए; पंजाब और भरतपुर जैसे शक्तिशाली राज्य खड़े किए; जिसने स्वाधीन भारत में भी प्रधानमंत्री, उपप्रधानमंत्री, केंद्रीय मंत्री, राज्यपाल और मुख्यमंत्री जैसे पद अपनी योग्यता तथा राजनीतिक समझ के बल पर अर्जित किए, उसे कौन पिछड़ा कहेगा? इस समय भी तीन राज्यों का मुख्यमंत्री पद बंसीलाल, साहिब सिंह वर्मा और हरचरण सिंह बराड़ के पास है। शिक्षा, सेना, पुलिस, प्रशासन सभी क्षेत्रों में जाटों का महत्त्वपूर्ण योगदान रहा है। हर प्रदेश के परंपरागत भूमि-पुत्रों के नाते जाट कृषि उत्पादन की रीढ़ व राष्ट्र की समृद्धि का आधार रहे हैं। एक समय था, जब जाट और यादव स्वयं को क्षत्रिय कहने में गर्व अनुभव करते थे और अब स्थिति है कि उनके तथाकथित शुभचिंतक राजनीतिक नेता अपने राजनीतिक स्वार्थ के लिए उन्हें पिछड़ों की पंक्ति में धकेलने में गर्व अनुभव कर रहे हैं। चौ. चरण सिंह के अमेरिका-पलट सुपुत्र अजित सिंह के पास राजनीतिक महत्त्वाकांक्षा तो असीम है, पर जनाधार बनाने का पुरुषार्थ और योग्यता नहीं के बराबर है। इसीलिए उन्होंने अपनी महत्त्वाकांक्षा की पूर्ति के लिए दस साल के राजनीतिक जीवन में सात बार दल बदल का रिकॉर्ड कायम किया है। वे पश्चिमी उत्तर प्रदेश में अपने पिता का राजनीतिक उत्तराधिकारी बनने का ख्वाब देखते हैं। संयुक्त मोरचे में अजित सिंह अकेले हैं, जो इस प्रश्न पर देवगौड़ा का समर्थन कर रहे हैं। उन्हें लगता है कि जाटों को आरक्षण की सुविधा दिलाने का श्रेय लूटकर वे अपना वोट बैंक तैयार कर सकेंगे।

स्पष्ट ही अजित सिंह जैसे दिमाग सरकारी नौकरियों को ही अगड़ेपन का या प्रगति का प्रतीक मानते हैं। यह परंपरागत मुहावरा शायद उन्हें भूल गया है कि—

'उत्तम खेती मध्यम बान,
निषिध चाकरी, भीख निदान।'

अर्थात् कृषि कार्य सर्वोत्तम है, मध्यम है व्यापार, निकृष्ट है नौकरी और भीख पर जिंदा रहना तो मृत्यु के समान है। प्राचीन शासन काल हो या आधुनिक विचार,

सभी यह मानते हैं कि किसी राष्ट्र के स्वावलंबन और शक्ति का मुख्य आधार कृषि ही होती है। इसलिए जो लोग कृषि उत्पादन में लगे हुए हैं उनसे श्रेष्ठ कोई नहीं है। होना तो यह चाहिए कि पढ़े-लिखे युवाओं को गाँव में बसने के लिए प्रेरित किया जाए, कृषि कार्य के प्रति सम्मान का भाव जगाया जाए, देश की अर्थव्यवस्था को स्वावलंबी बनाया जाए; किंतु तब कुछ सरकारी नौकरियों का लालच दिखाकर, जातीय वोट बैंक के कंधे पर सवार होकर विधानमंडलों में पहुँचने का राजनीतिज्ञों का सपना कैसे पूरा होगा?

स्पष्ट है कि आरक्षण नीति का सामाजिक न्याय से कुछ लेना-देना नहीं है। इन नेताओं को न राष्ट्रीय एकता की चिंता है और न राष्ट्र के दूरगामी हितों की। आरक्षण की जिस छुरी को ब्रिटिश शासकों ने फूट डालो और राज करो की नीति के तहत हमपर थोपा, वही छुरी स्वाधीन भारत के राजनीतिक बंदरों के हाथ में आ गई है और वे अपने तुच्छ स्वार्थों की पूर्ति के लिए इस छुरी से समाज की बोटी-बोटी काट डालने पर तुले हुए हैं। अब प्रश्न यह है कि इस विभाजनकारी राजनीति से बाहर निकलने का उपाय क्या है?

[पाञ्चजन्य, १ दिसंबर, १९९६]

□

जातिवादी राजनीति की सीमाएँ

इन पंक्तियों के लिखे जाने तक उत्तर प्रदेश में सत्ता-हस्तांतरण के बीच पाँच दिन और बाकी हैं। कुछ समय से छह महीने पुराने भाजपा-बसपा गठबंधन पर अनिश्चय के बादल छा गए थे। पर १४ सितंबर को दिल्ली में बसपा नेताओं कांशीराम एवं मायावती ने भाजपा नेताओं के साथ एक संयुक्त वक्तव्य जारी करके पत्रकार सम्मेलन में सार्वजनिक घोषणा की कि १९ मार्च के समझौते के अनुसार २१ सितंबर को भाजपा को मुख्यमंत्री पद सौंप देंगे और उसी प्रकार पूर्ण सहयोग देंगे जिस प्रकार पिछले छह महीनों में भाजपा उनकी सरकार को देती रही है। इस घोषणा से उन लोगों को राहत मिली, जो भाजपा-बसपा गठबंधन को राष्ट्रीय एकता एवं सामाजिक समरसता की दिशा में एक रचनात्मक प्रयोग के रूप में देखते रहे हैं। किंतु उन लोगों को भारी धक्का लगा है, जो अपनी दलीय राजनीति के हित में इस गठबंधन के टूटने की कामना करते रहे हैं। राजनीतिक विश्लेषकों एवं पत्रकारों का जो वर्ग लंबे समय से कांशीराम और मायावती की राजनीतिक शैली पर पैनी नजर रखता रहा है, वह विधानसभा अध्यक्ष पद की माँग को त्यागने और कल्याण सिंह को मुख्यमंत्री के रूप में स्वीकार करने के कांशीराम के निर्णय को किसी राजनीतिक मजबूरी के तहत 'झुकने' और 'पीछे हटने' के रूप में देख रहा है। यह वर्ग इन दोनों की राजनीति में कोई वैचारिक निष्ठा एवं आदर्शवाद नहीं देखता। इस वर्ग का मानना है कि इन दोनों की राजनीति व्यक्तिगत सत्ताकांक्षा एवं धनाकांक्षा से प्रेरित है और अपनी इस आकांक्षा की पूर्ति के लिए ये लोग जातिवादी राजनीति से उत्पन्न सामाजिक विखंडन का लाभ उठाकर विभिन्न राजनीतिक दलों के साथ अवसरवादी सौदेबाजी करते रहे हैं। और इस अवसरवादी राजनीति के

लिए 'दलित कार्ड' का बेजा इस्तेमाल कर रहे हैं। इन विश्लेषकों का मानना है कि विभिन्न दलों के साथ सौदेबाजी में सफल होने के कारण उनके हौसले बढ़े हैं और उन्होंने स्वयं को सार्वजनिक जीवन की नैतिकता, शालीनता एवं मर्यादा-पालन की भावना से मुक्त मान लिया है। इस कारण वे सार्वजनिक मंचों से 'तिलक, तराजू और तलवार, इनको मारो जूते चार' जैसे उत्तेजक नारों से लेकर अपने सहयोगी दलों के लिए 'ब्राह्मणवादी', 'मनुवादी', 'गिद्ध' और 'जहरीला नाग' जैसे अपशब्दों का प्रयोग कर सकते हैं। उनके लिए कृतज्ञता और मित्रता जैसे उच्च भावों का अस्तित्व ही नहीं है। इसलिए उनकी किसी सार्वजनिक घोषणा पर विश्वास करना कठिन है।

अवसरवादी राजनीति

इस विश्लेषण को प्रस्तुत करते हुए अंग्रेजी साप्ताहिक 'इंडिया टुडे' ने अपने ताजे अंक (२२ सितंबर) में श्री कांशीराम के समय-समय के उद्गारों को उद्धृत किया है। उसने लिखा है कि सन् १९९३ में श्री कांशीराम ने भाजपा के 'फासिज्म' का विरोध करने के लिए मुलायम सिंह के साथ दोस्ती का हाथ बढ़ाया। उनकी समाजवादी पार्टी के साथ मिलकर गठबंधन सरकार बनाई। किंतु अठारह महीने में दोनों के बीच इतनी कटुता बढ़ गई कि २ जून, १९९५ को लखनऊ के गेस्ट हाउस में मायावती की जान बचाने के लिए भाजपा के स्व. ब्रह्मदत्त द्विवेदी को दौड़ना पड़ा। तब बसपा ने भाजपा के समर्थन से सरकार बनाई; किंतु बसपा की अतिवादी, असहिष्णु एवं समाज-विभाजक नीतियों के कारण १७ अक्तूबर, १९९५ को भाजपा अपना समर्थन वापस लेने के लिए मजबूर हो गई। अचानक एक दिन २३ जून, १९९६ को कांशीराम ने कांग्रेस अध्यक्ष पी.वी. नरसिंह राव के साथ एक पत्रकार सम्मेलन में प्रकट होकर मायावती को मुख्यमंत्री बनाने की शर्त पर कांग्रेस-बसपा गठबंधन की घोषणा की। साथ ही, मुसलमानों के वोट पाने के लिए उन्होंने दिल्ली की जामा मसजिद के इमाम बुखारी के साथ भी दोस्ती कर ली। कांशीराम की बदलती दोस्ती के नमूने के रूप में 'इंडिया टुडे' ने इन तीनों मौकों के चित्र भी छापे हैं।

कांग्रेस और इमाम से गठबंधन के बावजूद सन् १९९६ के विधानसभा चुनावों में बसपा को केवल सड़सठ और कांग्रेस को तैंतीस सीटें ही मिल पाईं। इसलिए सपा वाले संयुक्त मोर्चा या भाजपा के सहयोग के बिना मायावती का मुख्यमंत्री बनाना असंभव था। मुलायम सिंह किसी भी शर्त पर मायावती को मुख्यमंत्री बनाने को तैयार नहीं थे। इधर देवगौड़ा की संयुक्त मोर्चा सरकार ने

मुलायम सिंह के आदमी रोमेश भंडारी को उत्तर प्रदेश का राज्यपाल नियुक्त करके राष्ट्रपति शासन की आड़ में मुलायम सिंह का परोक्ष शासन स्थापित कर दिया। यह मजबूरी थी, जिसके कारण कांशीराम को भाजपा को सरकार में सहभागी बनाने और छह महीने के बाद मुख्यमंत्री पद भाजपा को सौंपने का समझौता करना पड़ा। एक सौ छिहत्तर सदस्योंवाली भाजपा ने उदारतावश सड़सठ सदस्योंवाली बसपा को मंत्रिमंडल में बराबर का हिस्सा दे दिया।

नीयत में खोट

पर सत्ता-हस्तांतरण का समय नजदीक आने से पहले ही कांशीराम ने विधानसभा अध्यक्ष का पद बसपा को देने की माँग उठाकर लिखित समझौते का अतिक्रमण शुरू कर दिया। काफी समय तक वे और मायावती वीर मुद्रा अपनाए रहे, किंतु भाजपा की दृढ़ता के सामने यकायक वे नरम पड़ गए। इस परिवर्तन की अंत:कथा की खोज करने पर 'टाइम्स ऑफ इंडिया' के संवाददाताओं को पता लगा कि भाजपा-विरोधी राजनीति के सूत्रधार वी.पी. सिंह ने कांशीराम को एक व्यापक भाजपा-विरोधी गठबंधन में सम्मिलित होने का चुग्गा फेंका, उधर चारा घोटाले में फँसे लालू यादव ने कांशीराम की ओर दोस्ती का हाथ बढ़ाया। इस सबसे कांशीराम के सपने उड़ान भरने लगे। किंतु मुलायम सिंह और रामविलास पासवान द्वारा कड़ा विरोध होने पर यह योजना टाँय-टाँय फ़िस्स हो गई। भाजपा से समझौता टूट जाता तो बसपा नेतृत्व पूरी तरह अकेला और अरक्षित रह जाता। गठबंधन सरकार गिरने पर राष्ट्रपति शासन अर्थात् भंडारी-मुलायम राज स्थापित हो जाता और तब मुलायम सिंह मायावती से चुन-चुनकर बदला लेते।

यह दु:ख की बात है कि अपने छह महीने के मुख्यमंत्री काल में मायावती ने सत्ता का उपयोग विवेकपूर्ण ढंग से नहीं किया। यह सत्य है कि उन्होंने मुलायम सिंह द्वारा संरक्षित अपराधी तत्त्वों का कड़ाई से दमन किया। किंतु उन्होंने स्वयं मुख्तार अंसारी जैसे कुख्यात अपराधियों को राजकीय संरक्षण प्रदान किया। समाचार-पत्रों का तो यहाँ तक कहना है कि अधिकांश अपराधी तत्त्व बसपा में सम्मिलित हो गए हैं।

सन् १९९६ के विधानसभा चुनावों के पूर्व कांशीराम ने सवर्णों के बहिष्कार की नीति को त्यागकर सभी वर्णों के लोगों को बसपा का टिकट देने की घोषणा की, जिसके कारण बसपा के सड़सठ सदस्यीय विधायक दल में अनुसूचित जाति के विधायकों की संख्या एक दर्जन से कम रह गई। शेष में बारह मुसलमान, छह

सवर्ण और बाकी यादव-कुर्मी आ गए। बसपा विधायक दल के इस चरित्र के कारण यह आशा बँधी कि इस बार मायावती सत्ता का उपयोग सामाजिक एकता पैदा करने और सभी वर्गों-वर्णों के हित में करेंगी। किंतु हुआ बिलकुल उलटा। उन्होंने पूरे शासन का दलितीकरण कर डाला। राज्य भर में डॉ. आंबेडकर की प्रतिमाओं का जाल बिछा दिया। अनुमान है कि पाँच हजार प्रतिमाओं की स्थापना पर पचासों करोड़ रुपए खर्च कर दिए गए। ग्राम विकास कार्यक्रम को चुने हुए ग्यारह हजार छह सौ चौबीस आंबेडकर ग्रामों तक सीमित कर दिया। इनके लिए सात सौ करोड़ रुपए का आवंटन किया गया तो गांधी ग्रामों के लिए केवल इकतालीस करोड़ रुपए का एवं दीनदयाल मार्गों के लिए बयालीस करोड़ रुपए का। विकास के क्षेत्र में महापुरुषों के नाम पर भेदभाव कहाँ तक उचित है? यह भेदभाव इस सीमा तक बढ़ गया कि लखनऊ शहर में एक आंबेडकर पार्क के निर्माण पर चौरासी करोड़ रुपए अब तक खर्च किए जा चुके हैं और उससे अधिक राशि खर्च होना बाकी है। खजाना खाली है, पर अन्य मदों से निकालकर यह शौक पूरा किया जा रहा है। सन् १९८९ के हरिजन एक्ट के दुरुपयोग की शिकायतें सब ओर से आने लगीं। पूरे प्रशासन तंत्र को जाति के आधार पर विभाजित करके उसका दलितीकरण कर दिया गया। प्रशासन के महत्त्वपूर्ण पदों पर योग्यता एवं क्षमता की उपेक्षा करके केवल जाति के आधार पर नियुक्तियाँ की गईं, जिसके कारण पूरे प्रशासन तंत्र में भारी असंतोष और कटुता उत्पन्न हो गई है। अप्रैल से अगस्त के बीच मंत्रिपरिषद् की सहमति लिये बिना बारह नए जिलों का निर्माण किया गया, जिससे राजकोष पर तेरह सौ करोड़ रुपए का व्यय-भार बढ़ा है। राज्य विद्युत् बोर्ड को आंबेडकर ग्रामों में बिजली पहुँचाने के लिए एक सौ पचास करोड़ रुपए खर्च करने के लिए विवश किया गया और यह राशि जुलाई १९९८ तक दो सौ पचहत्तर करोड़ रुपए तक पहुँच जाएगी। इन गाँवों के लोग बिजली का बिल अदा नहीं करते, क्योंकि वे बिजली को मायावती की सौगात समझते हैं। एक अनुमान के अनुसार, अपने छह महीने के कार्यकाल में मायावती ने खजाना खाली कर दिया है और दो हजार पाँच सौ करोड़ रुपए ऊपर से खर्च कर दिए हैं।

यह समझना कठिन है कि ऐसे प्रदर्शनकारी कार्यों से दलित वर्ग के उत्थान में किस प्रकार सहायता मिल सकती है? आंबेडकर उद्यान पर खर्च होनेवाले एक सौ सत्तर करोड़ रुपयों को क्या विकास कार्य में नहीं लगाया जा सकता था? इन सब कार्यों से समाज का विभाजन हुआ है। दलित-विरोधी वातावरण पैदा हुआ है। इससे भी अधिक पीड़ादायक विषय सरकारी अधिकारियों के स्थानांतरण का है।

समाचार-पत्रों में प्रकाशित आँकड़ों से विदित होता है कि इन छह महीनों में अधिकारियों का स्थानांतरण एक उद्योग का रूप धारण कर गया। इस स्थानांतरण का उद्देश्य जहाँ पुलिस और प्रशासन के महत्त्वपूर्ण स्थानों पर अपने लोगों को बैठाना रहा है, वहीं उत्तर प्रदेश में यह आम चर्चा है कि इसमें पैसे का खेल बड़े पैमाने पर हुआ है।

इस भेदकारी नीति और आर्थिक भ्रष्टाचार की अफवाहों की पूरे समाज में प्रतिक्रिया हुई है। बसपा का जनाधार केवल अनुसूचित जातियों तक सिमटकर रह गया है, शेष पूरा समाज बसपा-विरोधी बन गया। इस वातावरण से सर्वाधिक हानि भाजपा को पहुँच रही है। भले ही भाजपा ने मायावती को शासन चलाने की खुली छूट देने की इच्छा से मौन एवं उदासीनता बरती हो, पर उसके मौन को समाज ने सहभागिता के रूप में देखा है।

कभी-कभी लगता है कि कांशीराम और मायावती की समूची राजनीति का लक्ष्य अपने लिए सत्ता और वैभव का मार्ग प्रशस्त करता है। उनकी छत्रच्छाया में उत्तर प्रदेश बसपा में अनुसूचित जातियों में दूसरी पंक्ति का नेतृत्व अब तक खड़ा नहीं हुआ। बसपा के विधायक दल में तीन बार टूटन हो चुकी है। उसके चार-चार अध्यक्ष—राजबहादुर, रामलखन वर्मा, जंगबहादुर पटेल और भागवत पाल पार्टी छोड़ चुके हैं। जंगबहादुर पटेल ने तो फूलपुर चुनाव क्षेत्र में कांशीराम से अधिक मत लेकर उन्हें पराजय की धूल चटवा दी। विद्रोहियों ने बहुजन समाज सेना का गठन कर लिया है। उन्होंने कांशीराम और मायावती पर गंभीर आरोप लगाए हैं। उनकी पंचसितारा जीवन-शैली के कारण वे अपने दल में आदर्शवाद पैदा नहीं कर पा रहे हैं। बसपा के सड़सठ विधायकों में से दो-तिहाई को मंत्री पद या किसी संस्थान का अध्यक्ष पद देकर रोका हुआ है। शेष एक-तिहाई कसमसा रहे हैं। दल टूटने का भय बसपा नेता पर सवार है। इसलिए वे भाजपा से सुरक्षा माँग रहे हैं। इस समय बसपा के विधायक दल में केवल एक दर्जन हरिजन दलित हैं तो भाजपा, जिस पर सवर्णों की पार्टी होने का ठप्पा लगा दिया गया है, के टिकट पर उत्तर प्रदेश विधानसभा में अनुसूचित जातियों के बयालीस विधायक हैं। यही अंतर है जातिवादी और राष्ट्रवादी राजनीति के बीच। राष्ट्रवाद के अधिष्ठान को अपनाने से भी सब जातियों एवं वर्गों को प्रतिनिधित्व मिलना अवश्यंभावी है। जातिवादी राजनीति करने से समाज टूटता है, समरसता के बजाय कटुता पैदा होती है।

[पाञ्चजन्य, २८ सितंबर, १९९७]

□

राष्ट्रपतिजी और दलित एजेंडा

गणतंत्र दिवस की पूर्व संध्या पर राष्ट्रपति के अभिभाषण को एक प्रकार से राष्ट्र के नाम उनके व्यक्तिगत संदेश की संज्ञा दी जा सकती है। यह अभिभाषण मंत्रिमंडल द्वारा निर्धारित नीतिगत मर्यादाओं एवं हस्तक्षेप से पूर्णतया मुक्त होता है। इस गणतंत्र दिवस के अवसर पर राष्ट्रपति श्री के.आर. नारायणन का संदेश उनके राष्ट्रपति काल का अंतिम संदेश था। किंतु १३ दिसंबर को भारतीय संसद् पर आतंकवादी हमले के बाद आने के कारण इसका संदर्भ बहुत महत्त्वपूर्ण बन गया था। यह अपेक्षा होना स्वाभाविक था कि राष्ट्र के सर्वोच्च संवैधानिक बिंदु से आनेवाला यह संदेश राष्ट्र की चिंता को मुखरित करेगा और आतंकवाद के विरुद्ध राष्ट्र के संकल्प को गहरा करने में मदद करेगा। भारतीय सेनाओं के सर्वोच्च सेनापति के नाते उनका संदेश सीमाओं पर तैनात भारतीय सैनिकों के मनोबल को बढ़ाने का कार्य करेगा। किंतु पता नहीं क्यों राष्ट्रपति श्री के.आर. नारायणन ने अपने अभिभाषण में आतंकवाद के ज्वलंत विषय से अधिक वरीयता दलित वर्ग के आर्थिक विकास और सामाजिक उत्थान को दी।

जैसा कि ऊपर कहा गया है, राष्ट्रपति महोदय को अपने व्यक्तिगत संदेश का विषय चुनने का पूर्ण अधिकार है और श्री के.आर. नारायणन अपने इस अधिकार का पूरी तरह इस्तेमाल करते रहे हैं। वे अपने भाषण, यहाँ तक कि राष्ट्रपति भवन से प्रसारित विज्ञप्तियों, को लिखने में अपना काफी समय लगाते हैं। उनकी बौद्धिक क्षमता सर्वज्ञात है। किंतु तब भी उन्होंने एक बार अपना गणतंत्र दिवस संदेश लिखने के बजाय कम्युनिस्ट पार्टी के सदस्य एवं वामपंथी पाक्षिक 'फ्रंट लाइन' के संपादक श्री एन. राम के साथ लंबी भेंटवार्त्ता के माध्यम से प्रसारित

करना उचित समझा। जवाहरलाल नेहरू विश्वविद्यालय के कुलपति एवं कांग्रेस मंत्रिमंडल के सदस्य रह चुके श्री नारायणन का वामपंथ की ओर वैचारिक रुझान भी सर्वज्ञात है। उनका यह झुकाव दिल्ली विश्वविद्यालय, काशी हिंदू विश्वविद्यालय एवं अन्य केंद्रीय विश्वविद्यालयों में कुलपतियों के चयन में भी प्रतिबिंबित होता रहा है। लगभग प्रत्येक विवादास्पद मुद्दे पर, चाहे वह संविधान समीक्षा का प्रश्न हो या कोई और, उनका स्वर वामपंथी स्वर के अधिक निकट लगा है। शायद राष्ट्रपति के नाते उनका यह अंतिम संदेश भी आतंकवाद की वर्तमान चुनौती पर कम्युनिस्ट दलों के रुख को ही प्रतिध्वनित करता है। केवल कम्युनिस्ट दल ही आतंकवाद के खतरे को नकारकर शांति और संवाद का सुर अलाप रहा है। राष्ट्रपतिजी भी शायद वैसा ही सोचते हैं। भारतीय राजनीति के बिखराव की वर्तमान स्थिति ही अपने राष्ट्रपति की ऐसी स्वर-भिन्नता को बरदाश्त कर सकती है, अन्यथा गंभीर संवैधानिक संकट खड़ा हो सकता था।

आतंकवाद का खतरा

आतंकवाद के खतरे की उपेक्षा से भी अधिक गंभीर बात यह है कि राष्ट्रपतिजी ने दलितों को आर्थिक-सामाजिक न्याय दिलाने की अपनी चिंता की पूर्ति का आधार १२-१३ जनवरी, २००२ को भोपाल में संपन्न दलित बुद्धिजीवियों के सम्मेलन को बनाया। उन्होंने अपने राष्ट्रपतीय अभिभाषण में भोपाल घोषणा-पत्र का प्रत्यक्ष उल्लेख करके उसपर अपनी स्वीकृति की मुहर लगाकर उसे भारी प्रतिष्ठा प्रदान की। क्या सचमुच भोपाल घोषणा-पत्र इतना सर्वसम्मत दस्तावेज है कि भारत के राष्ट्रपति अपने अभिभाषण में उसका नामोल्लेख करें? भोपाल में आयोजित दलित सम्मेलन को इस दृष्टि से तो अवश्य सफल कहा जाएगा कि प्रचार माध्यमों में उसे बहुत प्रमुखता से उछाला गया। किंतु केवल इतने आधार पर उसकी गुणवत्ता और सर्वसम्मतता का आकलन जल्दबाजी होगा। इसका श्रेय मध्य प्रदेश के मुख्यमंत्री श्री दिग्विजय सिंह की योजना-कुशलता, सरकारी धन को अपने मनचाहे प्रयोगों पर निर्भीकता से खर्च करने की प्रवृत्ति और प्रचार माध्यमों का उपयोग करने की क्षमता को देना ज्यादा उचित होगा।

विखंडित राजनीति

दलित प्रश्न इस समय भारत की विखंडित और स्पर्धी राजनीति में एक लोकप्रिय विषय बना हुआ है। प्रत्येक राजनीतिक दल और प्रत्येक महत्त्वाकांक्षी

नेता अपने जनाधार को बढ़ाने के लिए स्वयं को दलितों का हितचिंतक सिद्ध करने में लगा हुआ है। स्वयं को दलित कहनेवाले समाजों के भीतर पिछले पचास साल में जो बौद्धिक और राजनीतिक नेतृत्व उभरा है, उसमें भी नेतृत्व की जबरदस्त होड़ लगी हुई है। दलित आंदोलन के अग्रणी माने जानेवाले अनेक दलित राजनीतिक दलों व मंचों का अस्तित्व और उनके बीच चलनेवाली उठा-पटक इसका प्रमाण है। उत्तर भारत में भी श्री रामविलास पासवान, सुश्री मायावती एवं श्री कांशीराम और अब नए उभरे राम (उदित) राज अपनी-अपनी जगह स्वयं को दलित समाज का सच्चा प्रतिनिधि घोषित करते हैं और वे एक-दूसरे के जबरदस्त प्रतिस्पर्धी हैं। यह प्रतिस्पर्धा केवल राजनीतिज्ञों तक सीमित नहीं है, दलित बुद्धिजीवी भी इससे पूरी तरह ग्रस्त हैं और प्रत्येक अपने को सच्चा आंबेडकरवादी और दलित आकांक्षाओं का प्रवक्ता मानता है। यह वर्ग शहरों में सुविधापूर्ण जीवन व्यतीत करता है, अंग्रेजी में सोचता, बोलता और लिखता है, दलितों का शत्रु माने जानेवाले उच्च वर्गीय भद्रलोक के सामाजिक जगत् का हिस्सा बना हुआ है। आर्थिक और सामाजिक दृष्टि से दलित बौद्धिकों का यह छोटा सा समूह स्वयं में एक भद्रलोक बन गया है। गाँवों, जंगलों में बिखरे हुए दीन-हीन, मूक समाज की कठिन जिंदगी से इसका कोई सीधा संबंध नहीं है। उनके सुख-दुःख में यह कहीं सहभागी नहीं है। उनकी वास्तविक समस्याओं की, उनकी मनोवेदना का इसे कोई एहसास नहीं है। इनसे उनका रिश्ता मात्र इतना है कि इनका जन्म किसी उस जाति में हुआ है, जिसे अनुसूचित जाति या अनुसूचित जनजाति की सूची में स्थान मिला हुआ है। इसलिए अपनी उस जन्मना स्थिति का लाभ उठाकर यह शहरी सुविधाजीवी बुद्धिजीवी स्वयं को दलित समाज के प्रवक्ता के रूप में प्रक्षेपित करता है और आरक्षण नीति पर सवार होकर ऊँचे पदों एवं मोटी तनख्वाहों को बटोरने के अवसर पा लेता है। इसकी दृष्टि में दलित समस्या का एकमात्र हल कुछ दलितों को नौकरियाँ दिलाना और कुछ दलितों को विधानमंडलों में प्रवेश दिलाना भर है। इसकी दृष्टि में यह समस्या सामाजिक न होकर महज राजनीतिक है, क्योंकि राजनीति के द्वारा ही आरक्षण की परिधि का विस्तार हो सकता है। गांधी दृष्टि और ब्रिटिश नीति के बीच यही मुख्य मतभेद था। गांधीजी दलित समस्या को हिंदू समाज की आंतरिक, सामाजिक समस्या के रूप में देखते थे। यहाँ तक डॉ. आंबेडकर और गांधीजी की सोच एक थी। अब लोग यह भूल चुके हैं कि डॉ. आंबेडकर ने अंग्रेजों द्वारा सन् १९०१ में उछाले गए 'दलित वर्ग' नामक संबोधन को पूरी तरह अस्वीकार कर दिया था। उन्होंने 'दलित वर्गों' के अंतर्गत जनजातियों और तथाकथित अपराधी

जातियों को सम्मिलित करने की ब्रिटिश नीति का भी विरोध किया था। डॉ. आंबेडकर और उनके समकालीन एम.सी. राजा आदि सभी दलित वर्गीय नेताओं का कहना था कि यह समस्या मूलत: हिंदू समाज के भीतर अस्पृश्य मानी जानेवाली जातियों की समस्या है। इसके साथ जनजातियों और अपराधी जातियों को जोड़ना अनुचित है। इसलिए डॉ. आंबेडकर ने लिखित प्रतिवेदनों में माँग की कि 'दलित वर्गों' जैसे नाम के बजाय हमें 'बहिष्कृत हिंदू' या 'प्रोटेस्टेंट हिंदू' जैसे नाम से संबोधित किया जाए। डॉ. आंबेडकर एवं अन्य दलित नेताओं की इस भावना को ध्यान में रखकर ही गांधीजी ने 'हरिजन' और ब्रिटिश सरकार ने 'अनुसूचित जाति' जैसे शब्द-प्रयोग अपनाए। 'दलित वर्ग' शब्द-प्रयोग बंद-सा हो गया।

दलित वर्ग का पुनरुज्जीवन

किंतु जब चर्च ने आरक्षण नीति के कारण अपने धर्मांतरित दलित वर्ग को चर्च से खिसकते देखा और नए धर्मांतरण की प्रक्रिया को सूखते देखा तब '७० के दशक में गैल ओमवेट और इलिनेर जीलेट जैसी अमेरिकी महिलाओं के भारत आगमन के पश्चात् 'दलित वर्ग' को पुनरुज्जीवित किया गया। किंतु इस बार 'दलित वर्ग' शब्द को उसके 'हिंदू' संदर्भ से काटकर एक व्यापक व्याख्या प्रदान की गई। उसके अंतर्गत हिंदू समाज की अनुसूचित जातियों के साथ-साथ ईसाई और मुसलिम समाज के दलितों को भी नत्थी कर दिया गया, अनुसूचित जनजातियों को भी जोड़ दिया गया। और व्यापक जनाधार देने के लिए हिंदू समाज की 'अन्य पिछड़ी जातियों' तथा सभी उपासनात्मक अल्पसंख्यकों को भी 'दलित' के अंतर्गत सम्मिलित कर लिया गया। इस व्यापक व्याख्या को अपनाकर चर्च द्वारा पोषित वी.टी. राजशेखर जैसे बुद्धिजीवियों ने भारत में ८५ प्रतिशत दलित जनसंख्या के विरुद्ध १५ प्रतिशत उच्च वर्गीय जनसंख्या के संघर्ष की कल्पना गढ़ी और १५ प्रतिशत उच्च वर्गीय शोषकों के विरुद्ध ८५ प्रतिशत दलितों की एकता का नारा बुलंद किया। इसी नारे में से बहुजन समाज पार्टी जैसे राजनीतिक दल का जन्म हुआ।

वस्तुत: 'दलित' शब्द के पुनरुज्जीवन और व्याख्या-परिवर्तन के बाद से तथाकथित दलित आंदोलन का नेतृत्व चर्च और ईसाई बुद्धिजीवियों के हाथ में चला गया है। रामराज, वी.टी. राजशेखर, कांचा इलियाह इत्यादि बुद्धिजीवियों को स्पष्ट रूप से चर्च का आर्थिक एवं संस्थात्मक संरक्षण प्राप्त है। दलित मानवाधिकार राष्ट्रीय अभियान जैसे मंच खड़े करके मार्टिन मकवान और पाल एन. दिवाकर, जॉन दयाल व वाल्सन थंपू जैसे ईसाई बुद्धिजीवी दलित आंदोलन को अपनी

मनचाही दिशा में मोड़ने में लगे हैं। नस्लभेद-विरोधी डरबन सम्मेलन में चंद्रभान प्रसाद और रामराज जैसे दलित बुद्धिजीवियों से अधिक भूमिका ईसाई नेता मकवान और जॉन दयाल की थी। रामराज के धर्मांतरण के तमाशे में ईसाई संस्थानों की महत्त्वपूर्ण भूमिका की चर्चा इस स्तंभ में पहले विस्तार से की जा चुकी है।

छवि निर्माण के लिए

यही सब तत्त्व भोपाल दलित सम्मेलन के बहाने दिग्विजय सिंह के राजनीतिक एजेंडा का हिस्सा बन गए। दिग्विजय सिंह स्वयं को राष्ट्रीय राजनीति के केंद्र में लाने की आकांक्षा रखते हैं। किंतु आज की राजनीति काम पर नहीं, छवि पर पलती है। छवि निर्माण के लिए पत्रकारों और बौद्धिकों को बटोरना बहुत आवश्यक है। दिग्विजय सिंह की पिछले पाँच-सात वर्ष की कार्यशैली का अध्ययन करने से विदित होगा कि उन्होंने मध्य प्रदेश में फैली स्वयंसेवी संस्थाओं से गहरा रिश्ता जोड़ा है। ये संस्थाएँ अधिकांशत: ईसाई मिशनरियों या वामपंथियों द्वारा संचालित हैं। अत: इन संस्थाओं को आर्थिक एवं राजनीतिक संरक्षण प्रदान करके दिग्विजय सिंह ने ईसाई मिशनरियों एवं वामपंथी स्वयंसेवियों को अपने पीछे खड़ा कर लिया है। इरफान हबीब की अलीगढ़ हिस्टोरियन सोसाइटी और भारतीय इतिहास कांग्रेस के भोपाल अधिवेशन को लाखों रुपए की आर्थिक सहायता देकर एवं पूरा राजकीय सहयोग प्रदान करके दिग्विजय सिंह वामपंथी बौद्धिकों एवं पत्रकारों की फौज को अपना ढिंढोरची बनाने का सपना पाल रहे हैं। अगले कदम के रूप में उन्होंने स्वयं को दलितों के मसीहा के रूप में उभारने का बड़ा प्रयास किया है।

भोपाल दलित सम्मेलन का आयोजन रातोरात नहीं हो गया। इसके पीछे कम-से-कम एक लंबी तैयारी थी। पहला काम था अनुसूचित जातियों में उभरे बौद्धिक नेतृत्व की पहचान करके उनसे संपर्क स्थापित करना। ऐसे ही एक बुद्धिजीवी हैं श्री चंद्रभान प्रसाद। '८० के दशक में जवाहरलाल नेहरू विश्वविद्यालय में दलित छात्र आंदोलन में सक्रिय रहे चंद्रभान प्रसाद ने ऑक्सफोर्ड विश्वविद्यालय में उच्च शिक्षा पाई। दैनिक 'पॉयनियर' में 'दलित डायरी' नामक नियमित स्तंभ ने उनकी लेखन एवं बौद्धिक क्षमता को प्रकट किया। श्री दिग्विजय सिंह के निजी सचिव डॉ. अमर सिंह की दृष्टि उनपर गई। इसी प्रकार उनकी दृष्टि आंध्र प्रदेश में आई.ए.एस. अधिकारी श्री राजशेखर वुंद्रू पर गई। इन राजशेखर ने 'पॉयनियर' के लिए जनवरी २००० में 'दलित मिलेनियम' नामक एक परिशिष्ट का संपादन किया था। श्री दिग्विजय सिंह ने इन दोनों दलित बौद्धिकों से संपर्क साधा। इन दोनों को

एक बड़ा दस्तावेज तैयार करने को कहा, जो इस समय 'भोपाल दस्तावेज' के नाम से प्रसिद्ध हो गया। इस दस्तावेज को आधार बनाकर भोपाल में एक दलित सम्मेलन बुलाने का प्रस्ताव दिग्विजय सिंह ने इन लोगों के सामने रखा। उसपर चाहे जितना पैसा मध्य प्रदेश सरकार के कोष से खर्च कराने का वचन उन्हें दिया। इन्हें दलितों के प्रवक्ता के रूप में स्वयं को प्रस्तुत करने का सुयोग मिल गया और दिग्विजय सिंह को दलितों का मसीहा कहलाने का व्यापक प्रचार। चंद्रभान प्रसाद ने देश भर से दलित बुद्धिजीवियों को जोड़ा। वे दिल्ली से बड़ी संख्या में पत्रकारों व बौद्धिकों को बटोरकर विमान द्वारा भोपाल ले गए। वहाँ महँगे होटलों में ठहरने की, वाहनों की सबके लिए व्यवस्था की गई। इस सब संपर्क और व्यवस्था का ही परिणाम था कि भोपाल दलित सम्मेलन का प्रचार माध्यमों द्वारा व्यापक प्रचार किया गया। भोपाल दस्तावेज और वहाँ पारित इक्कीस सूत्रीय एजेंडा दलित कल्याण के महत्त्वपूर्ण स्रोत का दरजा पा गया। उस एजेंडा का मुख्य सूत्र है कि सरकारी नौकरियों से आगे बढ़कर निजी क्षेत्र में भी आरक्षण की व्यवस्था लागू की जाए। चंद्रभान प्रसाद का गणित है कि दो करोड़ सरकारी नौकरियों में अधिक-से-अधिक पैंतालीस लाख नौकरियाँ दलितों के हिस्से में आ सकती हैं। पर जब सरकारी क्षेत्र सिकुड़ रहा है और निजी क्षेत्र का विस्तार हो रहा है तब निजी क्षेत्र में आरक्षण का विस्तार अत्यावश्यक है।

घोषणा-पत्र : मूल्यांकन बाकी है

अपने इक्कीस सूत्रीय एजेंडा को लेकर श्री दिग्विजय सिंह ने दो दिन पहले राष्ट्रपति से भेंट की और उन्होंने अपने गणतंत्र दिवस अभिभाषण में तुरंत उनके एजेंडा को समाविष्ट कर लिया। यहाँ तक कि 'भोपाल घोषणा-पत्र' का नामोल्लेख भी कर डाला। बिना यह सोचे कि मायावती, कांशीराम और रामविलास पासवान जैसे दलित नेता और मोहनदास नैमिशराय, डॉ. श्योराज सिंह बेचैन व रामराज जैसे अनेक बुद्धिजीवी भोपाल सम्मेलन व भोपाल घोषणा-पत्र के आलोचक हैं। भोपाल दस्तावेज और घोषणा-पत्र का आलोचनात्मक मूल्यांकन अभी बाकी है। किंतु श्री के.आर. नारायणन राष्ट्रपति पद पर रहते हुए अपनी बात कहने की जल्दी में हैं। इसलिए उन्होंने राष्ट्रपति पद की गरिमा और मर्यादा को किनारे रखना उचित समझा।

[पाञ्चजन्य, १० फरवरी, २००२]

□

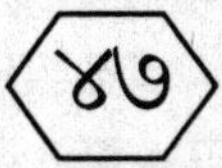

कैसे हो जातिवादी कटुता का अंत?

बाबा साहब आंबेडकर की एक सौ आठवीं जयंती के अवसर पर प्रधानमंत्री ने घोषणा की है कि अनुसूचित जातियों व जनजातियों के लिए आरक्षण की अवधि को सन् २००१ के बाद पुनः दस वर्ष के लिए बढ़ा दिया जाएगा। संभवतः इसे बाबा साहब के प्रति राष्ट्र की श्रद्धांजलि के रूप में देखा जाएगा; किंतु क्या सचमुच इससे बाबा साहब की आत्मा प्रसन्न होगी? क्या वे यही चाहते थे? सन् १९५० में वर्तमान संविधान में समाज के इन वर्गों को दस वर्ष के लिए आरक्षण की सुविधा देने का आग्रह करते समय उनके मन का भाव क्या था, उनका लक्ष्य और स्वप्न क्या था? इसको समझने के लिए संविधान सभा में बाबा साहब का वह ऐतिहासिक भाषण हमें याद करना होगा, जो शायद हमें विस्मृत हो चुका है। बाबा साहब जन्मना जाति-प्रथा के आधार पर शताब्दियों से चली आ रही सामाजिक विषमता को मिटाकर जल्दी-से-जल्दी एक समरस एकात्म भारतीय समाज का चित्र खड़ा करना चाहते थे। अपने इस स्वप्न को जल्दी-से-जल्दी पूरा करने का मार्ग उन्हें आरक्षण की व्यवस्था में दिखाई दिया। डॉ. आंबेडकर ने माना कि समाज के किसी एक वर्ग के हाथ में आरक्षण की बैसाखी थमाना एक अस्वाभाविक स्थिति है। आरक्षण की बैसाखी के सहारे खड़े होनेवाले वर्ग के लिए सम्मान की बात नहीं है। इससे उसके भीतर आत्मविश्वास और स्वावलंबन जाग्रत् नहीं होता, कुंठित होता है। आदर्श स्थिति तो वही है जब समाज और राज्य उसे जीवन के प्रत्येक क्षेत्र में प्रगति के समान अवसर प्रदान करे और वह अपने परिश्रम से शताब्दियों के पिछड़ेपन पर विजय पाकर शेष समाज में बराबरी प्राप्त करके दिखाए।

बाबा साहब का अपना जीवन इसका उदाहरण था। यही प्रेरणा वह समाज

की सभी तथाकथित पिछड़ी जातियों और वर्गों में जगाना चाहते थे। साथ ही वह तथाकथित उच्च जातियों के मन में उनके पूर्वजों द्वारा अपनाए गए सामाजिक भेदभाव के प्रति प्रायश्चित्त का भाव भी उत्पन्न करना चाहते थे। वह चाहते थे कि अपने पिछड़ गए बंधुओं को जल्दी-से-जल्दी अपने बराबर लाने के लिए यह तथाकथित उच्च वर्ग कुछ आत्म-त्याग करे। प्रगति की दौड़ में अपने को कुछ पीछे रखकर पिछड़ गए बंधुओं को कुछ कदम आगे से दौड़ने का अवसर प्रदान करे। इसी व्यवस्था को आरक्षण का नाम दिया गया। इस विषय पर संविधान सभा की बहस का अध्ययन करने से स्पष्ट होगा कि तथाकथित उच्च जातियों एवं वर्गों के लगभग सभी प्रतिनिधियों ने इस व्यवस्था का खुले हृदय से स्वागत किया। और बाबा साहब आंबेडकर ने सद्भाव के इस वातावरण का आदर करते हुए कृतज्ञ मन से घोषणा की कि हम आरक्षण की इस बैसाखी को दस वर्षों से अधिक समय तक थामना नहीं चाहेंगे। मुझे विश्वास है कि दस वर्ष बाद इस बैसाखी की आवश्यकता ही नहीं रहेगी। दुर्भाग्य से डॉ. आंबेडकर दस वर्ष की अवधि को पूर्ण होते नहीं देख सके। सन् १९५६ में ही उन्होंने अपनी देह त्याग दी। अत: आज यह निर्णय करना कठिन है कि सन् १९६० में दस वर्ष की अवधि पूर्ण होने पर वे क्या भूमिका अपनाते।

आरक्षण का प्रभाव

तब से अब तक चार बार (सन् १९६०, १९७०, १९८० और १९९० में) इस दस वर्षीय अवधि का विस्तार हो चुका है। और अब सन् २००० में भी बढ़ाने की बात हो चुकी है। क्या यह आवश्यकता नहीं कि हम शांत चित्त से तथ्यों के आधार पर यह विचार करें कि जिस उद्देश्य को प्राप्त करने के लिए बाबा साहब ने आरक्षण की व्यवस्था को अपनाने का आग्रह किया था, हम उन उद्देश्यों की पूर्ति की दिशा में आगे बढ़ रहे हैं या उससे उलटी दिशा में जा रहे हैं? आरक्षण की सुविधा का क्षेत्र अभी विद्यालयों में प्रवेश देने, सरकारी नौकरियों में हिस्सा देने एवं विधानमंडलों में प्रतिनिधित्व तक सीमित है। किंतु क्या अनुसूचित जातियों/जनजातियों के अंतर्गत आनेवाले विशाल जन-समुदाय के सामाजिक-आर्थिक विकास के लिए केवल इतना प्रयास पर्याप्त है? क्या इसके लिए आवश्यक नहीं कि सरकारी प्रयत्नों से अलग हटकर एक प्रबल सामाजिक आंदोलन खड़ा हो? पूरा समाज पिछड़े वर्गों और जातियों में स्वावलंबन व आत्मविश्वास का भाव जगाने के लिए सक्रिय हो। उनके सुख-दु:ख में सहभागी हो। यदि वर्तमान सामाजिक-आर्थिक व्यवस्था के

लिए उसके अपने पूर्वज दोषी हैं तो उनके पाप का प्रायश्चित्त सच्चे मन से करें और उसके लिए अपने अंत:करण का स्नेह व करुणा लेकर इन दीन-हीन पिछड़े बंधुओं के द्वार पर जाएँ, जाति-व्यवस्था के द्वारा निर्मित दूरियों को मिटाएँ, सामाजिक सौहार्द का वातावरण पैदा करें। सामाजिक समरसता का भाव ही इस समस्या का मुख्य हल है। अत: प्रश्न उठता है कि आरक्षण नीति के पचास वर्ष लंबे प्रयोग से क्या सामाजिक सौहार्द बढ़ा है, समरसता का भाव प्रबल हुआ है?

तथ्यों के आलोक में इन सब प्रश्नों का उत्तर क्या मिल रहा है? प्रधानमंत्री कार्यालय से जारी की गई ताजा विज्ञप्ति में कहा गया है कि आरक्षण की समयावधि सन् २००१ से दस वर्ष के लिए और बढ़ा दी जाएगी। वहीं यह भी कहा गया है कि सर्वोच्च न्यायालय ने विनोद कुमार बनाम भारत सरकार वाद में जो यह निर्णय दिया है कि सरकारी नौकरियों में पदोन्नति करते समय योग्यता एवं क्षमता को ही मापदंड माना जाए और किसी भी प्रकार की ढील न दी जाए, इस निर्णय को बदलने के लिए भी सरकार संसद् में विशेष विधेयक लाएगी, ताकि आरक्षित श्रेणी के कर्मचारियों की पदोन्नति में आकलन का मापदंड ढीला व नीचा रहे। उसी दिन तमिलनाडु विधानसभा में तमिल मनीला कांग्रेस के विधायक दल के मुख्य सचेतक श्री आर. चोक्कर और विपक्ष के नेता श्री एस. बालकृष्णन के एक न्यायसंगत सुझाव को मुख्यमंत्री श्री एम. करुणानिधि ने एकदम ठुकरा दिया। इन दोनों जनप्रतिनिधियों का सुझाव था कि आरक्षण का आधार केवल जाति को न रखकर आर्थिक स्थिति को बनाना चाहिए, ताकि आरक्षण का लाभ किसी भी जाति के दुर्बलतम वर्गों तक पहुँच सके। किंतु मुख्यमंत्री ने इस माँग को ठुकरा दिया और जाति को ही आरक्षण का एकमात्र आधार माना।

पिछले कुछ वर्षों से यह विवाद चल रहा है कि आरक्षण की सुविधा किसे और क्यों? यदि उसका लक्ष्य तथाकथित पिछड़ी जातियों के आर्थिक-सामाजिक विकास का मार्ग प्रशस्त करना है, शिक्षा-प्राप्ति एवं नौकरियों के उन दरवाजों को खोलना है जो अब उनके लिए बंद थे, तो प्रश्न उठता है कि आरक्षण का लाभ उठाकर जिन्हें अंदर प्रवेश मिल चुका है, उनमें आगे बढ़ने के लिए परिश्रमपूर्वक योग्यता व क्षमता अर्जित करने का भाव क्यों नहीं उत्पन्न हो रहा? क्यों नहीं वे अपनी ही जाति के दुर्बल बंधुओं के लिए प्रवेश द्वार से हट जाएँ? क्यों वे आरक्षण की सुविधाओं पर अपना पारिवारिक एकाधिकार स्थापित करना चाहते हैं? पिछड़ी जातियों के इस वर्ग को सर्वोच्च न्यायालय ने 'क्रीमी लेयर' (मलाई की परत) का नाम दिया और निर्णय दिया था कि इस 'क्रीमी लेयर' को आरक्षण की सुविधा का

लाभ नहीं उठाना चाहिए। किंतु इस वर्ग की ओर से सर्वोच्च न्यायालय के इस निर्णय का डटकर विरोध हुआ। केरल में वामपंथी सरकार है। वामपंथी शोषण के विरुद्ध सबसे अधिक शोर मचाते हैं; किंतु वे भी 'क्रीमी लेयर' को आरक्षण की सुविधा का शोषण करने से रोकने का साहस नहीं दिखा पाए। लालू यादव जैसे लोगों ने तो सर्वोच्च न्यायालय के निर्णय की खुली आलोचना की और 'क्रीमी लेयर' की डटकर वकालत की। इससे स्पष्ट है कि आरक्षण नीति का लक्ष्य यदि विभिन्न जातियों के बीच विद्यमान सामाजिक-आर्थिक दूरियाँ कम करने का था तो वह इसके विपरीत तथाकथित निचली जातियों में ही सामाजिक-आर्थिक विषमता पैदा करने का कारण बन गई है। इन्हीं जातियों के भीतर एक ऐसा शक्तिशाली वर्ग पैदा हो गया जिसका आरक्षण नीति में निहित स्वार्थ पैदा हो गया है और जो उसपर एकाधिकार जमाकर अपनी ही जाति के पिछड़े बंधुओं की प्रगति में बाधा बन रहा है—अर्थात् इन्हीं जातियों के भीतर एक शोषक वर्ग पैदा हो गया है।

दूसरा दृश्य हमारे सामने यह भी है कि आरक्षण नीति के रूप में आत्मसम्मान का जो भाव पूरे समाज में व्याप्त होना चाहिए था वह उत्तरोत्तर सिकुड़ता जा रहा है। अधिकाधिक जातियाँ आरक्षण की सुविधा बटोरने के लिए अपने को पिछड़ा घोषित करने लगी हैं। अन्य पिछड़े वर्गों के नाम से वे मध्यम जातियाँ, जो भूमि और पशुधन की स्वामी हैं, जो आर्थिक दृष्टि से संपन्न हैं, जिन्हें शिक्षा के क्षेत्र में भी आगे बढ़ने की पूरी सुविधा प्राप्त है और जो सामाजिक दृष्टि से बराबरी का व्यवहार पाती रही हैं, उन्होंने भी आरक्षण पाने के लिए प्रबल आंदोलन किया। उस आंदोलन ने राजनीतिक रूप धारण कर लिया। वह चुनावी वोट-गणित से जुड़ गया। इसलिए उनको भी २७ प्रतिशत आरक्षण दे दिया गया। आरक्षण पाने की प्रतिस्पर्धा में सभी कूद पड़े हैं। ऐसा लगने लगा कि सभी जातियाँ 'पिछड़ा' कहलाने को उत्सुक हैं। कई राज्यों में आरक्षण की सीमा ६९ प्रतिशत तक पहुँच गई। इस आपाधापी को रोकने के लिए सर्वोच्च न्यायालय ने निर्णय दिया कि आरक्षण की सीमा ५० प्रतिशत से अधिक नहीं होनी चाहिए; किंतु सर्वोच्च न्यायालय के इस निर्णय को रद्दी की टोकरी में फेंक दिया गया।

तमिलनाडु विधानसभा में हुई बहस से स्पष्ट है कि अब आरक्षण का प्रश्न सामाजिक न्याय और समरसता का विषय न रहकर पूरी तरह वोट राजनीति का अंग बन गया है। तमिलनाडु की विधानसभा में बहस का मुद्दा यह था कि आरक्षण नीति को जन्म देनेवाले आंदोलन का जन्मदाता तमिल मनीला कांग्रेस के प्रेरणा-पुरुष स्व. कामराज को माना जाए या सत्तारूढ़ द्रमुक के प्रेरणादाता पेरियार रामास्वामी

नायकर को। विभिन्न राजनीतिक दलों के बीच इस स्पर्धा के फलस्वरूप एक ओर तो आरक्षण नीति का व्याप बढ़ता जा रहा है, दूसरी ओर विभिन्न जातियों के बीच कटुता बढ़ रही है।

जातिवादी कटुता का तांडव

इस आपाधापी के फलस्वरूप समाज में कटुता बढ़ती जा रही है। एक ओर कहा जा रहा है कि विज्ञान और सूचना क्रांति ने प्रत्येक मनुष्य के क्षितिज को वैश्विक बना दिया है, दूसरी ओर भारतीय समाज जातीय और जनपदीय चेतना का उन्नयन करने के बजाय छोटे-छोटे टुकड़ों में बँट रहा है। हमारे दिल छोटे होते जा रहे हैं। दिल्ली के जवाहरलाल नेहरू विश्वविद्यालय, यूनिवर्सिटी कॉलेज ऑफ मेडिकल साइंसेज व मौलाना आजाद मेडिकल कॉलेज में पिछले दिनों आरक्षण के प्रश्न पर छात्रों में जो विभाजन हुआ और मारपीट हुई वह इसका प्रमाण है कि यह जातिवादी कटुता अब नई पीढ़ी में भी प्रवेश कर रही है।

ऐसी स्थिति में उपाय एक ही है कि घृणा और हिंसा के विष का पान करके भी समाज के श्रेष्ठ अंत:करणों को सामाजिक समरसता का प्रबल गैर-सरकारी, गैर-राजनीतिक रचनात्मक आंदोलन खड़ा करना होगा। राष्ट्रीय स्वयंसेवक संघ इस दिशा में सराहनीय काम कर रहा है। इस दृष्टि से श्री पांडुरंग शास्त्री आठवळे 'दादाजी' प्रणीत 'स्वाध्याय प्रवाह' की भूमिका भी अत्यंत श्रेष्ठ है। दादाजी का मानना है कि इन वर्गों के लोग आर्थिक सहायता के भूखे नहीं हैं, आत्मीयता और समता के भूखे हैं। इसीलिए उन्होंने इन वर्गों के लोगों को 'भावलक्षी' जैसे नाम से संबोधित किया। अमदाबाद शहर में एक ऐसी ही बस्ती में जाने पर वाल्मीकि समाज के भावलक्षियों से यह सुनकर बहुत ही आनंद हुआ कि हम आरक्षण की बैसाखी नहीं चाहते। हम अपने पुरुषार्थ से अपना भाग्य बनाएँगे। हम अपने भीतर से वे श्रेष्ठ गुण प्रकट करेंगे कि जन्मना ब्राह्मणों को अपने पर लज्जा आने लगे। एक युवक ने कहा कि मैं भी ब्राह्मण हूँ, जन्मना नहीं, अपितु कर्मणा। श्रेष्ठ गुणों की उपासना और अपने पुरुषार्थ पर भरोसा जगाना ही सामाजिक समरसता का सही मार्ग है। वोट राजनीति समाज को तोड़ रही है, खंड-खंड कर रही है। उसे जोड़ने का काम अब संस्कृति और भक्ति ही कर सकती है।

[पाञ्चजन्य, २५ अप्रैल, १९९९]

☐

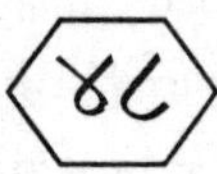

दलित ईसाई और चुनाव राजनीति

पूर्व में हमने 'ईसाई मिशनरी और जाति संस्था' व 'उन्नीसवीं शताब्दी की मिशनरी बहस' शीर्षक लेख पढ़े। तब हमें कल्पना नहीं थी कि चर्च दलित ईसाइयों के लिए आरक्षण की सुविधा पाने के लिए शीघ्र ही जनांदोलन छेड़ देंगे। कुछ ही समय बाद १८ नवंबर, १९९५ को दिल्ली में ईसाई नेताओं ने इस प्रश्न पर सार्वजनिक धरने का आयोजन किया। इस धरने में नोबल पुरस्कार से सम्मानित मदर टेरेसा की उपस्थिति से यह धरना प्रचार माध्यमों में छा गया और दलित ईसाइयों के लिए आरक्षण का प्रश्न भारतीय राजनीति की ज्वलंत समस्या बन गया। उपर्युक्त दो लेखों से स्पष्ट होता है कि चर्च ने जान-बूझकर हिंदू समाज के निर्धन और पिछड़े वर्गों को मतांतरण के लिए अपना निशाना बनाया, उनकी गरीबी और पिछड़ेपन के लिए जाति-व्यवस्था को अपराधी ठहराया और आश्वासन दिया कि ईसाई धर्म की गोद में आने के बाद वे जाति-व्यवस्था की गिरफ्त से बाहर निकल आएँगे और उनके लिए सामाजिक समता एवं आर्थिक समृद्धि का मार्ग प्रशस्त हो जाएगा। किंतु लगभग दो सौ साल से चर्च मतांतरितों को न तो जाति-प्रथा से मुक्त करके सामाजिक समता दे पाया और न ही उन्हें आर्थिक संतोष व सुरक्षा दिला पाया। इसलिए २ नवंबर के लेख में हमने चर्च से अनुरोध किया था कि सैकड़ों साल तक ईसाई धर्म की गोद में रहने के बाद यदि अब भी धर्मांतरितों को पिछड़ेपन के गड्ढे से बाहर लाने के लिए आरक्षण की बैसाखी की आवश्यकता महसूस की जा रही है तो चर्च को अपनी असफलता को स्वीकार करके उन्हें ईसाई धर्म के बंधन से मुक्त कर देना चाहिए।

किंतु चर्च के सामने ऐसी किसी भी प्रार्थना का महत्त्व अरण्यरोदन से

अधिक कुछ नहीं है, क्योंकि मतांतरितों की संख्या-वृद्धि को चर्च अपनी प्रगति का मुख्य पैमाना मानता है और इसलिए पिछले दो-तीन सौ सालों में चर्च अपनी विफलता को जानकर भी झूठे प्रलोभन दिखाकर भारतीय समाज के निर्धन एवं पिछड़े वर्गों के मतांतरण पर ही अपनी पूरी शक्ति लगाता रहा है। स्वतंत्र भारत के संविधान में हिंदू समाज की अनुसूचित जातियों को प्रदत्त आरक्षण की सुविधा को चर्च ने एक ओर तो मतांतरण के मार्ग में सबसे बड़ी बाधा पाया, दूसरी ओर भारत की ईसाई जनसंख्या के ७५ प्रतिशत से अधिक वर्ग को, जो ईसाई धर्म अपनाने के बाद भी सामाजिक विषमता और पिछड़ेपन का शिकार बना हुआ है, ईसाई धर्म की गोद में बनाए रखना चर्च के लिए कठिन हो गया है। इसलिए लंबे समय से चर्च उस समय की प्रतीक्षा करता रहा है जब वह मतांतरित ईसाइयों के सामाजिक एवं आर्थिक पिछड़ेपन की समस्या को व्यापक दलित आंदोलन का हिस्सा बनाकर वोट राजनीति से जोड़ सके।

यह वोट राजनीति का ही चमत्कार है कि एक ओर तो स्वयं को पंथनिरपेक्षता के सबसे बड़े ठीकेदार बतानेवाले मार्क्सवादी कम्युनिस्ट पार्टी के शीर्ष नेता ई.एन.एस. नंबूदरीपाद ने 'फ्रंट लाइन' (पाक्षिक, २२ मार्च, १९९६) और भाकपा के मुख पत्र 'पीपुल्स डेमोक्रेसी' (१० मार्च) में बड़े गद्‌गद भाव से लिखा है कि जिस कैथोलिक चर्च ने सन् १९५९ में उनकी सरकार को गिराने में महत्त्वपूर्ण भूमिका निभाई थी और जिसने दक्षिण अमेरिका में जनमी 'लिबरेशन थियोलॉजी' को भारत में अपनाने से इनकार कर दिया था वही कैथोलिक चर्च अब लिबरेशन थियोलॉजी का झंडा उठाने को तैयार हो गया है और उसने आगामी चुनावों में कांग्रेस को अपना समर्थन न देने की घोषणा कर दी है। केरल की स्थिति में कांग्रेस के संयुक्त मोरचे से चर्च के बाहर निकलने का अर्थ होता है वामपंथी संयुक्त मोरचे का समर्थन। इस संभावना से नंबूदरीपाद मगन हैं तो कांग्रेसी नेतृत्व चिंतित। कैथोलिक चर्च द्वारा कांग्रेस से समर्थन को वापस लेने से स्वयं प्रधानमंत्री नरसिंह राव की स्थिति को उनके अपने चुनाव क्षेत्र नांदयाल में खतरा पैदा हो सकता है; क्योंकि वहाँ ईसाई मतदाता भारी संख्या में मौजूद हैं। इसलिए उनके अपने व्यक्तिगत और दलीय हितों की पुकार है कि धर्मांतरण के अब तक के इतिहास को और संविधान में आरक्षण की पृष्ठभूमि को भुलाकर चुनाव के पूर्व ही 'दलित' ईसाइयों को भी आरक्षण की सुविधा देने का प्रलोभन प्रचारित किया जाए। दसवीं संसद् के अंतिम सत्र के अंतिम सप्ताह में इस विषय पर विधेयक लाने, लोकसभा अध्यक्ष द्वारा उसे पेश करने की अनुमति न देने और तब प्रधानमंत्री के ढपोरशंख सीताराम केसरी द्वारा

अध्यादेश लाने की घोषणा करने और अंत में अध्यादेश को राष्ट्रपति की स्वीकृति न मिलने तक के सब पगों को वोट राजनीति के प्रचार अभियान के रूप में ही देखा जाना चाहिए।

एक ओर भारतीय राजनेताओं को सत्तालोलुपता ने उन्हें इतना अदूरदर्शी और अंधा बना दिया है कि थोक वोटों को रिझाने के लिए उन्हें अपने और राष्ट्र के दूरगामी हितों की बलि देने में भी कोई संकोच नहीं रह गया है। दूसरी ओर भारतीय समाज किसी समस्या के प्रति तब तक सचेत नहीं होता जब तक वह आंदोलन का रूप धारण करके प्रचार माध्यमों पर न छा जाए। 'दलित' ईसाइयों के लिए आरक्षण की माँग को ही लें।

कितने लोगों को पता है कि चर्च लंबे समय से भारतीय राजनीति के चरित्र परिवर्तन और उसमें उग रही नई प्रवृत्तियों का गहरा अध्ययन करता रहा है। ऐसे अध्ययन के नमूने के रूप में एक ही पुस्तक का उल्लेख करना पर्याप्त रहेगा। पुस्तक का नाम है 'दि दलित क्रिश्चियंस : ए हिस्ट्री' और लेखक हैं एक अमेरिकी पादरी डॉ. जॉन सी.बी. वेबस्टर। वेबस्टर सन् १९६० में भारत आए। 'दलित' ईसाई समस्या का अध्ययन उन्होंने सन् १९७०-७१ में ही प्रारंभ कर दिया और अपने अध्ययन के निष्कर्षों को जुलाई १९८७ में मद्रास के तीस-चालीस ईसाई बुद्धिजीवियों एवं कार्यकर्ताओं के सामने प्रस्तुत किया। इस पुस्तक के तीसरे अध्याय में वे भारतीय समाज के जाति व धर्म के आधार पर विभाजन की प्रक्रिया का आरंभ सन् १९०९ के भारत सरकार के एक्ट से जोड़ते हैं।

[नवभारत टाइम्स, २८ मार्च, १९९६]

□

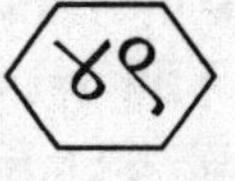

उलटा चोर कोतवाल को डाँटे

योजना-कुशलता और संगठन-चातुर्य के गुण भारत के ईसाई चर्च ने पश्चिमी साम्राज्यवाद से विरासत में पाए हैं। ईसाई मतांतरितों के बड़े वर्ग को हिंदू समाज की अनुसूचित जातियों के लिए निर्धारित सुविधाओं में हिस्सा दिलाने की दृष्टि से चर्च ने कई नए मंचों का निर्माण किया है, जिनका उद्देश्य एक ओर तो अनेक पंथों में विभाजित ईसाई समाज को इस प्रश्न पर साझा रणनीति के लिए तैयार करना है, दूसरी ओर 'सामाजिक न्याय', 'पंथनिरपेक्षता', 'मानव अधिकार' जैसे लुभावने मुखौटों के भीतर पल रही सत्तालोलुप, सिद्धांतहीन स्पर्धी वोट-राजनीति के साथ संपर्क पुल बनाना है। ऐसे दो मंचों में से एक का नाम है—'नेशनल कोऑर्डिनेशन कमेटी फॉर एस.सी. क्रिश्चियंस' (अनुसूचित जाति ईसाइयों के लिए राष्ट्रीय समन्वय समिति) और दूसरे का नाम है—'ऑल इंडिया क्रिश्चियंस मूवमेंट फॉर इक्वल राइट्स' (समाज अधिकारों के लिए अखिल भारतीय ईसाई आंदोलन)। नाम से ही दोनों मंचों का उद्देश्य स्पष्ट है और इन दोनों मंचों के सूत्रधार हैं जोंस डेनियल। कैथोलिक चर्च ने एक अलग मंच बनाया है और उसे नाम दिया है—'सी.बी.सी.आई. कमीशन फॉर शेड्यूल कास्ट/ट्राइब्स एंड ओ.बी.सी.' (अनुसूचित जातियों/जनजातियों एवं अन्य पिछड़े वर्गों के लिए भारतीय कैथोलिक विशप कॉन्फ्रेंस का आयोग)। इसके सचिव हैं फादर एस. लोर्डूस्वामी।

जोंस डेनियल और एस. लोर्डूस्वामी ने अलग-अलग वक्तव्य देकर प्रधानमंत्री नरसिंह राव और समाज कल्याण मंत्री सीताराम केसरी पर आरोप लगाया कि वे हमें दलित ईसाइयों को आरक्षण की सुविधाएँ देने का वायदा पाँच साल से करते आ रहे थे। उस वायदे को पूरा न करके उन्होंने ईसाई मतदाताओं के साथ विश्वासघात

किया है और इसका दंड उन्हें चुनाव के समय दिया जाएगा। उन्होंने खुले शब्दों में प्रधानमंत्री और केंद्रीय समाज कल्याण मंत्री जैसे ऊँचे पदों पर बैठे कांग्रेसी नेताओं से सार्वजनिक जवाब-तलबी की है। साथ ही उन्होंने ईसाई मतदाताओं से अपील की है कि वे केवल उन्हीं दलों के पक्ष में मतदान करें जो अपने चुनावी घोषणा-पत्रों में दलित ईसाइयों को आरक्षण की सुविधाएँ दिलाने की स्पष्ट घोषणा करें और आश्वासन दें कि अगली लोकसभा के पहले सत्र में पहले ही दिन वे इस दिशा में सक्रिय कदम उठाएँगे। इन वक्तव्यों में यह आशावाद भी व्यक्त किया गया है कि राष्ट्रपति ने इस विषय पर अध्यादेश को पूरी तरह ठुकराया नहीं है, केवल वापस भेजा है, इसलिए अध्यादेश के पुनर्जीवन की संभावना शेष है।

इसे परले सिरे की निर्लज्जता नहीं तो और क्या कहें कि चर्च का नेतृत्व धर्मांतरण के समूचे इतिहास को भुलाकर ईसाई मतांतरितों को समय-समय पर दिए गए सामाजिक समता और आर्थिक सुरक्षा के लुभावने वायदों को दो-तीन सौ साल की लंबी कालावधि में पूरा न कर पाने के लिए ईसाई धर्म की विफलता को खुले मन से स्वीकार करने और भारतीय समाज से क्षमा-याचना करने की बजाय धमकी और ब्लैकमेलिंग का सहारा ले रहा है। यह 'उलटा चोर कोतवाल को डाँटे' वाली स्थिति है। लाखों भोले-भाले भारतीयों को बड़े-बड़े वायदों का प्रलोभन दिखाकर धर्मांतरण के जाल में फँसाकर उनके प्रति विश्वासघात का अपराधी चर्च उलटे भारतीय नेतृत्व पर विश्वासघात का आरोप लगाए, इससे बड़ी विडंबना क्या हो सकती है! किंतु चर्च-नेतृत्व को दु:साहस की इस सीमा तक पहुँचाने के लिए भारतीय राजनीति का आज का सिद्धांतहीन और सत्तालोलुप चरित्र ही पूरी तरह जिम्मेदार है।

यदि जोंस डेनियल का प्रधानमंत्री पर लगाया गया विश्वासघात का आरोप सही है तो देश को प्रधानमंत्री जैसे जिम्मेदार पद पर आसीन व्यक्ति से यह पूछने का अधिकार है कि वे पाँच साल से दलित ईसाइयों को आरक्षण की सुविधाएँ देने का आश्वासन डेनियल को क्यों दे रहे थे? क्या इन ईसाई नेताओं को पता नहीं होगा कि गैर-हिंदू धार्मिक समूहों को अल्पसंख्यकों की श्रेणी में रखकर संविधान की धारा २५, २९ व ३० के अंतर्गत ऐसे अनेक विशेषाधिकार एवं सुविधाएँ दी गई हैं जिनसे बहुसंख्यक हिंदू समाज पूरी तरह वंचित है? यह कैसी हास्यास्पद स्थिति है कि एक ओर तो ईसाई धर्म-प्रचारक अपने धर्म की श्रेष्ठता के गुण गाते नहीं थकते और दावा करते हैं कि चर्च की छत्रच्छाया में ६५ प्रतिशत मतांतरित शिक्षित हो गए हैं, चर्च ने उन्हें जाति-प्रथा की जंजीरों से मुक्त करा

दिया है; दूसरी ओर हिंदू समाज की निर्धन और पिछड़ी जातियों को, जिनमें शिक्षा का प्रचार अभी १० प्रतिशत भी नहीं हो पाया है, प्रदत्त आरक्षण की सुविधाओं को हड़पने के उद्‌देश्य से ७५ प्रतिशत ईसाई जनसंख्या को दलित घोषित करने में कोई लज्जा अनुभव नहीं कर रहे हैं। क्या ईसाई नेताओं को स्मरण नहीं है कि भारतीय धर्मों की निंदा और ईसाई धर्म की श्रेष्ठता का बखान करने के कारण ही ईसाई मिशनरियों को गांधीजी ने साबुन बेचनेवाले व्यापारी की उपमा दी थी? विदेशों में भारतीय समाज की विकृत छवि बनाकर धन बटोरने के प्रयासों की स्वामी विवेकानंद ने भर्त्सना की थी।

ईसाई मतांतरितों के प्रति जातिभेद और आर्थिक विषमता की समस्या केवल स्वाधीन भारत में ही नहीं, बल्कि ब्रिटिश शासन काल में भी मौजूद थी। सन् १९२७ में साइमन कमीशन के भारत आगमन के साथ हिंदू समाज के दलित वर्गों के लिए आरक्षण की चर्चा शुरू हुई, तभी से चर्च इन सुविधाओं को हड़पने की कोशिश में लगा रहा है।

ब्रिटिश शासकों के सामने भी उन्होंने इस बारे में कम अनुनय-विनय नहीं की; किंतु हिंदू दलित नेताओं की ओर से कड़े विरोध और गांधीजी के प्रभावी व्यक्तित्व की उपस्थिति के कारण ब्रिटिश शासकों में चर्च की इस माँग को स्वीकार करने का साहस नहीं हुआ। यहाँ तक कि जनमत के सामने झुककर उन्हें सन् १९३६ में एक विशेष आदेश जारी करना पड़ा कि सन् १९३५ के एक्ट के अंतर्गत अनुसूचित जातियों में किसी ईसाई धर्मावलंबी का नाम सम्मिलित नहीं किया जाएगा। राजनीति के चरित्र-परिवर्तन का ही नमूना है कि एक समय एम.सी. राजा, डॉ. आंबेडकर और आर. श्रीनिवासन आदि सभी दलित नेता अपने मतभेद भूलकर चर्च की इस माँग के विरोध में डट गए थे; पर आज रामविलास पासवान जैसे एकाध दलित प्रतिनिधि चर्च की इस माँग का समर्थन करके अपने ही दलित भाइयों के पेट पर लात मारने को आमादा हैं।

[नवभारत टाइम्स, ४ अप्रैल, १९९४]

□

चर्च की कैद में दलित ईसाई

भारत के सार्वजनिक जीवन की इससे बड़ी विडंबना क्या हो सकती है कि जिस ईसाई चर्च-नेतृत्व को आज अपराधियों के कठघरे में खड़ा होना चाहिए था, वही आज सीनाजोरी के साथ निर्लज्जतापूर्वक स्वीकार कर रहा है कि भारत की ईसाई जनसंख्या का ६५ प्रतिशत भाग आर्थिक और सामाजिक दृष्टि से दलित है, उसे अनुसूचित जातियों के लिए निर्धारित आरक्षण की सुविधाएँ मिलनी चाहिए। वह इस प्रश्न के उत्तर में मौन हो जाता है कि ईसाई मत की गोद में चार-पाँच सौ वर्ष तक रहने के बाद भी इतना बड़ा वर्ग दलित क्यों है, अस्पृश्यता और दारिद्र्य का शिकार क्यों है? क्या यह ऐतिहासिक सत्य नहीं है कि हिंदू समाज के प्रबुद्ध और शिक्षित वर्ग को ईसाई मत की आध्यात्मिक एवं तार्किक श्रेष्ठता से प्रभावित करने में असफल होने पर मिशनरियों ने हिंदू समाज के उस वर्ग पर अपनी पूरी शक्ति केंद्रित कर दी, जो आर्थिक एवं सामाजिक पिछड़ेपन के गर्त में पड़ा हुआ था? इस वर्ग को मिशनरियों ने भुलावा दिया कि उसकी यह दुर्दशा हिंदू धर्म और उसकी जाति-प्रथा के कारण है। हिंदू धर्म को छोड़कर ईसाई मत की गोद में आ जाने के बाद उनके लिए सामाजिक समता और आर्थिक विकास का द्वार खुल जाएगा और चर्च की छत्रच्छाया में वे अल्प काल में एक सुखी श्रेष्ठ जीवन जीने की स्थिति में पहुँच जाएँगे; पर सैकड़ों साल बीत जाने पर भी ये अभागे अस्पृश्यता, ऊँच-नीच और दारिद्र्य की यातना भोगने के लिए विवश हैं।

दोगली नीति

ऐसा नहीं है कि धर्मांतरितों की इस दयनीय स्थिति की ओर चर्च के नेतृत्व

का ध्यान समय-समय पर खींचा न गया हो। अठारहवीं शताब्दी से ही ऐसे अनेक दस्तावेज उपलब्ध होते हैं, जिनसे विदित होता है कि चर्च के भीतर समय-समय पर यह बहस चलती रही है कि धर्मांतरितों का आर्थिक, शैक्षणिक एवं सामाजिक स्तर ऊपर उठाने में चर्च असफल क्यों रहा है, चर्च स्वयं को छुआछूत की बीमारी से मुक्त क्यों नहीं कर पा रहा? किंतु चर्च आत्मालोचन करने के बजाय धर्मांतरितों की संख्या बढ़ाने और उनपर अपना नियंत्रण बनाए रखने के उपायों की खोज में ही लगा रहा। इसी लालच के वशीभूत होकर वह पश्चिमी साम्राज्यवाद का एजेंट व वकील बन गया था।

धर्मांतरितों के आर्थिक और शैक्षणिक विकास के नाम पर चर्च ने समृद्ध ईसाई देशों से अपार धन बटोरा, विशाल भवन खड़े किए, मिशनरियों और पादरियों के लिए सब प्रकार की सुख-सुविधाएँ जुटाईं। वह अपने वैभव का प्रदर्शन करने में लगा रहा, किंतु धर्मांतरण और धर्मांतरितों के नाम पर बटोरे गए धन को उनके आर्थिक-सामाजिक विकास पर कतई खर्च नहीं किया गया। चर्च की इस दोगली नीति के विरुद्ध गांधीजी ने सशक्त स्वर उठाया था। उन्होंने अंतरराष्ट्रीय मिशनरी संगठन के मंत्री फादर मोट से बहस करते हुए कहा था कि यदि ईसाई मत श्रेष्ठ है, उनमें मनुष्य का आध्यात्मिक विकास करने की क्षमता अधिक है तो आप लोग मेरे या महादेव भाई जैसे अपेक्षाकृत जागरूक और जानकार हिंदू को धर्मांतरित करने का प्रयास क्यों नहीं करते? क्यों इन बेचारे अबोध और भोले हरिजनों पर अपनी शक्ति लगा रहे हैं? लालच और छलावे से धर्मांतरित किए गए लोगों को गांधीजी ने 'चावल ईसाई' जैसा नाम भी दिया था। गांधीजी ने बार-बार कहा कि शेष हिंदुओं का धर्मांतरण करने के पहले आप अपना घर तो ठीक करिए, उसमें से छुआछूत और ऊँच-नीच को मिटाइए। पर चर्च ने गांधीजी की चेतावनियों पर कोई ध्यान नहीं दिया। उलटे वे धर्मांतरितों की हिंदू धर्म में वापसी के विरुद्ध गांधीजी से शिकायत करते रहे। एक बार तो उन्होंने ईसाई धर्मांतरितों को वापस आने के राजगोपालाचारी के आह्वान की भी गांधीजी से शिकायत की; किंतु गांधीजी ने दो-टूक जवाब दिया कि धर्मांतरितों का अपने पुराने धर्म में वापस आना धर्मांतरण नहीं, 'घर वापसी' है। आर्थिक प्रलोभन, सत्ता के दबाव एवं अन्य अनैतिक उपायों द्वारा भोले-भाले अज्ञानी लोगों के सामूहिक धर्मांतरण के मिशनरी प्रयासों के प्रति गांधीजी कितने अधिक सजग और चिंतित थे—इसका इससे बड़ा प्रमाण क्या हो सकता है कि दक्षिण अफ्रीका से भारत वापस लौटने के बाद गांधीजी ने अपना पहला सार्वजनिक भाषण सन् १९१६ में मद्रास में मिशनरियों के सम्मेलन में ही

दिया था और वहीं से उन्होंने धर्मांतरण के विरुद्ध अपनी आवाज उठानी शुरू कर दी थी। चर्च में व्याप्त कुरीतियों व ढोंग के प्रति वे चर्च नेतृत्व का ध्यान लगातार आकर्षित करते रहे।

अस्तित्व बचाने के लिए

किंतु चर्च वहीं-का-वहीं रहा। नेतृत्व अपने वैभव का प्रदर्शन करता रहा और अनुयायी गरीबी में जीते रहे। स्वतंत्रता के बाद भी समय-समय पर कई समितियों और सर्वेक्षणों ने भारतीय ईसाइयों की बहुसंख्या के आर्थिक एवं सामाजिक पिछड़ेपन का चित्र प्रस्तुत किया। सन् १९६५ में केरल में कुमार पिल्लई कमेटी ने वहाँ के ईसाई समाज के बारे में रपट दी। सन् १९७० में संतानम रपट ने स्पष्ट शब्दों में लिखा कि 'हिंदू समाज में तो अपने सामाजिक-आर्थिक पिछड़ों को ऊपर उठाने का आंदोलन प्रबल हो रहा है, किंतु चर्च में ऐसी कोई हलचल नहीं है।' सन् १९७५ में चिदंबरम रपट में भी यह बात कही गई, पर चर्च नेतृत्व इस बारे में मौन रहा। होना तो यह चाहिए था कि वह आत्मालोचन करता, अपनी असफलता को स्वीकार करके इन अभागों को ईसाई चर्च के बंधन से मुक्त कर देता। उन्हें हिंदू धारा में वापस आने की न केवल छूट देता, बल्कि प्रोत्साहित करता। पर चर्च नेतृत्व ने ऐसा कुछ नहीं किया। वह उनके आर्थिक व सामाजिक विकास का जोरदार प्रयास करने के बजाय उनपर अपना शिकंजा बनाए रखने के उपायों की खोज करता रहा। अब पानी सिर से ऊपर पहुँच गया। आज जिन्हें दलित या अनुसूचित जाति के ईसाई बताया जा रहा है, अब उन्होंने यह सोचना प्रारंभ कर दिया कि अपने पूर्वजों के धर्म को छोड़कर उन्हें ईसाई क्यों बनाया गया था? ईसाई मत में इतने लंबे समय तक रहने के बाद उन्हें क्या मिला? यदि इसी दशा में रहना है तो क्यों न वे अपने पुरखों के घर में ही वापस लौट चलें? एक धर्मांतरित ईसाई द्वारा लिखित 'ट्वाइस एलियनेटेड' जैसी पुस्तकों में भारतीय ईसाई समाज की वेदना प्रकट हुई है। जब चर्च नेतृत्व ने देखा कि अब उसके बाड़े में असंतोष बढ़ता जा रहा है, उसमें कभी भी भगदड़ मच सकती है और उसका बाड़ा खाली हो सकता है तब उसने धर्मांतरितों के असंतोष को ठंडा करने के लिए भारतीय संविधान द्वारा हिंदू समाज की अनुसूचित जातियों को दी गई आरक्षण की बैसाखी को छीनकर उनके हाथ में थमाने की रणनीति पर सोचना प्रारंभ कर दिया।

वस्तुतः चर्च आज पूरे विश्व में अपने अस्तित्व को बचाए रखने के लिए जूझ रहा है। लातीनी अमेरिका में वह बिलकुल नंगा हो गया। दक्षिण अमेरिका के

देशों में जब भूखी मरती जनता ने चर्च के वैभव और विलास के विरुद्ध बगावत का झंडा उठा लिया तो उसने आत्मरक्षार्थ 'लिबरेशन थियोलॉजी' नामक हथियार का आविष्कार किया। चर्च आज मनुष्य को आध्यात्मिक और मानसिक शांति देने में असमर्थ है। यह तो इसी से स्पष्ट है कि पश्चिम के समृद्ध देशों में गिरजाघर उपासकों के अभाव में खाली पड़े हैं, सरेआम नीलाम हो रहे हैं। अब उनका लौकिक कार्यों के लिए उपयोग हो रहा है। हर देश में चर्च और उसके अनुयायियों के बीच दूरी बढ़ती जा रही है। अब चर्च एक संगठन मात्र रह गया है, जिसका उपयोग उसपर काबिज नेतृत्व अपने अस्तित्व की रक्षा के लिए कर रहा है और अलग-अलग देशों में अलग-अलग रणनीति अपना रहा है। भारत में आरक्षण की सुविधा पाने के लिए चर्च का वर्तमान आंदोलन उसी व्यापक रणनीति का अंग है।

सुविधा हड़पने के लिए

पर सवाल यह है कि स्वतंत्रता के पचास वर्ष बाद यह आंदोलन क्यों? भारतीय राजनीति के आज के चरित्र पर यह बहुत बड़ा व्यंग्य है कि धर्मांतरण की जिस व्याधि को रोकने के ही लिए संविधान में हिंदू समाज की पिछड़ी जातियों के लिए आरक्षण की सुविधा का प्रावधान किया गया था, आज उसी सुविधा को धर्मांतरण के कार्य में लगा चर्च हड़पना चाहता है। संविधान सभा की बहस और संविधान के लागू होते ही सन् १९५० में राष्ट्रपति के एक आदेश द्वारा यह स्पष्टीकरण कि 'अनुसूचित जाति' शब्द-प्रयोग केवल हिंदू जातियों के लिए ही लागू होता है, से स्पष्ट हो जाती है कि पं. जवाहरलाल नेहरू और डॉ. आंबेडकर जैसे नेताओं की दृष्टि में 'अनुसूचित जातियों' का अर्थ और सीमा क्या थी? किंतु वोट बैंक की राजनीति के प्रभावी होने पर शब्दों के अर्थ बदल रहे हैं। 'अनुसूचित जातियों' और 'हरिजन' जैसे शब्दों के स्थान पर 'दलित' शब्द पर आग्रह किया जा रहा है। 'दलित' शब्द की व्याख्या बदलकर उसके अंतर्गत अनुसूचित जातियों, अनुसूचित जनजातियों और ईसाई आदि मजहबी संप्रदायों को सम्मिलित किया जा रहा है। इसीलिए ईसाई नेताओं ने 'दलित एकता' का नारा लगाना शुरू कर दिया है। संविधान द्वारा आरक्षण की सुविधा को सामाजिक परिवर्तन का माध्यम बनाने के बजाय सत्तालोलुप राजनीतिज्ञों और दलों ने उसे जाति व संप्रदाय के आधार पर संगठित वोट बैंकों को खरीदने का माध्यम समझ लिया है। भारतीय राजनीति के इस चरित्र-परिवर्तन को देखकर ही चर्च नेतृत्व का यह हौसला हुआ कि वह अपने पापों को स्वीकार करने एवं उनपर पश्चात्ताप करने के बजाय सन् १९५० के

राष्ट्रपतीय आदेश में संशोधन की माँग कर पा रहा है। चर्च का यह कहना कि सन् १९५६ में सिखों और १९९० में नव बौद्धों को आरक्षण की सुविधा दिए जाने से स्पष्ट है कि अब आरक्षण का आधार हिंदू धर्म नहीं रह गया है। शायद चर्च यह भूल गया है कि संविधान में 'हिंदू' शब्द की व्याख्या के अंतर्गत प्रारंभ से ही सिख, बौद्ध, जैन इत्यादि भारतीय मूल के उपासना-पंथों को सम्मिलित किया गया है। आज भले ही कुछ भ्रांत और स्वार्थी नेता इन उपासना-पंथों को उनके मूल स्रोत से अलग करने की बात करें, पर हिंदू समाज का आँगन उनके लिए सदैव खुला है, खुला रहेगा। किंतु ईसाई मत अपने को सिख और बौद्ध पंथों की श्रेणी में रखने का अधिकारी तब तक नहीं बन सकता जब तक वह अपने विदेशी मूल से पूरी तरह संबंध विच्छेद न कर ले और अपनी विफलता को स्वीकार करके धर्मांतरितों को अपनी कैद से मुक्त न कर दे।

हमारे सत्तालोलुप राजनीतिज्ञ, जिन्होंने प्रशासन-तंत्र को एक कुशल, चुस्त और स्वच्छ शासन प्रबंध देने का माध्यम बनाने के बजाय, वोट बैंक की राजनीति के तहत आरक्षण की रेवड़ियाँ बाँटने की झोली मात्र समझ लिया है, चर्च से ये सवाल पूछने के बजाय उसका समर्थन करने के लिए दौड़ पड़े। कम-से-कम वे इतना तो सोचते कि मदर टेरेसा ने इस माँग के समर्थन से अपना पल्ला क्यों झाड़ लिया! भारतीय राजनीति आज जितना नीचे गिर चुकी है उससे किसी भी प्रश्न पर राष्ट्र के दूरगामी हितों की रक्षा करनेवाली प्रतिक्रिया की अपेक्षा नहीं की जा सकती। राजनीति के इस चरित्र का सूक्ष्म अध्ययन करने के बाद ही चर्च ने अपनी रणनीति बनाई है। यह ध्यान देनेवाली बात है कि इस प्रश्न पर आंदोलन करने का विचार सर्वप्रथम सन् १९८२ में मंडल आयोग की रपट के प्रकाशन के बाद ही कैथोलिक बिशप कॉन्फ्रेंस ऑफ इंडिया के तिरुची सम्मेलन में किया गया था।

अब समय आ गया है कि हिंदू समाज चर्च को अलग करके भारतीय ईसाई समाज से सीधा संपर्क स्थापित करे, उन्हें चर्च के साथ जोड़कर देखने के बजाय हिंदू समाज में वापस आने के लिए सन्नद्ध वर्ग के रूप में देखे। आज आवश्यकता एक आक्रामक सामाजिक नीति और प्रयास की है।

[पाञ्चजन्य, १० दिसंबर, १९९५]

□

५१

यह अमेरिकी महिला भारत में क्या कर रही है?

प्रतिष्ठित अंग्रेजी दैनिक 'हिंदू', जो आजकल आठ स्थानों से प्रकाशित होता है, ने अपने २४ जून और ८ जुलाई के अंकों में एक अमेरिकी महिला गैल ओमवेट (Gail Omvedt) के दो लेख प्रकाशित किए। पहले लेख का शीर्षक है—'दलितों को पर्यावरणवादी पसंद क्यों नहीं?' (Why Dalits dislike Environmentalists?) और दूसरे का शीर्षक है—'हिंदू होने के बारे में' (On being a Hindu)। दोनों लेख प्रारंभ से अंत तक हिंदू-विरोध से भरे हैं। वह 'दलितों' को 'हिंदुओं' से अलग एवं विरोधी सिद्ध करने पर तुली हुई है। वह स्वयं को दलितों का हित-चिंतक सिद्ध करना चाहती है। वह दावा करती है कि वह महिलाओं, आदिवासियों, किसानों व निचली जातियों में काम करनेवाले अनेक गैर-सरकारी स्वयंसेवी संस्थाओं से जुड़ी हुई है। ऐसी ही भुवनेश्वर स्थित एक स्वयंसेवी संस्था है—'निस्वास' (NISWASS), जो उड़ीसा के पिछड़े वर्गों में कार्य करती है और समाज कार्य में स्नातक एवं स्नातकोत्तर पाठ्यक्रम भी पढ़ाती है। इसने गैल ओमवेट की सेवा एक वर्ष पूर्व प्राप्त की है। ८ जुलाई के 'हिंदू' में उसे 'निस्वास' में डॉ. आंबेडकर पीठ का प्राध्यापक बताया गया है। केवल पंद्रह दिन पहले २४ जून के लेख में उसका परिचय पुणे विश्वविद्यालय में सुरेंद्र झोंडाले पीठ के प्राध्यापक के रूप में दिया गया था। इसका अर्थ हुआ कि गैल ओमवेट ने एक विद्वान् और बुद्धिजीवी के रूप में अपनी धाक पूरे भारत में जमा ली है और सब जगह उसकी माँग हो रही है।

दलित व अनुसूचित का भेद

उसकी विद्वत्ता और चिंतन की विशेषता को समझने के लिए इन दोनों लेखों

का अध्ययन आवश्यक है। पहले लेख में उसका कहना है कि उड़ीसा में चिल्का झील के मछुआरे वहाँ काम कर रहे पर्यावरणवादियों से नाराज हैं, क्योंकि वे उनकी वास्तविक समस्याओं से अनभिज्ञ हैं। यह बहुत संभव है, क्योंकि अधिसंख्य पर्यावरणवादी शहरी लोग हैं और विदेशों में प्रकाशित पर्यावरणवादी साहित्य पढ़ते हैं। भारतीय यथार्थ से उनका गहरा संबंध नहीं होता। इसलिए कई बार वे अच्छी नीयत होने पर भी समस्याओं का सही निदान नहीं कर पाते। किंतु गैल ओमवेट उनकी नाराजगी को दूसरा रंग देना चाहती है। उसका कहना है कि इन पर्यावरणवादियों ने दौड़-धूप करके उड़ीसा के मछुआरों को अनुसूचित जातियों में सम्मिलित करा दिया, जबकि वे 'दलित' हैं और उनके एक प्रवक्ता ने तो अपनी पहचान 'दलित' शब्द से ही की। गैल ओमवेट की दृष्टि में 'दलित' और 'अनुसूचित जाति' एक नहीं है। 'अनुसूचित जाति' कहने से तो वे हिंदू समाज का अंग बन जाते हैं।

पर पर्यावरणवादियों ने ऐसा क्यों किया? क्यों वे मछुआरों की समस्या को ठीक से नहीं समझ पाते? ओमवेट का जवाब है कि 'क्योंकि वे ऊँची जातियों के लोग हैं।' वह ठोस उदाहरण देती है कि एक पर्यावरणवादी कार्यकर्ता, जो पूर्व छात्र नेता है, ब्राह्मण जाति का है और पुरी के जगन्नाथ मंदिर के किसी पंडा परिवार में जनमा है। और ये पंडे कितने खराब होते हैं, यह बतलाने के लिए ओमवेट लिखती है कि 'इन लोगों ने एक पारसी परिवार में विवाह करने के कारण इंदिरा गांधी को मंदिर में घुसने नहीं दिया था। इस एक घटना के कारण अब पंडा परिवार में जनमे किसी युवक को, किसी ब्राह्मण पुत्र को पिछड़े वर्गों के उत्थान के लिए कार्य करने का अधिकार नहीं रहा, क्योंकि वह उन वर्गों की समस्याओं को समझ ही नहीं सकता।' आश्चर्य है कि अमेरिका के पूँजीवादी बुर्जुआ समाज में जनमी यह गोरी महिला तो भारत के पिछड़े वर्गों की समस्याओं को समझने और उनमें काम करनेवाली गैर-सरकारी संस्थाओं का मार्गदर्शक बनने की योग्यता अर्जित कर सकती है, पर भारत की मिट्टी में जनमे युवक यह क्षमता कभी अर्जित नहीं कर सकते, क्योंकि उनका जन्म किसी सवर्ण जाति में हुआ है। ओमवेट का कहना है कि 'सवर्ण जातियों में जनमे युवक दलितों के बीच काम करने के अधिकारी तभी बन सकते हैं जब वे शास्त्रों एवं पुराणों से पूरी तरह संबंध विच्छेद कर लें। पर वे अभी तक शास्त्रों से बँधे हुए हैं, इसलिए समस्याओं को समझने में असमर्थ हैं।'

नीयत में खोट

उड़ीसा से वह महाराष्ट्र पर आती है। उसका कहना है कि वहाँ जाति-

विरोधी आंदोलन बहुत प्रबल है और कुछ समय से वामपंथी क्षेत्रों में 'ब्राह्मणवाद' पर बहस चल रही है। यहाँ वह स्वयंसेवी संस्थाओं के सम्मेलनों के हवाले से 'नर्मदा बचाओ आंदोलन' के कार्यकर्ताओं पर बरसती है। कहती है कि 'इस आंदोलन का कार्यकर्ता संजय सिंघवी दलित आंदोलन में उभर रहे आत्मालोचन के स्वर से तो प्रसन्न है, पर आदिवासी वहारू सोनवले के इस प्रश्न का जवाब नहीं देता कि 'नर्मदा बचाओ आंदोलन' के नेतृत्व में एक भी आदिवासी क्यों नहीं है?' सिंघवी ने जो जवाब दिया कि हमारी ग्राम स्तर की इकाइयाँ पूरी तरह आदिवासी कार्यकर्ताओं के हाथ में हैं, उसे ओमवेट अपमानजनक बताती है। क्यों? इसका कोई स्पष्टीकरण नहीं।

स्पष्ट है कि वह पर्यावरणवादी आंदोलन को कहीं जाति के नाम पर, कहीं आदिवासी के नाम पर तोड़ने में लगी हुई है और स्वयं को पर्यावरणवाद का एकमात्र ठीकेदार सिद्ध करना चाहती है। लेख के अंत में उसकी नीयत बिलकुल नंगी हो जाती है। वह लिखती है कि नेतृत्व और पहचान के प्रश्न एक-दूसरे से जुड़े हुए हैं। कांचा इलाइयाह (Ilaiah) नामक किसी दलित लेखक की 'मैं हिंदू क्यों नहीं हूँ' (Why I am not a Hindu) का हवाला देकर वह कहती है कि 'दलित बहुजन समाज की सामाजिक, सांस्कृतिक और धार्मिक परंपराएँ हिंदुओं से बिलकुल अलग हैं।' उसे शिकायत है कि ये उच्च वर्णी पर्यावरणवादी 'जोतीबा' फुले को 'ज्योतिबा' कहकर उसका संस्कृतकरण कर रहे हैं और उसकी मूल दलित पहचान से काट रहे हैं। ओमवेट की नजरों में विनोबा, खंडोबा, मिरोबा और जोतीबा आदि देवताओं का हिंदू धारा से कोई संबंध नहीं है। वे विशुद्ध दलित देवता हैं।

८ जुलाई के लेख में ओमवेट का यह सोच और भी स्पष्ट रूप में सामने आ जाता है। इस लेख में उसने कांचा इलाइयाह की उपर्युक्त पुस्तक को ही मुख्य आधार बनाया है। तेलंगाना में जनमे कांचा इलाइयाह हैदराबाद के उस्मानिया विश्वविद्यालय में राजनीतिशास्त्र के रीडर हैं और आजकल दिल्ली के नेहरू मेमोरियल म्यूजियम एंड लाइब्रेरी से फैलोशिप पा रहे हैं। गैल ओमवेट से उनका पुराना रिश्ता है, क्योंकि सन् १९९४ में प्रकाशित रचना 'दलित्स एंड द डेमोक्रेटिक रिवोल्यूशन' में ओमवेट ने उनका नामोल्लेख किया है। इस पुस्तक में ओमवेट ने सिद्ध करने की कोशिश की है कि दलित नेताओं में आंबेडकर ही अकेले थे, जिन्होंने दलितों की हिंदू समाज से अलग पहचान बचाने की कोशिश की। इलाइयाह स्वयं को आंध्र प्रदेश के दलितों एवं नागरिक अधिकार आंदोलन का मुख्य कर्ता-धर्ता मानते हैं। अपनी पुस्तक 'मैं हिंदू क्यों नहीं हूँ' में उन्होंने कहा है कि 'दलित'

शब्द सन् १९७० के दशक से सामने आया और १९८४ से 'बहुजन समाज' शब्द उछला। इलाइयाह ने इन दोनों को मिलाकर 'दलित-बहुजन' शब्द-प्रयोग शुरू किया है। शायद अपने को हिंदू समाज से अलग दिखाने के लिए ही उन्होंने ऐसा अजीबोगरीब नाम अपनाया है। वैसे उन्होंने अपनी भतीजी का नाम रमा और भतीजे का नाम कृष्णकांत बताया है। इलाइयाह की इस प्रस्थापना का ओमवेट स्वागत करती है कि 'ब्राह्मणी संस्कृति और दलित-बहुजन संस्कृति पूरी तरह भिन्न है। ग्राम देवता और देवियों के आध्यात्मिक धरातल पर भी भिन्न है। ब्राह्मणी संस्कृति की देवी लक्ष्मी है तो दलित-बहुजन समाज की देवी पोचम्मा है, जो महिषासुरमर्दिनी के निकट है।' ओमवेट को इलाइयाह से शिकायत है कि 'वह ब्राह्मणवाद की चालाकी और आत्मसातीकरण की प्रवृत्ति को कम आँक रहे हैं। ब्राह्मणवाद स्थानीय देवी-देवताओं को मिटाए बिना उन्हें अपने भीतर हजम कर लेता है, अर्थात् अपना लेता है।' इसका उदाहरण वह देती है सुधारवादी ब्राह्मण महादेव गोविंद रानाडे द्वारा वारकरी संप्रदाय का हिंदूकरण। जबकि वारकरी लोग 'बहुजन' हैं। ओमवेट की दृष्टि में 'महादेव रानाडे और विश्व हिंदू परिषद् की कार्यशैली में बहुत अंतर नहीं है। रानाडे दीर्घकालीन ब्राह्मणी साम्राज्यवाद का हिस्सा थे और अब विश्व हिंदू परिषद् बौद्धों, जैनियों और शैवों आदि को हिंदू धारा का अंग बताने की हिमाकत कर रही है।' ओमवेट को शिकायत है कि 'ग्रामीण रीति-रिवाज और कर्मकांड उन्हें उच्च वर्णीय संस्कृति से जोड़ देते हैं, इसलिए उनसे संबंध तोड़ना जरूरी है। निष्कर्ष यह कि ओमवेट की दृष्टि में देश की विविधता को एकता के सूत्र में पिरोना अपराध है और एकता के सूत्रों को तोड़कर समाज को तार-तार बिखेरना ही प्रगति और क्रांति का रास्ता है।

ओमवेट की दृष्टि में ईसाई और इसलाम की मिशनरी गतिविधियाँ संपूर्ण मानव जाति के आध्यात्मिक कल्याण के लिए हैं। वे देश की सीमाओं से बँधी नहीं हैं। इसलिए ओमवेट की सलाह है कि 'दलित-बहुजन देवी-देवताओं और आर्थिक जीवन का रिश्ता ब्राह्मणी या सनातन धर्म से तोड़कर वैश्विक आध्यात्मिकता अर्थात् ईसाई व इसलाम धर्मों से जोड़ देना चाहिए।'

हिंदुत्व का विरोध

क्या गैल ओमवेट का गिरजाघर से कोई रिश्ता है? वह स्वयं को मार्क्सवादी-लेनिनवादी घोषित करती है। जनवरी १९७६ में महाराष्ट्र की एक नक्सली संस्था द्वारा प्रकाशित उसकी पुस्तक 'औपनिवेशिक समाज में सांस्कृतिक

क्रांति' के आमुख और प्राक्कथन को पढ़ने से विदित होता है कि मार्क्सवाद-लेनिनवाद से उसका रिश्ता सन् १९७१ के बाद जुड़ा, जबकि वह '६० के दशक में ही भारत आ गई थी और कुछ समय के लिए नागपुर के किसी कॉलेज में उसे अध्यापन कार्य मिल गया था। तब उसे भारत कौन लाया था? किसने उसे नौकरी दिलाई थी? उसी समय उसने महाराष्ट्र को अपना कार्यक्षेत्र बनाने का निर्णय लिया। अमेरिका लौटकर उसने कैलिफोर्निया विश्वविद्यालय से महाराष्ट्र के गैर-ब्राह्मण आंदोलन (सन् १८७३ से १९३०) पर शोध कार्य करने के लिए अनुमति प्राप्त की। पी.एल. ४८० कोष से आर्थिक सहायता लेकर वह भारत लौटी और सन् १९७०-७१ में उसने अपने शोध-प्रबंध के लिए सामग्री एकत्र की। उसी दौरान उसका महाराष्ट्र के कम्युनिस्टों से संबंध बना और वह सक्रिय कम्युनिस्ट कार्यकर्ता बन गई। सन् १९७९ में उन्होंने दक्षिण महाराष्ट्र के कासेगाँव क्षेत्र को अपना कार्यक्षेत्र बना लिया। एक महाराष्ट्र कम्युनिस्ट भरत पाटणकर से विवाह रचाकर सन् १९८२ में उसने भारतीय नागरिकता प्राप्त कर ली। और अब वह पूरी शक्ति के साथ हिंदुत्व को जड़-मूल से मिटाने के लिए नारी आंदोलन, आदिवासियों, किसानों व दलितों में कार्य कर रही है। जाति और वर्ग को एक सिद्ध कर रही है। चर्च साहित्य का अध्ययन करने पर विदित होगा कि यही तीनों क्षेत्र हैं, जिनपर चर्च आजकल पूरी शक्ति लगा रहा है। ध्यान देने की बात यह है कि सन् १९७६ की उपरोक्त रचना में ही ओमवेट ने 'बहुजन समाज' शब्द को उछाला था और उसे अपनाने की जोरदार वकालत की थी। उसी शब्द को कांशीराम ने सन् १९८४ में अपनाया। विचारों और शब्दों में कितनी शक्ति होती है, यह उसका प्रमाण है।

सन् १९९५ में प्रकाशित पुस्तक 'दलित विजंस' में गैल ओमवेट ने सिद्ध करने की कोशिश की है कि दलित कभी भी हिंदू धारा का अंग नहीं रहे। वेदों के पहले से उनका पृथक् अस्तित्व रहा है। लौंगमेंस की जिस पुस्तक शृंखला के अंतर्गत इसका प्रकाशन हुआ है उसके संपादक मंडल में मार्क्सवादी इतिहासकार एस. गोपाल, रोमिला थापर और नीलाद्रि भट्टाचार्य हैं। उन्होंने अपने प्राक्कथनों में गैल ओमवेट की सोच का स्वागत करते हुए स्वीकार किया है कि केवल भौतिक और आर्थिक आधार पर 'सेक्युलरवाद' के तर्कों से हिंदुत्व की बढ़ती हुई शक्ति का मुकाबला नहीं हो सकता। गैल ओमवेट ने सांस्कृतिक और धार्मिक धरातल पर हिंदुत्व से लड़ने का जो रास्ता बताया है वही कारगर हो सकता है।

भारतीय मार्क्सवादियों ने हमेशा देश को तोड़ने का रास्ता अपनाया है।

‘गंगाधर अधिकारी थीसिस’ में भारत के पंद्रह टुकड़े करने का सिद्धांत प्रस्तुत किया गया। इसी सिद्धांत के तहत उन्होंने पाकिस्तान और खालिस्तान आंदोलनों का सन् १९४२ से १९४७ तक समर्थन किया। अब वे इस अमेरिकी महिला को अपना मसीहा मानकर हिंदू समाज को जाति और क्षेत्र के आधार पर तोड़ने में जुट गए हैं। राष्ट्र-हित की पुकार है कि गैल ओमवेट जैसी महिलाओं का कच्चा चिट्ठा खोला जाए।

[पाञ्चजन्य, २४ अगस्त, १९९७]

□

भगवान् बुद्ध का भी राजनीतीकरण

भारत के सार्वजनिक जीवन की इससे बड़ी विडंबना क्या हो सकती है कि सीताराम केसरी जैसे लोग, जिनका अपना कोई जनाधार नहीं है और जिनकी शक्ल देखकर श्रद्धा के बजाय वितृष्णा पैदा होती है, महज जोड़-तोड़ की राजनीति के बल पर सत्तारूढ़ दल कांग्रेस की प्रथम पंक्ति के नेताओं में स्थान पा गए हैं और केंद्रीय मंत्रिमंडल के सदस्य बने हुए हैं। आज की बौनी राजनीति में महत्त्वपूर्ण स्थान बना लेने के कारण वे जो भी ऊल-जुलूल बोलते हैं, वह अखबारों में छपता है और ऐसे ऊल-जुलूल, किंतु राष्ट्र-घातक उद्गारों पर टिप्पणी करने का दुर्भाग्य हम पर आ पड़ा है। अखबारों के माध्यम से उनकी जो छवि हमारे मन पर उभरी है, उसके अनुसार उनका राष्ट्र, मानवता या श्रेष्ठ जीवन-मूल्यों जैसे किन्हीं उदात्त आदर्शों से कुछ लेना-देना नहीं है। उनकी दृष्टि अपने व्यक्तिगत और दलीय स्वार्थ से आगे देखने में असमर्थ है। बिहार से ऊपर उठकर वे देख नहीं सकते। उनकी चेतना हर क्षण जाति और मजहब पर आधारित चुनाव-गणित के कोल्हू से बँधे अंधे बैल की तरह चक्कर लगाती रहती है। दूसरे दलों के विभाजनकारी चुनावी नारों को चुराकर उनसे एक कदम आगे जाकर विघटन की भाषा बोलने में ही वे अपना समूचा राजनीतिक चातुर्य समझते हैं। कभी वे मुसलमानों को आरक्षण देने की बात करते हैं तो कभी मंडलवाद की भाषा बोलने में वी.पी. सिंह और लालू प्रसाद को पीछे छोड़ जाना चाहते हैं। उन्हें न इतिहास की समझ है और न भविष्य में झाँकने की दृष्टि। उनकी हमेशा कोशिश यह रहती है कि वे कुछ ऐसा टेढ़ा-तीखा बोलें कि अखबार उन वक्तव्यों को छापने पर मजबूर हो जाएँ और तब वे अपने दलीय

आकाओं को पेपर कटिंग्स दिखाकर अपनी कुरसी को सुरक्षित रख सकें।

षड्यंत्र का पहला पन्ना

पिछले दिनों उनके मस्तिष्क के भूसा-भंडार में से एक और मौलिक 'चिंतन' या 'प्रलाप' कण टपका है। इतिहास और दर्शन के अपने 'गहन' अध्ययन के आधार पर केसरीजी ने खोज की है कि रा.स्व. संघ भगवान् बुद्ध को हिंदू धर्म का अवतार बताकर बुद्ध के खिलाफ षड्यंत्र कर रहा है, उनकी दार्शनिक छवि को धूमिल करने की साजिश कर रहा है। रा.स्व. संघ इतिहास को बदलना और भुलाना चाहता है। उसके षड्यंत्र का यह पहला पन्ना है आदि-आदि। केसरीजी के मुखारविंद से ये रत्नकण उस मंच से टपके जहाँ उन्हें 'बुद्धरत्न' के सम्मान से विभूषित किया गया। यह सम्मान उन्हें दिया दार्जिलिंग के कृपा शरण बुद्धिस्ट मिशन ने। 'बुद्धरत्न' के सम्मान से विभूषित होने लायक दूसरे सज्जन चुने गए रामविलास पासवान, जो दलित राजनीति से ऐश की रोटी खाते हैं। अल्पसंख्यक आयोग के सदस्य बौद्ध भिक्षु धम्मावीरियो ने बताया कि इन दोनों महानुभावों को बुद्धरत्न पुरस्कार इसलिए दिया जा रहा है, क्योंकि इन नेताओं ने बौद्ध दर्शन को गंभीरता से समझकर उसे व्यवहार में ढालने की कोशिश की है। बौद्ध दार्शनिक एवं श्रावक के रूप में उनकी ख्याति की सुगंध कितनी दूर-दूर तक पहुँच गई है, इसे स्पष्ट करते हुए धम्मावीरियो ने बताया कि चीन, कोरिया और श्रीलंका के बौद्ध संघों ने इन नेताओं के लिए अपनी-अपनी तरफ से कई उपहार भेजे हैं और 'बुद्धरत्न' देने के फैसले में उनकी मरजी भी शामिल है।

यदि भिक्षु धम्मावीरियो व्यंग्य या कटाक्ष नहीं कर रहे थे तो कहना होगा कि 'बुद्धरत्न' जैसा उदात्त नाम धारण करनेवाले इस पुरस्कार के पीछे तुच्छ राजनीति से अधिक कुछ नहीं है। कोई मूर्ख भी यह विश्वास नहीं कर पाएगा कि सीताराम केसरी और रामविलास पासवान, जिनका बौद्ध दर्शन और आचरण से दूर का भी नाता नहीं है, अनेक बौद्ध देशों द्वारा 'बुद्धरत्न' पुरस्कार के योग्य माने गए हैं।

उस बुद्धि पर तरस खाएँ या गुस्सा करें, जिसे यह भी पता नहीं कि भगवान् बुद्ध की दस अवतारों में प्रतिष्ठा रा.स्व. संघ के द्वारा नहीं की गई, वह तो आज से हजार साल पूर्व हो चुकी थी। दसवीं सदी के जयदेव रचित 'गीतगोविंद' से भी कई शताब्दियों पूर्व 'विष्णु, वायु और मत्स्यपुराण' में भी भगवान् बुद्ध की अवतार रूप में वंदना की गई है और इन पुराणों का रचनाकाल आधुनिक विद्वत्ता भी पाँचवीं-छठी शताब्दी से नीचे नहीं आँकती।

बौद्ध कोई धर्म नहीं

विष्णु के नौवें अवतार के रूप में बुद्ध को प्रतिष्ठित करने का प्रयास बुद्ध को हजम कर उनके धर्म को देशनिकाला देने या समाप्त करने का कोई ब्राह्मणी षड्यंत्र नहीं था, अपितु भारत की सांस्कृतिक यात्रा के प्रत्येक मील-पत्थर के योगदान को श्रद्धापूर्वक स्मरण करने का कृतज्ञ भाव था। भारत की ज्ञान-यात्रा में बुद्ध का क्या स्थान व योगदान है, इसे जानना है तो बुद्ध के नाम पर राजनीति करनेवालों को, यदि उन्हें राजनीति से फुरसत हो तो, भगवान् बुद्ध की जीवन-यात्रा पर प्रकाश डालनेवाले 'ललितविस्तर', अश्वघोष के 'बुद्धचरित' और त्रिपिटकों आदि बौद्ध स्रोतों का अध्ययन करना चाहिए। उनमें लिखा है कि किस प्रकार असित और देवल ऋषि बुद्ध के जन्म के समय आए। उन्होंने बालक के भविष्य को बताया। किस प्रकार आलार कालाम और उद्दक रामपुत्त नामक दो सांख्य योगियों को बुद्ध ने अपना अंतिम गुरु माना, किस प्रकार उरुवेला (आज की गया) में वटवृक्ष के नीचे साधना करके सिद्धार्थ ने नामरूप से परे अंतिम चेतन सत्ता का साक्षात्कार किया, संबोधि की स्थिति प्राप्त की, जन्म और मृत्यु से परे तथागत का बोध प्राप्त किया! किस प्रकार नश्वर शरीर को त्यागने के लिए व्यग्र बुद्ध को इंद्र और ब्रह्मा ने शरीर को न त्यागने और कठिन साधना द्वारा अर्जित ज्ञान को मानव-कल्याण के लिए प्रचारित करने का आग्रह किया और किस प्रकार उनके आग्रह को शिरोधार्य करके बुद्ध ने पहले अपने गुरुओं आलार कालाम और उद्दक रामपुत्त के समक्ष अपनी आध्यात्मिक स्थिति को रखने का विचार किया। किंतु वे अपना शरीर त्याग चुके थे, अतः उनके आश्रम से अपने साथ उरुवेला तक आए हुए अपने पाँच गुरु भाइयों की खोज की और उन्हें वाराणसी के पास मृगदाव (आधुनिक सारनाथ) में बैठे पाकर वहाँ जाकर प्रथम उपदेश देकर धर्मचक्र-प्रवर्तन किया। बुद्ध ने कभी नहीं कहा कि वे कोई नया धर्म चला रहे हैं। उन्होंने बार-बार कहा—'एषा पोराण पन्था:' उन्होंने अपने मार्ग को केवल 'मध्यम' मार्ग कहा। वे समन्वयवादी थे, विध्वंसकारी नहीं। भारतीय परंपरा ने भी उन्हें करुणावतार कहकर, 'योग मार्ग व्यवस्थितौ' बताकर उनका स्तवन किया है। बुद्ध ने अपनी साधना के द्वारा ज्ञान की जो उच्च स्थिति प्राप्त की, उसे भारतीय ज्ञान-परंपरा ने शिरोधार्य किया। इसीलिए जगद्गुरु शंकराचार्य और उनके दादागुरु गौड़पादाचार्य को कभी-कभी प्रच्छन्न बौद्ध भी कहा गया। ज्ञान-यात्रा का प्रवाह अखंड होता है। उसमें बीच-बीच में नए और पुराने का समन्वय करना अनिवार्य होता है।

भगवान् बुद्ध भारतीय चेतना के अभिन्न अंग हैं। वे उसमें पूरी तरह रमे-

बसे हैं। उन्नीसवीं शताब्दी की पाश्चात्य विद्वत्ता के मानसिक गुलाम यदि अभी भी बुद्ध को ब्राह्मण वर्चस्व के विरुद्ध क्षत्रिय-विद्रोह अथवा आर्य-विस्तारवाद के विरुद्ध अनार्य प्रतिरोध अथवा वैदिक या हिंदू धर्म के विरुद्ध नए धर्म के उदय के रूप में देखते हैं तो कहना होगा कि अपनी संस्कृति और इतिहास के अज्ञान को ही वे अपना पांडित्य समझ बैठे हैं। पाश्चात्य इतिहासकारों ने जान-बूझकर बौद्ध धारा को एक धर्म का रूप देकर उसे तथाकथित 'हिंदू धर्म' के मुकाबले खड़ा करने की कोशिश की। जबकि संपूर्ण भारतीय वाङ्मय में ऐसा शब्द प्रयोग कहीं नहीं है। ज्ञान की अनेक धाराओं में से एक धारा के रूप में ही बौद्ध धारा का उल्लेख है। वैदिका:, मीमांसका:, नैयायिका:, बौद्धा:, शैवा:, शाक्ता: आदि शब्द प्रयोगों का इसके अतिरिक्त और क्या अर्थ हो सकता है?

भगवान् बुद्ध इस देश की महाविभूति हैं, ज्ञान-निधि हैं। उनका स्मरण, पूजन, अध्ययन इस देश में अधिकाधिक बढ़े, इससे अधिक आनंद की बात और क्या हो सकती है! भगवान् बुद्ध के स्मरण-मनन से देश की आध्यात्मिक चेतना गहरी ही होगी, वह क्रोध और हिंसा की प्रवृत्तियों पर विजय पाने का सामर्थ्य ही अर्जित करेगा, शांति और त्याग का आलोक ही फैलेगा। रा.स्व. संघ यदि भगवान् बुद्ध के अवतार रूप का स्मरण देशवासियों को कराता है तो उसके पीछे यही आकांक्षा है; एकता, समन्वय और अहिंसा के आदर्शों के प्रति देशवासियों के मन में निष्ठा जगाने का भाव है। रा.स्व. संघ के प्रवक्ता के नाते सरकार्यवाह श्री शेषाद्रिजी राष्ट्र की एकता के उपासक हैं, विघटन के नहीं। संस्कृति ही उनका आराध्य है, राजनीति नहीं। उनके उद्गारों पर टिप्पणी करनेवालों को पहले अपनी औकात तो समझ लेना चाहिए।

लोभ की राजनीति

सत्ता के कुछ टुकड़े पाने के लोभ में जो लोग घृणा, विद्वेष और हिंसा की राजनीति के लिए भगवान् बुद्ध के नाम का इस्तेमाल कर रहे हैं उनसे अधिक बुद्ध-द्रोही कौन होगा! किंतु आज भारत में यही हो रहा है। अपनी आयु के अंतिम वर्ष सन् १९५६ में यदि डॉ. आंबेडकर ने बौद्ध संघ में दीक्षा ली थी तो उसके पीछे जहाँ यह भाव था कि वे १९३५ में की गई अपनी सार्वजनिक घोषणा को मरने के पूर्व सत्य कर जाना चाहते थे, वहीं यह भी था कि संविधान निर्माता के नाते वे इस सत्य से परिचित थे कि बौद्ध धारा को अपनाने के बाद भी वे संविधान के अनुसार हिंदू समाज और संस्कृति के अंग ही बने रहेंगे। वे हिंदू संस्कृति से टूटना कदापि नहीं

चाहते थे। अपने मन का यह भाव उन्होंने स्पष्ट शब्दों में व्यक्त भी किया। किंतु इस समय भगवान् बुद्ध और डॉ. आंबेडकर के नाम पर जो नव बौद्ध राजनीति खेली जा रही है वह घृणा की, बिखराव की, तोड़ने की राजनीति है; हिंदू समाज से अलग लेबिल अपनाने की संकीर्ण राजनीति है। गया के महाबोधि मंदिर की मुक्ति के लिए दलित और अल्पसंख्यक (अर्थात् मुसलमान) संयुक्त मोरचा बनाएँ, रामविलास पासवान के इस आह्वान का क्या भगवान् बुद्ध के आदर्शों और दर्शन से कोई संबंध जोड़ा जा सकता है? महाबोधि मुक्ति आंदोलन की जड़ें कहाँ हैं? उसकी मुक्ति का नारा लगानेवाले वास्तव में चाहते क्या हैं? इसका विस्तृत विवेचन यहाँ संभव नहीं है, इसलिए उसे भविष्य के लिए सुरक्षित रखते हैं।

[पाञ्चजन्य, ४ जून, १९९५]

□

बोधगया पर नवबौद्धों का हमला

इस देश की सनातन परंपरा में गया तीर्थ का महत्त्व पहले भी था। उस परंपरा का प्रत्येक अनुयायी वहाँ श्राद्ध करके अपने पूर्वजों का तर्पण करता है और श्राद्ध-मुक्ति पा जाता है। बुद्ध की साधना-स्थली होने से उसका महत्त्व और बढ़ गया। इस देश ने बड़े जतन के साथ बुद्ध की पावन स्मृति को वहाँ सुरक्षित रखा और भगवान् विष्णु के नौवें अवतार के रूप में उनके चरणों की पूजा-अर्चना की।

किंतु अब कहा जा रहा है कि इस बौद्ध तीर्थ को, बोधिवृक्ष को, बुद्ध की प्रतिमा और उसके परिसर को हिंदुओं के नियंत्रण से मुक्त कराना है, बौद्ध तीर्थ पर बौद्ध एकाधिकार स्थापित करना है। इस आंदोलन का नेतृत्व कर रहे हैं एक जापानी भिक्षु भंते नागार्जुन सुरई ससाई। अपनी जापानी नागरिकता का परित्याग कर वे नागपुर में बस गए हैं। सन् १९५६ में डॉ. आंबेडकर ने नागपुर में ही बौद्ध मत की दीक्षा ली थी। अनुसूचित जातियों में उनके अनुयायियों का एक वर्ग भी आँख मूँदकर उनके पीछे चल पड़ा और स्वयं को नवबौद्ध कहने लगा। ये नवबौद्ध ही इस जापानी भिक्षु के सिपाही बन गए हैं और धर्म, दर्शन, इतिहास की कोई समझ लिये बिना एक जापानी के नेतृत्व में गया को रणभूमि बनाने पर तुल गए हैं। इस आंदोलन को उन सब तत्त्वों का समर्थन मिल रहा है, जो सत्ता पाने के लिए जातिवादी राजनीति का सहारा ले रहे हैं या जो मध्ययुगीन मुसलिम विध्वंस-लीला पर परदा डालने के लिए हिंदू असहिष्णुता और उत्पीड़न के मिथक गढ़ने में रुचि ले रहे हैं।

सिद्धांतहीन सत्ता-लोलुप राजनीति

बोधगया मुक्ति आंदोलन के पीछे न तो धार्मिक प्रेरणा है, न आध्यात्मिक

भूख। यह उस राजनीति का हथियार बन गई है, जो विधानमंडलों में कुछ सीटों और सरकारी नौकरियों में हिस्सा पाने को ही सामाजिक न्याय और समाज सुधार कहती है। यह राजनीति एक ओर तो संविधान के अनुसार बौद्धों को हिंदू समाज का अंग मानकर अनुसूचित जातियों को प्रदत्त आरक्षण आदि की सुविधाओं का लाभ उठाना चाहती है, दूसरी ओर नवबौद्धों को हिंदू समाज से अलग कर पृथक्तावादी राजनीति की गोटियाँ भी बिछाना चाहती है। यह आंदोलन पूरी तरह राजनीति-प्रेरित है। यही कारण है कि इस देश में जो परंपरागत बौद्ध हैं, वे इस आंदोलन में कहीं नहीं हैं और जब भी गया में मंदिर की मुक्ति के नाम पर कोई जमावड़ा इकट्ठा होता है तो उसमें एकाध विदेशी भिक्षु के साथ अधिकांशत: विदर्भ और मराठवाड़ा की अनुसूचित जातियों के नवबौद्ध ही दिखाई देते हैं।

प्रारंभिक चरण में जनता दल के नेताओं ने जातिवादी राजनीति के आवेश में इस आंदोलन को अपना समर्थन दिया; किंतु जब उन्होंने देखा कि बिहार की हिंदू जनता की भावनाएँ इस आंदोलन से आहत हो रही हैं और इस आंदोलन का समर्थन करने से उन्हें राजनीतिक लाभ होने के बजाय और घाटा हो जाएगा तो वे दुम दबाकर पीछे हट गए। सिद्धांतहीन सत्ता-लोलुप राजनीति का दिल कितना कमजोर होता है, यह सन् १९९१ में बुद्ध पूर्णिमा के अवसर पर स्पष्ट हो गया, जब मंदिर उद्धारकों ने वहाँ जाकर उपद्रव किया। उस समय जनता दल की सरकार ने उत्साह में आकर घोषणा कर दी कि वे मंदिर का नियंत्रण बौद्धों को सौंपने के लिए कटिबद्ध हैं और इस उद्देश्य से एक विधेयक का प्रारूप भी तैयार कर लिया गया। किंतु तभी गया के एक नवबौद्ध नेता पी.सी. राय ने, जो मगध विश्वविद्यालय में पढ़ाते हैं, जोश में आकर माँग उठाई कि इस बौद्ध मंदिर की शांति और पवित्रता की रक्षा के लिए आवश्यक है कि अविलंब इस मंदिर में चल रही हिंदू पूजा-पद्धति को समाप्त किया जाए और पास की मसजिद में अजान को बंद किया जाए। यह माँग उठती देखकर जनता दल के नेताओं के पैर डगमगा गए, क्योंकि उन्हें हिंदू भावनाओं के भड़कने का डर पैदा हुआ और उससे भी अधिक मुसलिम समर्थन के छिन जाने का खतरा सताने लगा।

२२ अक्तूबर, १९९२ को पुन: जापानी भंतेजी धर्मरथ और धर्मयात्रा के नाम पर नागपुर और मराठवाड़ा से कुछ हजार नवबौद्ध योद्धाओं को बटोरकर गया में जा धमके। उनके दाएँ-बाएँ लेफ्टीनेंट बने हुए थे युवा कांग्रेस के विपिन राउत और रिपब्लिकन पार्टी के राजू लोखंडे। दोनों नागपुर के थे। तब भी ऐसा ही नाटक हुआ। भंते ससाई ने मुख्यमंत्री लालू यादव से भेंट करके पत्रकारों के समक्ष घोषणा

कर दी कि मुख्यमंत्री ने दस दिन के भीतर इस समस्या को हल करने का वचन दिया है। पर लालूजी ने खंडन कर दिया कि मैंने कोई समय सीमा नहीं बाँधी। केवल इतना कहा है कि निर्णय लेते समय बौद्धों से भी परामर्श किया जाएगा।

उस समय भी ऐसे लोगों ने, जिनकी बौद्ध धारा में सच्ची निष्ठा थी, जिन्हें इतिहास और धर्म की गहरी समझ थी, इस आंदोलन को अनावश्यक और हानिकारक बताया था। लद्दाख के भिक्षु आनंद ने, जो मंदिर की देखभाल करते हैं, कहा है कि बौद्धों के सामने इस मंदिर में पूजा-अर्चना के मामले में कभी कोई कठिनाई नहीं आई और यह विवाद पिछली बुद्ध पूर्णिमा से अकारण ही शुरू किया गया है।

इन सब तथ्यों से स्पष्ट है कि इस आंदोलन का बुद्ध और उनके मत से कुछ लेना-देना नहीं, यह विशुद्ध राजनीतिक आंदोलन है। राजनीतिक गणित लगाने पर जनता दल को दिखाई दिया है कि इस आंदोलन का समर्थन उसके लिए उलटा बैठेगा। इसलिए लालू सरकार ने सर्वोच्च न्यायालय में हलफनामा दाखिल किया है कि भगवान् बुद्ध विष्णु के नौवें अवतार होने के कारण हिंदुओं के लिए भी समान रूप से वंदनीय हैं, अतः, इस मंदिर पर हिंदुओं का भी उतना ही अधिकार है।

आज इस देश में स्थिति यह हो गई है कि जब कभी कोई दल या राजनेता ऐतिहासिक सत्य या राष्ट्रवाद की भाषा बोलने लगता है तो उसके बारे में तुरंत प्रचार शुरू कर दिया जाता है कि वह राष्ट्रीय स्वयंसेवक संघ से मिल गया है—वह चाहे नरसिंह राव हों या लालू यादव। एक प्रकार से अब यह आरोप नहीं, प्रमाण-पत्र बन गया है और इस बात का परिचायक है कि इस समय राष्ट्रीय स्वयंसेवक संघ ही राष्ट्रवाद का खूँटा है, जो उससे टूटा वह जातिवाद या छद्म पंथनिरपेक्षतावाद के प्रवाह में बह गया।

ब्रिटिश शासकों का षड्यंत्र

अगर हम आज की क्षुद्र जातिवादी और दलीय राजनीति से ऊपर उठकर इतिहास में झाँकने की कोशिश करें तो दिखाई देगा कि बोधगया के झगड़े का बीज ब्रिटिश साम्राज्यवादियों ने उसी दिन बो दिया था जब उन्होंने 'हिंदू' शब्द को भू-सांस्कृतिक अवधारणा के धरातल से गिराकर इसलाम और ईसाई जैसे मजहबों की श्रेणी में ला पटका था। इससे भी आगे बढ़कर उसकी बौद्ध, जैन, सिख, आर्यसमाज आदि अनेक धाराओं को उससे अलग करके उसे ब्राह्मण या पौराणिक धर्म के रूप में प्रस्तुत करने की कुचेष्टा शुरू की थी। उन्नीसवीं शती के उत्तरार्द्ध में उन्होंने रीस डेविडस आदि विद्वानों की सहायता से बौद्ध धारा को हिंदू धारा के विरोध में खड़ा

करने का प्रयास किया। उसी नीति के तहत सन् १८७९ से १८८४ के बीच दो लाख रुपए लगाकर इस मंदिर का जीर्णोद्धार कराया और बौद्ध देशों का ध्यान इसकी ओर आकर्षित किया। महत्त्वपूर्ण बात यह है कि इन बौद्ध देशों में से किस देश को गया में पैर जमाने देना और किसे नहीं जमाने देना—इसका भी ध्यान रखा। श्रीलंका के अनागरिक धर्मपाल का, जिनका असली नाम डेविड हेथबर्ने था, गया आगमन और ३१ मई, १८९१ को महाबोधि सोसायटी की स्थापना ब्रिटिश निमंत्रण का ही परिणाम थे। इन अनागरिक धर्मपाल ने ही सर्वप्रथम महाबोधि मंदिर को हिंदुओं के हाथ से मुक्त कराने का अभियान छेड़ा। वह बहुत ही कट्टरपंथी और आक्रामक प्रवृत्ति का व्यक्ति था। १५ जनवरी, १९०३ को वायसराय लॉर्ड कर्जन ने गया जाकर इस मंदिर का निरीक्षण किया और १८ जनवरी को एक विस्तृत टिप्पणी लिखी, जिसमें उन्हें स्वीकार करना पड़ा कि अनागरिक धर्मपाल के कारण गया की स्थिति खराब हुई है। उसने मंदिर में चोरी-चोरी एक नए ढंग की पूजा-पद्धति शुरू करके महंत को उत्तेजित कर दिया और जब उस पूजा को रोकने की कोशिश की गई तो सन् १८९५ में कलकत्ता उच्च न्यायालय में महंत के खिलाफ फौजदारी का मुकदमा दायर कर दिया। लॉर्ड कर्जन ने गया के कलक्टर ओल्डहम के माध्यम से मंदिर के महंत से अकेले में बात की, अनेक प्रश्न पूछे। फिर भी लॉर्ड कर्जन का यही मन बना कि इस मंदिर पर बौद्धों का ही एकाधिकार होना चाहिए और उसने अपने अति गोपनीय व निजी टिप्पणी में कलक्टर ओल्डहम को यही निर्देश दिया कि वह मेरे आगमन का लाभ उठाकर मंदिर का स्वामित्व महंत से छीनकर बौद्धों को दे दे।

भगिनी निवेदिता की तेज आँखों से अंग्रेजों की यह कूटनीति छिपी न रह सकी। उन्होंने इस प्रश्न पर धर्मपाल का विरोध किया और महंत को पूर्ण समर्थन प्रदान किया। उन्होंने मंदिर के पुराने इतिहास की गहरी खोज की, जो 'स्टेट्समैन' के संपादक एम.के. रेडक्लिफ के नाम उनके पत्र से स्पष्ट है। इस पत्र में निवेदिता ने अनागरिक धर्मपाल को 'धर्मांध', 'उद्धत' और 'आक्रामक' कहा है। निवेदिता ने समाचार-पत्रों के माध्यम से देशवासियों और विश्व को बताया कि 'बौद्ध धारा हिंदुज्म से पृथक् या उसका विरोधी धर्म नहीं है। बुद्ध स्वयं एक महान् हिंदू आचार्य थे। बोधगया उस समन्वयकारी प्रवाह का प्रतीक है, जिसे हिंदुज्म कहा जाता है। इसे संप्रदायों के टकराव की भूमि नहीं बनने दिया जाएगा।' हिंदू विचारकों और नेताओं ने हिंदुत्व और बौद्ध धारा के बीच कोई द्वैत कभी नहीं देखा। सन् १९१५ में महाबोधि सोसायटी के पंजीकरण के पश्चात् उसके पहले अध्यक्ष सर आशुतोष मुखर्जी बने। उनके पुत्र डॉ. श्यामा प्रसाद मुखर्जी भी उसके अध्यक्ष रहे। इस नाते

उन्होंने जापान में एक बौद्ध सम्मेलन में भी भाग लिया।

सन् १९२३ में कांग्रेस ने एक प्रस्ताव पारित करके डॉ. राजेंद्र प्रसाद को इस समस्या का हल खोजने का दायित्व सौंपा। उन्होंने अपनी समिति में अनागरिक धर्मपाल को भी सम्मिलित किया। पर वह इंग्लैंड चला गया, तब उसकी जगह श्रीलंका के श्री देवप्रिय वलि सिंह को लिया। उन्हीं की सहमति से निर्णय दिया कि बौद्धों एवं अन्य संप्रदायों के लोगों को अपने-अपने ढंग से पूजा करने की स्वतंत्रता रहेगी और मंदिर के प्रबंध व पूजा आदि की देख-रेख के लिए एक समिति बनेगी, जिसमें बौद्ध एवं हिंदू प्रतिनिधि बराबर संख्या में होंगे।

एक प्रकार से डॉ. राजेंद्र प्रसाद समिति के इस निर्णय को ही स्वाधीन भारत में सन् १९४९ में श्री कृष्ण सिन्हा के मुख्यमंत्रित्व काल में बिहार सरकार ने बोधगया मंदिर एक्ट बनाकर क्रियान्वित किया। इस कानून के तहत सबकुछ ठीक-ठाक चल रहा था कि वोटों के सौदागरों ने शांति और करुणा के अवतार भगवान् बुद्ध की इस साधना-स्थली में भी युद्ध के नगाड़े बजाने शुरू कर दिए।

देश का दुर्भाग्य है कि पहले वह अंग्रेजों की 'फूट डालो, राज करो' की नीति से जूझ रहा था तो अब अपने ही नेताओं की सत्ता की हवस का शिकार बन रहा है।

[पाञ्चजन्य, ११ जून, १९९५]

□

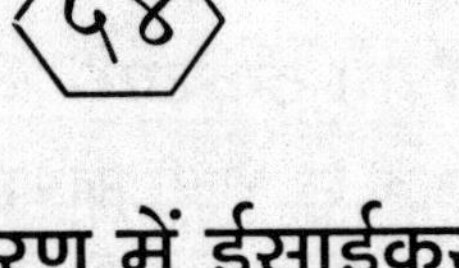

बौद्ध आवरण में ईसाईकरण

इस समय मेरे सामने दिल्ली से प्रकाशित एक अंग्रेजी साप्ताहिक 'इंडियन करेंट्स' का ताजा अंक (४ नवंबर) है। यह साप्ताहिक ईसाइयत का प्रचार करता है। कट्टरवादी ईसाई पत्रकार जॉन दयाल का नाम इसके राजनीतिक संपादक की जगह छपता है। इसलिए यह आश्चर्य की बात है कि इस ईसाई पत्रिका के इस अंक के कुल अड़तालीस पृष्ठों में से दस पृष्ठ की सामग्री दिल्ली में ४ नवंबर को होनेवाली एक दलित रैली को अर्पित की गई है। समाचार-पत्रों के अनुसार, इस रैली के आयोजक रामराज नामक एक सज्जन हैं, जो अनुसूचित जाति के माने जाते हैं। आरक्षण की बैसाखी के सहारे उन्होंने पी-एच.डी. की उपाधि अर्जित कर ली है और इस समय दिल्ली में आयकर विभाग में उपायुक्त जैसे प्रभावशाली पद पर आसीन हैं। वे स्वयं को बौद्ध बताते हैं। किसी 'लॉर्ड बुद्धा क्लब' के अध्यक्ष हैं और अनुसूचित जाति/जनजाति संगठनों के अखिल भारतीय परिसंघ का भी स्वयं को अध्यक्ष कहते हैं। इसी परिसंघ के तत्त्वावधान में उन्होंने इस रैली का आयोजन किया है, यद्यपि यह परिसंघ दो गुटों में बँट चुका है। दूसरे गुट के अध्यक्ष सोमनाथ हंस ने एक संवाददाता सम्मेलन में कहा है कि रामराज को वित्तीय घोटाले के आरोप में सन् १९९९ में परिसंघ से निष्कासित कर दिया गया था। अत: उन्हें परिसंघ का बैनर इस्तेमाल करने का कोई अधिकार नहीं है। परिसंघ के उपाध्यक्ष डी.सी. कपिल ने कहा कि रामराज को धर्म-परिवर्तन सम्मेलन का आयोजन परिसंघ के बैनर के बजाय लॉर्ड बुद्धा क्लब के मंच से करना चाहिए। अनुसूचित जाति के एक विधायक रूपचंद का कहना है कि दलितों का धर्म-परिवर्तन कराने के पूर्व रामराज अपने पद से इस्तीफा दें।

जानकार सूत्रों का कहना है कि रामराज पहले बहुजन समाज पार्टी के सुप्रीमो कांशीराम के नेतृत्व में 'बामसेफ' नामक संस्था में काम करते थे। किंतु अपनी राजनीतिक महत्त्वाकांक्षा के कारण उन्होंने कांशीराम से अलग होकर अपना अलग रास्ता चुन लिया और ४ नवंबर की रैली का भारी प्रचार करके वे अपने नेतृत्व को स्थापित करना चाहते हैं। रामराज की घोषणा है कि ४ नवंबर को दस लाख दलित हिंदू समाज से संबंध-विच्छेद कर बौद्ध मत में दीक्षा ले लेंगे।

महत्त्वाकांक्षाओं का टकराव

दलित आंदोलन के इन भीतरी मतभेदों और महत्त्वाकांक्षाओं के टकराव को यदि हम कुछ देर के लिए नजरअंदाज कर दें तो भी प्रश्न उठता है कि इस दलित रैली और दलितों के बौद्ध मतांतरण में 'इंडियन करेंट्स' जैसी ईसाई पत्रिका की इतनी रुचि क्यों है? इस अंक में चार पन्ने यह बताने के लिए खर्च किए गए हैं कि ब्राह्मण धर्म का ही दूसरा नाम हिंदू धर्म है और वह भारत का मूल धर्म नहीं है। लेख में वैदिक, हड़प्पा, हिंदू, जैन और बौद्ध मतों में भिन्नता दिखाते हुए कहा गया है कि जैन मत सबसे पुराना है और एक समय बौद्ध मत भारत में बहुमत में था। अंत में डॉ. आंबेडकर के कुछ पुराने कथनों को उद्धृत कराके यह बताया गया है कि दलित वर्ग का उद्धार हिंदू धर्म को छोड़ने और बौद्ध मत की दीक्षा लेने में ही है। 'इंडियन करेंट्स' की रामराज और उनकी रैली में रुचि इतनी अधिक है कि उसने अपने दो प्रतिनिधि रामराज के घर भेजकर उनसे दो पृष्ठों की भेंटवार्त्ता प्रकाशित की। इस भेंटवार्त्ता को ध्यान से पढ़ने पर स्पष्ट हो जाता है कि इस रैली के आयोजन में रामराज को चर्च का पूरा सहयोग मिल रहा है। उनसे प्रश्न पूछा गया कि 'यह कहा जा रहा है कि यह रैली ईसाई षड्यंत्र का हिस्सा है। इसपर आपका क्या कहना है?' रामराज इस आरोप का खंडन करने के बजाय कहते हैं, 'किसी की मदद के बिना इतनी विशाल जनसंख्या को जुटाना संभव ही नहीं है। किसी से मिलनेवाली मदद को कौन ठुकराएगा।' उनसे दूसरा प्रश्न पूछा गया, 'क्रिश्चियन ब्रॉडकास्टिंग नेटवर्क की वेबसाइट पर कहा गया है कि इस रैली में सेंट जॉन की गोस्पेल का वितरण होगा।' रामराज कहते हैं कि 'आर.एस.एस. वाले चाहें तो वे भी अपना साहित्य वितरित कर सकते हैं।'

इस अंक के संपादकीय में कहा गया है कि 'रामराज के नेतृत्व में दलितों के मतांतरण अभियान पर हिंदुत्ववादियों की चुप्पी रहस्यपूर्ण है। क्या वे इसलिए

चुप हैं कि वे बौद्ध मत को भारतीय मानते हैं ? या वे इस अभियान के पीछे ईसाई या मुसलिम षड्यंत्र का आरोप लगाने का इंतजार कर रहे हैं ? सामूहिक मतांतरण की पहली तिथि के स्थगन के बाद भी उनकी चुप्पी सचमुच अर्थपूर्ण है।' हिंदुत्ववादी शक्तियों को उकसाने के उद्देश्य से स्वयं जॉन दयाल ने 'रामराज और विश्व हिंदू' शीर्षक से तीन पृष्ठों का लंबा लेख लिखा है, जिसमें वे २४ अक्तूबर को इंटरनेट पर किसी हिंदू प्रतिक्रिया को पूरे विस्तार से उद्धृत करके यह बताना चाहते हैं कि मन-ही-मन हिंदुत्ववादी रामराज के इस आयोजन से बहुत अधिक चिंतित हैं और उसमें विघ्न डालने की योजनाएँ बना रहे हैं। पर वे यह नहीं बताते कि इसके पूर्व इंटरनेट पर कई विदेशी चर्च संगठनों के द्वारा क्या सामग्री प्रसारित की गई है।

वस्तुत: ४ नवंबर को होनेवाली रैली की सच्ची कहानी विदेशी ईसाई संगठनों की वेबसाइटों पर प्रसारित सामग्री को पढ़कर ही जानी जा सकती है। यह सामग्री 'बाइबल फॉर द वर्ल्ड' (विश्व के लिए बाइबल), गोस्पेल फॉर एशिया, द ७०० क्लब एवं क्रिश्चियन नेटवर्क द्वारा २२ और २३ अक्तूबर को प्रसारित की गई है। इस सामग्री को पढ़कर लगता है कि चर्च इस रैली को एक महत्त्वपूर्ण ऐतिहासिक घटना के रूप में देख रहा है। उसे पूरा विश्वास है कि इस रैली का वास्तविक लक्ष्य बौद्ध मत में दीक्षा न होकर ईसाई मत में दीक्षा है। बौद्ध मत में दीक्षा का आवरण अपनाना आवश्यक है, क्योंकि ईसाई मत में दीक्षा लेने पर भारतीय संविधान द्वारा आरक्षण नीति के तहत प्रदत्त सब सुविधाओं और विशेषाधिकारों से ईसाई मतांतरित वंचित हो जाएँगे। जबकि बौद्ध मत में दीक्षा का आवरण ओढ़ लेने पर वे उनसे वंचित नहीं होंगे। यह बात क्रिश्चियन ब्रॉडकास्टिंग नेटवर्क द्वारा २३ अक्तूबर को प्रसारित ऑल इंडिया क्रिश्चियन काउंसिल के अध्यक्ष डॉ. जोसेफ डिसूजा के साथ गार्डन रॉबर्टसन की भेंटवार्त्ता में स्पष्ट शब्दों में स्वीकार की गई है। 'इंडियन करेंट्स' में भी रामराज के साथ भेंटवार्त्ता में इस तथ्य को उभारा गया है।

२३ अक्तूबर को 'बाइबल्स फॉर द वर्ल्ड' द्वारा प्रसारित एक वक्तव्य में कहा गया है कि ४ नवंबर को दस लाख दलित हिंदू धर्म को त्याग देंगे। अमेरिका में भारतीय मूल के एक ईसाई प्रचारक डॉ. रोचुंगा पुडाइट इस रैली को संबोधित करेंगे और ईसाई मत की श्रेष्ठता बताएँगे। एक अन्य ईसाई बुद्धिजीवी विशाल मंगलवाड़ी की कृति 'द क्वेस्ट फॉर फ्रीडम एंड डिग्निटी' (मुक्ति और प्रतिष्ठा की भूख) की प्रतियाँ मुफ्त वितरित की जाएँगी।

देश भर से ईसाई कार्यकर्ताओं, विद्यार्थियों और उपासकों को इस रैली में साहित्य वितरण एवं रैली में भाग लेनेवालों को ईसाई मत की दीक्षा लेने में लगाया जाएगा। इनमें दिल्ली से बाहर के किसी क्रिश्चियन बाइबल कॉलेज के छात्रों को दस-बारह बसों में भरकर लाया जाएगा। जॉन की 'गोस्पेल' की दस लाख प्रतियाँ वितरित की जाएँगी। इसके लिए विदेशों में भारी मात्रा में धनराशि इकट्ठी की जा रही है।

[पाञ्चजन्य, ११ नवंबर, २००१]

□

५५

बुद्ध से 'बुद्धां', 'बुद्धा' से नेतागिरी

२२ जून के दैनिक पत्रों में एक समाचार के शीर्षक में 'बुद्धा क्लब' पढ़कर मैं चौंक गया। यह कौन है 'बुद्धा'? सोचा, शायद 'बुद्ध' का 'बुद्धा' छप गया है। समाचार के भीतर पूरा नाम था 'लॉर्ड बुद्धा क्लब'। भारत में 'लॉर्ड' कहाँ से आ गए? 'लॉर्ड' तो इंग्लैंड में होते हैं। वहाँ 'लॉर्ड स्वराज पॉल', 'लॉर्ड मेघनाद देसाई'। पर भारत में 'लॉर्ड बुद्धा' का नाम कभी नहीं सुना था। समाचार में उदितराज नाम देखा तो समझ में आया कि ये वही रामराज हैं जिन्होंने नवंबर २००१ में चर्च के सहयोग से बौद्ध मत में दीक्षा का नाटक रचा था और अपना नाम बदलकर 'उदितराज' कर लिया था, क्योंकि इक्ष्वाकु वंश के राम से जुड़ने में उन्हें शर्म आती थी। तभी उन्होंने 'लॉर्ड बुद्धा क्लब' की स्थापना की। शायद उन्हें पता नहीं कि जिन्हें वे लॉर्ड बुद्धा कह रहे हैं, वे भगवान् बुद्ध स्वयं भी इक्ष्वाकु वंश के क्षत्रिय थे और त्रिपिटकों में संकलित बुद्धवाणी में पदे-पदे इक्ष्वाकु वंश का गुणगान बिखरा हुआ है। सच तो यह है कि रामराज को भगवान् बुद्ध और उनके जीवनादर्शों से कुछ लेना-देना नहीं है। उन्होंने बुद्ध का पल्ला चर्च के माध्यम से पकड़ा है। इसलिए उनके बुद्ध बौद्ध परंपरा के भगवान् बुद्ध न होकर चर्च के लॉर्ड बुद्धा ही हो सकते हैं।

रामराज का एकमात्र सपना कांशीराम, मायावती और रामविलास पासवान की टक्कर का नेता बनना है। इन दलित नेताओं को वे अपना मुख्य प्रतिद्वंद्वी मानते हैं और कोई मौका नहीं चूकते, जब वे इन्हें छोटा बताकर अपने को बड़ा न दिखा सकें। नेतागिरी का बड़ा सरल सूत्र उन्होंने खोज लिया है—किसी-न-किसी प्रकार प्रचार माध्यमों में अपने को बनाए रखना। अपनी वामपंथी पृष्ठभूमि के कारण

प्रचार माध्यमों में वामपंथी घुसपैठ का पूरा लाभ उन्हें मिल ही सकता है; क्योंकि उनकी गैर-भाजपावाद और अल्पसंख्यकवाद की रणनीति को एक दलित मुखौटा चाहिए, जो हर समय हिंदू समाज, संघ परिवार और भाजपानीत राजग सरकार के विरुद्ध विष-वमन करता रहे। लेकिन उस मुखौटे की कोई हैसियत भी तो होनी चाहिए। इसलिए रामराज ने अपने को अनुसूचित जाति/ जनजाति संगठनों के अखिल भारतीय परिसंघ का अध्यक्ष घोषित कर रखा है। कहाँ हैं ये संगठन, किसी को पता नहीं। चर्च से रिश्ता जोड़कर उन्होंने आर्थिक सहायता का स्रोत ढूँढ़ लिया। वामपंथी पृष्ठभूमि के जॉन दयाल स्वयं को अखिल भारतीय क्रिश्चियन काउंसिल जैसी कागजी संस्था का महामंत्री घोषित करके चर्च के प्रवक्ता बन बैठे। यह कहानी हम 'पाञ्चजन्य' में सप्रमाण दे ही चुके हैं कि किस प्रकार चर्च के प्रचार एवं वित्तीय साधनों का उपयोग करके इन दोनों ने नवंबर २००१ में बौद्ध मत में दीक्षा का नाटक रचा। तब से रामराज ने सिर मुँड़ाकर बौद्ध भिक्षुओं का काषाय चोगा धारण कर लिया और वे 'लॉर्ड बुद्धा क्लब' के संस्थापक बन गए। अब एक तीसरी कागजी संस्था उन्होंने खड़ी कर दी है। उसका नाम है—'भारत बचाओ मोरचा' और इस मोरचे के भी वे ही राष्ट्रीय अध्यक्ष हैं।

नेताओं की पंक्ति में

नेता बनने का यह नुस्खा बहुत सरल और सस्ता है। कई संस्थाओं के लेटर पैड छपा लो, पत्रकारों और विशेषकर प्रेस छायाकारों का अनुग्रह प्राप्त करो। बस, काम बन गया। कोई भी छोटा सा दृश्य खड़ा करके खूब प्रचार पाओ और नेताओं की पंक्ति में घुस जाओ। रामराज उर्फ उदितराज जैसे महत्त्वाकांक्षी लोग इसी रास्ते पर बढ़ रहे हैं।

२२ जून को लगभग सभी दैनिक अखबारों में उनका समाचार चित्र सहित छपा कि दिल्ली पुलिस ने केंद्र की भाजपा सरकार और उत्तर प्रदेश की मायावती सरकार के मिले-जुले षड्यंत्र के तहत उनके 'लॉर्ड बुद्धा क्लब' के दो कार्यकर्ताओं को बिना कारण पीटा और दिल्ली के बंगाली मार्केट स्थित उनके क्लब और अ.भा. परिसंघ के प्रधान कार्यालय में घुसकर वहाँ उपस्थित उनके सात-आठ कार्यकर्ताओं को बुरी तरह पीटा। उनके हाथ-पाँव तोड़ डाले। इन कार्यकर्ताओं में उनके पाक्षिक पत्र 'वायस ऑफ बुद्धा' के संपादक भी थे। इसे उदितराज की प्रचार-कुशलता ही कहना होगा कि उन्होंने आनन-फानन में सब अखबारों को प्लास्टर बँधे हाथों के साथ कार्यकर्ताओं का चित्र भी पहुँचा दिया। सरकारी

उत्पीड़न और राजनीतिक षड्यंत्र की एक चटपटी खबर बन गई और रामराज सुर्खी में आ गए। क्या सचमुच पुलिस इतनी पागल हो गई है कि बिना कारण उदितराज जैसे 'महान्' नेता के घर पर हमला करे! पुलिस उपायुक्त आमोद कंठ और उपायुक्त मुकेश मीणा का कहना है कि आधी रात के समय गश्त कर रहे दो सिपाहियों ने नशे में धुत दो युवकों को एक पार्क में आपत्तिजनक स्थिति में देखा। उन्होंने पूछताछ करनी चाही तो उन युवकों ने पुलिसकर्मियों को गालियाँ दीं और धक्का-मुक्की पर उतर आए। उनके पास कार भी थी। वे कार में भागकर सात-आठ लोगों को वापस लेकर लौटे। सबने पुलिसवालों की जमकर धुनाई की। अकेले पड़े पुलिसवालों ने वायरलेस से थाने में फोन कर मदद मँगवाई। पुलिस बल के आने पर हमलावर भागकर 'लॉर्ड बुद्धा क्लब' और अनुसूचित जाति/जनजाति संगठनों के अ.भा. परिसंघ के कार्यालय में घुस गए। स्वाभाविक ही पुलिस को उस कार्यालय में घुसना पड़ा। यहाँ उपस्थित लोगों ने लोहे की छड़ों और लाठियों से पुलिस बल पर हमला किया, जिसका परिणाम उन्हें भोगना पड़ा और पुलिस बल उन्हें गिरफ्तार कर थाने ले आया। उदितराज को तो वैसे ही मौके की तलाश थी। उन्हें मीडिया तक पहुँचने का मनचाहा अवसर मिल गया और उन्होंने तुरंत इसे दलितों के विरुद्ध राजनीतिक षड्यंत्र का रंग दे दिया। मीडिया को अपनी उपलब्धियों के नाम पर उदितराज ने केवल इतना ही बताया कि वे पिछले महीने कुरुक्षेत्र में सामूहिक धर्मांतरण करा चुके हैं और उन्होंने गुजरात में मुसलमानों पर अत्याचार के विरुद्ध दिल्ली में एक विशाल रैली का आयोजन किया था।

उनके पत्रकार सम्मेलन में जमीयत-उल-उलेमा-ए-हिंद के मौलाना असद मदनी की उपस्थिति से नए गठबंधन का चेहरा सामने आया। २४ जून को उदितराज ने जमीयत के नेता के साथ मिलकर घोषणा की कि पुलिस अत्याचार के विरुद्ध वे २७ जून को गृहमंत्री लालकृष्ण आडवाणी के निवास पर विशाल प्रदर्शन करेंगे। आज के अखबारों से पता लगा कि जंतर-मंतर पर सौ से कम लोगों के प्रदर्शन में अ.भा. परिसंघ और 'लॉर्ड बुद्धा क्लब' के साथ जमीयत और जॉन दयाल की अ.भा. क्रिश्चियन काउंसिल भी सम्मिलित थी। गृहमंत्री के निवास पर प्रदर्शन की घोषणा से पुलिस की उपस्थिति पक्की हो गई। प्रेस छायाकारों को लुभाने की कला उदितराज के पास है ही। इसलिए आज के अखबारों में छोटी खबर और बड़े चित्रों के साथ उदितराज पुनः प्रचार पा गए। अब वे अपने को दलित-मुसलिम एकता के मसीहा की छवि देने की कोशिश कर रहे हैं।

मुसलिम राजनीति का जाल

इतिहास के विद्यार्थियों को पता है कि सन् १९०९ में लॉर्ड मिंटो को दिए गए प्रतिवेदन के समय से ही मुसलिम नेतृत्व हिंदू समाज को तोड़ने और अनुसूचित जातियों को अपने खेमे में लाने की कोशिशों में लगा हुआ है। किंतु इस दिशा में उन्हें कोई सफलता नहीं मिल पाई। जिन्हें हरिजन या अनुसूचित जाति का कहा जाता है, उनका गांधीजी के नेतृत्व में अटूट विश्वास था और जगजीवन राम जैसे हरिजन नेता स्वाधीनता संघर्ष की प्रथम पंक्ति में खड़े थे। डॉ. आंबेडकर का रास्ता गांधीजी से भिन्न होते हुए भी उन्होंने अपने अनुयायियों को मुसलिम राजनीति के जाल में कभी नहीं फँसने दिया। वे हिंदू समाज में व्याप्त छुआछूत और ऊँच-नीच की भावना से चाहे जितना दुःखी और क्षुब्ध रहे हों, किंतु भारत की दार्शनिक और सांस्कृतिक धारा से संबंध-विच्छेद उन्हें कदापि स्वीकार्य नहीं था। इसलिए सन् १९३५ में जब उन्होंने क्षोभ के चरम क्षणों में घोषणा की थी कि 'मैं हिंदू पैदा हुआ था, पर हिंदू रहकर मरूँगा नहीं', तब मुसलमानों और ईसाई चर्च की ओर से उन्हें लुभाने की भरपूर कोशिश की गई। पर डॉ. आंबेडकर ने इन सब कोशिशों को नाकाम कर दिया। ६ दिसंबर, १९५६ को अपनी मृत्यु के केवल दो महीने पूर्व २ अक्तूबर को जब उन्होंने नागपुर में अपने सहस्रों महार जाति-बंधुओं के साथ सार्वजनिक रूप से बौद्ध मत की दीक्षा ली, तब उसे उनकी १९३५ की प्रतिज्ञा-पूर्ति के रूप में ही देखा जाना चाहिए, न कि हिंदू धारा से पूर्ण संबंध-विच्छेद के रूप में।

आरक्षण की सुविधा

डॉ. आंबेडकर एक श्रेष्ठ विधिवेत्ता थे। भारतीय संविधान के निर्माण में उनकी महत्त्वपूर्ण भूमिका थी। उनकी पहल पर ही 'हिंदू' शब्द की संवैधानिक परिभाषा में बौद्ध, जैन एवं सिख पंथों को सम्मिलित किया गया था और संविधान द्वारा प्रदत्त आरक्षण की सुविधा को उनके लिए भी खुला रखा गया था। अतः सन् १९५६ में बौद्ध मत में दीक्षा लेकर जहाँ डॉ. आंबेडकर ने अपनी प्रतिज्ञा पूरी की, वहीं संवैधानिक दृष्टि से स्वयं को भारत की 'हिंदू' शब्द से अभिहित सांस्कृतिक धारा का अंग बनाए रखा और बौद्ध मत की दीक्षा लेने के बाद भी अपने अनुयायियों को आरक्षण की सुविधाओं से वंचित नहीं किया। डॉ. आंबेडकर उच्च कोटि के विद्वान् थे। दीक्षा के पूर्व उन्होंने 'बुद्ध एवं उनका धम्म' नामक अंग्रेजी पुस्तक प्रकाशित करके बौद्ध मत के बारे में अपनी सोच को प्रस्तुत किया। किंतु उस पुस्तक में प्रस्तुत बौद्ध मत की समझ का बौद्ध विद्वानों ने समर्थन नहीं किया। अपनी

पुस्तक में डॉ. आंबेडकर ने त्रिपिटकों में बुद्ध वाणी को प्रस्तुत करनेवाले निकायों, जैसे—दीघ, मज्झिम, अंगुत्तर संयुक्त इत्यादि को अविश्वसनीय घोषित किया। उनतीस वर्ष की आयु में वैराग्य के वशीभूत होकर बुद्ध के गृह-त्याग की घटना को बकवास बताया। 'आर्य सत्य-चतुष्टय' को, जिन्हें बौद्ध मत का सैद्धांतिक अधिष्ठान माना जाता है, डॉ. आंबेडकर ने अस्वीकार कर दिया।

संबंध-विच्छेद का संकल्प

उन दिनों भारत की एकमात्र बौद्ध पत्रिका 'महाबोधि' ने उनकी पुस्तक की समीक्षा करते हुए लिखा कि आंबेडकर की 'बुद्ध और उनका धम्म' पुस्तक खतरनाक है। इसका शीर्षक 'बुद्ध और उनका धम्म' के बजाय 'आंबेडकर और उनका धम्म' होना चाहिए। आंबेडकर के धम्म की जड़ घृणा में है, जबकि बुद्ध के धम्म की जड़ करुणा में है। आंबेडकर ने राजनीतिक और सामाजिक सुधार के उद्देश्य से अधर्म को धर्म के नाम से प्रस्तुत किया है। बर्मा और अन्य देशों में भी डॉ. आंबेडकर द्वारा प्रस्तुत बौद्ध मत की आलोचना हुई। बौद्ध मत में दीक्षा लेने के पीछे डॉ. आंबेडकर के मन में बौद्ध मत के प्रति भावात्मक श्रद्धा से अधिक हिंदू समाज में व्याप्त सामाजिक विषमता के प्रति आक्रोश था। उनका यह आक्रोश दीक्षा के समय लिये जानेवाले बाईस व्रतों में से दस व्रतों में प्रकट होता है। इन दस व्रतों में हिंदू श्रद्धा केंद्रों एवं परंपराओं पर आघात किया गया है। उनसे पूर्ण संबंध-विच्छेद का संकल्प लेना होता है।

डॉ. आंबेडकर के श्रद्धालु अनुयायियों की दृष्टि में मृत्यु के ठीक पूर्व बौद्ध मत की दीक्षा का अर्थ हिंदू समाज-व्यवस्था से संबंध-विच्छेद से अधिक कुछ नहीं रह गया था। आंबेडकर के दार्शनिक पांडित्य से उन्हें कुछ लेना-देना नहीं था। इसलिए आंबेडकर की प्रेरणा से फैले नवबौद्ध आंदोलन में बुद्ध से अधिक महत्त्व आंबेडकर का है, जिस प्रकार इसलाम में खुदा से अधिक डर पैगंबर का माना जाता है। नव बौद्ध आंदोलन की बुद्ध की करुणा, प्रेम और अहिंसा जैसे श्रेष्ठ मूल्यों में कोई रुचि नहीं है। उनके लिए बुद्ध ब्राह्मण विरोध के प्रतीक हैं, बौद्ध मत एक राजनीतिक आंदोलन मात्र है। नव बौद्ध आंदोलन पर सन् १९९२ में भारत में श्रीलंका के उच्चायुक्त श्री नेविले कानकरत्ने ने अपनी सरकार को एक रपट में लिखा था कि अधिकांश भारतीय बौद्ध अनुसूचित जातियों के लोग हैं, जो केवल अपने राजनीतिक अधिकारों को जताने के लिए बौद्ध बने हैं। बौद्ध मत को जीने या जानने में उनकी कोई रुचि नहीं है। यह एक विशुद्ध राजनीतिक आंदोलन है। बौद्ध

आध्यात्मिकता एवं अहिंसा से उनका कुछ लेना-देना नहीं है। (द टाइम्स ऑफ इंडिया, ३० जून, १९९२)

यह एक बहुत ही दुर्भाग्यपूर्ण और चिंताजनक स्थिति है। बुद्ध से बुद्धा और बुद्धा का दलितीकरण, यह समाज सुधार का नहीं, समाज को तोड़ने का, पतन का रास्ता है। भगवान् बुद्ध के प्रेम, करुणा और अहिंसा की जगह घृणा, विद्वेष और हिंसा का प्रचार नव बौद्धों को विकास नहीं, पतन के गर्त में ले जाएगा। किसी गाँव में एक जाट युवक ने किसी 'दलित' कन्या के साथ बलात्कार किया। ऐसी एक स्थानीय घटना की प्रतिक्रिया में उस गाँव के दलितों को बौद्ध मत की दीक्षा दे दी जाए तो क्या इससे बौद्ध मत या नव बौद्धों का भला होगा? आखिर रहना तो उन्हें उसी गाँव में है, उन्हीं जाट बंधुओं के साथ। समाचार-पत्रों के पन्ने रोज बलात्कार की घटनाओं से भरे होते हैं। इस प्रवृत्ति के पीछे जाति-भेद से अधिक कामांधता है। इस प्रवृत्ति का कड़ा विरोध होना चाहिए, इसपर सामाजिक अंकुश लगना चाहिए; किंतु क्या बौद्ध दीक्षा उसका हल है?

अनुसूचित जातियों के भीतर नेतृत्व की स्पर्धा बहुत तीव्र हो गई है । इस स्पर्धा में से अनेक नेताओं ने अपने अलग-अलग दल और सेनाएँ खड़ी कर ली हैं। एक प्रकार से अपनी व्यक्तिगत सत्ताकांक्षा के लिए वे अनुसूचित जातियों का दोहन व शोषण कर रहे हैं। रामविलास पासवान का उदाहरण हमारे सामने है। कांशीराम और मायावती के प्रति ईर्ष्या ने उन्हें केंद्रीय मंत्रिमंडल छोड़ने को बाध्य किया। वहाँ से निकलकर वे मुसलिम कट्टरपंथियों की गोद में चले गए। इस दृष्टि से सुश्री मायावती ने कुछ सबक सीखा लगता है। वे दलितवाद और मुसलिम-दलित एकता के नारे से आगे बढ़कर समाज के सभी वर्गों और जातियों से जुड़ने का प्रयास कर रही हैं। उत्तर प्रदेश के विधानसभा चुनाव में उन्होंने उच्च जातियों के लोगों को बड़ी संख्या में प्रत्याशी बनाया। इस समय बसपा के टिकट पर बारह ब्राह्मण और चौदह मुसलिम विधायक हैं। अब वे अपनी पार्टी को 'बहुजन' से आगे 'सर्वजन' की पार्टी कहलाना चाहती हैं।

किंतु उदितराज जैसे महत्त्वाकांक्षी किंतु हताश राजनीतिज्ञ गैर-भाजपावाद की वामपंथी रणनीति का मोहरा बनकर मुसलिम कट्टरवाद के जाल में फँसते जा रहे हैं। नकारात्मक राजनीति का नशा कितना खतरनाक होता है कि सुरेंद्र मोहन जैसे समाजवादी विचारक जमाते इसलामी के अंग्रेजी साप्ताहिक 'रेडिएंस' में हर सप्ताह लेख लिखते हैं। 'इंडियन एक्सप्रेस' के एसोशिएट संपादक ए.जे. फिलिप्स 'भारत पुत्र' छद्म नाम से 'रेडिएंस' और जॉन दयाल के साप्ताहिक 'इंडियन

करेंट्स' में एक साथ छपते हैं। इसी प्रकार शम्सुल इसलाम को 'रेडिएंस', 'इंडियन करेंट्स' व कम्युनिस्ट साप्ताहिक 'न्यू एज' व 'पीपुल्स डेमोक्रेसी' समान रूप से स्थान देते हैं। किंतु सबका विषय केवल हिंदू एवं संघ विचार परिवार का विरोध होता है। इस गठबंधन का आधार क्या केवल गैर-भाजपावाद है या कुछ और, यह खोज का विषय है।

[पाञ्चजन्य, ७ जुलाई, २००२]

□

समता की खोज : सही दिशा

सामाजिक-आर्थिक विषमता से मुक्त समाज की रचना हमारे स्वाधीनता आंदोलन की मुख्य प्रेरणा रही है। इसलिए जैसे ही हमारा राष्ट्र एक लंबे और विकट स्वातंत्र्य-संघर्ष को पार कर राजनीतिक स्वाधीनता के सिंहद्वार पर पहुँचा, हमारे संविधान-निर्माताओं ने समतापूर्ण समाज के निर्माण की राष्ट्रीय आकांक्षा की पूर्ति हेतु नवनिर्मित संविधान में एक ओर तो भारत के सभी नागरिकों को समानता का स्तर प्रदान किया, दूसरी ओर शताब्दियों पुरानी जन्मना जाति-प्रथा में से उत्पन्न विषमता की खाई को पाटने के लिए अस्पृश्यता को गैर-कानूनी घोषित कर दिया, जाति के आधार पर जनगणना की साम्राज्यवादी परंपरा को समाप्त कर दिया, जन्मना जाति-प्रथा के कारण सामाजिक और आर्थिक दृष्टि से पिछड़ गए समाज-बांधवों को शेष समाज के समकक्ष लाने के हेतु विधानमंडलों, सरकारी नौकरियों एवं शिक्षा के क्षेत्र में उनके लिए आरक्षण के द्वार खोल दिए और आरक्षण के पिछले दरवाजे से प्रवेश पाने की अधिकारिणी जातियों के नामों को सूचीबद्ध करके 'अनुसूचित जातियों' का एक पृथक् सामाजिक वर्ग निर्माण कर दिया।

इस प्रकार की आरक्षण नीति से लैस होकर स्वाधीन भारत समता की खोज-यात्रा पर निकल पड़ा। इस यात्रा पर चलते-चलते आज हमें चौंतीस से अधिक वर्ष बीत चुके हैं; किंतु समता के दर्शन होना तो दूर, अब यह संदेह होने लगा है कि कहीं हम अपने लक्ष्य से विपरीत दिशा में तो नहीं बढ़ रहे हैं। सामाजिक समरसता का निर्माण करने की आकांक्षा से हमने जिस जातिवाद को अल्पकाल में मिटा देने का स्वप्न सँजोया था, वह मिटने के बजाय राष्ट्र-जीवन के प्रत्येक अंग पर

हावी हो गया है। आज हमारा संपूर्ण चिंतन और कर्म जातीयता की दीवारों में बंदी हो गया दीखता है। राजनीति, शिक्षा और रोजगार के क्षेत्र में सब जगह 'जाति' के आधार पर विचार चल रहा है। सामाजिक दूरियाँ और कटुता घटने के बजाय बढ़ी है। प्रत्येक राज्य, प्रत्येक गाँव जातियों के आधार पर विभाजित हो गया है। जातीय संघर्षों और उत्पीड़न के समाचार आएदिन सुनने को मिल जाते हैं। बिहार और गुजरात में पिछले वर्षों में जो जातिवादी आंदोलन हुए उन्होंने लगभग गृहयुद्ध की स्थिति पैदा कर दी थी।

इस स्थिति को उत्पन्न करने में आरक्षण नीति का योगदान कम नहीं है। आरक्षण नीति के कार्यान्वयन का मुख्य क्षेत्र आर्थिक धरातल पर है। जिस देश में ६० प्रतिशत से अधिक जनसंख्या गरीबी रेखा के नीचे जी रही हो, जहाँ रोजगार के अवसर बहुत अल्प हों और बेरोजगारों की संख्या बहुत अधिक हो, जहाँ गरीबी और बेरोजगारी के रोग से न्यूनाधिक मात्रा में सभी जातियाँ व धर्मावलंबी पीड़ित हों, वहाँ जातियों के आधार पर रोजगार के अवसरों को आरक्षित करने का स्वाभाविक परिणाम यह हो रहा है कि उच्च शिक्षा एवं नौकरियों के सीमित अवसरों में से अधिकाधिक हिस्सा हड़प जाने के लिए विभिन्न जातियों के बीच छीना-झपटी मच गई है। अब प्रत्येक जाति स्वयं को 'पिछड़ा' घोषित कर आरक्षण की अधिकारिणी जातियों की सूची में सम्मिलित हो जाना चाहती है। 'पिछड़ा' कहलाने में लज्जा के बजाय अब गर्व की अनुभूति की जाने लगी है, जिसके कारण यह सूची इन चौंतीस वर्षों में छोटी होने के बजाय लंबी होती जा रही है। प्रारंभ में समाज को 'अनुसूचित' एवं 'शेष' जैसे दो वर्गों में विभाजित किया गया था, अब 'फॉरवर्ड', 'बैकवर्ड' और 'अनुसूचित' जैसी तीन विभाजन रेखाएँ खींची जा रही हैं। इस होड़ के फलस्वरूप आरक्षित स्थानों का प्रतिशत उत्तरोत्तर बढ़ता जा रहा है। कहीं-कहीं तो वह ६० प्रतिशत से भी अधिक पहुँच गया है। जिस गति से आरक्षित स्थानों का प्रतिशत बढ़ रहा है, उसे देखकर लगता है कि शायद एक दिन उच्च शिक्षा एवं नौकरियों के सभी अवसरों का वितरण योग्यता के बजाय जातियों के आधार पर होने लगेगा।

प्रारंभ में हमने आरक्षण नीति को एक अल्पकालिक समयबद्ध कार्यक्रम के रूप में अपनाया था; किंतु अब आरक्षण को एक स्थायी एवं शाश्वत सिद्धांत का रूप देने का प्रयास चल रहा है। एक ओर आरक्षण की मात्रा में वृद्धि, दूसरी ओर उसकी समयावधि का निरंतर विस्तार—ये दोनों स्थितियाँ मिलकर आरक्षण-विरोधी आंदोलनों को जन्म दे रही हैं। न्यायालयों में भी आरक्षण नीति को लेकर मुकदमों

की बाढ़ आ गई है। इन सबसे स्पष्ट है कि आरक्षण नीति का अब तक का कार्यान्वयन, अनजाने में ही क्यों न हो, जातिवाद को समाप्त कर सामाजिक समरसता तथा एकता का वातावरण उत्पन्न करने के बजाय सामाजिक कटुता को बढ़ानेवाला विघटनकारी तत्त्व बन गया है।

पिछले चौंतीस वर्षों के अनुभवों के प्रकाश में हमारे सामने यह प्रश्न खड़ा होना चाहिए था कि आरक्षण नीति का यह विपरीत परिणाम क्यों निकल रहा है? क्या आरक्षण नीति के हमारे कार्यान्वयन में कहीं दोष रह गया है अथवा आरक्षण नीति स्वयं में ही समतापूर्ण समाज की स्थापना का सही मार्ग नहीं है? इन प्रश्नों का उत्तर पाने के लिए हमें यह खोजना होगा कि हमारे देश में आरक्षण नीति का जन्म कब और क्यों हुआ? यदि इस दिशा में खोज की जाती तो स्पष्ट हो जाता कि जातियों के आधार पर आरक्षण नीति के जन्मदाता ब्रिटिश शासक थे और इस नीति को अपनाने के पीछे उनका मुख्य उद्देश्य दलित जातियों का उद्धार करना नहीं, वरन् भारत में अपने साम्राज्य के स्थायित्व की रक्षा हेतु भारतीय राष्ट्रवाद को दुर्बल करने के लिए 'फूट डालो और राज करो' की नीति को कार्यान्वित करना था। अपने साम्राज्यवादी उद्देश्यों की पूर्ति के लिए उन्होंने हमारे राष्ट्र-जीवन में विद्यमान समस्त विविधताओं एवं भेदों का दुरुपयोग करने और उनको बढ़ाने की पूरी कोशिश की। इस विषय पर गंभीर अध्ययन करने की आवश्यकता है कि अपनी विभाजनकारी नीति को कार्यान्वित करने के लिए अंग्रेजों ने किस प्रकार जनगणना नीति, सरकारी नौकरियों में भरती और तथाकथित संवैधानिक सुधारों के माध्यम से जातिवाद को योजनाबद्ध तरीके से उभारा। किस प्रकार उन्होंने इस तथ्य की उपेक्षा करके, कि सामाजिक धरातल पर ऊँच-नीच की भावना हिंदू समाज की सभी जातियों के बीच विद्यमान है—अर्थात् यह एक सीढ़ीनुमा ढाँचा है, उन्होंने तथाकथित दलित जातियों की एक काल्पनिक सूची बनाकर 'अनुसूचित जाति' नामक एक नया सामाजिक वर्ग खड़ा कर दिया और पूरे समाज को दो विरोधी शिविरों में विभाजित करने की कोशिश की।

इसी साम्राज्यवादी नीति के अंतर्गत अंग्रेजों ने अनुसूचित जातियों के साथ 'वनवासियों' को भी 'अनुसूचित जनजातियों' के नाम से नत्थी कर दिया, जबकि दोनों की ऐतिहासिक एवं भौगोलिक पृष्ठभूमि में बहुत भिन्नता है; दोनों की समस्याओं का स्वरूप व हल बिलकुल अलग है। किंतु हम अभी तक इस साम्राज्यवादी वर्गीकरण से चिपके हुए हैं और यह नहीं समझ पा रहे हैं कि जिस विभाजनकारी उद्देश्य की प्राप्ति के लिए आरक्षण नीति का आविष्कार किया गया

था उसी उद्देश्य को वह प्रामाणिकतापूर्वक आज भी पूरा कर रही है; हमारी राष्ट्रीय भावना को पुष्ट करने के बजाय उसे दुर्बल बना रही है।

गांधीजी ने अंग्रेजों की इस कुटिल नीति को पहचान लिया था, इसलिए उन्होंने इस नीति को विफल करने के लिए अपने प्राणों तक की बाजी लगा दी थी, अस्पृश्यता निवारण और हरिजनोद्धार को उन्होंने अपना जीवन-व्रत बना लिया था। इस समस्या को स्थायी रूप से हल करने के लिए वे एक मनोवैज्ञानिक क्रांति व व्यापक सामाजिक आंदोलन खड़ा करने की कोशिश में लगे थे। किंतु स्वाधीन भारत ने गांधी के मार्ग को त्याग दिया और आँख मूँदकर अंग्रेजों की आरक्षण नीति के आत्मघाती मार्ग पर चल पड़ा। सामाजिक एवं आर्थिक दृष्टि से उपेक्षित अपने अभागे बंधुओं को शेष समाज के समकक्ष लाने के प्रयासों में समूचे समाज को सहभागी बनाने के बजाय हम यह मान बैठे कि मुट्ठी भर सरकारी नौकरियों में आरक्षण मिल जाने मात्र से ही शताब्दियों से चली आ रही सामाजिक-आर्थिक विषमता का निराकरण हो जाएगा। हमने यह समझने की कभी कोशिश ही नहीं की कि जन्मना जाति-प्रथा में से उत्पन्न विषमता की समस्या मूलतः सामाजिक है, भले ही उसके परिणाम आर्थिक क्षेत्र में भी प्रकट हुए हैं; जबकि आरक्षण नीति के कार्यान्वयन का मुख्य क्षेत्र आर्थिक है, सामाजिक नहीं। आरक्षण नीति का क्षेत्र बहुत सीमित है। उसका लाभ पिछड़ी जातियों के मुट्ठी भर पढ़े-लिखे शहरी लोगों तक ही सीमित रह जाता है। ग्रामीण अंचलों में बसा हुआ बहुसंख्य अपढ़ वर्ग आरक्षण नीति की परिधि के बाहर पड़ा है। सच तो यह है कि आरक्षण नीति से उत्पन्न होनेवाला लाभ विषमता के विशाल समुद्र में एक बूँद से अधिक नहीं है। आरक्षण नीति को आवश्यकता से अधिक महत्त्व देने का परिणाम यह हुआ है कि इस विशाल असहाय वर्ग की ओर अब हमारा ध्यान ही नहीं जाता और आरक्षण-युद्ध दोनों शिविरों के पढ़े-लिखे लोगों का युद्ध बनकर रह गया है।

आरक्षण नीति को समतापूर्ण समाज की स्थापना का मुख्य साधन मान लेने का दूसरा दुष्परिणाम यह हुआ है कि स्वाधीनता पूर्व काल में जन्मना जाति-प्रथा के विरुद्ध जो प्रबल सामाजिक आंदोलन विभिन्न नाम-रूपों से चला आ रहा था, वह स्वाधीनता-प्राप्ति के पश्चात् समाप्तप्राय हो गया है। सामाजिक-आर्थिक विषमता को मिटाने के इस सामाजिक दायित्व को भी हम सत्ता के कंधों पर फेंककर निष्क्रिय हो गए हैं। इसके परिणामस्वरूप यह सामाजिक प्रश्न भी अब वोट और सत्ता की राजनीति की दलदल में बुरी तरह फँस गया है। सत्तालोलुप राजनीतिज्ञों ने

आरक्षण नीति को वोट-प्राप्ति का हथियार बना लिया है। ब्रिटिश साम्राज्यवादियों के समान आरक्षण नीति में उनका भी निहित स्वार्थ पैदा हो गया है। अपने वोट आधार को अधिक व्यापक व पक्का करने के लोभ में वे जातिवाद को उभारने में लग गए हैं और आरक्षण की परिधि का विस्तार करते जा रहे हैं। दूसरी ओर, आरक्षण नीति के फलस्वरूप 'अनुसूचित' या 'पिछड़ी' कहलानेवाली जातियों के भीतर एक सफेदपोश अभिजात वर्ग उभर आया है, जो अपनी ही जाति के अपढ़ व निर्धन बहुसंख्यकों के कंधों पर सवार होकर आरक्षण नीति के सब लाभों को हड़प जाना चाहता है। इस प्रकार आरक्षण नीति में सत्तालोलुप राजनीतिज्ञों एवं आरक्षण की अधिकारिणी जातियों के कुछ साधन-संपन्न व प्रभावशाली परिवारों का निहित स्वार्थ पैदा हो गया है और वोट-राजनीति की विवशताओं के कारण ऐसा वातावरण उत्पन्न कर दिया गया है कि आरक्षण नीति की उपयोगिता व सार्थकता के बारे में पुनर्विचार की बात कहनेवाले को 'गरीब विरोधी' या 'पिछड़ा विरोधी' घोषित कर दिया जाता है।

ऐसे वातावरण में यह बहस चलाना कठिन हो जाता है कि आरक्षण नीति के अंधाधुंध कार्यान्वयन व विस्तार के कारण हमारी दृष्टि मूल लक्ष्य से हट गई है और हम लक्ष्य की ओर बढ़ने के बजाय उससे दूर हटते जा रहे हैं। किंतु यदि भारत को एक राष्ट्र के रूप में अपने अस्तित्व को बनाए रखना है और समतापूर्ण समाज की स्थापना के लक्ष्य को प्राप्त करना है तो अब समय आ गया है कि इस प्रकार प्रवाह-पतित के समान विपरीत दिशा में बहते जाने के बजाय हमें आरक्षण नीति के हानि-लाभों का वस्तुपरक मूल्यांकन करना होगा और इस प्रश्न को वोट तथा सत्ता की राजनीति की दलदल से बाहर कर उसको सामाजिक प्रयासों से हल करने के उपाय खोजने होंगे।

मूल प्रश्न यह है कि जन्मना जाति-प्रथा और अस्पृश्यता की परंपरागत धारणा में से उत्पन्न सामाजिक विषमता के कारण समाज का जो बड़ा वर्ग आर्थिक क्षेत्र में भी पिछड़ गया है, उसे सामाजिक समता के साथ-साथ आर्थिक विकास के समान अवसर कैसे उपलब्ध कराए जाएँ? इस पूरी समस्या की जड़ जन्मना जाति-प्रथा के अस्तित्व में है। किसी पुरा युग में 'गुण' और 'कर्म' के आधार पर वर्ण-व्यवस्था के गठन का चाहे जो सैद्धांतिक औचित्य रहा होगा, किंतु आज जाति-प्रथा के नाम पर जो कुछ शेष है वह समाज को विभाजित करनेवाली विकृति के अतिरिक्त कुछ नहीं है। उसमें न 'गुण' का आधार रह गया है और न 'कर्म' की सीमाएँ। वस्तुतः गुण व क्षमता के आधार पर हर व्यक्ति को पूर्ण विकास का अवसर

देनेवाली सामाजिक रचना यदि किन्हीं लोगों को अभिप्रेत हो तो उसके लिए भी पहले जन्मना जाति-प्रथा के नाम पर विद्यमान ऊबड़-खाबड़ खंडहरों को समतल करना होगा। किंतु यह कैसे होगा? बुद्ध से लेकर गांधी तक के ढाई हजार वर्षों में वर्ण-व्यवस्था के जन्मना स्वरूप को समाप्त करने के अनवरत प्रयत्नों के बावजूद वह आज तक जीवित क्यों है? स्वाधीनता-प्राप्ति के पश्चात् औद्योगिक सभ्यता, शहरीकरण और अंग्रेजी शिक्षा का तेजी से प्रसार होने के फलस्वरूप एक ओर सामाजिक धरातल पर—कम-से-कम शहरों में—अस्पृश्यता का लोप होता जा रहा है; किंतु दूसरी ओर 'जातिवाद' का विष सामाजिक जीवन से निकलकर आर्थिक और राजनीतिक क्षेत्रों में क्यों फैलता जा रहा है? किसी भी पूर्वग्रह-रहित अध्ययन से स्पष्ट हो जाएगा कि यह स्थिति उत्पन्न करने में 'जाति पर आधारित आरक्षण नीति' व वोट-राजनीति का मुख्य योगदान है।

अतः पहली आवश्यकता यह है कि आरक्षण नीति और वोट-राजनीति के वर्तमान स्वरूप का कोई स्वस्थ विकल्प खोजा जाए। यह खोज राजनीति के दायरे में संभव नहीं है। उसके लिए वोट और दल की राजनीति से अलग हटकर सशक्त बौद्धिक एवं सामाजिक आंदोलन प्रारंभ करना होगा। वस्तुतः सामाजिक विषमता एक मनोवैज्ञानिक समस्या है, जिसकी जड़ें हमारे परंपरागत संस्कारों में विद्यमान हैं। इन संस्कारों पर विजय प्राप्त करने के लिए एक प्रबल मानसिक क्रांति का सर्जन करना होगा। इस क्रांति का माध्यम सत्ता-राजनीति नहीं, प्रत्यक्ष आचरण पर आधारित लोक-शिक्षण ही हो सकता है। इसके लिए तथाकथित ऊँची जातियों की युवा पीढ़ी को अपने पूर्वजों की भूल का परिमार्जन करने के लिए कुछ समय तक अपने जीवन-स्तर को ऊँचा उठाने की दौड़ से अलग हटकर, जन्मना जाति-प्रथा के कारण जीवन की प्राथमिक सुविधाओं व सम्मानपूर्ण जिंदगी से वंचित अपने अभागे समाज-बांधवों के द्वार पर जाकर अपने अंतःकरण की करुणा को उड़ेलना होगा; उनकी वेदनाओं व अभावग्रस्त जिंदगी में सहभागी बनना होगा; सामाजिक समता के सहज आचरण का उदाहरण प्रस्तुत करना होगा और इन बंधुओं को विकास की दौड़ में शेष समाज के समकक्ष लाने हेतु उनकी योग्यता व क्षमता को बढ़ाने के लिए रचनात्मक कर्म की कठोर साधना करनी होगी। तभी उनमें स्वावलंबन का आत्मविश्वास जग सकेगा। किंतु उनकी योग्यता को बढ़ाने का अर्थ यह कदापि नहीं है कि क्लर्की की खोज में भटकनेवाले सफेदपोशों की संख्या में वृद्धि की जाए, अपितु ग्रामीण अंचलों में विद्यमान परंपरागत आर्थिक ढाँचे को शोषण-मुक्त बनाते हुए निर्धनों व शोषितों को

आर्थिक विकास की योग्यता प्रदान करना है। अत: भारतीय स्थिति के अनुरूप लोक-शिक्षण की एक अभिनव कार्य-प्रणाली का विकास करना होगा। ऐसी अभिनव कार्य-प्रणाली के आविष्कार और उसे कार्यान्वित करनेवाले देशव्यापी सामाजिक आंदोलन के आविर्भाव पर ही भारत का भविष्य निर्भर करेगा, इसमें हमें तनिक संदेह नहीं है।

[मंथन, त्रैमासिक, फरवरी १९८२]

□□□